The UNIX Programming Environment

UNIX
プログラミング
環境

Brian W. Kernighan / Rob Pike 著
石田晴久 監訳
野中浩一 訳

ASCII
DWANGO

Authorized translation from the English language edition, entitled UNIX PROGRAMMING ENVIRONMENT, THE, 1st Edition, by KERNIGHAN & PIKE, published by Pearson Education, Inc., publishing as Pearson, Copyright © 1984. Bell Telephone Laboratories, Incorporated.

All rights reserved. No part of this book may be reproduced or transmitted in any form or by any means, electronic or mechanical, including photocopying, recording or by any information storage retrieval system, without permission from Pearson Education, Inc.

JAPANESE language edition published by DWANGO CO., LTD., Copyright © 2017.

JAPANESE translation rights arranged with PEARSON EDUCATION, INC. through JAPAN UNI AGENCY, INC., TOKYO, JAPAN.

本文中に記載されている社名および商品名は、一般に開発メーカーの登録商標です。なお、本文中では ™・©・® 表示を明記しておりません。

日本語版へのまえがき

オリジナルの UNIX システムは、1969 年、Ken Thompson と Dennis Ritchie がベル研究所で開発したものである。それ以来、UNIX は世界中で広く使われるようになり、パソコンから超大型コンピュータまで、極めて多種多様な計算機の上で動いている。しかし、これだけ幅広い計算能力とアーキテクチャをもつ各機種で利用されながらも、UNIX は使いやすく、表現力豊かで、生産性の高い環境を提供することでは共通である。

UNIX システムにはプログラム開発用ツールが豊富に用意されている。UNIX に熟達したユーザは、この種のツールを互いに組み合わせて使うと、格段に力が発揮できることを長年にわたって学んできた。ツールをうまく組み合わせるためのエレガントな機能はシステム自体が提供している。その結果、他の計算機環境では何日も何週間もかけて苦労してプログラミングが必要になりそうな仕事を、UNIX 上では既存のツールを組み合わせるだけでほんのわずかの時間にこなすことができる。

本書 "UNIX プログラミング環境" は、単に UNIX の使い方を読者に示すだけでなく、うまく使うにはどうしたらよいか、ツールを最大限に使いこなすにはどうしたらよいか、どうしたらツールを組み合わせて大きな力を発揮させられるか、といったことを読者に知ってほしいという願いで書かれている。

UNIX システムはこれから長年にわたって使われ、UNIX のもつ良いアイデアは、コンピュータに関する私たちの基礎知識の一部になっていくことであろう。この度、石田教授の監訳のもとに本書が日本語に翻訳され、それによって UNIX のプログラミング環境がますます日本の同僚たちの身近なものになることを、筆者たちも心から嬉しく思う。

1985 年 7 月　ベル研究所
Brian Kernighan
Rob Pike

監訳者まえがき

　本書のテーマである UNIX という OS は、もともとはアメリカのベル研究所で開発されたミニコン TSS 用のソフトウェア・システムである。しかし UNIX は、特にソフトウェア開発の目的には、非常に使いやすいということから、各種のコンピュータに採用されるようになり、今日では、固定ディスク付きの高級パソコンから、ワークステーション、ミニコン、スーパーミニコン、大型機、さらには Cray-2 のようなスーパーコンピュータ上でも使われるようになっている。

　UNIX がなぜこのように普及したのかを考えてみると、それはやはり、UNIX には素晴らしいアイデアに基づく数々の工夫がこめられているからであろう。私はたまたま、1975 年から 76 年にかけて、ほぼ 1 年間をベル研究所で過ごし、そこで UNIX に初めて触れて、UNIX の設計にすっかり惚れ込んでしまった。使いやすいファイル系、ツリー状のファイルやディレクトリ、シェル、コマンドの入出力切換えやパイプライン、端末からのマルチタスキング、メモリ保護などの機能、各種のソフトウェア開発ツールなどが備わっていたからである。その後は仮想記憶の機構も組み込まれている。これだけのソフトウェア基本機能をもつソフトウェアが、ソフトウェア技術の勉強にとってもよいことは明らかであろう。事実、UNIX に対する理解は今やソフトウェア技術者にとって不可欠になりつつある。

　UNIX についてもうひとつ重要なことは、それがソフトウェア開発のための"環境"を提供してくれるということである。本書は、まさにそこに重点を置いて書かれた。UNIX については、私自身も本を書いているくらいで、今やたくさんの本が出ているが、本書の内容は類書にはみられない、極めてユニークなものになっている。例えば、UNIX では、シェルと呼ばれるコマンド・アナライザのレベルで、いろいろなコマンドを組み合わせることによって、複雑なコマンドを実現することが可能であるが、そのためのノウハウを本書は教えてくれるのである。実際、ちょっとした工夫でアッと驚くような仕事が数行のシェル・プログラムでできてしまうのが、UNIX の面白いところである。そのやり方を伝授してくれる本は今までなかったといってもよい。

　私自身も、今まで UNIX をかなり使い込んでいる一人だと思っていたが、本書に

はいろいろと教えられた。UNIX には、自分がまだ全く使ったことのない機能、使い方さえ想像できなかった機能が、数多くあることに改めて驚嘆している。考えてみると、本書は筆者たちが UNIX のベテランである上に、ベル研の中にいて、UNIX の設計者であるトンプソン氏やリッチ氏をはじめとする UNIX のハッカー達に囲まれている。すなわち世界最高の UNIX 環境にいるからこそ書けた本だという気がする。本書は必ずしもやさしい入門書ではないが、本書の内容をマスターすれば、UNIX をよりよく使いこなして、ソフトウェア開発の効率向上が達成できることは確実である。

ところで、本書の主著者であるカーニハン博士とは、1981 年に私が同博士の"プログラミング言語 C"を翻訳出版したときにも序文をいただいたが、彼の本の作り方で、私はかねがね羨しいと思っていたことがある。それは、彼が UNIX の端末機の前に座って原稿を打ち込む、すなわち本を書くというより、本を打ち込んでしまうやり方をとることである。原稿を一旦こうして機会可読型にしてしまえば、後の編集作業は自由自在になる。しかも彼の流儀ですごいのは、原稿のプログラムの部分は、ちゃんと別に抜き出した形で、コンパイルとランを行なって動くことを確認した上で、人手で打ち直すことをせず、機械的に原稿の中に埋め込んでしまうことである。これならタイプミスの心配はまずない。カーニハン博士のかねてからの自慢は、本自体は出版社から出すが、原稿の編集から（オンライン写植機による）版下の作成まで一切を自分でやっている、また UNIX にそのためのツールを完備させた、ということであった。

コンピュータによる本の編集は私もやってみたいと思っていたが、日本語の場合はいろいろと面倒なことが多く、私自身はこれまでやったことがなかった。しかし、本書について特筆したいのは、元の翻訳原稿を訳者の野中さんがまずワープロに打ち、私がそれに目を通して、加筆修正をした上で、コンピュータ制御の写植機で印刷したことである。さらに、プログラム部分については正確を期すために、アスキー出版局の手で UNIX 上でテストした後に、TEX と呼ばれる編集システムでレーザー・プリンタに出力した。私が前からやりたいと思っていたことが、本書で実現したのである。

最後に、本書の完成にあたり、UNIX 独特の術語が多い本書の翻訳を精力的にやってくださった野中浩一氏、コンピュータ編集を意欲的に進めていただいたアスキー出版局、リストの打ち込みと TEX による出力をしてくれた水原 文君、それに"まえがき"を寄せていただいたカーニハン博士に心から感謝したい。UNIX をよりよく使いこなそうとする人々に、本書がお役に立てれば幸いである。

1985 年 8 月　石田晴久

目次

日本語版へのまえがき		iii
監訳者まえがき		iv
はじめに		1
第 1 章 初心者のための UNIX		**7**
1.1	はじめてみよう	8
1.2	日々の利用 — ファイルおよびよく使われるコマンド	20
1.3	ファイルについて — ディレクトリ	34
1.4	シェル	39
1.5	UNIX システムのその他の機能	54
第 2 章 ファイル・システム		**57**
2.1	ファイルの基礎	57
2.2	ファイルの種類	63
2.3	ディレクトリとファイル名	66
2.4	ファイルの使用許可	71
2.5	i ノード	79
2.6	階層化ディレクトリ	86
2.7	デバイスファイル	90
第 3 章 シェルの利用		**97**
3.1	コマンド行の構造	97
3.2	メタキャラクタ	102
3.3	新しいコマンドの作成法	110
3.4	コマンドの引数とパラメータ	113
3.5	プログラム出力を引数として与える方法	118
3.6	シェル変数	120

3.7	さらに高度な入出力の切換え	126
3.8	シェル・プログラムにおけるループ	129
3.9	全部まとめて送る方法 — bundle	132
3.10	シェルがプログラム可能になっている理由	135

第 4 章　フィルタ　　　　　　　　　　　　　　　　　　　137

4.1	grep ファミリー	138
4.2	その他のフィルタ	143
4.3	ストリーム・エディタ — sed	146
4.4	パターン検索・処理言語 — awk	154
4.5	よいフィルタとよいフィルタ	175

第 5 章　シェルによるプログラミング　　　　　　　　　　177

5.1	cal コマンドを強化する	178
5.2	どのファイルが実行されたかを調べる — which	184
5.3	while と until を用いたループ — 監視のテクニック	192
5.4	割込みのかけ方 — トラップ	199
5.5	ファイルの置換 — overwrite	202
5.6	プログラム名の指定によるプロセスの終了 — zap	208
5.7	ブランクと引数 — pick	211
5.8	公共サービス情報 — news	215
5.9	ファイルの変化の把握 — get と put	219
5.10	まとめ	225

第 6 章　標準入出力を用いたプログラミング　　　　　　　227

6.1	標準入出力 — vis	228
6.2	プログラムの引数 — vis 第 2 版	232
6.3	ファイル・アクセス — vis 第 3 版	235
6.4	画面ごとの表示プログラム — p	240
6.5	1 つの応用例 — pick	248
6.6	バグとデバッグについて	249
6.7	具体例 — zap	253
6.8	対話型ファイル比較プログラム — idiff	256
6.9	環境へのアクセス	264

第 7 章　UNIX システムコール　　　　　　　　　　　　　267

7.1	低レベル入出力	267

7.2	ファイル・システム — ディレクトリ	277
7.3	ファイル・システム — i ノード	284
7.4	プロセス	291
7.5	シグナルと割込み	299

第 8 章　プログラム開発　307

8.1	第 1 段階：四則演算	309
8.2	第 2 段階：変数とエラー回復	319
8.3	第 3 段階：任意の変数名 — 組込み関数	324
8.4	第 4 段階：マシン語へのコンパイル	340
8.5	第 5 段階：制御フローと関係演算子	351
8.6	第 6 段階：関数と手続き — 入出力	360
8.7	性能の評価	374
8.8	まとめ	377

第 9 章　文書作成　379

9.1	ms マクロパッケージ	381
9.2	troff のレベル	391
9.3	tbl および eqn プリプロセッサ	396
9.4	マニュアル・ページの書き方	405
9.5	その他の文書作成用ツール	411

エピローグ　415

付録 1　エディタの要約　419

付録 2　hoc のマニュアル　433

1.	式	433
2.	文と制御フロー	435
3.	入力と出力：read と print	436
4.	関数と手続き	436
5.	例	438

付録 3　hoc のリスト　439

索引　463

はじめに

"UNIX を搭載したシステムの数はこれまでに 10 に達し、さらに増えていくことが見込まれている。"（UNIX プログラマーズ・マニュアル、第 2 版、1972 年 6 月）

UNIX オペレーティグ・システム（OS）[*1] の開発は、1969 年、ベル研究所で廃棄された DEC PDP-7 に始まった。Rudd Canaday, Doug McIlroy, Joe Ossanna, Dennis Ritchie らの協力とアイデアを得た Ken Thompson は、小さな汎用タイムシェアリング（時分割）システム・プログラムを書いた。これは極めて使い勝手がよかったので、熱狂的なユーザを獲得し、最終的には、上位機種 PDP-11/20 の購入に十分な信頼感を与えるようになった。この PDP-11 への本システムの移植を手伝ったのが、初期のユーザの一人、Ritchie である。Ritchie はまた、C 言語のコンパイラを設計しそのプログラムを作成した。1973 年になって Ritchie と Thompson は UNIX のカーネルを C を使って書き直し、システム・ソフトウェアはアセンブリ言語で書かれるという従来の伝統を破った。この書換えによって、UNIX システムは、今日のものと本質的に同じになったのである。

1974 年頃になると "教育を目的" とする大学に使用許可がおり、2, 3 年後には商業ベースでも利用できるようになった。この間、UNIX システムはベル研究所内で盛んに使われるようになり、実験室、ソフトウェア開発プロジェクトチーム、ワープロセンター、電話局の業務支援システムへと導入されていった。以来この OS は世界中に広まり、何万というシステムに搭載され、その範囲はマイクロコンピュータから大型メインフレームにまで及んでいる。

UNIX はなぜこんなにうまくいったのか? 幾つかの理由をあげることができる。まず、C で書かれているために移植性がよいという点である。UNIX はマイクロコンピュータから大型メインフレームまでの広範囲のシステム上で動く。これは商業上の大きな利点である。第 2 に、そのソースプログラムは公開されていて、しかも高級言

[*1] UNIX オペレーティング・システムは、AT&T のベル研究所が開発し、AT&T がライセンスしております。"UNIX" という名前は、幾つかの単語の頭文字を集めて作られたものではなく、Thompson と Ritchie が以前に仕事をしていたオペレーティング・システム "MULTICS" から作られたものである。

はじめに

語で書かれているため、システムを特殊な目的に合わせるのが容易になる。最後にこれが一番重要なことなのだが、特にプログラマにとってよくできたオペレーティング・システムだという点である。UNIX の提供するプログラミング環境は、他に例のないほど豊富で生産性が高いのである。

UNIX システムは、数多くの革新的なプログラムや技法をもたらすとはいっても、どれか一つのプログラムあるいはアイデアでシステムをうまく動かしているのではない。UNIX を効果的にしているのは、プログラミングへのアプローチの仕方、つまりコンピュータ利用の哲学である。この哲学を一言で書きつけることはできない。しかしその核心にあるのは、システムの力というのは、個々のプログラムよりも、それらのつながり方にあるという考えである。UNIX の多くのプログラムは、それぞれ独立に極めて細かな仕事をする。しかし、他のプログラムと結合すると、汎用的で役に立つツールとなるのである。

本書の目的は、この UNIX のプログラミング哲学を知ってもらうことにある。個々のツール（プログラム）についての説明に紙面の多くを割いているが、その哲学はプログラムの結び付き方を基礎にしているので、至る所にプログラムの結合とか、プログラムを使ってプログラムを組み立てるといったテーマが登場する。UNIX システムとそのコンポーネントをうまく使うためには、プログラムの使い方だけではなくそれをどうやって環境に合わせるかを理解しなくてはならない。

UNIX が広まってくるにつれ、そのアプリケーションに習熟したユーザの割合は減ってきた。私たち自身も含めての話であるが、経験のあるユーザがある問題に対してぎこちない解決法しかみつけだせなかったり、現有のツールなら簡単にこなす仕事のために、わざわざプログラムを書くはめになることが再三に渡ってあった。もちろん、エレガントな解決法というものは、経験と理解がなくてはそう簡単に見つかるものではない。本書を読むことによって、読者が初心者であっても経験者であっても、その理解は深められ、それぞれのシステムを有効にまた楽しく使えるようになるものと期待している。UNIX システムをうまく使いこなしてほしいと切に願うものである。

本書はプログラマ個人を対象としている。それぞれの仕事を生産的にすることで、そのグループ全体の生産効率が上がるものと期待するからである。だが主なターゲットがプログラマだとはいっても、最初の 4, 5 章はプログラミングの経験がなくても理解できるので、一般のユーザにも役に立つに違いない。

われわれの要点の説明には、便宜的に作ったプログラムではなく、可能な限り、現実のプログラム例をあげるように務めた。本書のプログラム例は、例題として作成されたものだが、その後、私たち自身が日常的に使うプログラムとなったものも含まれている。プログラム例はすべて機械可読形に換えてあり、本書から直接抜き出してテストしてある。

はじめに

　本書の構成は次のようになっている。第1章は UNIX システムの最も基礎的な利用法の解説である。ログイン、メール、ファイル・システム、よく使われるコマンド、コマンド・インタープリタの基礎を扱う。経験のあるユーザはこの章を読みとばしてもさしつかえない。

　第2章は UNIX ファイル・システムに関する説明である。このファイル・システムは UNIX の操作の中心であるから、システムをうまく使うためにはよく理解しておく必要がある。この章で扱うのは、ファイルとディレクトリ、ファイルの使用許可とファイルモード、それに i ノードである。最後にファイル・システムの階層構造を概観し、デバイスファイルについて説明する。

　コマンド・インタープリタ、すなわちシェルはプログラムの実行だけでなく、その作成のためにも基本的なツールといえる。第3章では、読者自身の目的に合わせたシェルの使い方に焦点をあてる。内容は、新しいコマンドの作成、コマンドの引数、シェル変数、初歩的な制御フロー、入出力の切換えである。

　第4章ではフィルタを扱う。フィルタはデータがシステムを流れていくときに、幾つかの単純な変換を行なうプログラムである。最初の節ではパターン検索コマンド grep とその関連コマンドを取り扱う。2節では sort などの一時的なフィルタについて説明する。さらにこの章の残りの部分は、sed や awk と呼ばれる汎用データ変換プログラムの解説にあてた。このうち sed はストリーム・エディタの一種で、データの流れにそって編集して書き換えるプログラムである。また awk は、単純な情報検索や報告書作成のためのプログラミング言語になっている。時々シェルとやりとりしながら、これらのプログラムを使うだけで、通常のプログラム作成をしなくてすむことが多い。

　第5章では、シェルを使ってプログラムを書き、それを他のユーザにも使えるようにする方法について述べる。このトピックには、もっと高度な制御フローや変数、あるいはトラップや割込み（インタラプト）操作が含まれる。この章の例題には、シェルと同時に sed や awk をかなり使用する。

　ここまでくると、シェルをはじめとする既存のプログラムでは不十分な限界にまで到達する。そこで第6章では、標準入出力ライブラリを使った新しいプログラムの書き方について述べる。プログラムは C 言語で書かれているので、読者には C の知識があるか、少なくとも本書と平行して勉強していることを前提としている。新プログラムを設計し、構成していく際の気の利いた考え方を示し、現実に可能なステップを踏んで組み立てていく方法、それに既存のツールの利用法を紹介していく。

　第7章ではシステムコールを扱う。これは他のすべての階層のプログラムの基礎になるものである。話題は、入出力 (I/O)、ファイル作成、エラー処理、ディレクトリ、i ノード、プロセスおよびシグナルに及ぶ。

　第8章ではプログラム開発ツールについて述べる。ツールとしては、パーサジェ

ネレータである yacc, 大きなプログラムのコンパイルを制御する make, 構文解析プログラムを生成する lex を取り上げる。説明は、C ライクなプログラム可能な電卓言語の処理系を作製するための大きなプログラムの開発を下敷きにして行なう。

第 9 章は文書作成ツールについての話である。第 8 章で作成した言語を例にとって、ユーザレベルの記述およびマニュアルに書くべきことを示していく。この章は、他の章と独立して読んでもかまわない。

付録 1 は、標準のエディタ ed の要約である。日常使うにはもっと別のエディタを好む読者も多いだろうが、ed はどこでも利用でき、効率よく効果も大きい。その正規表現は、grep や sed のような他のプログラムの核ともなっており、この理由だけでも学ぶ価値がある。

付録 2 は、第 8 章の電卓言語の参照マニュアルである。

付録 3 は、電卓言語プログラムの最終版のリストである。ユーザの便を考えて一箇所にまとめた。

次に実際的な点について一言述べておく。まず第 1 に UNIX システムはたいへんポピュラーになってきたため、数多くの版がある。例えば、UNIX 第 7 版は、UNIX システムの開発元であるベル研の計算機科学研究センターから生まれたものである。カリフォルニア大学バークレー校では、この第 7 版を基にした、UCB 4.xBSD として知られるシステムを広めている。さらにもっと多くの種類があり、とりわけ小型コンピュータ用には、この第 7 版から派生したものが多数ある。

本書ではこういった多様性に対して、どのシステムに対しても共通と思われるものだけに機能を限ることで対処した。読者に伝えたいと考えているポイントは、何か固有のシステムに限られているわけではないが、細々とした指定方法については第 7 版の方式に準拠している。これが、広範に使われている UNIX システムの基になっているからである。本書のプログラム例は、ベル研のシステム V とバークレー版の 4.1BSD 上で走らせてみた。その結果、変更点はごくわずかであり、しかも変更が必要なのは、2, 3 のプログラムだけに限られていた。使用するシステムがどの版のものであっても、その違いは取るに足らないものに違いない。

第 2 点。本書では多くの問題が扱われているとはいっても、参照マニュアルではない。われわれは細かなことよりも、考え方や使い方を伝えることの方が大事だと感じている。標準的な情報源としては UNIX プログラマーズ・マニュアルがある。本書でカバーできない点について、あるいは使用しているシステムとわれわれのシステムとの違いを知りたいときは、この本が必要になるだろう。

第 3 に、何かを学ぼうとするには実際にやってみるのが一番である。本書は端末を前にして読むべきである。実行して確認し、ときには本書に書かれている内容との違いをみつけ、その限界やら応用やらを探ってみることである。ちょっと読んでは実際にやってみて、それからまた本に戻って先を少し、そういう具合に使っていただき

たい。

　UNIXシステムは、もちろん完璧ではないが、素晴らしい計算機利用環境であるとわれわれは信じている。本書を読まれて、読者もまた同じ結論に達する一助となれば幸いである。

　建設的な御助言やご批判をくださり、私たちのプログラムの改良を手伝ってくださった多くの人々に感謝の意を表したい。とりわけ、Jon Bentley, John Linderman, Doug MacIlroy, それに、Peter Weinbergerには多数の原稿をていねいに読んでいただいた。

　初稿にコメントをいただいた、Al Aho, Ed Bradford, Bob Flandrena, Dave Hanson, Ron Hardin, Marion Harris, Gerard Holzmann, Steve Johnson, Nico Lomuto, Bob Martin, Larry Rosler, Chris Van Wyk, Jim Weythmanの皆様に感謝する。

　貴重な御助言をいただいたMike Bianchi, Elizabeth Bimmler, Joe Carfagno, Don Carter, Tom De Marco, Tom Duff, David Gay, Steve Mahaney, Ron Pinter, Dennis Ritchie, Ed Sitar, Ken Thompson, Mike Tilson, Paul Tukey, Larry Wehrの諸氏にも謝意を表したい。

Brian Kernighan
Rob Pike

第1章
初心者のための UNIX

"UNIX"とは何か？ 最も狭い意味では、それはタイムシェアリング（時分割）オペレーティング・システムのカーネル（核）を指す。カーネルはコンピュータ資源を管理し、それをユーザに割り当てるプログラムである。例えば、ユーザによるプログラムの実行を可能にさせ、マシンに接続された周辺装置（ディスク、端末機、プリンタなど）を管理する。さらにプログラム、データ、文書といった長期保存情報を管理するファイル・システムを提供するのがカーネルである。

もう少し広い意味では、"UNIX"という言葉はこのカーネルだけではなく、コンパイラ、エディタ、コマンド言語、ファイルをコピーや表示するプログラムといった不可欠なプログラムまでも含めたものとしても使われる。

さらに広い意味では、"UNIX"は自分および他のユーザがそれぞれのシステム上で開発したプログラムさえも含むものとして用いられることがある。この意味では、文書作成のためのツール、統計解析用のルーチン、グラフィックス・パッケージといったものまで含まれるのである。

このように"UNIX"という言葉は様々に使われるのであるが、そのどれが適切かは、読者が頭に置いているシステムのレベルによって変わる。本書のなかで"UNIX"と言う場合にも、どの意味になるかはその状況によって様々である。

UNIX システムは、初心者のユーザには難しそうにみえるかもしれない。確かに利用できる機能を最適に使いこなすのはたいへんである。しかし、幸いなことに使い始めるのは難しくない。ほんの少しのプログラムを知りさえすれば、ともかく離陸できる。第1章は、できる限り手早く UNIX システムを使いはじめたいという読者を対象に書かれている。従って本章は概論であってマニュアルではない。その内容の大半は後の章でもっと詳細に取り上げる。ここでは、次のようなテーマについて話を進めていくことにしよう。

- 基礎
  ログイン/ログアウト、簡単なコマンド、タイプミスの修正、メール、端末間

の通信
- 日常の使用
 ファイルとファイル・システム、ファイルの表示、ディレクトリ、よく使うコマンド
- コマンド・インタープリタ、シェル
 ファイル名の短縮形、入出力の切換え、パイプ、1字削除や1行削除のための文字の設定、自分用のコマンド・サーチパスの定義

 これまで UNIX システムを使ったことのある読者なら、この章の大半の内容はなじみ深いはずなので、すぐに第2章へ移ってもかまわない。
 読者は UNIX プログラマーズ・マニュアルを一冊用意してほしい。これは本書を読みすすむ際に必要となる。マニュアルの内容をここで繰り返すよりも、マニュアルの何々に関する記述を読むように、とする方が簡単になることが多いからである。本書はマニュアルの代わりになるように意図されたものではなく、マニュアルに書かれているコマンドを最適に使いこなすにはどうしたらよいかを示そうとしたものである。マニュアルの最初には、整然と記述された索引があるが、それは何らかの問題に対処するのに適当なプログラムを探し出す際には不可欠である。マニュアルを使うのがおっくうにならないように慣れていただきたい。
 最後にアドバイスを一言。それは恐れずに実行してみようということである。もしあなたが初心者なら、失敗しても自分自身や他のユーザに迷惑をかけるようなことはほとんどない。むしろその失敗を通して、UNIX システムの動き方を知っていただきたい。第1章は長いので、2,3 ページずつ読んでは実際に試してみて、さらに次のページに読み進んでいくことが最適かと思われる。

1.1 はじめてみよう

端末機や入力に関する必要事項

 コンピュータの利用方法を何から何まで説明するのを避けるため、読者には、コンピュータの端末やその使い方にある程度の経験があるものとする。もし以降の説明でわからない点があったら、専門家に尋ねていただきたい。
 UNIX システムは全二重である。キーボードからタイプした文字は一旦システムへ送られ、それが端末へエコーバックされて画面に表示される。通常、文字は画面に直接表示されるので、タイプしながらみることができる。しかし、パスワードのように秘密にしておきたい文字をタイプするときは、エコーバックは抑止され、画面上には表示されない。
 キーボード上の文字の大半は特別な意味をもたない、通常の表示文字である。しか

し、なかにはタイプした文字をどう解釈するか、システムに教える働きをもった文字もある。これらのなかで重要なのが復帰（RETURN）キーである。復帰キーは入力行の終わりを意味する。システムの方では端末のカーソルを、画面上の次行の先頭に移動させる。復帰キーを押してはじめて、システムはそれまでにタイプした文字を解釈する。

　この復帰キーは制御文字の1つである。つまり、端末上の入出力を制御する目に見えない文字である。普通の端末には復帰の専用キーが付いているが、他の制御文字には専用キーが付いていない。その代わりにCONTROLキー（ときにはCTL, CNTL, CTRLとも表現される）を押しながら、別のキー（通常は文字）を押すという方法で入力する。例えば、復帰を入力するには復帰キーを押してもよいが、CONTROLキーを押しながら"m"をタイプしても同じことである。従って、復帰はcontrol–mと呼ばれることもあり、ctl–mのように書くこともある。この他の制御文字には次のようなものがある。ctl–dはプログラムに対して、入力終了の合図を与える。ctl–gは端末のベルを鳴らす。ctl–hはバックスペースと呼ばれ、タイプミスを修正する際に用いられる。ctl–iはタブで、カーソルを次のタブストップまで進める働きをする。通常のタイプライタと同じである。UNIXシステムのタブストップは8個のスペースごとに設定されている。これらのバックスペースとタブの専用キーは大部分の端末に付いている。

　この他に特殊な意味をもったキーが2つある。1つはDELETEキーで、ときにはRUBOUTとかその省略形でも呼ばれる。もう1つはBREAKキーで、INTERRUPTと呼ばれることもある。ほとんどのUNIXシステムでは、このDELETEキーはプログラムの終了を待たずに即座に中断させる働きをする。システムによっては、ctl–cがこの働きをする。さらに別のシステムでは、端末の接続方式によって、BREAKがDELETEやctl–cと同じ働きをする。

UNIX の実行例

　下に示すユーザとUNIXシステムとの対話形式の説明を見ながら、実際にUNIXシステムを実行してみよう。本書では、ユーザがタイプするものは斜字体で、コンピュータの反応はタイプライタ型の文字で、説明はイタリックでというように書き分けることにする。

　さて、まず接続を確立する。すなわち電話のダイアルを回し必要なスイッチをオンにする。そうするとシステムは次のように言ってくるはずである。

```
login: you ........................... ユーザ名（you）をタイプし、復帰キーを押す。
Password: ............................. パスワードはタイプしても表示されない。
You have mail. ....................... ログイン後にメール受信のメッセージ。
```

第1章 初心者のためのUNIX

```
$ ......................................... システムはコマンドを受け付ける準備が完了した。
$                                            復帰キーを2回押してみよう。
$ date ..................................... 現在の日付と時刻は?
Sun Sep 25 23:02:57 EDT 1983
$ who ...................................... 現在、マシンを使っている人は誰か?
jlb     tty0    Sep 25 13:59
you     tty2    Sep 25 23:01
mary    tty4    Sep 25 19:03
doug    tty5    Sep 25 19:22
egb     tty7    Sep 25 17:17
bob     tty8    Sep 25 20:48
$ mail ..................................... メールを読んでみよう。
From doug Sun Sep 25 20:53 EDT 1983
give me a call sometime monday
? .......................................... 復帰キーによって次のメッセージに進め。
From mary Sun Sep 25 19:07 EDT 1983 ........ 次のメッセージ。
Lunch at noon tomorrow?

? d ........................................ このメッセージを削除する。
$ .......................................... メールはこれでおしまい。
$ mail mary ................................ maryにメールを送る。
lunch at 12 is fine
ctl-d ...................................... メール送信の終了。
$ .......................................... 電話を切るか、端末の電源を落とす。
                                             実行例の終了。
```

本節の残りの部分では上記の実行例について説明し、また他の便利な機能をもつプログラムについても説明していく。

ログイン

まず初めにユーザは自分のユーザ名(ログイン名)とパスワードをもたなければならない。これはシステム管理者からもらうことができる。UNIXシステムは様々な端末から使えるが、小文字の使える端末が不可欠である。大文字と小文字の区別が実際に必要とされるからである。もし端末が大文字しか扱えない場合(ある種のビデオ端末やポータブル端末のように)には、使用が極めて困難なので、別の端末を探した方

が賢明である。

　装置上のスイッチが適切にセットされているかを確かめること。大文字、小文字の区別、全二重になっているか、その他、スピード、すなわちボーレートなどを各システムの専門家の勧める値にする。それぞれの端末で必要とされる手続きを踏んで接続を確立する。電話をダイアルすることもあるだろうし、場合によってはスイッチを1つ倒すだけかもしれない。いずれにせよシステムは、次のように表示してくるはずである。

　　　`login:`

もしめちゃめちゃな記号が表示されたら、ボーレートが合っていないと思われるので、チェックすること。もしそれでもだめなら、BREAK、あるいは INTERRUPT キーを2, 3度ゆっくり押してみる。それでもログインメッセージが表示されなければ、専門家に助けを求める必要がある。

　この `login:` というメッセージがでたら、ユーザ名を小文字でタイプし、続けて復帰キーを押す。パスワードが必要な場合には入力を促してくる。パスワードをタイプしても、画面には表示されないはずである。

　このログイン操作は、プロンプト（入力促進記号）の表示で終わる。通常は1個の記号で表示され、システムがユーザからのコマンドを受け付ける準備ができたことを示す。このプロンプトは多くの場合、ドル記号 `$`、あるいはパーセント記号 `%` であるが、好きなように変えることができる。その方法はすぐ後で示す。このプロンプトは実際には、コマンド・インタープリタ、すなわちシェルと呼ばれるプログラムが表示してくるものである。このシェルがユーザとシステムを結び付ける主なインターフェイスの働きをしているわけである。

　プロンプトの直前にその日のメッセージが表示されることがある。上の例ではメールが届いているというメッセージが出ている。さらに、使用している端末の種類を問い合わせてくることもある。その応答によって、システムとのやりとりをその端末固有の性質に合わせるようにできるのである。

コマンドの入力

　プロンプトが表示されるとコマンドを入力し、システムに何か仕事をするように要求することができる。本書では、プログラムという言葉はコマンドと同義語として使っていく。このプロンプト（`$` だと仮定しよう）を確認した後、`date` とタイプし、復帰キーを押してみる。システムは日付と時刻を返してきて、その後でまたプロンプトを表示するであろう。つまりこの一連の処理は、端末上では以下のように見えるはずである。

```
$ date
Mon Sep 26 12:20:57 EDT 1983
$
```

復帰キーを忘れないように。また $ はタイプしないことに注意。システムから無視されているように思ったら復帰キーを押してみる。何か反応があるはずである。復帰キーについては繰り返し注意しないが、すべての行の終わりに必要である。

次に who コマンドを試してみよう。これは現在ログインしているすべてのユーザを教えてくれるコマンドである。

```
$ who
rlm      tty0    Sep 26 11:27
pjw      tty4    Sep 26 11:30
gerard   tty7    Sep 26 10:27
mark     tty9    Sep 26 07:59
you      ttya    Sep 26 12:20
$
```

第1列がユーザ名である。2番目の列は、使用中の端末に対してシステムの付けた名前である ("tty" は "teletype" の意味で、現在でいう "termial" と同義語)。残り部分の表示は、各ユーザのログインした日付と時間である。また次のようなこともできる。

```
$ who am i
you      ttya    Sep 26 12:20
$
```

コマンド名をタイプミスして、存在しないコマンドを指定すると、そのような名前のコマンドはないというメッセージが返ってくるだろう。

```
$ whom .................................................... コマンド名を打ち前違えたため、
whom: not found ............................ システムには実行方法がわからなかった。
$
```

もちろん間違えた名前がたまたま実在するものだった場合には、実行されてしまう。おそらく、わけのわからない結果が出てくるだろう。

端末が奇妙な動きをするとき

端末がときには奇妙な動作をすることがあるだろう。例えば打った文字が画面に2個ずつ表示されたり、復帰キーを押してもカーソルが次の行の最初のカラムに移動

しなかったりという現象である。通常は端末を一旦 off にして再度 on にするか、一旦ログアウトしてログインし直すかで解決するはずである。あるいはマニュアルの1章に書かれている stty ("set terminal options") というコマンドの記述を読んでもよい。もし端末にタブがなくて、タブ記号のインテリジェント機能を使いたいのであれば、

$ `stty -tabs`

と入力すれば、システムはタブ記号を適当な数のスペースに変換してくれるだろう。端末にコンピュータで設定可能なタブストップが付いていれば、`tabs` コマンドによって目的に合うように設定できる（場合によっては、うまく機能させるために、

$ `tabs` *terminal-type*

とする必要がある。この `tabs` コマンドの記述方法については、マニュアルを参照すること）。

タイプミス

　復帰キーを押す前にタイプミスを発見した場合、修正には2つの方法がある。1度に1文字ずつ削除するか、またはその行全体を削除して再タイプするかである。

　行削除文字（既定値はアットマーク @）を入力すると、その行全体が捨てられ、何も入力しなかったことになる。そして、次の行にタイプし直すようにする。

```
$ ddtae@ .................................................. 完全な打ち間違い。やり直し。
date ........................................................ 新しい行に再タイプ。
Mon Sep 26 12:23:39 EDT 1983
$
```

　シャープ記号 # は最後に打った文字を削除する。すなわち、# 1つにつき1文字ずつ削除し、その行の先頭まで（それより前には戻らない）戻る。従って、タイプの未熟な人は、タイプしながら修正することができる。

```
$ dd#atte##e .................................................. タイプしながら修正する。
Mon Sep 26 12:24:02 EDT 1983
$
```

　1文字削除や1行削除のための文字は、システムによって実に様々である。多くのシステム（私たち自身のものも）では、1文字削除のための文字はバックスペースになっている。ビデオ端末にはこの方が具合がよいのである。各システムで何が採用されているかはすぐにチェックすることができる。

```
    $ datee◁ ............................................. ◁を試してみる。
    datee◁: not found ................................... ◁ではなかった。
    $ datee# ............................................ #を試してみる。
    Mon Sep 26 12:26:08 EDT 1983 ........................ #だった。
    $
```

（読者に見えるようにバックスペースを◁で表示している）1行削除の他に、ctl–uがよく使われる。本節の残りの部分では、目にみえるように1文字削除のための文字としてシャープ記号を使っていくが、もしお使いのシステムで別のものが使われていたら頭のなかで置き換えていただきたい。後ほど、"環境の調整法"のなかで、一度だけ1文字削除や1行削除のための文字を望みどおりに設定する方法を説明する。

テキストのなかに、この1文字削除や1行削除のための文字を入力するときにはどうするのか？ #や@の直前にバックスラッシュ \ を入れると、その特別な意味が失われるのである。従って#や@を入力するためには、\#とか\@とタイプすればよい。バックスラッシュに続いて@を打ったにもかかわらず、システムが端末のカーソルを次の行に進めることもあるが、これは気にしなくてよい、@, すなわちアットマークはちゃんと記録されている。

このバックスラッシュはときにはエスケープ文字とも呼ばれ、それに続く文字が何か特別なものであることを示すために広く使用されている。バックスラッシュ自身を削除するには、\## のように、1文字削除のための文字を2個タイプしなくてはならない。わけはおわかりであろうか？

タイプした文字は一連のプログラムによって検査され、解釈されてからその行き先へ送られる。そして、実際どのように解釈されるかは、その文字がどこまで行くかだけでなく、どのようなルートで到達したかによって変わる。

タイプした文字は即座にエコーバックされる。エコーバックが off になっていなければであるが、まず普通は on の状態にある。復帰キーを押すまでは、その文字はカーネルが一時的に蓄えている。そのためにタイプミスは1文字削除や1行削除のための文字で訂正できるわけである。この特別な文字の前にバックスラッシュがあると、カーネルはそのバックスラッシュを捨て、それに続く文字を何も解釈せずに保存する。

復帰キーを押すと、保持されていた文字は、その端末からの入力を読み込んでいるプログラムへ転送される。今度は、そのプログラムが文字をそれ自身のやり方で特別に解釈する。例えば、そのプログラムがシェルだとすれば、バックスラッシュに続く1文字には特別な解釈をしないというわけである。この点については第3章でもう1度触れる。今のところ、覚えておく必要があるのは、カーネルは1文字削除や1行削除を処理し、バックスラッシュが1文字削除や1行削除のための文字の直前に現われ

た場合にはバックスラッシュだけを処理するということと、この処理の後に残った文字が、また別のプログラムで解釈されていくという点である。

問題 1-1　次のようにタイプするとどうなるか説明せよ。

```
$ date\@
```

問題 1-2　大部分のシェルは（第 7 版では異なるが） # をコメントの始まりだと解釈する。そして # からその行の終わりまでのテキストをすべて無視する。この場合、1 文字削除のための文字が同じ # と仮定したときに、次のようなやりとりについて説明せよ。

```
$ date
Mon Sep 26 12:39:56 EDT 1983
$ #date
Mon Sep 26 12:40:21 EDT 1983
$ \#date
$ \\#date
#date: not found
$
```

先行入力機能

　カーネルはタイプした内容をタイプしたそのときに読み取るようになっている。仮にカーネルが他の仕事に忙しいときでもかまわないので、必要なときにはいつでも、どんなに素早く打ってもよい。何かのコマンドの実行中であってもよいのである。システムが表示を行なっている間にユーザがタイプすると、入力した文字はその出力文字と混じりあって表示されるだろうが、それはカーネルに蓄えられて、正しい順序で解釈されるはずである。個々のコマンドの終了を待たずに、ときにはその開始すら待たずに、次から次へとコマンドを入力できるのである。

プログラムの停止

　大抵のコマンドは DELETE キーをタイプすれば停止できる。数多くの端末にある BREAK キーでもうまくいくことがあるが、これはシステムによって異なる。テキスト・エディタのような 2, 3 のプログラムでは、DELETE で、そのプログラムでやっていたことは停止されるが、そのプログラムの外には出ない。端末の電源を off にするか、電話を切るかすればほとんどのプログラムは停止するはずである。

単に出力を一時的に止めたい場合は ctl–s を入力する。何か肝心の部分が画面から消えていかないようにしたいときなどに使う。その出力はほぼ瞬間的に止まり、再開の指示をするまでそのプログラムは中断している。再開したいときには ctl–q を入力する。

ログアウト

正しくログアウトするには、コマンドの代わりに ctl–d を入力する。これによって、シェルにこれ以上入力がないことを教える（これが実際にどのように作用するかは次の章で説明する）。通常は端末の電源を落としたり、電話を切ったりするだけでもよいが、それで本当にログアウトしたことになるのかどうかはシステムによって異なる。

メール

UNIX システムは、他のユーザとコミュニケートするためのメール（電子郵便）システムを提供している。ログイン後、最初のプロンプトが表示される前に、次のようなメッセージをみることがあるだろう。

```
You have mail.
```

このメールを読むには次のようにタイプする。

```
$ mail
```

最初のものから1度に1つずつメッセージが表示されるはずである。1つ表示するごとに、mail はそれをどうするのか、ユーザの指示を待っている。基本的には2つの応答法があり、1つはそのメッセージを消去するための d, もう1つは消去しない（次のメールを読んでも残っていることになる）復帰キーである。この他にはメッセージを再表示するための p, ファイルに保存するための "s ファイル名"、それに mail を停止するための q がある（ファイルとは何かを知らない人は、ある情報を各ユーザが名前を付けて保存し、後でまた引き出すことができるような場所と考えればよい。ファイルは1.2章のトピックであり、そして実際のところ、本書の大半のトピックでもある）。

ここで説明するものと現実のシステムと異なる可能性のあるのがこの mail である。詳細については、マニュアルをみていただきたい。

メールを送るのは簡単である。ユーザ名が nico という人にメールを送ることにしよう。

```
$ mail nico
```
Now type in the text of the letter ……………… ここで手紙をタイプしよう。

on as many lines as you like ...	何行でも好きなだけ。
After the last line of the letter	手紙の最終行の後ろに、
type a control–d.	control-d を入力せよ。

```
ctl-d
$
```

　この ctl–d は mail コマンドに対してもう入力がないことを教えるもので、メール送信の終わりの合図になる。メールの作成中に気が変わったら、ctl–d の代わりに DELETE キーを押すとよい。作成途中のメールは、送信されずに dead.letter という名前のファイルに保存される。

　試しに自分宛てにメールを送って、その後で mail とタイプしてそれを読んでみよう（この操作はみかけほど無意味なことではない。手軽なメモ機能になる）。

　メールを送る方法はこの他にもある。あらかじめ準備したメールを送ることができるし、また多くの人に同じメールを同時に送ることもできる。さらに、他のマシンを使っている人にメールを送信することもできる。詳しいことについては、UNIX プログラマーズ・マニュアルの 1 章にある mail コマンドの説明を参照していただきたい。これ以降、"mail (1)" のように表記した場合には、mail がマニュアルの 1 章のページに説明してあるという意味とする。本章で扱っているコマンドは、すべて 1 章に登場しているものである。

　カレンダーサービスが利用可能なこともある（calendar (1) を参照）。カレンダーがまだ設定されていない場合の設定法については、本書の第 4 章で紹介する。

他のユーザーとの会話

　もし UNIX システムが複数のユーザをもっていたら、ある日だしぬけに、びっくりするようなベルの音とともに、次のようなメッセージが端末に表示されることがあるだろう。

```
Message from mary tty7 ...
```

Mary があなたと話がっているのだが、あなたがちゃんとした操作をしなければ、応答を返すことができない、応答するには次のように入力する。

```
$ write mary
```

これによって双方向の通信パスが確立される。この状態になると、Mary が自分の端末でタイプした文字はあなたの端末にも表示され、逆にあなたのタイプした文字が Mary の端末にも表示されるだろう。ただしこのパスは遅いので、月面にいる人と話しているような感じになるかもしれない。

何かをやっている最中なら、コマンドを入力できる状態にしなくてはならない。通常はどんなプログラムを走らせているにせよ停止させる。しかし、エディタやこの `write` のようなプログラムには、"!" コマンドがあるので、一時的にシェルのなかに退避することも可能である。付録1の表2を参照のこと。

この `write` コマンドには何も取り決めがないので、自分のタイプしたものと Mary のタイプしたものとが煩雑にならないようにする必要がある。1つの会話の終わりに、"どうぞ (over)" を意味する (o) を付けて、かわるがわる話すようにしなくてはならない。話を止めたい合図には、"どうぞ、終わります (over and out)" を意味する (oo) とする。

```
Mary の端末                          あなたの端末
$ write you
                                    $ message from mary tty7 ...
                                    write mary
message from you ttya ...
did you forget lunch?  (o)
                                    did you forget lunch? (o)
                                    five@
                                    ten minutes (o)
ten minutes (o)
ok (oo)
                                    ok (oo)
                                    ctl-d
EOF
ctl-d
                                    $ EOF
$
```

DELETE キーを押しても `write` から抜け出すことができる。あなたのタイプミスは Mary の端末上には表示されていないことに注意しよう。

もしログインしていない人や、邪魔されたくない人に話しかけようとしたときには、その旨のメッセージが返ってくる。相手がログインしているのに、ある程度の時間がたっても返事がないときは、その人は忙しいか、あるいは端末を離れているかだろう。このときにはただ ctl-d か、DELETE キーを押すこと。逆にあなたの方が他人に邪魔されたくないときには、`mesg (1)` を使うとよい。

ニュース

多くの UNIX システムにはニュースの機能がある。ユーザの興味を引く最新情報からおもしろくない情報までユーザに提供している。次のように入力してみよう。

    $ news

さらに電話回線を通じて接続された、UNIX システムの大きなネットワークもある。netnews や USENET については、それぞれのシステムの専門家に問い合わせていただきたい。

マニュアル

システムについての詳しい情報は、大半が UNIX プログラマーズ・マニュアルに書かれている。このマニュアルの 1 章では本章で述べたコマンドを扱っている。2 章では、本書の第 7 章のテーマであるシステムコールについて記述されており、また 6 章にはゲームについての情報が載っている。これ以外の章では、C プログラムを作る際に使う機能、ファイル形式、システム保守機能が述べてある（これらの章立てはシステムによって様々である）。マニュアルの先頭に索引が付いているのをお忘れなく。ざっとそこに並んでいるコマンドを見渡して、自分と関係のありそうなものの見当をつけることができる。マニュアルにはシステムへの手引きもあり、UNIX がどのような働きをするのかを概観できる。

このマニュアルはディスク上に格納されているので、端末で読むことも可能である。何かにいきづまって、経験者の助けが求められないときには、端末に任意のマニュアルページを表示できる。それには、"man コマンド名" と入力すればよい。従って、who コマンドについて読みたければ、

    $ man who

と入力する。もちろん、

    $ man man

と入力すれば、この man コマンド自身について教えてくれる。

コンピュータによる UNIX の学習

システムによっては learn と呼ばれるコマンドをもっていることがある。これはコンピュータによって UNIX の使い方を習得するためのプログラムで、ファイル・システム、基本的なコマンド、エディタ、文書作成、それに C のプログラミングまでも手引きしてくれる。

```
$ learn
```

と入力してみよう。もしシステムに `learn` が存在していれば、その後どうすればよいかを教えてくれるだろう。もしこれがだめなら、`teach` というコマンドを試してみるとよい。

ゲーム

必ずしも公式に許されているわけではないが、コンピュータや端末と親しむには、ゲームで遊ぶのが最もよい方法の一つである。UNIX システムには手頃な量のゲームが付いており、各コンピュータ独自にゲームが追加されていることが多い。周りの人に聞いてみるか、マニュアルの 6 章をみてみよう。

1.2 日々の利用 ── ファイルおよびよく使われるコマンド

UNIX システム上の情報はファイルのなかに保存されている。これは通常のオフィスで見かけるファイルとたいへんよく似たものである。それぞれのファイルは、名前、中身、保存場所、それに所有者が誰で大きさはどの位かといった管理情報をもっている。ファイルの内容は、手紙だったり、名前と住所のリストだったり、プログラムのソース文だったり、あるプログラムに使うデータだったりする。さらに実行可能形式のプログラムをはじめとする、通常のテキストの形をしていないものも含まれる。

UNIX のファイル・システムは、他人のファイルと干渉することなしに、個人のファイルを管理できるように構成されている。もちろん、ユーザが他のユーザを干渉しないようにもしている。ファイルを操作するプログラムは数多くあるが、今のところは最も頻繁に使われるものに限って見ていくことにしよう。ファイル・システムの体系的な説明とファイルに関係したコマンドの解説は、第 2 章で行なうことにする。

ファイルの作成 ── エディタ

論文、手紙、プログラムなどをタイプしたいと思ったとき、どのようにしてマシンにその情報を保存させるのか？ この仕事の大半はテキスト・エディタが受けもってくれる。これはコンピュータのなかに情報を蓄えたり、操作したりするためのプログラムである。ほとんどすべての UNIX システムには画面エディタがある。これは近代的なディスプレイ型の端末の利点を活かしたエディタで、編集するたびに逐一その結果を表示するものである。最も有名なのが `vi` と `emacs` である。しかし、ここでは特定の画面エディタを取り上げることはしない。一つは紙面の制限のためであり、また標準的な画面エディタがないためでもある。

しかし、ed と呼ばれる旧式のエディタがあり、これなら確実に各システムで使える。これはディスプレイ型の端末機能の利点を活かしていないので、どの端末でも動くはずである。しかも他の（画面エディタの幾つかを含む）重要なプログラムの基礎になっているので、いつの時代にも勉強して損はない。簡単な説明は付録1に書かれている。

ユーザの好みのエディタが何であっても、いずれにせよファイルの作成法はしっかり身に付けておく必要がある。ここでは話を具体的にするため、また実例を自分のシステムで試してみられるように ed を使っていくが、実際には、自分で一番気に入っているエディタを使うのがよいのはもちろんである。

さて、それでは、junk という名前のファイルを作成して、そのなかに何か文章を書き込んでみよう。ed を使うには以下のようにする。

$ ed .... テキスト・エディタの起動。
a .... テキストを追加するための ed コマンド。
now type in
whatever text you want ...
. ... テキストの追加を終了するには "." だけを入力する。
w junk .... 作成したテキストを junk という名前のファイルに書き込む。
39 .... ed はファイルに書き込まれた文字数を表示する。
q .... ed を終了させる。
$

コマンド a（"append"; 追加）は、ed に対してテキスト入力の開始を知らせる。テキストの終わりを教える "." は、行の先頭に入力しなくてはならない。この "." が入力されるまでは、他のどんな ed コマンドも認識されないことを忘れないように。入力したものはすべてテキストの一部と見なされて追加されていく。

エディタ・コマンド w（"write"; 書込み）はユーザの入力した情報を格納する働きをする。"w junk" とすれば、テキストは junk という名前のファイルに蓄えられる。このファイル名は任意の名前でよい。junk（がらくた）という名前にしたのは、このファイルがあまり重要なファイルでないことをにおわせるためである。

ed は、ファイル中に書かれた文字数を返してくる。w コマンドを実行するまでは何も保存されていないのである。従って電話を切って帰宅すると、打ち込んだ情報はファイルのなかには保存されないことになる（もし編集中に電話を切ってしまったら、作業中のデータは ed.hup というファイルに保存されているので、次のセッションで継続できる）。もし編集途中にシステムがダウン（ソフトウェアあるいはハードウェアの障害による予期せぬ停止）したときは、ファイルのなかには最後の w コマンドによって書き込んだ内容しか残っていない。しかし、w の後ではそこまでの情報は

永久に保存されるので、後でまた次のように入力すればアクセスできる。

    $ ed junk

もちろん、すでにタイプしたテキストを編集して、ミススペルを修正したり、言葉を変えたり、パラグラフを入れ替えたりといったこともできる。作業が終わったときには q ("quit"；終了) コマンドによって、エディタから抜け出すことができる。

どんなファイルがあるか?

まず、junk および temp という 2 つのファイルを作成しよう。こうしておけば、手持ちのファイルがはっきりする。

    $ ed
    a
    To be or not to be
    .
    w junk
    19
    q
    $ ed
    a
    That is the question.
    .
    w temp
    22
    q
    $

ed が返してきた文字数には各行の終わりにある復改 (newline) と呼ばれる文字も含まれている。システムは復帰キーの入力をこのように表現しているのである。

現存のファイル名 (内容ではなく) を表示するには ls コマンドを使う。

    $ ls
    junk
    temp
    $

これらは今作成したばかりの 2 つのファイルである (ユーザ自身が作成していないファイル名が表示されることもある)。これらの名前は自動的に英字順に並べ替えら

れる。

大抵のコマンドと同様、ls コマンドにもオプションがあり、既定値を変えるために使われる。オプションはコマンド名に続けて書き、通常は先頭にマイナス記号 "-" を付けて、働きを暗示する英字 1 文字で構成される。例えば、ls -t とすると、ファイル名は時間（"time"）の順に表示される。つまり、最新のファイル名から順に表示する。

```
$ ls -t
temp
junk
$
```

-l オプションを指定すると、長い（"long"）表示が現われ、それぞれのファイルについてもっと詳しい情報が得られる。

```
$ ls -l
total 2
-rw-r--r-- 1 you       19 Sep 26 16:25 junk
-rw-r--r-- 1 you       22 Sep 26 16:26 temp
$
```

"total 2" とあるのは 2 つのファイルの占めているディスクスペースが何ブロックあるかを示している。1 ブロックは普通、512 もしくは 1024 字を指す。-rw-r--r-- という文字列は、そのファイルの読出しと書込みが許可されている人を示している。この例では、所有者（つまり you）は読出しと書込みはできるが、他のユーザは読出しだけが許可されている。それに続いて "1" とあるのは、そのファイルへのリンクの数であるが、第 2 章に進むまでは無視しておこう。"you" はそのファイルの所有者、つまり作成者を表わしている。19 とか 22 の数字は、それぞれのファイルに含まれる文字数である。ed で表示されたものと一致している。日付と時刻はそのファイルが最後に変更された日時である。

オプションは一度にまとめて指定することができる。ls -lt は ls -l と同じデータを表示するが、順序が異なり、最近作ったファイルから先に並べ替えて表示する。オプション -u はファイルが使われた日付の情報を表示するので、ls -lut とすれば、最近使ったファイルから順に長い（-l）リストが現われる。オプション -r には出力の順序を逆にする働きがある。従って ls -rt とすると、最も過去に使ったファイルから表示する。また関心のあるファイル名を指定することもできる。そうすると、ls はそのファイルに関する情報だけを表示するはずである。

```
$ ls -l junk
-rw-r--r--  1 you          19 Sep 26 16:25 junk
$
```

プログラム名に続いて、そのコマンド行に書かれる文字列、上の例では -l とか junk といったものはプログラムの引数と呼ばれる。通常、引数にはコマンドの使うオプションやファイル名が指定される。

-l とか、結合型の -lt のように、オプションを1つのマイナス記号と1字ずつの英字で指定するのは、UNIX 全般に共通した約束の一つである。コマンドがこういったオプションの引数を受け付けるときには、普通、その後にファイル名がくるが、これを除けば任意の順序で書いてよい。しかし、UNIX の多くのプログラムでは、この多重オプションの取扱い方に統一がとれていない。例えば、標準の第7版では、

```
$ ls -l -t
```
.... 第7版ではうまくいかない。

としても、ls は ls -lt と同じ意味には解釈してくれない。ところが一方では、多重のオプションをこのように分離して書くように要求するプログラムもある。

UNIX システムをもっと知るようになるにつれて、オプションの引数は体系的でも規則的でもないことがわかるだろう。それぞれのコマンドはそれぞれに約束をもち、ある英字にどのような意味をもたせるかは独自に決められる（同じ機能が他のコマンドでは別の文字であることがある）。このような不規則な取決めはユーザに混乱を与えるもとで、このシステムの欠陥の一つであることが指摘されている。新しい版ではもっと統一がとれるようになったものも多く、状況は改善されつつあるとはいえ、今のところ助言するとすれば、自分自身のプログラムを書くときには、なるべく統一のとれた形になるように工夫する一方で、マニュアルを手近に置くようにというぐらいのところである。

ファイルの表示 — cat と pr

さてもうすでに幾つかファイルができているので、その中身をみることにしよう。このためのプログラムは数多くあり、供給過剰気味の状態である。1つの方法としてはエディタを使う手がある。

```
$ ed junk
19 .................................................... ed は junk に 19 字あることを知らせる。
1,$p .................................................... 第1行から最終行まで表示せよ。
To be or not to be .............................. ファイルには1行しかなかった。
q .................................................................................... 作業終了。
$
```

ed は初めに junk のなかにある文字数を表示する。1,$p というコマンドはファイルのなかにあるすべての行を表示せよという命令である。このエディタの使い方をマスターすると、表示する範囲を選べるようになる。

しかしファイルの表示にエディタを使うのが適当でないときもある。例えば、エディタには扱えるファイルの容量に制限（数千行）があるし、またエディタでは1度に1つのファイルしか表示できないのである。ときには連続して幾つかのファイルを表示したいときもあるだろう。そこで別の方法を2つ紹介する。

第1は cat である。すべての表示コマンドのなかで最も単純である。cat は、その引数に指定されたすべてのファイルの内容を表示する。

```
$ cat junk
To be or not to be
$ cat temp
That is the question.
$ cat junk temp
To be or not to be
That is the question.
$
```

指定した1つまたは複数のファイルは、連続されて（catenated[*1]，"cat" という名前はこれに由来する。端末上に何の区切りもなく連続して表示される。

短いファイルではそうではないが、長くなると問題がでてくる。端末機がコンピュータと高速でつながっている場合、すばやく ctl–s を押して出力を停止させないと、cat からの出力は画面から流れ去ってしまう。大部分の UNIX システムでは、ファイルを1度に1画面ずつビデオ端末に表示するようなコマンドが付いているが、"標準" になっているコマンドはない。システムによっては pg とか more というプログラムがある。われわれのもっているプログラムは p と呼ばれるもので、その実現方法は第6章で紹介しよう。

第2は pr コマンドで、cat と同様、指定したすべてのファイルの内容を表示する。ただし、ラインプリンタに合った形式でである。各ページは 66 行（11 インチ）の長さになり、そのファイルを変更した日時、ページ番号、それに各ページの先頭にはそのファイル名が付けられる。さらに用紙のミシン目をスキップするために数行の余白を付ける。例として、まず junk を表示し、続いて新しいページの先頭にスキップしてから、今度は temp を表示してみよう。

[*1] "Catenate" は、いくぶんあいまいさがあるが、"concatenate" と同義語である。

```
$ pr junk temp

Sep 26 16:25 1983        junk page 1

To be or not to be ..................................... (この後 60 行の空白)
    (60 more blank lines)


sep 26 16:26 1983        temp page 1

That is the question. .................................. (この後 60 行の空白)
    (60 more blank lines)
$
```

pr では多段組み出力も可能である。

```
$ pr -3 filenames
```

とすると、それぞれのファイルは 3 段組みで表示される。"3" の場所に任意の適当な数字を入れてよい。そうすれば、pr コマンドがうまくやってくれるはずである (*filenames* は 1 つ以上のファイル名の代表名である)。pr -m とすると、一群のファイルが平行に表示される。pr (1) を参照のこと。

注意しなくてはならないのは、pr コマンドは行を整形したり、左右端を揃えたりするという意味でのフォーマット・プログラムではないことである。本物のフォーマッタは nroff や troff であり、これらについては第 9 章で説明する。

高速プリンタでファイルをプリントするコマンドもある。マニュアルを調べて、lp とか lpr という名前をみつけるか、索引の "printer" の項目を調べてみるとよい。どちらのコマンドを使うかは、マシンに接続された装置によって決まる。pr と lpr はしばしば組になって用いられる。pr が情報を適当にフォーマットした後で、lpr がマシン部分の操作を受けもち、情報をラインプリンタに送る。この話は少し後でまた取り上げる。

ファイル名の変更、ファイルの複写と削除 — mv, cp, rm

別のコマンドを幾つかみていこう。まず最初はファイル名を変更するコマンドである。ファイル名の変更は、以下のようにある名前から別の名前に "move" することによって行なわれる。

```
$ mv junk precious
```

この意味は junk と呼ばれていたファイルが、現在は precious というファイル名になったということである。もちろん、ファイルの内容は変わっていない。ここで ls を実行してみると、ファイル名が違っているのがわかるだろう。junk ではなく、precious という名前があるはずである。

```
$ ls
precious
temp
$ cat junk
cat: can't open junk
$
```

このとき、すでに存在しているファイル名を変更すると、そのファイルの内容は変更前のファイルに書き換えられるので、注意が必要である。

ファイルのコピーを作りたい（つまり、同じファイルを二重にもっていたい）ときには cp コマンドを使う。

```
$ cp precious precious.save
```

とすれば、precious のコピーが precious.save のなかに作られる。

最後に、ファイルの作成や名前の変更に飽きてしまったときには、rm コマンドによってファイルをすべて削除することができる。

```
$ rm temp junk
rm: junk nonexistent
$
```

上のように、削除するファイルのなかに存在していないファイルがあると、警告が表示される。しかしこれ以外の点では、多くの UNIX コマンドと同じく、rm コマンドも寡黙に実行される。プロンプトやチャター（おしゃべり）はなく、エラーメッセージも簡単なもので、ときには不親切ともいえる。初心者のユーザはこの簡潔さに戸惑うかもしれないが、コマンドからのメッセージが多いのは、経験を積んだユーザにはうるさく感じられるのである。

ファイル名の付け方

これまでファイル名の約束事には一切触れずにきた。ここでファイル名の規則について触れておこう。まず、ファイル名は 14 文字以内でなくてはならない。第 2 にファイル名はどの文字を使ってもかまわないのだが、常識的に画面上で見えるものに限った方がよいし、何か他の意味に使われそうな文字は避けなければならない。例え

ば、すでに見てきたように、`ls` コマンドでは、`ls -t` とすると時間の順に表示せよという意味になる。それでもし、-t というファイル名を付けたとしたら、そのファイルを指定して表示するにはひどく時間がかかるだろう（どうすればできるだろう?）。このマイナス記号の他にも特別の意味をもつ文字がある。この落とし穴を避けるために、様子がわかってくるまで、英字、数字、ピリオド、アンダーラインだけを使っている方が望ましい（ピリオドとアンダーラインは、通常、ファイル名を幾つかに区切るときに用いられる。上記の `precious.save` がその例である）。最後に、大文字、小文字は区別されているのを忘れないように。junk, Junk, JUNK はすべて別々のファイルとなる。

他の有用なコマンド

さてこれで、ファイルの作成、ファイル名の表示、およびその内容の表示の基礎の話がすんだから、さらに5,6個のファイル処理コマンドをながめていくことにしよう。話を具体的にするため、Augustus De Morgan の有名な詩を題材にして、poem というファイルを使っていくことにする。まず、ed を使ってファイルを作成しよう。

```
$ ed
a
Great fleas have little fleas
   upon their backs to bite 'em,
And little fleas have lesser fleas,
   and so ad infinitum.
And the great fleas themselves, in turn,
   have greater fleas to go on;
While these again have greater still,
   and greater still, and so on.
.
w poem
263
q
$
```

最初に紹介するコマンドは、1つまたはそれ以上のファイルのなかの行数、ワード数、文字数を表示するもので、その word-counting 機能にちなんで、wc という名前が付いている。

```
$ wc poem
        8      46     263 poem
$
```

つまり poem には、8 行、46 ワード、263 文字あるということである。"ワード (word)" の定義は極めて単純である。すなわち、ブランク、タブ、復改記号（ニューライン）を含まない任意の文字列である。

wc は 1 つ以上のファイルについても教えて（そうしてその合計を表示して）くれる。さらに指定すれば、その合計のうち任意のものを表示することもできる。wc (1) を参照。

2 番目のコマンドは grep である。これはファイルを検索して、あるパターンに一致した行を探してくれるコマンドである（その名前の由来は、ed コマンドの g/*regular–expression*/p であり、これについては付録 1 に説明がある）。poem のなかで、"fleas" という単語を探してみよう。

```
$ grep fleas poem
Great fleas have little fleas
And little fleas have lesser fleas,
And the great fleas themselves, in turn,
  have greater fleas to go on;
$
```

また、-v オプションを使うと、grep は、あるパターンに一致しない行を探してくれる（"v" という名前は、エディタ・コマンドのうちこれに対応する機能をもったコマンドにちなんで付けられた。一致の意味を逆にすると考えればよい）。

```
$ grep -v fleas poem
  upon their backs to bite 'em,
  and so ad infinitum.
While these again have greater still,
  and greater still, and so on.
$
```

grep もまた複数のファイルに渡って検索することができる。この場合には、一致した各行の先頭にそのファイル名を付けてくれるので、一致が起こった場所がどこかがわかる。この他にも、数を数えたり、行番号を付けたりするオプションなどがある。grep はまた、"fleas" といった単純な単語よりずっと複雑なパターンを探すのに使うこともできる。しかし、これに関しては、第 4 章まで話を控えておこう。

3番目のコマンドは sort である。これは、入力された行を英字順にソートする働きをもつ。材料が詩の場合にはあまり面白くないが、どのようになるかをみるためにともかく試してみよう。

```
$ sort poem
   and greater still, and so on.
   and so ad infinitum.
   have greater fleas to go on;
   upon their backs to bite 'em,
And little fleas have lesser fleas,
And the great fleas themselves, in turn,
Great fleas have little fleas
While these again have greater still,
$
```

このソートは行単位に行なわれる。ただソートする順序の既定値は、ブランクがまず1番目、次に大文字の英字、最後に小文字となっているので、厳密には英字順にはなっていない。

sort は、ソートの順序を制御する数多くのオプションをもっている。逆英字順、数値順、辞書に登場する順、先頭のブランクの無視、1行のなかでのフィールドのソートなどである。しかし通常は、これらのオプションに通じるようになるには、その内容をよく調べあげる必要がある。最も普通に使われるものを5つあげておく。

sort -r	通常の順序の逆転。
sort -n	数値順のソート。
sort -nr	数値順の逆順のソート。
sort -f	大文字、小文字を区別しない。
sort +n	$n+1$ 番目のフィールドからソートする。

sort に関しては、第4章でさらに詳しく述べる。

もう1つのファイル検索コマンドは tail である。これはファイルの最後の10行を表示する。例としている8行の詩ではいき過ぎてしまうが、もっと大きなファイルではうまくいき。さらに tail には表示する行数を指定するオプションがあるので、poem の最終行を表示するためには以下のようにする。

```
$ tail -1 poem
   and greater still, and so on.
$
```

tail はまた、特定の行から始めてファイルの内容を表示することもできる。

$ *tail +3 filename*

とすると、第3行から表示を開始する（引数に通常用いるマイナス記号を逆にしたプラス記号を使っている。これは感覚的に自然なものであることに注目していただきたい）。

最後に取り上げるコマンドは、ファイルの比較に用いられるものである。poem を変形した、new_poem というファイルがあるとしよう。

```
$ cat poem
Great fleas have little fleas
   upon their backs to bite 'em,
And little fleas have lesser fleas,
   and so ad infinitum.
And the great fleas themselves, in turn,
   have greater fleas to go on;
While these again have greater still,
   and greater still, and so on.
$ cat new_poem
Great fleas have little fleas
   upon their backs to bite them,
And little fleas have lesser fleas,
   and so on ad infinitum.
And the great fleas themselves, in turn,
   have greater fleas to go on;
While these again have greater still,
   and greater still, and so on.
$
```

この2つのファイルに大きな違いはない。実際、よくみないとその違いはわからないだろう。このようなときにファイル比較コマンドが役に立つのである。cmp コマンドは、2つのファイルの最初の違いがあった場所をみつけてくれる。

```
$ cmp poem new_poem
poem new_poem differ: char 58, line 2
$
```

これは 2 つのファイルの第 2 行に違いがあったことを知らせている。だが違いが何かは示していないし、2 つ以降の違いについては何も表示していない。

ファイル比較コマンドにはもう 1 つ diff がある。これは、変更、追加、削除を受けたすべての行を報告してくれる。

```
$ diff poem new_poem
2c2
<     upon their backs to bite 'em,
---
>     upon their backs to bite them,
4c4
<     and so ad infinitum.
---
>     and so on ad infinitum.
$
```

この意味は、第 1 のファイル (poem) の第 2 行が、第 2 のファイル (new_poem) の第 2 行に変更されたに違いないということである。第 4 行についても同様である。

一般には、cmp は 2 つのファイルの内容が全く一致しているかどうか確認したいときに使われる。このコマンドは素早く処理し、テキストだけでなくどのような種類のファイルにも使える。diff は、2 つのファイルがある程度違うことが予想されるときに用いられ、テキストファイルに限って使用できる。

ファイル・システム用コマンドのまとめ

表 1.1 は、これまでにみてきたファイル操作コマンドの簡単なまとめである。

表 1.1　一般的なファイル・システム用コマンド

ls	現在のディレクトリのなかにある全ファイル名の表示
ls *filenames*	指定したファイル名のみ表示
ls -t	最新のファイルから順に表示
ls -l	詳しい情報の表示。ls -lt も同様
ls -u	最近使ったファイルから順に表示。ls -lu, ls -lut も同様
ls -r	逆の順に表示。-rt, -rlt も同様

表 1.1　一般的なファイル・システム用コマンド

コマンド	説明
ed *filename*	指定したファイルの編集
cp *file*1 *file*2	ファイル 1 をファイル 2 に複写する。すでにファイル 2 が存在するときにはその内容は上書きされる
mv *file*1 *file*2	ファイル 1 の名前をファイル 2 にする。すでにファイル 2 が存在するときにはその内容は上書きされる
rm *filenames*	指定したファイルの削除。削除したファイルは復活できない
cat *filenames*	指定したファイルの内容を表示する
pr *filenames*	ヘッダを付けて表示する。1 ページ 66 行
pr -*n filenames*	n 段組みに表示する
pr -m *filenames*	指定した複数のファイルを平行して表示する（複数カラム）
wc *filename*	それぞれのファイルの行数、ワード数、文字数を数える
wc -l *filename*	それぞれのファイルの行数を数える
grep *pattern filenames*	指定したパターンと一致した行を表示する
grep -v *pattern files*	指定したパターンと一致しない行を表示する
sort *filenames*	英字順に行単位でソートする
tail *filename*	ファイルの最後から 10 行を表示する
tail -*n filename*	ファイルの最後から n 行を表示する
tail +*n filename*	n 番目の行からファイルを表示する
cmp *file*1 *file*2	最初に違いのあった場所を表示する
diff *file*1 *file*2	2 つのファイルの違いをすべて表示する

1.3 ファイルについて ── ディレクトリ

UNIX システムでは、ユーザの junk というファイルと他のユーザの同名のファイルは区別される。この識別は、ファイルをディレクトリのなかにグループ化して入れておくことで行なわれる。図書館で本を書架に収めるやり方に似ているといえよう。そのため、異なったディレクトリに入ったファイルは仮に同じ名前であっても混乱は生じないのである。

一般には、それぞれのユーザは個人のディレクトリ、すなわちホーム・ディレクトリをもっている。これはログイン・ディレクトリとも呼ばれることもあり、そのなかにはそのユーザ所有のファイルだけが入っている。ユーザがログインしたときには、自分のホーム・ディレクトリの "なか" にいることになっている。ユーザが作業中のディレクトリ ── ワーキングあるいはカレント・ディレクトリと呼ばれる ── は変更することができるが、ホーム・ディレクトリはいつも不変である。特殊な操作をしない限り、新しく作成されたファイルは、ユーザのカレント・ディレクトリのなかに作られる。カレント・ディレクトリは初期状態ではユーザのホーム・ディレクトリになっているので、そのファイルは、もし他のユーザのディレクトリに同じ名前のファイルが存在したとしても関係がないのである。

ディレクトリのなかには、通常のファイルの他に複数のディレクトリも含ませることができる（"大きなディレクトリはより小さなディレクトリをもつ..." ともいえる）。この構成を図式化すると、自然にディレクトリとファイルでできたツリー（樹木）状になる。このツリーのなかを動き回ることができ、ツリーのルート（根元）から出発して適当な枝にそって移動すれば、そのシステム中に存在する任意のファイルをみつけることができる。これと逆に、今いる位置から始めてルートの方へも移動できる。

この後の方から試してみよう。まず基本的なツールとなるのは pwd（"print working directory"）コマンドで、現在ユーザのいるディレクトリの名前を表示する。

```
$ pwd
/usr/you
$
```

この意味は、今ユーザがいるのは you というディレクトリで、それは usr というディレクトリのなかにあり、さらにそれがルート・ディレクトリのなかにあるということである。ルート・ディレクトリは、単に "/" で表わす約束になっている。/ はファイルの名前の各要素を分割する働きももっている。先に触れた 14 文字以内という制限は、このそれぞれの要素に対して適用される。多くのシステムでは、/usr という名

前のディレクトリに、そのシステムを使っている全ユーザーのディレクトリが入っている（例えば例えばユーザのホーム・ディレクトリが /usr/you でなくても、pwd は何か似たものを表示するので、以下に起こることは理解できるはずである）。

次のように入力してみよう。

 $ ls /usr/you

ただ ls としたときに得られたファイル名と全く同じものが表示されるはずである。何も引数を指定しないときには、ls はカレント・ディレクトリの内容を表示する。ディレクトリの名前を指定すると、そのディレクトリの内容を表示する。

 $ ls /usr

とすると、長々と名前を表示する。そしてそのなかには、自分自身のログイン・ディレクトリの you も含まれているであろう。

次のステップは、ルート・ディレクトリ自身を表示することである。他のシステムでも以下と似たような反応が得られるであろう。

 $ ls /
 bin
 boot
 dev
 etc
 lib
 tmp
 unix
 usr
 $

（/ のもつ 2 つの意味を混同しないように。/ はルート・ディレクトリ自身の名前でもあり、またファイル名の区切りでもある。）ここに表示された名前の大半はディレクトリであるが、unix というのは実際には 1 つのファイルであり、実行可能形式の UNIX のカーネルが収められている。これについては、第 2 章でさらに取り上げる。

今度は（まだユーザのディレクトリに junk が残っていれば）、以下のようにやってみよう。

 $ cat /usr/you/junk

この名前

 /usr/you/junk

は、そのファイルのパス名と呼ばれる。この"パス名"のもつ意味は直感的にわかるだろう。すなわちルートからディレクトリのツリーを通って、特定のファイルまでのパス（道すじ）の名前を全部表わしたものである。これは UNIX システムでは共通のルールなので、通常のファイル名を使える状況では、いつでもこのパス名を使用できる。

　ファイル・システムは系統樹のように構成されており、理解を明確にするために次の図を示しておく。

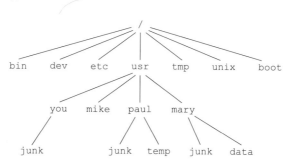

you の junk というファイルは、Paul や Mary の junk とは関係がない。

　関心のあるファイルがすべて自分自身のディレクトリにあれば、パス名というのはそれほど素晴らしく役に立つわけではない。しかし、ユーザが誰か他のユーザと一緒に仕事をしていたり、幾つかのプロジェクトを同時進行させているときには極めて役に立つ。例えば仲間がユーザ（you）の junk を表示しようと思ったら、

　　$ cat /usr/you/junk

とすればよいのである。同様にして、ユーザが Mary のもっているファイル名を知りたければ、

　　$ ls /usr/mary
　　data
　　junk

とすればよいし、Mary のファイルの1つを自分のファイルにコピーしたければ、

　　$ cp /usr/mary/data data

とすればよい。さらに Mary のファイルを以下のようにして編集することもできる。

　　$ ed /usr/mary/data

　もし Mary がファイルをいじってほしくないとき、あるいはその反対のときには、プライバシーを守るようにすることができる。それぞれのファイルやディレクトリ

1.3 ファイルについて — ディレクトリ

は読出し、書込み、実行の3段階の使用許可をもっていて、所有者、グループ、他のユーザに対してそれぞれ許可を与えてアクセスをコントロールするために使われる(`ls -l`コマンドを思い出してほしい)。われわれ自身のシステムでは、大抵のユーザはほとんどの場合、ファイルを公開してしまった方がより多くのメリットがあると思っているが、他のシステムではまた別の考え方があるかもしれない。この話題に関しては、第2章で再び取り上げることにしよう。

パス名に関する最後の試みとして、次のようにやってみよう。

```
$ ls /bin /usr/bin
```

表示された名前の幾つかはもう御存知であろう。プロンプトの後にコマンド名をタイプして実行させるときには、システムはその名前をもったファイルを探しにいく。通常はまずユーザのカレント・ディレクトリを探し（多分そこには見つからないので）、逆に `/bin` を探し、最後に `/usr/bin` のなかを探す。`cat` や `ls` といったコマンドでも特に変わりはない。ただ、みつけて実行しやすいように、それらは2, 3の特別のディレクトリに集められている点が違うだけである。これを確認するために、こういったプログラムを完全なパス名を使って実行してみよう。

```
$ /bin/date
Mon Sep 26 23:29:32 EDT 1983
$ /bin/who
srm      tty1     Sep 26 22:20
cvw      tty4     Sep 26 22:40
you      tty5     Sep 26 23:04
$
```

> **問題 1-3** 次のコマンドを実行して、表示された指示に従って進め。仕事以外のときにやるとさらに面白いかもしれない。
>
> ```
> $ ls /usr/games
> ```

ディレクトリの変更 — cd

ユーザが Mary のディレクトリにある情報を使って、彼女と定期的に仕事をしている場合、次のように言うことができる。"自分自身のファイルの代わりに Mary のファイルを使って仕事をしたい。" これは、`cd` コマンドを使ってユーザのカレント・ディレクトリを変更することによって行なわれる。

37

```
$ cd /usr/mary
```

こうすれば、cat や pr の引数として（/ を使わない）ファイル名を使うと、それは Mary のディレクトリのなかのファイルを意味するようになる。ディレクトリを変更しても、あるファイルに付けられた使用許可は何ら影響を受けない。もし自分自身のディレクトリからアクセスできないファイルだったら、別のディレクトリへ移ってもその事実は変わらない。

　あるテーマに関連したファイルはすべて、他のプロジェクトと関係のないディレクトリのなかに入れて置きたいと思うときがあるかもしれない。例えば 1 冊の本を書きたいと思ったときなどである。おそらく、そのテキストは全部 book という 1 つのディレクトリに保存したいと考えるだろう。新しくディレクトリを作るには、mkdir コマンドを使う。

```
$ mkdir book   ..................................................... ディレクトリの作成。
$ cd book      ..................................................... そのディレクトリへ行く。
$ pwd          ..................................................... 正しい位置にいることを確認。
/usr/you/book
...            ..................................................... テキスト書く。

$ cd ..        ............................ ファイル・システムのなかのレベルを 1 段上がる。
$ pwd
/usr/you/
$
```

".." は、ユーザがどのディレクトリにいても、そこからルート・ディレクトリに 1 段近づいたディレクトリ、すなわち親ディレクトリを意味する。"." は現在のディレクトリの意味になる。

```
$ cd           ..................................................... ホーム・ディレクトリへ戻る。
```

これだけでホーム・ディレクトリ、すなわちユーザがログインしたときのディレクトリへ戻る。

　さて本が出版されてしまえばこのファイルは不要になる。book というディレクトリを削除するには、まずそのなかの全部のファイルを削除し（素早くやる方法はまもなく示す）。それから cd を使って book の親ディレクトリへ移り、次のように入力する。

```
$ rmdir book
```

rmdir コマンドは、中身が空のディレクトリしか削除できないのである。

1.4 シェル

さて、UNIX では実行させたいコマンドをタイプインできるのは、システムがプロンプト $ を表示したときである。このときユーザが相手にしているのはカーネルではない。コマンド・インタープリタ、あるいはシェルと呼ばれるプログラムである。シェルは重要な働きをしているが、date や who といった通常のプログラムの1つにすぎない。シェルがユーザとカーネルの機能の仲立ちをしてくれることは、実に有難いことなのである。その点についてここで説明していく。これは大別すれば次の3つになる。

- ファイル名の短縮
  プログラムを引数として、名前を1つのパターンに指示すると、その一群のファイル名を指定したことになる。シェルは指定したパターンに一致した複数のファイル名をみつけるはずである。
- 入出力の切換え
  任意のプログラムの出力を端末の代わりにファイルに変更でき、また入力を端末からではなくファイルから行なうようにすることもできる。
- 環境のパーソナル化
  自分用のコマンドや短縮形を定義できる。

ファイル名の短縮形

まずファイル名のパターンから始めよう。本のような、大きな文書をタイプしつつあると仮定しよう。本は普通、章とか節とかいったものに分かれ、物理的にも分割しなくてはならない。大きなファイルを編集するのは煩わしいからである。従って、文書は多くのファイルに分けてタイプすることになる。ch1, ch2 などという名前のファイルに分けることもあるだろう。あるいは、それぞれの章がさらに節に分かれるとすれば、次のような名前のファイルを作成するかもしれない。

```
ch1.1
ch1.2
ch1.3
...
ch2.1
ch2.2
...
```

これは私たちが本書の章立てに使ったものである。体系的に名前を付けていくと、あるファイルが全体のどこに位置しているのかが一目でわかる。

本全体を表示するにはどうしたらよいだろう? 次のようにするかもしれない。

```
$ pr ch1.1 ch1.2 ch1.3 ...
```

しかし、複数のファイル名をタイプするのは面倒であり、また間違いもおかしやすい。そこでファイル名の短縮形の登場になる。次のように入力してみよう。

```
$ pr ch*
```

シェルはこの * を"任意の文字列"と解釈する。従って ch* は、カレント・ディレクトリにある ch で始まるすべてのファイルを意味することになる。シェルは英字順[2]にそのリストを作成し、それを pr へ送る。pr 自身はこの * を理解しない。シェルがカレント・ディレクトリのなかで行なうパターンの照合によって文字列のリストが生成され、それが pr に送られるのである。

大事な点は、このファイル名の短縮形が pr コマンドに属していないことである。このために、任意のコマンドに対してもこのやり方で一連のファイル名を生成できるのである。例えば、第 1 章中にあるワード数を数えるには、次のようにすればよい。

```
$ wc ch1.*
    113     562    3200 ch1.0
    935    4081   22435 ch1.1
    974    4191   22756 ch1.2
    378    1561    8481 ch1.3
   1293    5298   28841 ch1.4
     33     194    1190 ch1.5
     75     323    2030 ch1.6
   3801   16210   88933 total
$
```

このファイルの短縮形の意味を考える上で特に重要と思われるプログラムに echo がある。もうおわかりかもしれないが、echo はその引数をエコーバックするコマンドである。

```
$ echo hello world
hello world
$
```

---

[2] ここでも大文字が小文字よりも先になるので、厳密には英字順ではない。ソートに使われる文字の順序については、ascii (7) を参照のこと。

しかし、この引数はパターン・マッチングでも生成できる。

 $ *echo ch1.**

とすると、第1章にあるすべてのファイル名を表示する。さらに、

 $ *echo **

とすると、カレント・ディレクトリにあるすべてのファイルを英字順に表示する。また、

 $ *pr **

とすれば、ユーザの全ファイルを（英字順に）表示し、さらに、

 $ *rm **

はユーザのカレント・ディレクトリにあるすべてのファイルを削除する（これが何を意味しているか、読者はおわかりであろうか?）。

 この * 記号はファイル名の最後に限っているわけではない。* は任意の位置に置いてよいし、何度使ってもよいのである。従って、

 $ *rm *.save*

とすれば、.save で終わるすべてのファイルが削除される。

 ファイル名は英字順にソートされているが、ファイル名のなかに英字がある場合、順序は若干異なって表示される。本が10章からなっていれば、その順序は期待どおりにはならないだろう、というのは、ch10 は ch2 よりも先に表示されるからである。

 $ *echo **
 ch1.1 ch1.2 ... ch10.1 ch10.2 ... ch2.1 ch2.2 ...
 $

 確かに * が最もよく使われているが、シェルの提供するパターン・マッチング機能はこれだけではない。[...] というパターンは、括弧のなかにある文字の任意のものとの一致をとる。連続した英字や数字は省略することもできる。

 $ *pr ch[12346789]** .... 5章以外の1, 2, 3, 4, 6, 7, 8, 9章を表示する。
 $ *pr ch[1-46-9]** .... 上と同じ。
 $ *rm temp[a-z]* .... tempa, ..., tempz のうち存在するファイルをすべて削除。

? のパターンは、任意の 1 文字との一致をとる。

$ ls ? .... 1 文字のファイル名を表示する。
$ ls -l ch?.1 .... ch1.1, ch2.1, ch3.1 などのファイル名を表示するが、
                                                                ch10.1 は表示しない。
$ rm temp? .... temp1, …, tempa などを削除する。

これらのパターンは存在するファイルだけを一致させることに注意しよう。特にパターンを使って新しいファイル名を作ることはできない。例えば、それぞれのファイル名の ch を全部 chapter に拡大したいと思っても、次のようにはできない。

$ mv ch.* chapter.* .... 不可能。

どうしてかというと、chapter.* に一致する既存のファイルがないからである。

のようなパターン記号は単純なファイル名だけでなく、パス名にも使える。この場合の一致は特殊記号を含んだパスごとに行なわれる。従って、/usr/mary/ とすれば、/usr/mary のなかのファイルとの一致を実行するし、また、/usr/*/calendar とすれば、すべてのユーザの calendar というファイルのパス名のリストを生成するわけである。

もし、* や ? などの特別な意味を失わせる必要があるときには、次のように引数全体を単一引用符で囲む。

$ ls '?'

特殊記号の前にバックスラッシュを置いてもよい。

$ ls \?

(? は 1 文字削除や 1 行削除のための文字ではないので、このバックスラッシュはシェルによって解釈され、カーネルでは解釈されない。) 引用符の付け方は第 3 章で詳しく取り上げる。

<u>問題 1-4</u>　次のコマンドの違いは何か?

```
$ ls junk              $ echo junk
$ ls /                 $ echo /
$ ls                   $ echo
$ ls *                 $ echo *
$ ls '*'               $ echo '*'
```

入出力の切換え

　これまでみてきたコマンドの多くは端末上に出力を表示する。また、エディタのようなプログラムでは、その入力は端末から行なう。この端末は、ほとんどに共通した機能として、入出力のどちらか一方、または両方をファイルと置き換えることができる。例として、

　　`$ ls`

を考えてみよう。これはユーザの端末上にファイル名を表示するが、これを、

　　`$ ls >filelist`

とすると、ファイル名のリストは端末の代わりに `filelist` というファイルに書かれる。`>` の記号は、"出力を端末ではなく、指定するファイルに行なえ" という意味である。そのファイルが存在していなければ新たに作成されるし、もし存在していればその内容は上書きされる。また次のようにして、数個のファイルを `cat` コマンドによって 1 つのファイルにまとめることも可能である。

　　`$ cat f1 f2 f3 >temp`

　`>>` 記号はほとんど `>` と同じ働きをするが、ただ 1 つ異なるのは、"ファイルの最後に追加" という点である。すなわち、

　　`$ cat f1 f2 f3 >>temp`

とすると、f1, f2 および f3 のファイルは、既存のファイル `temp` に順に追加されていく。`temp` というファイルが存在していないときは、`>` の場合と同様に新たに `temp` は作成される。

　同じように、`<` の記号は端末の代わりに指定したファイルからプログラムへの入力を行なうことを意味する。従って `let` というファイルに手紙を用意しておいて、次のようにすれば、数人のユーザにメールを送ることができる。

　　`$ mail mary joe tom bob <let`

`>` や `<` の記号の両側にブランクを付けてもよいが、例のように表記するのが伝統的である。

　`>` によって出力が変更されると、コマンドをいろいろ組み合わせて、他の方法ではできないような働きをさせることが可能になる。例えばユーザのリストを英字順に表示したいときは、次のようにする。

　　`$ who >temp`
　　`$ sort <temp`

また、whoはログインしているユーザ1人につき1行ずつ表示するので、wc -lで（ワード数や文字数ではなく）行数を数えれば、ユーザの数がわかることになる。次のようにする。

```
$ who >temp
$ wc -l <temp
```

カレント・ディレクトリのファイルの数は次のようにして数えることができる。

```
$ ls >temp
$ wc -l <temp
```

ただし、このなかにはtemp自身も入っている。このファイル名を3段組で表示したければ、

```
$ ls >temp
$ wc -3 <temp
```

とすればできる。またwhoとgrepを組み合わせれば、特定のユーザがログインしているかどうかを確かめることができる。次のようにすればよい。

```
$ who >temp
$ grep mary <temp
```

　上記の例ではすべて、>や<の解釈は*のようなファイル名のパターン記号のときと同じで、それぞれのプログラムではなくシェルが行なっていることが重要な点である。機能をシェルのなかへまとめておくということは、入出力の切換えがどのプログラムでも使えることを意味している。プログラム自身は、何か普通でないことが起きているとは気づいていないのである。

　このことは重要な約束事をもたらす。

```
$ sort <temp
```

とすれば、tempというファイルの内容がソートされる。それは、

```
$ sort temp
```

としたのと同じ結果であるが、違いが存在するのである。<tempという文字列はシェルによって解釈されるので、sortはファイル名tempを引数とはみなさない。sortはその代わりに、このtempというファイルから入力されるようにシェルが変更してくれた、標準入力をソートするのである。しかし後の例では、tempという名前をsortに引数として渡すので、sortはそのファイルを読み込みソートする。sortには、

```
$ sort temp1 temp2 temp3
```

のように一連のファイル名を与えることができるが、もし何もファイル名を与えなければ、その標準入力をソートするのである。この機能は基本的に大抵のコマンドにも備わっている。すなわち、ファイル名が何も指定されない場合には、その標準入力が処理される。ということは、どのように処理されるかを確かめたければ、単にコマンド名だけを入力してみればよいことになる。例えば、次のように。

```
$ sort
ghi
abc
def
ctl–d
abc
def
ghi
$
```

次節ではこの原理がどのように活用されているかを見ていく。

| 問題 1-5 | 次のようにすると、名前のリストのなかにある ls.out も含まれる理由を説明せよ。

```
$ ls >ls.out
```

| 問題 1-6 | 次のようにしたときの結果について説明せよ。

```
$ wc temp >temp
```

もし以下のようにコマンド名のスペルを間違ったら何が起こるか？

```
$ woh >temp
```

パイプ

前項の最後に取り上げた例は、すべて同じトリックを使っている。すなわち、プログラムの出力を一時的なファイルを介して、別のプログラムの入力にしていた。しかし、この一時的なファイルには他に目的があるわけではないので、そのようなファイルを使わなくてはならないのは気の利かない話である。この考え方から、UNIX システムに貢献している基本的な考えの1つ、すなわちパイプの概念が導かれる。パイプ

とは 1 つのプログラムの出力を、一時ファイルを使わずに別のプログラムの入力に結び付ける 1 本のつなぎである。パイプラインというのは、このパイプを使った 2 つ以上のプログラムのつながりを指す。

前にあげた例を、一時ファイルの代わりにパイプを使って書き直してみよう。タテ棒 | は、シェルにパイプラインをセットするように教える記号である。

```
$ who | sort
```
………………………………………… ユーザ名をソートして表示する。
```
$ who | wc -l
```
……………………………………………… ユーザ数を数える。
```
$ ls | wc -l
```
………………………………………………… ファイル数を数える。
```
$ ls | pr -3
```
…………………………………………… ユーザ名の 3 段組の表示。
```
$ who | grep mary
```
………………………………………… 特定のユーザの検索。

端末から読み込めるプログラムであればどれでも、端末の代わりにパイプから読み込むことが可能である。また、端末へ書くプログラムであればパイプにも書ける。例の、ファイルの指定がないときには標準入力から読み込むという約束が効き目を表わすのである。この約束を守っているプログラムなら、すべてパイプラインのなかで使用できる。grep, pr, sort, wc はすべて上述したパイプラインのなかで使える。

1 つのパイプラインのなかでは、必要なだけのプログラムが幾つでも使える。

```
$ ls | pr -3 | lpr
```

とすれば、ファイル名のリストを 3 段組にしてラインプリンタへ打ち出す。また、

```
$ who | grep mary | wc -l
```

とすれば、Mary が何カ所でログインしたかを教えてくれる。

1 つのパイプラインのなかのプログラムは、順次実行されるのではなく同時に走る。ということは、パイプライン中のプログラムは相互に干渉できることになる。この作業がすべて順調に進むように、必要なスケジュールや調整を管理しているのはカーネルである。

もうおわかりだろうが、ユーザがパイプを必要としたときには、シェルが状況を整えるのであり、個々のプログラムはその入出力の変更には関与していない。もちろんこのように結合されるには、プログラムはそれに合うようにちゃんと動いてくれなくてはならない。大抵のコマンドは共通のデザインに従って作られているので、パイプラインをどの場所に置いてもうまく収まるはずである。通常、コマンドの呼出しは次のような形式をしている。

　　　コマンド　オプションの引数　オプションのファイル名

ファイル名が指定されないと、コマンドは標準入力を読み込む。標準入力の既定値は端末である（簡単に確認できる）が、ファイルやパイプにも変更できる。出力も同様

で、大抵のコマンドはその出力を標準出力に書き出す。標準出力は、普通、端末であるが、これもまたファイルやパイプへ変更可能である。

しかし、それぞれのコマンドからのエラーメッセージには異なった対応をとらなくてはならない。さもないと、メッセージはファイルやパイプのなかに消え失せるかもしれないからである。そこでそれぞれのコマンドは標準エラー出力の口をもっていて、これは普通は端末上に割り当てられている。以上を図にすると次のようになる。

これまでに説明してきたほとんどのコマンドは、このモデルに合っている。例外は入力をもたない date や who、それに cmp や diff のように入力するファイルの数が固定されている 2, 3 のコマンドだけである（ただし、これらのコマンドの "-" オプションをよくみること）。

> 問題 1-7　次の 2 つの違いを説明せよ。
>
> ```
> $ who | sort
> $ who >sort
> ```

プロセス

シェルは、パイプをセットする以外にも数多くの仕事をしている。パイプの説明でちょっと触れたが、1 つ以上のプログラムを同時に走らせるという点について、ここでその基礎的な事柄について考えてみよう。例えば、1 つのコマンド行に、セミコロンを使って 2 つのコマンドを分離して書くと、2 つのプログラムを走らせることができるシェルはこのセミコロンを認識して、この行を 2 つのコマンドに分割するのである。

```
$ date; who
Tue Sep 27 01:03:17 EDT 1983
ken     tty0    Sep 27 00:43
dmr     tty1    Sep 26 23:45
rob     tty2    Sep 26 23:59
```

```
bwk     tty3    Sep 27 00:06
jj      tty4    Sep 26 23:31
you     tty5    Sep 26 23:04
ber     tty7    Sep 26 23:34
$
```

プロンプトを返してくる前に、シェルはこの2つのコマンドを（順番に）実行する。

もし必要なら、2つ以上のプログラムを同時に走らせることもできる。次の場合について考えてみよう。例えば、本のなかの文字数をすべて数えるとする。しかしこれはとても時間がかかってしまうし、その間に他の仕事もしたいとする。このときには次のようにすればよい。

```
$ wc ch* >wc.out &
6994 ....................................... シェルがプロセス id を表示する。
$
```

コマンド行の最後にあるアンパサンド & は、シェルに対して、"このコマンドを実行し、即座に端末から別のコマンドを受け付けよ"、つまり、そのコマンドが終了するまで待つな、といっているのである。こうして、コマンドは開始され、その実行中にユーザは別のことができる。その出力を wc.out というファイルにしておけば、同時にやろうとしている作業が邪魔されることはない。

この実行中のプログラムをプロセスと呼ぶ。シェルが & 付きのコマンドに対して表示した番号をプロセス id という。このプロセス id は、別のコマンドで、実行中の特定のプログラムを指定するのに使用できる。

プログラムとプロセスの区別は重要である。wc はプログラムであり、プロセスは、ユーザがプログラムを実行するたびに新しく作り出されるものである。もし同一のプログラムが同時に実行されていれば、それぞれ異なったプロセス id をもつプロセスとなる。

もし次のように、パイプラインに & を付けると、

```
$ pr ch* | lpr &
6951 ....................................... lpr のプロセス id。
$
```

このパイプラインにあるプロセスはすべて同時に開始される。この & はパイプライン全体に適用される。しかし、表示されるプロセス id は、一連のプロセスの最後のプロセス id だけである。

次の

```
$ wait
```

というコマンドを入力すると、& で開始したすべてのプロセスが終了するまで待つ。すぐに反応がないときは、実行中のコマンドがあるということである。wait は DELETE キーで中断できる。

& で開始されたプロセスは、シェルが表示してきたプロセス id を使えば停止することができる。

   $ *kill 6944*

このプロセス id を忘れたときは、コマンド ps を使ってユーザが走らせているプロセスすべてについての情報を得ることができる。すべてのプロセスをやめたいときは、kill 0 とすれば、ユーザのログインシェルを除いてすべてのプロセスが終了できる。他のユーザのプロセスを知りたいときは、ps -ag とすると、現在実行中のすべてのプロセスについて教えてくれる。以下がその出力例である。

```
$ ps -ag
  PID TTY TIME CMD
   36 co   6:29 /etc/cron
 6423 5   0:02 -sh
 6704 1   0:04 -sh
 6722 1   0:12 vi paper
 4430 2   0:03 -sh
 6612 7   0:03 -sh
 6628 7   1:13 rogue
 6843 2   0:02 write dmr
 6949 4   0:01 login bimmler
 6952 5   0:08 pr ch1.1 ch1.2 ch1.3 ch1.4
 6951 5   0:03 lpr
 6959 5   0:02 ps -ag
 6844 1   0:02 write rob
$
```

PID はプロセス id、TTY は（who の出力と同じ）そのプロセスに関係した端末を意味する。TIME は、分と秒で表わしたプロセッサ使用時間で、残りの部分は実行中のコマンドである。ps は UNIX の各版で異なるコマンドの 1 つなので、ユーザが得る出力はこれと違う様式かもしれない。引数も違っている可能性がある。マニュアルの ps (1) を参照のこと。

プロセスもファイルと同じような階層構造をもつ。それぞれのプロセスには親があり子供がある。シェルはユーザをシステムに結び付けている端末ラインがどのような

ものであっても、それに関係したある1つのプロセスによって作られる。コマンドを実行するたびに、それぞれのプロセスはユーザのプロセスの直接の子供になる。edから待避するために、! コマンドを使うときのように、もしそのプロセスのなかからさらに別のプログラムを実行すると、これからもまた独自に直接の子供が作り出され、従ってシェルの孫が生まれることになる。

ときには、1つのプロセスにとても時間がかかるために、その実行を開始してから、端末を OFF にして帰宅したいときがあるかもしれない。しかし、端末を OFF にして接続を切ってしまうと、そのプロセスはたとえ & を使っていたとしても終了してしまう。このような状況に対処するために作られたのが、nohup ("no hungup") コマンドである。次のように、

    $ nohup command &

とすれば、このコマンドはユーザがログアウトしても実行し続ける。このコマンドの出力はすべて nohup.out というファイルに保存される。ただし、実行してしまった後に、この nohup をかける方法はない。

もしコマンドがプロセッサの資源をたくさん使うようなら、通常よりも低い優先度でジョブを実行する方が、一緒にシステムを使っているユーザに対して親切である。これはまた別のプログラム nice で実行される。

    $ nice expensive-command &

nohup は自動的に nice を呼び出す。ユーザはログアウトしようというのだから、そのコマンドの実行によけいに時間がかかってもかまわないからである。

最後にもう1つ、朝のたいへん早い時間に、もちろん普通の人々はまだ眠っており、コンピュータに向かってもいない時刻に、ユーザはシステムにあるプロセスを実行するように命令することができる。そのコマンドは、at (1) と呼ばれるものである。

    $ at *time*
    whatever commands
    you want ... . 希望する任意のコマンド群を書く。
    ctl-d
    $

これが典型的な使い方であるが、もちろんこのコマンドは次のようにファイルから読み込んでもよい。

    $ at 3am <file
    $

時刻は、2130 のような24時間形式でも、930pm のような12時間形式でもよい。

環境の調整法

UNIX システムの長所の1つは、計算機環境をユーザの使いやすい形に設定できる方法がいろいろ備わっていることである。例えば以前に、1文字削除や1行削除のための文字に異なった標準があるという問題について触れた。通常は # と @ を用いているが、これらは次のようにすれば、いつでも変更できるのである。

$ stty erase *e* kill *k*

e は1文字削除のための文字で、*k* は1行削除のための文字である。しかし、これらをログインするたびにいちいち設定するのは面倒である。

ここでシェルが手助けしてくれる。ログイン・ディレクトリのなかに .profile というファイルがあれば、シェルはログインしたときに、プロンプトを表示する前に、このファイルのなかにあるコマンド群を実行する。このため、.profile のなかにコマンド群を入れて、ユーザの環境を好きなように設定できるわけである。そのコマンド群は、ユーザがログインするたびに実行される。

大抵のユーザがまず自分の .profile に入れるのは、次のコマンドである。

stty erase◁

読者に見えるように ◁ を使ったが、.profile のなかには文字どおりのバックスペース記号を入れることができる。stty はまた、ctl-x の代わりに ^x と書いても理解できるので、次のように書いても結果は同じである。

stty erase '^h'

ctl-h はバックスペースと同じだからである（記号 ^ は以前に使われていたパイプオペレータ | と同義語なので、引用符で囲って混乱しないようにしなくてはならない）。

使用中の端末にタブストップ機能が付いていなければ、この stty 行には -tabs と追加できる。

stty erase '^h' -tabs

ログインしたときに、もしシステムの混み具合を知りたければ、

who | wc -l

を追加して、使用中のユーザ数を数えればよい。ニュース・サービスがあれば、news も追加できる。フォーチュンクッキー・ゲームが好きな人は以下のようなものを入れておいたりする。

/usr/games/fortune

だが、このように設定してしばらく使ってみると、ログインに時間がかかりすぎるのが気になってくる。そこで余計なものを削除して、.profile を身軽にするかもしれない。

シェルの性質のうちの幾つかは、実際にはいわゆるシェル変数で制御されている。そうした変数の値は変更でき、自分用にセットアップが可能なのである。例えば、プロンプトはこれまで $ としてきたが、実際には PS1 というシェル変数に保存されていて、好きなように変えられる。例えば次のようにすることができる。

  PS1='Yes dear? '

この場合プロンプト文字列のなかにスペースが含まれているので、引用符は必須である。この書き方では、= の両側にスペースを置いてはならない。

 シェルはまた、HOME とか MAIL とかいった変数を特別に扱う。HOME にはユーザのホーム・ディレクトリの名前が入っている。普通は、.profile のなかに収めなくても適当に設定されている。変数 MAIL は、ユーザ宛てのメールを保存しておく標準のファイルの名前を表わす。シェルに定義すると、新しいメールが届いたらコマンドが終わるたびに教えてくれるはずである[*3]。

  MAIL=/usr/spool/mail/you

(このメール用のファイルは各システムで違っているかもしれない。/usr/mail/you というのもよく見かける。)

 シェル変数のうちで最も有用なのは、シェルがどこにコマンドを探しにいくかを制御する変数であろう。ユーザが何かコマンドを入力したとき、通常はシェルはまずカレント・ディレクトリを探しにいき、次に /bin、そして /usr/bin のなかを探しにいくことを思い出していただきたい。この一連のディレクトリをサーチパスと呼び、PATH という名前のシェル変数に保存されている。もし既定値のサーチパスが気にいらなければ変更できる。これも、普通は .profile のなかで指定する。例えば、以下のようにすると、標準に /usr/games を加えたパスを設定する。

  PATH=.:/bin:/usr/bin:/usr/games   1 つの方法。

この構文は若干変則的で、一連のディレクトリ名をコロンで区切っている。"." はカレント・ディレクトリの意味であったことを考えると、この "." は省略してもよい。

[*3] 実はこれをシェルに組み込むのは具合が悪い。1 つのコマンドが終わるたびにそのファイルを見にいくのは、システムに負荷をかけるからである。しかも、長時間エディタを使用しているときには、ログインシェルに対しては新しいコマンドを与えないことになるので、新しいメールについて知るのに時間がかかってしまう。もっとよい方法は、コマンドごとではなく、数分ごとに見にいくように設定することである。第 5 章と第 7 章でこの種のメールチェッカの組込み方を紹介する。もう 1 つの可能な方法は、誰にでもできるというわけではないが、mail プログラム自身にユーザへ注意を与えさせる方法である。mail はユーザへのメールがいつ来たかを知っているはずだからである。

PATH のなかの空の要素はカレント・ディレクトリの意味になるからである。
　PATH を上記のように設定するときには、もう1つ別の方法があって、以前の値を拡張すればよい。

　　　PATH=$PATH:/usr/games　　　　　　　　　　　　　　　　　　もう1つの方法。

任意のシェル変数は、先頭に $ を付けることでその値とすることができる。上の例では、$PATH の表現で現在の値を引き出してきて、これに新しい部分を追加している。そうしてその結果が PATH へ再び割り当てられる。これは echo で確かめることができる。

```
$ echo PATH is $PATH
PATH is :/bin:/usr/bin:/usr/games
$ echo $HOME                           ユーザのログイン・ディレクトリ。
/usr/you
$
```

　自分で作ったコマンドをもっていれば、それを個人のディレクトリに集めておいて、それを自分のサーチパスに加えたいと思うことがあるかもしれない。この場合には、PATH は次のようになると思われる。

　　　PATH=:$HOME/bin:/bin:/usr/bin:/usr/games

自分用のコマンドの書き方については第3章で解説する。
　ed よりも機能の多いエディタでよく使われるのが、TERM という変数である。これはユーザが使用している端末の名前を与えるのに使われる。この情報によって、そのエディタは画面をもっと効率よく管理できるようになるだろう。従って、次のようなものを .profile に付け加えることがある。

　　　TERM=adm3

　変数を使って省略形を作ることもできる。長い名前をもったディレクトリを絶えず参照しているとしたら、次のような行を .profile に追加しておくのは有益かもしれない。

　　　d=/*horribly/long/directory/name*

こうしておくと、次のような表現が可能になる。

　　　$ *cd $d*

d のような個人の変数は小文字で表わすのが慣例になっており、PATH のようなシェル自身の使う変数と区別している。

最後に、シェルに対してこれらのプログラムを他のプログラムで使うつもりであることを教えておく必要がある。これはコマンド export で行なう。これについては第 3 章で再び取り上げる。

    export MAIL PATH TERM

まとめとして、典型的な .profile がどのようなものかを以下に示しておく。

    $ cat .profile
    stty erase '^h' -tabs
    MAIL=/usr/spool/mail/you
    PATH=:$HOME/bin:/bin:/usr/bin:/usr/games
    TERM=adm3
    b=$HOME/book
    export MAIL PATH TERM b
    date
    who | wc -l
    $

今までいろいろ説明してきたが、これで決してシェルの提供する機能を言い尽くしたわけではない。シェルで最も役に立つのは、既存のコマンドを 1 つのファイルにまとめて、シェルに処理させるという手続きによって、自分だけの新しいコマンドを作成できる機能である。この基本的で単純なメカニズムからいかに多くのことができるかは驚異的ともいえる。これに関する説明は第 3 章で始めよう。

1.5 UNIX システムのその他の機能

UNIX には、本章で取り上げたものよりもはるかに多くの機能がある。しかし、すべての機能について説明していては本書は膨大になってしまう。ここまでの説明で、ユーザはシステムにも、それにとりわけマニュアルにも抵抗を感じなくなってきたに違いない。いつ、どのようにコマンドを使うかという具体的な疑問をもったときには、マニュアルがその寄りどころとなる。時々マニュアルを拾い読みして、知っているコマンドについての知識を整理したり、新しいコマンドをみつけたりするのも無駄ではない。マニュアルには、私たちが本書では扱えない次のような事項についても書かれている。FORTRAN77 のような、各種の言語のコンパイラ、bc (1) のような演算プログラム、マシン間通信のための cu (1) や uucp (1)、グラフィックス・パッケージ、統計プログラム、さらには units (1) のような難物などがある。

前にも述べたように、本書はマニュアル代わりになるものではなく、それを補うも

のである。これから後の章では、UNIXシステムの一部と幾つかのプログラムをみていく。マニュアルに書かれている情報から話を始めるが、むしろそこのあるコンポーネントを繋ぐ糸の方を中心に追いかけていくことになる。プログラム相互の関係はマニュアルのなかには決して明記されていないが、それこそが UNIX プログラミング環境の横糸であり、システムをしっかりした織物にしているからである。

歴史と参考文献

UNIX に関する最初の論文は、D. M. Ritchie と K. L. Thompson の"The UNIX Time–sharing Sysytem"（Communication of the ACM, 1974 年 7 月号）であり、これは CACM, 1983 年 1 月号に再掲された（このリプリントの 89 ページは 1983 年 3 月号にある）。オペレーティング・システムに興味をもつ人を対象に書かれたこの UNIX システムの概説は、プログラマなら誰でも一読の価値がある。

The Bell System Technical Journal（BSTJ）の UNIX システム特集号（1987 年 7 月号）には、その後の開発に関する多くの論文と、過去に遡った論文も収められている。そのなかには、Ritchie と Thompson の最初の論文の改訂版も含まれている。UNIX に関する新しい論文を含んだ、BSTJ の 2 回目の特集号は 1984 年 10 月に発行された[*4]。

B. W. Kernighan と J. R. Mashey の"The UNIX Programming Environment"（IEEE Computer Magazine, 1981 年 4 月号）は、プログラマのために、UNIX システムの基本的な機能を概観しようと試みた解説である。

各システムに合った、UNIX プログラマーズ・マニュアルには、コマンド、システムルーチン、インターフェイス、ファイル・フォーマット、保守手順の一覧表が出ている。これなくしては仕事ができない。ただし、プログラミングを始める前には、第 1 巻の一部を読めばすむだろう。第 7 版の第 1 巻は、Holt, Rinehart and Winston 社から発刊されている。

UNIX プログラマーズ・マニュアルの第 2 巻は、"Document for Use with Unix Time–sharing System"と呼ばれ、主要なコマンドに関しての、実務的な記載や参照マニュアルが含まれている。とりわけ、文書作成プログラムとプログラム開発ツールについてページの多くを割いている。やがては、ユーザもこのマニュアルを読みたいと思うようになるはずである。

Ann と Nico Lamuto による"A UNIX Primer"（Prentice–Hall, 1983 年）はまったくの初心者、とりわけプログラマ以外の人にとってよい入門書である。

[*4] 監訳者注：原著では発行予定と書かれているが、1984 年 10 月号の別冊として刊行されている。

第2章
ファイル・システム

　UNIX システム上ではあらゆるものが 1 つのファイルである。これでは単純化しすぎと思うかもしれないが、そうではない。UNIX システムの第 1 版の設計中、まだ UNIX という名前すらなかったとき、すっきりして使いやすい構造をもったファイル・システムはどんなものかということに議論が集中した。このファイル・システムこそ、UNIX システムの成功と、使い勝手のよさをもたらした核心と言える。これは "物事は単純に" という思想の好例であり、数少ない洗練されたアイデアを注意深く構築していけば、どれだけ大きな力が発揮されるかを示してくれる事例である。

　コマンドとコマンドの関係をちゃんと理解するには、ファイル・システムの構造やその外見上の動きについて、十分な知識が必要になる。本章では、ファイル・システムを使う際に必要となる細々とした事項をほとんどすべて扱う。すなわち、ファイルとは何か、それはどのように表現されるのか、階層化されたディレクトリとファイル・システム、ファイルの使用許可、i ノード（システム内部でのファイルの記憶）、デバイスファイルについて説明していく。UNIX システムを使うということは、大半がファイル操作を意味するので、UNIX システムにはファイルの検索や変更のコマンドが数多く存在する。本章では、そのなかで一般によく使われているコマンドを紹介していこう。

2.1　ファイルの基礎

　ファイルはバイトの集合である（1 バイトは情報を表わす単位で、長さは 8 ビットであることが多い。ここでは 1 バイトは 1 つの文字に等しいと考えてよい）。ファイルの構造に関しては、ファイルから何の制約も受けないし、その内容に何か意味をもたされることもない。バイトの集合のもつ意味は、そのファイルを解釈するプログラムだけが決めるのである。さらに、これからみていくように、このことは単にディスクファイルだけにとどまらず、周辺機器についてもあてはまる。磁気テープ、メールのメッセージ、キーボードからタイプされた文字、ラインプリンタ出力、パイプのな

かを流れるデータ、こういったそれぞれのファイルは、システムおよびシステムのなかにあるプログラムに関する限り、いずれも単なる一続きのバイトの集合にすぎない。

ファイルについて学ぶには、それをいじってみるのが一番よい。それではまず小さなファイルを1つ作ってみよう。

```
$ ed
a
now is the time
for all good people
.
w junk
36
q
$ ls -l junk
-rw-r--r--  1 you         36 Sep 27 06:11 junk
$
```

junk は 36 バイトのファイルである。つまり、36 文字入力したわけである（もちろんタイプミスの修正は数に入っていない）。このファイルをみるには次のようにする。

```
$ cat junk
now is the time
for all good people
$
```

cat はファイルの内容を表示するコマンドである。ファイルのなかのバイトをすべて目にみえる形で表示したければ、コマンド od（octal dump; 8進ダンプ）を使えばよい。

```
$ od -c junk
0000000   n   o   w       i   s       t   h   e       t   i   m   e  \n
0000020   f   o   r       a   l   l       g   o   o   d       p   e   o
0000040   p   l   e  \n
0000044
$
```

ここで用いた -c オプションは、"バイトを文字と解釈せよ"という意味である。-b

オプションにすると、バイトは（8 を基数とする）8 進数[*1] で表示される。

```
$ od -c junk
0000000    n   o   w       i   s       t   h   e       t   i   m   e  \n
          156 157 167 040 151 163 040 164 150 145 040 164 151 155 145 012
0000020    f   o   r       a   l   l       g   o   o   d       p   e   o
          146 157 162 040 141 154 154 040 147 157 157 144 040 160 145 157
0000040    p   l   e  \n
          160 154 145 012
0000044
$
```

　上の出力の左端に並んでいる 7 桁の数字が、そのファイルのなかの位置、すなわち、次に表示される文字が何番目にあたるかを 8 進数で表わしたものである。このように 8 進数がよく登場するのは、8 進数が好まれていた PDP–11 時代の名残りである。マシンによっては 16 進数の方が適しているものもあり、その場合には、-x オプションを付けると od は 16 進数で表示する。

　各行の終わりに、8 進表記で 012 の値があることに注目しよう。これは ASCII コードの改行記号に相当する。復帰キーを押すとシステムはその入力中にこの記号を入れる。改行を表わす記号として、C 言語の約束を借りて、\n という 2 文字が使われているが、これは od のようなプログラムが使う、読みやすくするための単なる約束にすぎないのであり、ファイルに蓄えられる値は 012 というバイト 1 個だけである。

　この改行記号は特殊記号の代表例である。この他、端末の制御操作に関係した記号として、バックスペース（8 進数 010, 表示形式 \b）、タブ（011, \t）、キャリッジリターン（015, \r）がある。

　こういった記号は、それぞれファイルへの保存のされ方といろいろな状況での解釈のされ方に違いがあるので、しっかり区別しておく必要がある。例えば、キーボードからバックスペース（1 文字削除をバックスペースと仮定する）を 1 個タイプすると、カーネルはその意味を直前にタイプした文字の無視と解釈する。直前の文字とそのバックスペースはいずれも消去されてファイルには保存されないが、バックスペースだけは端末上にエコーバックされ、カーソルを 1 つ前方に戻す。

[*1] ファイルのなかにあるバイトは、それぞれ表示可能な文字にエンコードできる大きさの文字を含む。ほとんどの UNIX システム上のエンコーディングは ASCII（American Standard Code for Infromation Interchange）コードに従って行なわれるが、他のマシン、特に IBM マシンでは、EBCDIC コード（Extended Binary–Coded–Decimal Interchange Code）が採用されている。本書では ASCII コードを前提にする。cat /usr/pub/ascii を実行するか、あるいはマニュアルの ascii (7) を読んで、すべての文字の 8 進数値をみておくとよい。

しかし、次のように続けてタイプすると、

    \◁

(すなわち、\ に続く1つのバックスペース)、カーネルは文字通りのバックスペースを1個入力したいのだと解釈する。その結果、\ は捨てられ、ファイルのなかにはバックスペースを表わす 010 が取り込まれる。バックスペースが端末へエコーバックされると、カーソルは \ の上に移動する。

バックスペースを含むファイルを表示するときには、バックスペースは何にも翻訳されずに端末へ転送され、この場合もカーソルは1つ前方に移動する。また、バックスペースを含むファイルを od を使って表示すると、010 の値をもつ1つのバイトとしてみえるし、-c オプションを使えば \b と表示される。

タブに関しても話はほとんど同じである。入力時には、タブ記号は端末へエコーバックされ、そのとき読み込んでいるプログラムへ送られる。出力時には、タブはそのまま端末へ送られ、端末側で解釈される。ただ1つの違いは、出力のときにカーネルに対して、その記号はタブの意味をもつと命令できることである。この場合、表示すべきタブは、それぞれ適当な数のブランクに置き換えられて、カーソルは次のタブストップまで移動する。タブストップが設定されているのは、9, 17, 25, ... カラムである。次のコマンド

    $ stty -tabs

を実行すれば、タブは端末に表示されるときにブランクに置き換えられるようになる。stty (1) を参照。

復帰キーの扱いもこれに似ている。カーソルは復帰をエコーバックするごとに、キャリッジリターンおよび改行にするが、入力のなかに蓄えられるのは改行だけである。蓄えられた改行は出力時にキャリッジリターンと改行に拡張される。

UNIX システムは、制御情報の表わし方が一般的な方法と異なっている。特に、行の区切りを与えるための改行の使い方が違う。多くのシステムではこの代わりに、"レコード"という考え方を採用しており、1行は1レコードに対応する。それぞれのレコードにはデータだけでなく、その行に含まれる文字数の情報も含まれる（改行は含んでいない）。またシステムによっては、大抵の端末へうまく出力するために、それぞれの行の終わりにキャリッジリターンとそれに続いて改行を付けるものがある（"ラインフィード"という言葉は改行と同義語であり、それでこの並びはしばしば"CRLF"と呼ばれるが、これではほとんどまともに発音できない）。

UNIX システムでは上記の2つの方法のいずれも採用していない。レコードもなければ、レコード長もない。そしてどのファイルをみても人間あるいはプログラムが入力していないバイトは、ただ1つも含まれていないのである。1つの改行は、端末に送られるときにキャリッジリターンと改行に拡張されるが、プログラムが必要と

するのは改行1つだけにすぎない。それがプログラムの必要とするすべてである。大部分の目的のためには、この単純な方式こそまさしく望ましいといえる。もっと複雑な構造が必要なときにもこの方式なら容易に積み重ねがきくが、その反対、つまり複雑なものから単純なものを作り出すというのは難しいことである。

　行の終わりが改行記号で区切られているので、ファイルの終了にはまた別の特殊記号、例えば"ファイルの終了（end–of–file）"を表わす \e のようなものを想像されるかもしれない。しかし、od の出力をみても、ファイルの終了には何の特殊記号もない。ただパタッと終わっているだけである。UNIX システムでは、ことさら特別のコードを使ったりせず、単にこれ以上データがないと教えるだけでファイルの終了を認識する。カーネルがファイルの長さを覚えていてくれるので、プログラムはあるファイルのなかにあるすべてのバイトを処理し終わった時点で、end–of–file に出会うことになる。

　プログラムがファイルのなかのデータを検索する際には、read というシステムコール（カーネルのなかのサブルーチンの1つ）を使う。read は呼び出されるたびに、ファイル上の次の部分、例えば端末でタイプされたテキストの次の行を返す。read はそのファイルから何バイト返ってきたかも教えてくれるので、read が"0バイトが返された"といってきたときに、ファイルの終了と仮定する。もしまだバイトが残っている場合は、read はそのバイトを返すことになる。実際のところ、ファイルの終了を何か特別な値をもったバイトで表わすのは賢明な方法ではない。前述したように、バイトの意味はそのファイルをどう解釈するかによって変わってくるからである。しかし、あらゆるファイルには終わりがある。そしてどんなファイルのアクセスにも、必ず read を通さなくてはならないので、read が0を返すということを利用すれば、解釈に依存しない方法になり、新しい特殊記号を導入しなくてもファイルの終了が表現できることになる。

　あるプログラムで端末から読込みを行なっているとき、それぞれの入力行は改行が入力されて（つまり復帰キーが押されて）はじめて、カーネルの手でプログラムへ送られる。従ってもしタイプミスをしても、まだ改行を入力する前に修正すると回復できる。しかし間違いのまま入力してしまうと、その行はすでにシステムに読み込まれているので、もはや修正することはできない。

　cat コマンドを使うと、この行単位の入力の仕組みがどのように行なわれるのか理解できる。cat は通常、一旦その出力を蓄え、つまりバッファーしておいてから、その後でまとめて効率よく出力する。しかし、cat -u とすれば"バッファーが解除"されるので、改行は読み込まれるたびにすぐに表示するようになる。

第2章 ファイル・システム

```
$ cat ................................................  バッファーされた cat からの出力。
123
456
789
ctl-d
123
456
789
$ cat -u .............................................  バッファーされない cat からの出力。
123
123
456
456
789
789
ctl-d
$
```

この場合、cat は復帰キーを押すごとに1行分の入力を受け取る。バッファーしないときには、受け取ったままのデータがすぐに表示される。

さてここで少し違ったことをやってみよう。適当な文字をタイプし、復帰キーの代わりに ctl-d を入力してみよう。

```
$ cat -u
123ctl-d123
```

cat はタイプした文字をすぐに表示してくる。ctl-d は、"タイプした文字を端末からプログラムへ即座に送れ" という意味になる。改行と異なり、この ctl-d 自身はそのプログラムへは送られない。さてここで、他の文字はタイプせずに、次のようにもう1つ ctl-d を入力してみよう。

```
$ cat -u
123ctl-d123ctl-d$
```

シェルはプロンプトを返してくる。これは、cat が読み込む文字がなかったので、ファイルの終了だと判断したのである。ctl-d は、端末から読み込んでいるプログラムに対して、そこまでタイプした内容が何であっても関係なく、その内容をとりあえず送る。もし何もタイプしていなかったのなら、プログラムの読み込む文字は0な

ので、あたかもファイルの終わりのようにみえるわけである。この理由からログアウトにも ctl-d が使われる。つまり、このときには、シェルというプログラムが、もう入力がないことを理解するわけである。もちろん ctl-d は通常、ファイルの終了を表わす記号として使われるのであるが、このようにもう少し汎用的な機能も果たしているのは面白いことである。

| 問題 2-1 | ed に対して ctl-d を入力すると何が起こるだろうか？ これと次のコマンドを比較せよ。

```
$ ed <file
```

2.2 ファイルの種類

ファイルのフォーマットは、そのファイルを使うプログラムが決める。ファイルの種類は多種多様なものが存在するが、それはおそらくプログラムが多様であるせいだろう。しかし、ファイルの種類はファイル・システムが決めるのではないので、カーネルはファイルの種類について教えてくれない。カーネルはそれを知らないのである。そこで file コマンドが賢い推理をする（その方法を手短に紹介してみよう）。

```
$ file /bin /bin/ed /usr/src/cmd/ed.c /usr/man/man1/ed.1
/bin:       directory
/bin:ed:            pure executable
/usr/src/cmd/ed.c:    c program text
/usr/man/man1/ed.1    roff, nroff, or eqn input text
$
```

ここには典型的なファイルが 4 つ示されており、すべてエディタと関係がある。そのエディタの入っているディレクトリ（/bin）、"2 進（バイナリ型）" つまり実行可能形式のエディタ・プログラム本体（/bin/ed）、その基になる C で書かれたソースプログラム（/usr/src/cmd/ed.c）、およびエディタに関するマニュアルのページ（/usr/man/man1/ed.1）である。

ファイルの種類を決めるのに、file コマンドではファイルの名前には注意を払っていない（払おうと思えばできなくはないが）。それは、ファイル名は単に慣習に従って付けていて、それが決して信用のおけるものではないからである。例えば、終わりに .c と付けたファイルは、まずほとんどが C のソースプログラムであるが、それでもあるファイルを作成して、それに .c という名前を付けるのは自由である。そこで file コマンドは、それぞれのファイルの先頭の数百バイトを読み、ファイルの種類

63

を決める鍵になるものを探す（後ほど紹介するように、ディレクトリのような、システムにとって特別な意味をもつファイルであれば、システムに問い合わせても判別可能なのであるが、file は内容を読むことでディレクトリという判定を下せるのである）。

場合によってはその鍵は一目瞭然である。実行可能形式のプログラムには、先頭にバイナリの"マジックナンバー"の印が付いている。何もオプションを指定しないと od は、16 ビット、つまり 2 バイトずつのワードでファイルの内容をダンプするので、このマジックナンバーが目にみえるようになる。

```
$ od /bin/ed
0000000 000410 025000 000462 011444 000000 000000 000000 000001
0000020 170011 016600 000002 005060 177776 010600 162706 000004
0000040 106616 000004 005720 010066 000002 005720 001376 020076
...
$
```

8 進数の 410 が、純粋な実行可能形式のプログラムを表わす印であり、そのプログラムの実行コードは、幾つかのプロセスによって共有されることがある（特定の意味をもつマジックナンバーが何で表現されるかは、システムによって異なる）。410 を表わすビットパターンは ASCII コードではテキストにならない。従って、この値がエディタのようなプログラムによってうっかり作られることはない。しかし、自作のプログラムを走らせてやれば、このようなビットパターンをもつファイルを作成することも不可能ではない。その場合、システムはそういったファイルが 2 進形式のプログラムであるという用法を理解する。

テキストファイルだと、鍵となるものはファイルのもっと先の方にあるはずである。そこで file はワードを調べていき、#include というワードがあれば C のソースプログラムだと判断するし、あるいはピリオド 1 個で始まっている行があれば、nroff や troff の入力ファイルだと判断する。

システムがもっときちんとファイルの種類を認識しないのを、不思議に思う読者もいるかもしれない。例えば、sort の入力に /bin/ed のようなものが使われるのを防止するといったふうに。そうしない理由の 1 つは、役に立つかもしれない処理を、あらかじめ排除してしまわないようにするためである。もちろん、

```
$ sort /bin/ed
```

としてもあまり意味をなさないが、多くのコマンドはどんなファイルでも操作できるようになっている。その能力を制限する理由はどこにもないのである。od, wc, cp, cmp, file を始め多くのコマンドは、ファイルの内容に関係なくファイルを処理する。

2.2 ファイルの種類

しかし、フォーマットを用いない考え方の有難さはこれだけではない。もし、nroffの入力とCのソースとを区別したりしたら、ファイルの作成時やファイルを読み込んで再編集する際に、エディタは識別をするように迫られるだろう。もしそんなことになったら、本書の6〜8章にあるCプログラムを編集して印刷する作業は、はるかに厄介なものになっていたはずである。

UNIXシステムでは、ファイルの種類を識別しようとするのではなく、その区別をなくすようにつとめ、すべてのテキストを改行記号で区切られた複数の行として構成する。この単純なフォーマットなら大抵のプログラムが理解できる。本書を執筆中、私たちは何度もコマンドを実行してはテキストファイルを作成し、これまで紹介したコマンドでそのテキストを処理し、さらにエディタを使って複数のテキストを1つにまとめて、troffの入力にした。ほとんどのページに登場する実行例は、以下のような手順によって作成された。

```
$ od -c junk >temp
$ ed ch2.1
1534
r temp
168
...
```

odは標準出力をテキストに書き出し、その出力はテキストの使えるところならどこでも利用できる。これだけの統一性は、普通にはないものである。大抵のシステムには何種類かのフォーマットがあり、場合によってはテキストだけでも何種類かあるので、特定のファイルを作成するには、プログラムやユーザからの介入を必要とする。しかし、UNIXシステムにはわずか1種類のファイルしかない。そのファイルをアクセスするために必要なのは、ファイル名だけである[*2]。

ファイルのフォーマットが存在しないのは総合的にみれば有利である —— プログラマはファイルの種類に気を使わなくてよいし、標準的なプログラムはすべて任意のファイルを扱える —— が弱点も少しはある。ソート、検索、編集のためのプログラムは、現実には入力にテキストを想定しており、従ってバイナリー形式のファイルだと、grepは正しく検索できないし、sortはうまく並べ替えられず、さらにどの標準のエディタでも扱えない。

[*2] Doug McIlroyが最初に作った、ファイル・システムの統一性を試すよいテストがある。UNIXのファイル・システムはこれを楽々とパスする。FORTRANのプログラムからの出力が、そのFORTRANコンパイラの入力として使えるか？ 驚くほど多くのシステムではこのテストに問題が生じるのである。

入力としてテキスト想定しているプログラムの多くは、その実現に制限がある。改行を含まない 30,000 バイトのテキストを使って、多くのプログラムをテストしてみた結果、適切に動作したものは驚くほど少なかった。明記されていないが、多くのプログラムではテキストの 1 行の最大長として何らかの値を仮定しているのである（1 つの例外として、sort (1) の BUGS の項を参照のこと）。

非テキストファイルにもそれなりに価値があることは確かである。例えば、非常に大きなデータベースには、普通、高速にアクセスするための余分なアドレス情報が必要になる。アクセス効率を考えると、このデータベースのファイルはバイナリー形式でなくてはならない。しかしそうすると、テキスト以外のフォーマットをもつファイルにも、それぞれ独自の支援プログラム群を用意して、テキスト形式のファイルに対して標準的なツールがする仕事はすべて実行できるようにする必要がある。確かに、テキストファイルは、マシンサイクルから考えればいくぶん効率が悪いかもしれない。しかし、特殊なフォーマットを使うにあたっては、それを維持するためにかかる余分なソフトウェアの費用とのバランスを考慮に入れる必要がある。ファイルの設計にあたって、非テキスト表現を採用するのには、十分に慎重であるべきである（この他、長い入力行があっても困らないようなプログラムを作るよう考慮する必要もある）。

2.3 ディレクトリとファイル名

すべてのファイルには、/usr/you で始まるはっきりした名前がある。しかし、手持ちのファイルが junk だけのときに ls と入力すると、/usr/you/junk とは表示されない。つまり、ファイル名には何もパス名が付かずに以下のように表示される。

```
$ ls
junk
$
```

この理由は、実行中のプログラムすなわちプロセスは、それぞれカレント・ディレクトリをもっていて、スラッシュで直接始まらない限り、ファイル名はすべてカレント・ディレクトリの名前で始まるものと暗黙のうちに仮定されているからである。従って各ユーザのログインシェルも、ls もカレント・ディレクトリをもっていることになる。このカレント・ディレクトリは、pwd（print working directory）コマンドを使えば知ることができる。

```
$ pwd
/usr/you
$
```

2.3 ディレクトリとファイル名

カレント・ディレクトリはプロセスに付けられた属性であり、ユーザやプログラムには属していない。ユーザにはログイン・ディレクトリがあるように、プロセスにはカレント・ディレクトリがある。もしあるプロセスが子供のプロセスを生み出したら、その子プロセスは親のカレント・ディレクトリを受け継ぐ。しかし、もしこの後で子プロセスが新たなディレクトリへ移行しても、親には影響を与えない。親のカレント・ディレクトリには、子供が何をしようとも不変である。

カレント・ディレクトリの考え方によって、タイピングの労はかなり軽減できるから、これは確かに表記の簡便化を促しているが、真の目的はファイルの組織化にある。UNIX システムでは、互いに関係のあるファイル群は、同一のディレクトリに属している。ユーザファイル・システムの最上層のディレクトリとしてよく使われるのがディレクトリ /usr である（ちなみに、cmp や ls と同じ方式で略記すると、user は usr となる）。/usr/you はユーザのログイン・ディレクトリであり、ログインした当初のカレント・ディレクトリでもある。この他、/usr/src にはシステム・プログラムのソースが入っており、/usr/src/cmd には UNIX のコマンドソースが、/usr/src/cmd/sh にはシェルのためのソースファイルが入っている … という具合になる。何か新しいプロジェクトに乗りだそうというとき、あるいは互いに関係のある一群のファイルをもっているとき、そういったときはいつでも、mkdir コマンドを使って新しいディレクトリを作成し、そのなかにファイル群を収めることができる。例えば、料理の調理法のファイルを幾つかもっている場合を考えてみよう。

```
$ pwd
/usr/you
$ mkdir recipes
$ cd recipes
$ pwd
/usr/you/recipes
$ mkdir pie cookie
$ ed pie/apple
...
$ ed cookie/choc.chip
...
$
```

サブディレクトリの指定が単純なのに注目していただきたい。pie/apple の意味は一目瞭然であろう。/usr/you/recipes/pie というディレクトリのなかにある apple pie（アップルパイ）の調理法（recipe）というわけだ。recipes のサブディレクトリを作らずに、その調理法を例えば、recipes/apple.pie のなかに入れること

67

もできるが、パイはパイですべてまとめてしまった方が、ずっと組織化されるだろう。例をあげると、クラストパイの調理法があるとすれば、それぞれのパイごとに独立のファイルに入れるのではなく、recipes/pie/crust のなかに収めておけることになる。

　このファイル・システムは強力な組織化を与えてくれるツールであるが、特定のファイルをどこにしまったか忘れたり、さらにどんなファイルをもっていたか忘れてしまうことがあるだろう。このとき、まず考えつく解決策は、幾つかのコマンドを実行して、ディレクトリのなかをくまなく探しまわるやり方である。ls コマンドも確かにファイルの探索には有用なツールだが、サブディレクトリのなかまで1回ではみにいってくれない。

```
$ cd
$ ls
junk
recipes
$ file *
junk:     ascii text
recipes:          directory
$ ls recipes
cookie
pie
$ ls recipes/pie
apple
crust
$
```

ファイル・システムのこの部分を図にすると、以下のように表現できる。

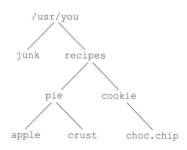

2.3 ディレクトリとファイル名

du (disc usage) コマンドは、あるディレクトリのなかにあるファイルが、そのサブディレクトリも全部含めて、どれだけディスクスペースを消費しているかを知るために書かれたものである。

```
$ du
6          ./recipes/pie
4          ./recipes/cookie
11         ./recipes
13         .
$
```

ここに表示されたファイル名の意味は明らかであろう。それぞれのファイルについている数字は、そのファイルの保存のために使われているディスクブロック ── 典型的なものでは1ブロックあたり 512 または 1024 バイト ── の数である。ディレクトリに付けられた値は、そのディレクトリとサブディレクトリのなかにあるファイルが使っている総ブロック数を示している。その値にはディレクトリ自身も入っている。

du に、"all" を意味する -a というオプションを指定すると、ディレクトリのなかにある全ファイルを表示する。そのファイルの1つがディレクトリであっても、du は同様に処理する。

```
$ du -a
2          ./repipes/pie/apple
3          ./recipes/pie/crust
6          ./recipes/pie
3          ./recipes/cookie/choc.chip
4          ./recipes/cookie
11         ./recipes
1          ./junk
13         .
$
```

du -a の出力をパイプを通して grep につなぐと、特定のファイルの探索に使える。

```
$ du -a | grep choc
3          ./recipes/cookie/choc.chip
$
```

第1章で触れたように、"." は、現在のディレクトリ自身を指していることを思い出していただきたい。この表記法によって、あるディレクトリをアクセスするのに、そ

の名前を全部覚えておく必要がなくなる。duは、ディレクトリのなかをみてファイルを探すためのコマンドであり、もしディレクトリ名を指定しなかったら、ユーザが現在いるディレクトリ、すなわち"."が仮定される。従って、junkと./junkは同じファイルを指すことになる。

ディレクトリは、カーネルの世界では基本的に通常のファイルと異なった性質をもつにもかかわらず、ファイル・システムのなかでは、ファイルと同じような形で入っている。ディレクトリは通常のファイルのように読むことはできるが、ファイルのように作成したり書き込んだりはできない。ディレクトリが正常に保たれ、ユーザのファイルが守られるようにするため、ディレクトリの内容に関しては、カーネルがすべての制御を握っているのである。

ここでディレクトリのなかにあるバイトがどうなっているのかみてみよう。

```
$ od -cb .
0000000    4   ;   .  \0  \0  \0  \0  \0  \0  \0  \0  \0  \0  \0  \0  \0
          064 073 056 000 000 000 000 000 000 000 000 000 000 000 000 000
0000020  273   (   .   .  \0  \0  \0  \0  \0  \0  \0  \0  \0  \0  \0  \0
          273 050 056 056 000 000 000 000 000 000 000 000 000 000 000 000
0000040  252   ;   r   e   c   i   p   e   s  \0  \0  \0  \0  \0  \0  \0
          252 073 162 145 143 151 160 145 163 000 000 000 000 000 000 000
0000060  230   =   j   u   n   k  \0  \0  \0  \0  \0  \0  \0  \0  \0  \0
          230 075 152 165 156 153 000 000 000 000 000 000 000 000 000 000
0000100
$
```

ファイル名が埋め込まれているのがおわかりだろうか? ディレクトリのフォーマットはバイナリ型とテキスト型のデータの組合せである。1つのディレクトリは16個のバイトの集合で表わされる。それぞれの集合の後半14バイトにファイル名が入っていて、余白にはASCIIのNUL(値は0)が埋め込まれている。初めの2バイトは、そのファイルの管理情報がどこにあるかをシステムに教えるために使われているが、この点に関しては後ほど触れる。すべてのディレクトリは、"."(ドット)と".."(ドット・ドット)という2つの入口で始まっている。

```
$ cd ................................................... ホーム・ディレクトリ。
$ cd recipes
$ pwd
/usr/you/recipes
$ cd ..; pwd ................................................... 1段上がる。
/usr/you
```

```
$ cd ..; pwd                               もう1段上がる。
/usr
$ cd ..; pwd                               もう1段上がる。
/
$ cd ..; pwd                               もう1段上がる。
/                                          これ以上は上にいけない。
$
```

ディレクトリ / は、このファイル・システムのルートと呼ばれる。システム上のすべてのファイルは、このルート・ディレクトリか、ルートのサブディレクトリのどれか1つに属し、ルートはそのサブディレクトリの親ディレクトリにあたる。

問題 2–2	本節に書かれた情報があれば、ls コマンドの動きは大まかにわかるはずである。ヒント：cat . >foo; ls -f foo
問題 2–3	（やや難問）pwd コマンドはどのように動くか？
問題 2–4	du はディスクの使用状況を監視するために書かれたものである。これを使ってディレクトリの階層のなかでファイルを探そうというのは、du コマンドの目的とかけ離れており、適当ではない。これに代わるものとして、マニュアルの find (1) の項を参照して、du と find の2つのコマンドを比較せよ。特に、du -a	grep ... というコマンドと、これに対応する find コマンドを実行して両者を比較せよ。どちらが速いだろうか？ 新しいツールを作るのと、こういった既存のツールの副作用を利用するのとどちらがよいだろうか？

2.4 ファイルの使用許可

　すべてのファイルはそれに付随して一群の使用許可情報をもっており、そのファイルに関して、誰が何をしてよいか決めている。例えば、あなたがたいへんにきちょうめんな性格で、ラブレターをシステムのなかに保存しておきたいとしよう。おそらく1つのディレクトリにまとめて階層化し、その中身を他人に読んでほしくないと考えるだろう。そうした場合、噂にならないように各ラブレターの使用許可を変更し（逆に噂をたてられたいのなら、変更は特定のラブレターに限ってもよい）、または、そのディレクトリ自体の使用許可を変更して、詮索好きのユーザに読まれないようにするのもよいかもしれない。

しかし警告しておかなくてはならないことがある。すべての UNIX システムには、スーパーユーザと呼ばれる特別のユーザがいて、システム上の任意のファイルを読んだり、修正したりできるのである。root という特別のユーザ名にはスーパーユーザ特権があり、システムの保守を行なう際にシステム管理者がこれを使う。もしこの root のパスワードを知っていれば、su というコマンドによって、誰でもスーパーユーザになれる。従ってこのスーパーユーザのパスワードを知っている人は、あなたのラブレターを読めるわけであり、このためにもファイル・システムのなかには感傷的なものは保存しない方が望ましい。

もしもっとプライバシーを守りたかったら、crypt コマンド（crypt (1)）を使って、スーパーユーザさえも読めないように（少なくとも理解できないように）データを変更することもできる。もちろん、この crypt も絶対安全というわけではない。スーパーユーザはその crypt コマンド自体も変更できるし、ときには crypt のアルゴリズムを解読しようという連中もいる。とはいえ、前者は相当な違法行為を仮定しなくてはならないし、後者を実行しようと思ったら一苦労なので、crypt は実際上、かなり安全といえる。

大抵の場合、データの保護が破られるのは、パスワードの盗難や、簡単に推測できるパスワードを使うことが原因である。ときにはシステム管理者のちょっとした不注意によって、悪意をもったユーザがスーパーユーザの使用許可（アクセス権）を手にすることもある。データ保護の問題については、本章の終わりにあげてある論文のなかで詳しく説明されている。

ログインするときには、ユーザ名を入力して、続いてパスワードを入力して本人であることを確認する。そのユーザ名がユーザのログイン id である。しかし現実には、システムはユーザを uid（ユーザ id）と呼ばれる 1 つの数字で認識している。異なったログイン id に同一の uid をもたせて、システムに区別できないようにすることも可能である。ただし、このような使い方をするのは稀な話で、おそらくデータ保護の理由から望ましくないであろう。uid の他にユーザにはグループ識別子、すなわちグループ id が割り当てられる。これによって、ユーザはあるユーザ・グループの一員になる。多くのシステムの一般ユーザはすべて、（root のようなログイン id をもつユーザとは対照的に）other という 1 つのグループにまとめられているが、他のシステムでは違っているかもしれない。ファイル・システム、つまり一般的にいって UNIX システムは、uid とグループ id に与えられた使用許可情報を調べて、ユーザがしてもよいことを判断しているのである。

/etc/passwd というファイルはパスワードファイルであり、各ユーザのログイン情報がすべて収められている。/etc/passwd のなかで自分のユーザ名を探すと、uid とグループ id がわかる。システムがやっていることもこれと変わりない。

2.4 ファイルの使用許可

```
$ grep you /etc/passwd
you:gkmbCTrJO4COM:604:1:Y.O.A.People:/usr/you:
$
```

パスワードファイル中のフィールドはコロンで区切られ、以下のような順に並べられている（passwd (5) を参照）。

ログインid：暗号化されたパスワード：uid：グループid：その他：ログイン・ディレクトリ：シェル

パスワードファイルは通常のテキストファイルである。しかし、そのフィールドの定義や区切り記号は、このファイルのなかの情報を使うプログラムに理解できるような約束に基づいて書かれている。

シェルのフィールドはしばしばブランクになっており、暗黙のうちに /bin/sh を使うことを意味している。その他フィールドには何を書いてもよいが、普通、ユーザの名前の他に、住所や電話番号が書かれている。

ユーザ（you）のパスワードはここでは2番目のフィールドに登場しているが、暗号化された形で表示されていることに注目しよう。このパスワードファイルは誰でも読むことができる（たった今そうしたように）ので、もしパスワードがそのままの形で表示されていたら、誰でもそのパスワードを使ってログインできることになる。実際には、login コマンドにパスワードが与えられると、このコマンドはパスワードを暗号化し、その結果を /etc/passwd のなかにある暗号化されたパスワードと比較する。両者が一致していればログインが許可されるわけである。この方式がうまくいくのは、暗号化のアルゴリズムは、よくわかる形から暗号化された形へはいきやすいが、その逆は極めて難しく作られているためである。もしパスワードが ka-boom であれば、gkmbCTrJO4COM といった具合に暗号化される。しかし暗号化されたパスワードがわかっても、それを元のパスワードに戻すのは容易なことではない。

この /etc/passwd のファイルが読めるのは、カーネルがこのファイルに付けられた使用許可情報をみて判断したためである。それぞれのファイルは3種類の使用許可情報をもっている。読出し（ファイルの内容をみる）、書込み（ファイルの内容を変更する）、実行（ファイルをプログラムとして走らせる）の3種類である。さらに、他のユーザに対して別々の使用許可を与えることもできる。まず、ファイルの所有者は読出し、書込み、実行の1組の使用許可をもっている。所有者の属しているグループのユーザはまた別の使用許可の組をもっていて、この他のユーザに対しても別の使用許可の組がある。

ls -l を実行すると、他の情報と一緒にファイルの使用許可情報を表示する。

```
$ ls -l /etc/passwd
-rw-r--r--  1 root         5115 Aug 30 10:40 /etc/passwd
```

73

```
$ ls -lg /etc/passwd
-rw-r--r-- 1 adm         5115 Aug 30 10:40 /etc/passwd
$
```

この2行の表示を説明すると次のようになる。ファイル /etc/passwd は、ログインidがroot、グループidがadmで、5115バイトあり、8月30日午前10時40分に修正され、リンク数は1である（このファイル・システムのなかでは名前が1つという意味だが、リンクについては次節で説明しよう）。UNIXの版によっては、1回の命令で所有者とグループを一緒に表示する ls コマンドもある。

文字列 -rw-r--r-- はファイルに付けられた使用許可の状況を表現している。最初の - はファイルが通常のファイルであることを示している。もしディレクトリであれば、ここにはdが書かれる。続く3つの文字は、(uidを基準にした) ファイルの所有者がもつ読出し、書込み、実行の3つの使用許可情報を符号化したものである。rw- は、root（所有者）はこのファイルを読出し（read）と書込み（write）はできるが、実行はできないことを意味する。実行可能なファイルであれば、- の代わりに x (execute) が書かれているはずである。

続く3文字（r--）はグループの使用許可情報を符号化したもので、この場合、おそらくシステム管理者と考えられる adm というグループのユーザは、このファイルを読むことはできるが、書き込んだり実行したりはできない。さらにこれに続く3文字（同じく r--）は、この他のすべてのユーザ、つまり、システムの残りのユーザの使用許可を定義している。従ってこのシステムでは、ユーザのログイン情報を変更できるのは root だけであるが、このファイルを読むのはすべてのユーザに許可されている。また、グループ adm に /etc/passwd の書込みを許可する場合も考えられる。

/etc/passwd というファイルは、グループ名やグループ id を符号化してもっており、どのユーザがどのグループに属しているかを定義している。/etc/passwd ではログイングループだけが識別され、あるユーザのグループ使用許可を別のグループへ変更するには、newgrp コマンドを使う。

誰でも、

```
$ ed /etc/passwd
```

とすれば、このパスワードファイルを編集できるが、変更箇所をそのファイルに書き戻せるのは root だけである。パスワードの変更にはこのパスワードファイルの編集を避けて通れないのだから、それでは一体どうやって変更するのかと不思議に思う読者もいるだろう。パスワードの変更は、実は passwd というプログラムが行なうのであり、このコマンドは /bin のなかにみつかるだろう。

2.4 ファイルの使用許可

```
$ ls -l /bin/passwd
-rwsr-xr-x 1 root        8454 Jan  4  1983 /bin/passwd
$
```

(/etc/passwd が、ログイン情報を含んだテキストファイルであるのに対して、/bin/passwd は、このパスワードファイルを変更するための実行可能プログラムの入ったファイルで、別のディレクトリにあるのに注意すること。) このコマンドの使用許可情報を解釈すると、誰でもこのコマンドを実行してよいが、passwd コマンド自身を変更できるのは root に限られるという意味になる。しかし、ファイル所有者の実行フィールドに x の代わりに s が書かれているのに注意。この意味は、passwd コマンドを実行したユーザに、ファイルの所有者（この場合には root）に相当する使用許可が与えられるということである。このように、/bin/passwd は root に "set-uid" されているので、passwd コマンドを実行すれば、どのユーザにもパスワードファイルの編集が可能になる。

この set-uid ビットは、単純だがエレガントなアイデアであり[*3]、データ保護に関する問題の多くを解決している。例えば、あるゲーム・プログラムの作成者は、そのプログラムの set-uid を所有者自身に設定でき、そうしておけば他人が実行したときにも、本来保護されるはずのゲームの得点ファイルが更新できることになる。しかし set-uid の概念は、潜在的には危険性を含んでいる、/bin/passwd は正しい使用許可情報をもっている必要がある。そうでないと、root と結託すればシステム情報を破壊できることになる。つまり、もしこのファイルが -rwsrwxrwx という使用許可をもつようになれば、どのユーザでも上書きできるようになり、そのファイルをどんなプログラムにも置換できるわけである。root はシステム上のすべてのファイルに対するアクセス使用許可をもっているから、このことは、set-uid を使ったプログラムには重大な問題である（UNIX システムのなかには、ファイルが変更されるたびにこの set-uid ビットをおろすようにして、データ保護の落とし穴がもたらす危険を軽減しているものもある）。

以上述べた set-uid ビットは強力であるが、基本的には passwd のような 2, 3 のシステム・プログラムで使われるだけである。さて、もっと普通のファイルをみてみよう。

```
$ ls -l /bin/who
-rwxrwxr-x 1 root        6348 Mar 29  1983 /bin/who
$
```

[*3] set-uid ビットは Dennis Ritchie によって考案された。

who は誰にも実行可能で、root とそのグループでは書込みもできる。"実行可能" というのは次のような意味である。

$ who

とシェルに対して入力すると、シェルは "who" というファイルを探して、一群のディレクトリ（そのなかの1つが /bin）をのぞいてまわる。もし who という名前のファイルがみつかって、そのファイルに実行可能な使用許可が付いていれば、シェルはカーネルに対して who を実行するように命ずる。カーネルはその使用許可をチェックして、正しければそのプログラムを実行する。プログラムというのは、ただ単に実行の使用許可の付いたファイルにすぎない点に注意されたい。次章では、単なるテキストファイルでできたプログラムを紹介していくが、それには実行使用許可の組が付いているから、コマンドとしても実行できるのである。

ディレクトリに対する使用許可は、若干違った働きをもっているが、基本的には同じように考えてよい。

$ ls -ld .
drwxrwxr-x 3 you   80 Sep 27 06:11 .

ls コマンドに -d オプションを付けると、ディレクトリに入ったファイルではなく、ディレクトリ自身について教えてくれる。出力の先頭にある d は "." が正しくディレクトリであることを意味している。r のフィールドは、このディレクトリを読んでもよいことを意味しており、そのなかにどんなファイルがあるかを、ls コマンド（あるいは od コマンド）を使ってみつけることができる。w はそのディレクトリのなかにファイルを作成したり、そのなかのファイルを削除できるという意味になる。こういった操作には、そのディレクトリファイルの修正、すなわち書込みが必要となるからである。

現実にはディレクトリのなかには、単純な書込みはできない。root でさえもそうすることは禁じられている。

$ who >. .... "." への書込みをやってみる。
.: cannot create .... できない。

この代わりにファイルの作成や名前の変更をするためのシステムコールが用意されていて、ディレクトリの内容の変更はこれらを通じてのみ可能になる。しかし、使用許可の考え方はここでも適用される。w のフィールドは、ディレクトリ修正のためのシステムルーチンを使えるのが誰かを教えているのである。

ファイルの削除に対する使用許可は、そのファイル自身には付いていない。ファイルの削除は、そのファイルの入っているディレクトリへの書込みの使用許可があれば行なえる。たとえそのファイルへの書込みが禁止されていてもかまわない。しかし書

込み禁止のファイルの場合, rm コマンドはファイルを削除してしまう前に確認を求めてくる. 本当に削除したいのかを確認するのである. ── これは UNIX のプログラムがユーザの意図を二重にチェックする稀な例の 1 つである (ただし rm に -f フラグをたてると, 確認なしに強制的にファイルを削除する).

ディレクトリの使用許可のなかにある x フィールドは, 実行を意味するのではなく "検索 (search)" の意味になる. つまりディレクトリの実行使用許可は, そのディレクトリを探ってファイルを探索してよいかを決めているのである. 従って, 一般ユーザ用の使用許可が --x になっていれば, ディレクトリの作成も可能になる. つまり, そのディレクトリ上にあることを知っている任意のファイルにアクセスしてもよいことを意味している. しかし, それに ls コマンドを実行したり, どのようなファイルがあるかを確かめようとして読んだりはできない. 同様に, r-- という使用許可をもったディレクトリがあれば, 他のユーザは (ls コマンドで) みることはできるが, ディレクトリの内容は使えない. この仕組みを使用して込み合う時間帯には /usr/games のディレクトリを使えないようにしているシステムもある.

ファイルの使用許可を変えるためには, chmod (change mode) コマンドを使う.

$ *chmod permissions filenames ...*

しかし, 上記の *permissions* の部分の指定法はあまりスマートではない. 指定には 2 通りの方法があって, 8 進数によるものと記号によるものがある. 8 進数の方が扱いやすいが, 場合によっては記号による記述が, 使用許可の相対的な変化を指定できるので都合がよいこともある.

$ *chmod 666 junk*

とするよりも

$ *chmod rw-rw-rw- junk* .... このようにしてはならない!

と指定する方がすっきりするかもしれないが, 後者の指定は許されていない. 8 進数方式では, 読出しに 4, 書込みに 2, 実行に 1 の数を与え, それを加え合わせた数で指定する. 記号方式の説明は厄介なので, マニュアルの chmod (1) を参照してほしい. ここでは, + が使用許可を与え, - が使用許可を取り消すということを知っていれば十分である. 例えば,

$ *chmod +x command*

とすると, すべてのユーザに command の実行許可を与え, また,

$ *chmod -w file*

とすれば, ファイルの所有者を含むすべてのユーザの書込みが取り消される. スーパーユーザのもつ通常の特権を別にすれば, あるファイルの使用許可情報を変更でき

るのはファイルの所有者に限られる。これは、そこに書かれた使用許可情報の内容とは関係がない。あるユーザが他のユーザにファイルへの書込みを許したとしても、システムは、ファイルの所有者以外のユーザがその使用許可のビットを変更するのを許可しないはずである。

```
$ ls -ld /usr/mary
drwxrwxrwx 5 mary          704 Sep 25 10:18 /usr/mary
$ chmod 444 /usr/mary
chmod: can't change /usr/mary
$
```

しかし、書込み可能なディレクトリであれば、ファイル自身に付いている使用許可情報とは関係なく、そのディレクトリ中のファイルは削除できる。もし自分や友人が、あるディレクトリのファイルを絶対に削除しないようにしたければ、そのディレクトリの書込み許可をはずしておかなくてはならない。

```
$ cd
$ date >temp
$ chmod -w .                               ………… ディレクトリを書込み禁止にする。
$ ls -ld .
dr-xr-xr-x 3 you           80 Sep 27 11:48 .
$ rm temp
rm: temp not removed                       ………… ファイルは削除できない。
$ chmod 775 .                              ………… 使用許可を元に戻す。
$ ls -ld .
drwxrwxr-x 3 you           80 Sep 27 11:48 .
$ rm temp
$                                          ………… 今度は削除できた。
```

temp はこれで消えてしまった。ディレクトリの使用許可情報を変更してもその変更日付が変わっていないことに注意しておこう。変更日付は、そのなかのファイルの内容の変更を反映するのであって、使用許可のモードの変更とは関係がない。この使用許可情報と日付はファイル自身に蓄えられているのではなく、インデックスノード、すなわちiノードと呼ばれるシステム構造のなかに蓄えられている。これについては次の節で取り上げる。

問題 2–5　chmod コマンドを実験してみよ。0 とか 1 のような、単純で異なったモードを試してみよ。ただし、自分のログイン・ディレクトリを破壊しないように注意すること。

2.5　i ノード

　ファイルは幾つかの要素をもっている。名前、内容の他に、使用許可とか修正時刻といった管理情報がある。この管理情報は i ノード（inode; 長く使われているうちに、"i–node" のハイフンが落ちた）のなかに蓄えられている。この他にファイルの長さとか、ファイルの内容がディスクのどこにしまわれているかといった、システムに不可欠なデータもそれらの要素のうちである。

　i ノードのなかには、時刻に関して 3 種類の情報がある。1 つはファイルの内容が最後に修正（書込み）された時刻、1 つはファイルが最後に使われた（読まれたか実行された）時刻、もう 1 つは i ノード自身が最後に修正された（例えば使用許可を設定した）時刻である。

```
$ date
Tue Sep 27 12:07:24 EDT 1983
$ date >junk
$ ls -l junk
-rw-rw-rw- 1 you         29 Sep 27 12:07 junk
$ ls -lu junk
-rw-rw-rw- 1 you         29 Sep 27 06:11 junk
$ ls -lc junk
-rw-rw-rw- 1 you         29 Sep 27 12:07 junk
$
```

ls -lu に対する応答からわかるように、ファイルの内容の変更はそれを利用した時刻には影響しない。さらに、ls -lc に対する応答から、使用許可の変更は i ノード変更時刻だけに影響を与えることがわかる（上と下の例を較べてみるとよい）。

```
$ chmod 444 junk
$ ls -lu junk
-r--r--r-- 1 you         29 Sep 27 06:11 junk
$ ls -lc junk
-r--r--r-- 1 you         29 Sep 27 12:11 junk
```

```
$ chmod 666 junk
$
```

lsコマンドの-tオプションはファイルを時間順に並べ替え、積極的な指定がなければ、最後に修正したものを先頭にして順に並べる指示である。これを-cや-uと結合して使えば、iノードの変更順、あるいはファイルの読まれた順にも表示できる。

```
$ ls recipes
cookie
pie
$ ls -lut
total 2
drwxrwxrwx 4 you         64 Sep 27 12:11 recipes
-rw-rw-rw- 1 you         29 Sep 27 06:11 junk
$
```

recipesが最も最近に使われている。たった今、その内容をみたので当然である。

iノードは何もlsのオプションが正しく働くのを確認するために大切なわけではない。このiノードこそファイル自身に他ならないのである。階層化ディレクトリのする仕事は、つきつめれば、ファイルに簡便な名前を与えることである。システムはあるファイルに対してそのi番号、つまりそのファイルの情報をもったiノードの数をファイルの内部名としてもっている。ls -iとすると、このi番号が10進数で表示される。

```
$ date >x
$ ls -i
15768 junk
15274 recipes
15852 x
$
```

ディレクトリの名前の前に置かれた最初の2バイトがi番号である。od -dを実行すると、そのデータをバイトごとの8進数の代わりに、2バイトごとに10進数でダンプしてくるので、このi番号は目にみえる形になる。

```
$ od -c .
0000000    4   ;   .  \0  \0  \0  \0  \0  \0  \0  \0  \0  \0  \0  \0  \0
0000020  273   (   .   .  \0  \0  \0  \0  \0  \0  \0  \0  \0  \0  \0  \0
0000040  252   ;   r   e   c   i   p   e   s  \0  \0  \0  \0  \0  \0  \0
```

2.5 iノード

```
0000060 230    =  j  u  n  k  \0 \0 \0 \0 \0 \0 \0 \0 \0
0000100 354    =  x  \0 \0 \0 \0 \0 \0 \0 \0 \0 \0 \0 \0
0000120
$ od -d .
0000000 15156 00046 00000 00000 00000 00000 00000 00000
0000020 10427 11822 00000 00000 00000 00000 00000 00000
0000040 15274 25970 26979 25968 00115 00000 00000 00000
0000060 15768 30058 27502 00000 00000 00000 00000 00000
0000100 15852 00120 00000 00000 00000 00000 00000 00000
0000120
$
```

それぞれのディレクトリ行の最初の2バイトは、ファイルの名前とその内容を結び付ける（リンクする）働きをしているにすぎない。従って、ディレクトリ中に書かれたファイル名はリンクと呼ばれている。つまりこの2バイトは、階層化ディレクトリ中に書かれた名前とiノード、つまり実際のデータをリンクしているのである。同一のi番号が複数のディレクトリに登場してもよい。rmコマンドは、実際にはiノードを削除するのではなく、ディレクトリの入口、つまりリンクを削除するのである。あるファイルの最後のリンクが失われたときに初めて、システムはそのiノードを削除し、ひいてはファイル自身も削除する。

　ディレクトリの入口にあるこのi番号がゼロのときには、リンクが削除されたことを意味するが、ファイルの内容が削除されたとは限らない、—— どこか別のところにリンクがあるかもしれないからである。ファイルを削除すれば、以下のようにi番号がゼロになるのを確認できる。

```
$ rm x
$ od -d .
0000000 15156 00046 00000 00000 00000 00000 00000 00000
0000020 10427 11822 00000 00000 00000 00000 00000 00000
0000040 15274 25970 26979 25968 00115 00000 00000 00000
0000060 15768 30058 27502 00000 00000 00000 00000 00000
0000100 00000 00120 00000 00000 00000 00000 00000 00000
0000120
$
```

このディレクトリのなかで、次に作成されるファイルは、この未使用のスロットのなかに入るが、それに付けられるi番号はまた別のものになるだろう。

　既存のファイルにリンクを作りたければ、次の書式に従ってlnコマンドを使う。

```
$ ln old-file new-file
```

リンクの目的は同一のファイルの2つの名前を与えることにある。リンクは頻繁に行なわれ、従って1つのファイルは2つの異なったディレクトリのなかにも登場できる。多くのシステムでは、/bin/ed と /bin/e がリンクされているので、このエディタを e だけの1文字で呼び出すことができる。1つのファイルに2つのリンクがあるとき、それは同一のiノードを指し、従ってこの2つのリンクは同一のi番号をもつことになる。

```
$ ln junk linktojunk
$ ls -li
total 3
15768 -rw-rw-rw- 2 you          29 Sep 27 12:07 junk
15768 -rw-rw-rw- 2 you          29 Sep 27 12:07 linktojunk
15274 drwxrwxrwx 4 you          64 Sep 27 09:34 recipes
$
```

使用許可情報と所有者の間に書かれた整数が、そのファイルに対するリンクの数を表わしている。それぞれのリンクはiノードを指定しているだけなので、優劣はなく、どれも等しく重要である。— 最初にリンクしたものとその後にリンクしたものには何ら差がない（ls コマンドの表示したディスクの総容量は間違っていることに注意すること。これは二重に数えているためである）。

ファイルの内容を更新したとき、どのファイル名を使ってアクセスしても、変更されているのがわかるだろう。どのリンクもすべて同一のファイルを指しているからである。

```
$ echo x >junk
$ ls -l
total 3
-rw-rw-rw- 2 you           2 Sep 27 12:37 junk
-rw-rw-rw- 2 you           2 Sep 27 12:37 linktojunk
drwxrwxrwx 4 you          64 Sep 27 09:34 recipes
$ rm linktojunk
$ ls -l
total 2
-rw-rw-rw- 1 you           2 Sep 27 12:37 junk
drwxrwxrwx 4 you          64 Sep 27 09:34 recipes
$
```

linktojunk を削除すると、junk のリンク数は 1 に戻る。前述したように、ファイルの削除はリンクの切断なのだから、ファイル自身は最後のリンクが解かれるまでは残っている。もちろん実際には、大抵のファイルは 1 つのリンクをもつのみである。しかし、ここにも単純なアイデアが大きな柔軟性を創り出す例がみられるであろう。

　早合点する人がいるといけないので、1 つ言っておかなくてはならないことがある。それはあるファイルの最後のリンクが失われてしまうと、そのデータはもはや呼び戻せなくなる、ということである。削除されたファイルは、ゴミ箱というよりは焼却炉に投げ込まれるのであり、灰のなかからでは呼び戻す方法はない（かすかに望みがなくもない。ほとんどの UNIX システムでは正式な業務としてバックアップ作業を行なっており、磁気テープのような安全な場所へ、変更のあったファイルを定期的にコピーしているので、そのなかから呼び戻せることもある。自分自身を守り心の平和を得るために、自分の使っているシステムで一体どれだけのバックアップがなされているかを知っておくべきである。もし全然行なわれていなかったら、要警戒。── ディスクに何らかの災難がふりかかると大打撃を被りかねない）。

　2 人が 1 つのファイルを共有したいときには、ファイルへのリンクは手軽でよいが、ときには別々にコピーが要るときもある。── つまり、同一の情報をもった別のファイルが必要な場合である。例えば、ある文書を変更する前にコピーを作っておいて、その変更が好ましくなかったときには、元の文書を復活できるようにしておきたい、ということもあるだろう。リンクするだけではうまくいかない。データが変更されると、どちらのファイルにもその変更が伝わるからである。ファイルのコピーは cp コマンドを使う。

```
$ cp junk copyofjunk
$ ls -li
total 3
15850 -rw-rw-rw-  1 you        2 Sep 27 13:13 copyofjunk
15768 -rw-rw-rw-  1 you        2 Sep 27 12:37 junk
15274 drwxrwxrwx  4 you       64 Sep 27 09:34 recipes
$
```

junk と copyofjunk の i 番号は異なる。両者が異なったファイルだからである。コピーした時点では内容が同じであっても同一のファイルではない。バックアップしたコピーの使用許可を変更しておくのはよい考えである。そうしておけば誤って削除する確率が小さくなる。

```
$ chmod -w copyofjunk                               書込み禁止にする。
$ ls -li
total 3
   15850 -r--r--r-- 1 you         2 Sep 27 13:13 copyofjunk
   15768 -rw-rw-rw- 1 you         2 Sep 27 12:37 junk
   15274 drwxrwxrwx 4 you        64 Sep 27 09:34 recipes
$ rm copyofjunk
rm: copyofjunk 444 mode n              だめ！ 大事なファイルである。
$ date >junk
$ ls -li
total 3
   15850 -r--r--r-- 1 you         2 Sep 27 13:13 copyofjunk
   15768 -rw-rw-rw- 1 you        29 Sep 27 13:16 junk
   15274 drwxrwxrwx 4 you        64 Sep 27 09:34 recipes
$ rm copyofjunk
rm: copyofjunk 444 mode y              まあ、さほど大事でもないだろう。
$ ls -li
total 2
   15768 -rw-rw-rw- 1 you        29 Sep 27 13:16 junk
   15274 drwxrwxrwx 4 you        64 Sep 27 09:34 recipes
$
```

ファイルのコピーを変更しても、また削除しても、元のファイルは何の影響も受けない。copyofjunk は書込み禁止になっているので、rm コマンドは削除する前に確認を求めているのに注意しよう。

　ファイル操作によく使うコマンドがもう1つある。それは mv コマンドで、ファイルの移動（move）、すなわちファイル名の変更を行なう。これは単にリンクの書換えによって行なわれ、コマンドの構文は cp や ln と同じである。

```
$ mv junk sameoldjunk
$ ls -li
total 2
   15274 drwxrwxrwx 4 you        64 Sep 27 09:34 recipes
   15768 -rw-rw-rw- 1 you        29 Sep 27 13:16 sameoldjunk
$
```

sameoldjunk はその i 番号のところまでたどると、以前の junk と同じなのがわかる。その名前 ── つまり i ノード 15768 と結び付けられたディレクトリの入口 ── だけが変わったのである。

　これまでの説明では、ファイルの操作を 1 つのディレクトリのなかだけに限ってきたが、複数のディレクトリにまたがっていてもかまわない。複数のユーザが 1 つのプログラムや文書で仕事をしているようなときには、幾つかのディレクトリのなかに同一名のリンクを置いておくために ln が多用される。mv コマンドはディレクトリ間で、ファイルやディレクトリを移動するのに使える。実際上、mv と cp は極めてよく似ており、共通した特別の構文をもっている。

　　$ mv (or cp) *file1 file2 ... directory*

とすれば、最後の引数で指定されたディレクトリのなかへ、複数のファイルが移動（あるいはコピー）される。その際のリンクやコピーには同じファイル名が付けられる。例えば、エディタ・プログラムをちょっと強化してみようと思ったら、

　　$ *cp /usr/src/cmd/ed.c .*

とすると、ソースプログラムのコピーを手にすることができる。もし、多くのファイル群に分かれているシェルをコピーするときは、

　　$ *mkdir sh*
　　$ *cp /usr/src/cmd/sh/* sh*

のようにしてやれば、cp コマンドはシェルのソースファイルをすべて、ユーザのサブディレクトリ sh へコピーしてくれるだろう（/usr/src/cmd/sh にサブディレクトリ構造がないとしての話である ── cp はそこまで賢くはない）。システムによっては、ln もまた複数のファイルを引数に指定でき、その場合もディレクトリは最後の引数として指定する。さらにシステムによっては、mv, cp, ln 自体が 1 つのファイルにリンクしており、そのファイルが指定されたコマンドの名前を調べた上で、どの機能を実行したらよいのか判断しているものもある。

問題 2-6　どうして ls -l は recipes のリンク数を 4 と表示しているのか？
　　　　　ヒント：次のコマンドを実行してみよ。

　　　　　　　$ *ls -ld /usr/you*

　　　　　これがなぜ役に立つ情報になるのだろうか？

> **問題 2–7**

次の、

```
$ mv junk junk1
```

と、

```
$ cp junk junk1
$ rm junk
```

との違いは何か？　ヒント：junk にリンクを作ってからやってみよ。

> **問題 2–8**

cp はサブディレクトリをコピーせず、ある段階の最初のレベルだけをコピーする。引数として幾つかのファイルを指定したとき、そのうちの 1 つがディレクトリの場合には、どういう動作をするだろうか？　その動作は親切だろうか？　それとも賢いといえるものだろうか？　次の 3 つの方法の長所を比較検討せよ。cp にオプションを指定してディレクトリの下まで降りていくようにするやり方。rcp（recursive copy; 再帰的コピー）という別のコマンドを新たに用意するやり方。ディレクトリをみつけたときには cp そのもので再帰的にコピーが行なわれるようにするやり方。このような機能を組み込む方法は第 7 章を参考にせよ。ディレクトリのツリーを通り抜ける機能によって有利になるプログラムには、他にどのようなものがあるだろうか？

2.6　階層化ディレクトリ

　第 1 章では、/usr/you から話を始めて、ファイル・システムの階層についてむしろくだけた形でながめていった。ここでは、もっと順序だてて、このツリーの頂点にあるルートから調べていくことにしよう。

　頂点にあるディレクトリは / である。

```
$ ls /
bin
boot
dev
etc
lib
tmp
unix
```

```
usr
$
```

/unix は UNIX のカーネルのプログラムである。/unix がディスクからメモリへ読み込まれてシステムが起動する。実際にはこの処理は 2 つの段階を経て行なわれる。まず最初に /boot というファイルが読み込まれ、次に /unix が読み込まれるのである。この"ブートストラップ（立上げ）"処理の詳しい説明は、boot (8) のなかに書かれている。表示されている / のなかのファイルは、すべてディレクトリであり、それぞれが全体のファイル・システムのなかで独立したセクションを形作っている。この階層を手短にながめていくが、本文にそって各ディレクトリをちょっと探検してみてほしい。ファイル・システムがどう設計されているかがわかればわかるほど、効率よく使えるようになるだろう。主なディレクトリについての簡単な説明を表 2.1 に示した。参考にしてもらいたい。ただし、一部の名前はシステムによって異なっているかもしれない。

表 2.1 主なディレクトリについて（この他、hier (7) も参照のこと）

/	ファイル・システムのルート
/bin	実行可能形式（バイナリー）の必須プログラム
/dev	デバイスファイル
/etc	システム関連の雑ディレクトリ
/etc/motd	その日のログインメッセージ
/etc/passwd	パスワードファイル
/lib	基本ライブラリなど
/tmp	一時ファイル。システムの再起動時にはみな消去される
/unix	実行可能形式の UNIX オペレーティング・システム
/usr	ユーザファイル・システム
/usr/adm	課金情報などのシステム管理情報
/usr/bin	ユーザのバイナリー・プログラム。troff など
/usr/dict	辞書（words）と spell (1) の支援プログラム
/usr/games	ゲーム・プログラム
/usr/include	C プログラムのためのヘッダファイル。例えば math.h
/usr/include/sys	C プログラムのためのシステム・ヘッダファイル。例えば inode.h
/usr/lib	C, FORTRAN などのためのライブラリ
/usr/man	オンライン・マニュアル
/usr/man/man1	マニュアルの 1 章

表 2.1　主なディレクトリについて（この他、hier (7) も参照のこと）

/usr/mdec	ハードウェア診断、ブートストラップ・プログラムなど	
/usr/news	公共サービスメッセージ	
/usr/pub	全般に係わる雑情報：ascii (7) や eqnchar (7) を参照	
/usr/src	ユーティリティとライブラリのソースプログラム	
/usr/src/cmd	/bin と /usr/bin にあるコマンドのソースプログラム	
/usr/src/lib	サブルーチン・ライブラリのソースプログラム	
/usr/spool	通信プログラムのための作業用ディレクトリ	
/usr/spool/lpd	ラインプリンタ用の一時ディレクトリ	
/usr/spool/mail	メールボックス	
/usr/spool/uucp	uucp プログラムのための作業用ディレクトリ	
/usr/sys	オペレーティング・システムのカーネルのソースプログラム	
/usr/tmp	一時ディレクトリ（めったに使われない）	
/usr/you	ユーザのログイン・ディレクトリ	
/usr/you/bin	ユーザの個人用プログラム	

　/bin（binaries）は前にみたように、who とか ed といった基本的なプログラムの入っている場所である。

　/dev（devices）については次節で説明しよう。

　/etc（et cetra）もまた以前にみた。これには、パスワードファイルのような様々なシステムファイルとか、/bin/login に対して、端末の接続を初期化する働きをする /etc/getty のようなシステム・プログラムが入っている。/etc/rc は、システムの立ち上げ後に実行されるシェルのコマンド群の入ったファイルである。/etc/group には各グループのメンバー名のリストが入っている。

　/lib（library）には基本的には C コンパイラの構成要素が収められている。/lib/cpp（C プリプロセッサ）とか、/lib/libc.a（C のサブルーチン・ライブラリ）のようなものである。

　/tmp（temporaries）は、プログラムの実行中に作成される、寿命の短いファイルの保管場所である。例えばエディタ ed を起動したとき、ed プログラムは、元のファイルをいじることはせず、/tmp/e00512 のようなファイルを作成して、編集対象の元のファイルのコピーをとる。もちろんこのファイルをユーザのカレント・ディレクトリ上に作成することも可能であるが、/tmp のなかに置いておくと有利な点がある。まず、ほとんどありそうもないことだが、ユーザのディレクトリにはすでに e00512 というファイルが存在している可能性もゼロではない。また、システムが起動される

たびに /tmp の中身は自動的に消されるので、もしシステムが途中でクラッシュしてもユーザのディレクトリは不要なファイルをもたないことになる。さらに有利な点として、/tmp はアクセスの速いディスク上に置かれることが多いのである。

　もちろん、複数のプログラムがいずれも /tmp にファイルを作ろうとしたら、互いのファイルどうしが干渉しあい、何か問題が起きる可能性がある。ed の一時ファイルが奇妙な名前をもっていたのはこの問題を避けるためなのである。他のプログラムが同一の名前を選ぶことのないような命名法を採用しているわけである。このやり方については第5章と第6章で考えていく。

　本システムを使っている実際のユーザには、あまり関係がないかもしれないが、/usr は"ユーザファイル・システム"と呼ばれている。筆者たちのマシンでは、ログイン・ディレクトリは /usr/bwk と /usr/rob のなかにある。しかし、読者のマシン上では、第1章で説明したように、/usr の部分が違う名前になっているかもしれない。ともあれ、ユーザの個人的なファイルが /usr のサブディレクトリのなかにあろうがなかろうが、そのなかには数多くのファイルがみつかるだろう（ただしこの点でも、各システムごとに習慣が違う）。ルート・ディレクトリ / のときとちょうど同じように、/usr の下にも、/usr/bin, /usr/lib, /usr/tmp といった名前のディレクトリがある。このディレクトリは、/ のなかの同じ名前のものと似た機能をもっているが、システムに対する重要度は比較的少ない。例えば、nroff は普通 /bin ではなく /usr/bin のなかにあり、FORTRAN のコンパイラ・ライブラリは /usr/lib のなかに収められている。もちろん、一体何を"重要"と考えるかは、システムによって様々である。広く使われている第7版のようなシステムでは、すべてのプログラムを /bin のなかに入れており、/usr/bin は全く使わないですませているものもある。また、システムによっては、利用頻度に応じて /usr/bin を2つのディレクトリに分割しているものもある。

　/usr のなかにはこの他、課金情報をいれた /usr/adm というディレクトリがあり、また、/usr/dict はあまり大きくない辞書（spell (1) 参照）をもっている。オンラインのマニュアルは /usr/man のなかに入っている。例として /usr/man/man1/spell.1 をみてみよ。また、もし読者のシステムでオンライン上にソースプログラムをもっているとしたら、おそらくそれは /usr/src のなかにあると思われる。

　ファイル・システム、とりわけ /usr の探索に時間を割くのは無駄ではない。探索の旅をするうちに、ファイル・システムがどのように構築されているか、ねらいのものはどこを探せがみつかるか、といった感覚が養っていけるからである。

2.7 デバイスファイル

前節のディレクトリめぐりの旅のなかで、/dev を残しておいた。その理由は、このディレクトリのなかに収められたファイルが、ファイル全般について見渡すのに手頃だからである。その名前から想像されるように、/dev にはデバイスファイルが入っている。

UNIX システムのアイデアの 1 つに、その周辺機器 —— ディスク、テープ装置、ラインプリンタ、端末など —— の扱い方がある。具体的に例をあげると、磁気テープを読むための特別なシステムルーチンをもつ代わりに、/dev/mt0 という 1 つのファイルが用意される（この名前もまたシステムごとに様々である）。カーネルの内部では、このファイルの参照命令は、テープをアクセスするためのハードウェア命令に変換される。従って、もしあるプログラムが /dev/mt0 を読み込むと、磁気テープ装置にマウントされたテープの内容が取り込まれる。例えば、

```
$ cp /dev/mt0 junk
```

とすると、テープの内容は junk という名前のファイルにコピーされる。cp コマンドにとっては、ファイル名が /dev/mt0 だからといって何も特別なことはなく、ただのファイル —— ひとつながりのバイトの集合 —— と変わらないのである。

デバイスファイル群は、ちょっとずつ姿かたちの違う生き物たちの集まった動物園のようなものである。しかし、このファイル・システムの基本的なアイデアはどの"動物"にも適応される。以下に示すのが、筆者たちの使っている /dev の内容をかなり短くまとめたリストである。

```
$ ls -l /dev
crw--w--w-  1 root       0,  0 Sep 27 23:09 console
crw-r--r--  1 root       3,  1 Sep 27 14:37 kmem
crw-r--r--  1 root       3,  0 May  6  1981 mem
brw-rw-rw-  1 root       1, 64 Aug 24 17:41 mt0
crw-rw-rw-  1 root       3,  2 Sep 28 02:03 null
crw-rw-rw-  1 root       4, 64 Sep  9 15:42 rmt0
brw-r-----  1 root       2,  0 Sep  8 08:07 rp00
brw-r-----  1 root       2,  1 Sep 27 23:09 rp01
crw-r-----  1 root      13,  0 Apr 12  1983 rrp00
crw-r-----  1 root      13,  1 Jul 28 15:18 rrp01
crw-rw-rw-  1 root       2,  0 Jul  5 08:04 tty
```

```
crw--w--w- 1 you           1,  0 Sep 28 02:38 tty0
crw--w--w- 1 root          1,  1 Sep 27 23:09 tty1
crw--w--w- 1 root          1,  2 Sep 27 17:33 tty2
crw--w--w- 1 root          1,  3 Sep 27 18:48 tty3
$
```

まず最初に気づくのは、バイト数の代わりに 2 つの整数が表示されていることと、モードの最初の文字が常に"b"か"c"になっていることである。ls コマンドは、通常のファイル以外のデバイスを指定する i ノード情報をこのようにして表示する。デバイスファイルに対して、i ノードはファイル名の代わりにそのデバイスの内部名をもつ。その内部名はデバイスの型（文字（c）またはブロック（b））と、それぞれメジャーおよびマイナー・デバイスナンバーと呼ばれている 2 つの数字から構成される。ディスクやテープはブロック型のデバイスであり、それ以外のすべてのもの —— 端末、プリンタ、電話回線など —— は文字型のデバイスになる。メジャーナンバーはそのデバイスの型を符号化したもので、マイナーナンバーは個々のデバイスの識別に使われる。例えば、/dev/tty0 と /dev/tty1 は同一の端末コントローラ上の 2 つのポートを指し、いずれも同じメジャー・デバイスナンバーをもつが、マイナー・デバイスナンバーは異なっている。

ディスクファイルは、通常、特定の型を表わすハードウェアの名称にちなんで名付けられる。例えば、/dev/rp00 と /dev/rp01 の 2 つは、本システムに接続された DEC の RP06 ディスクにちなんだ名前である。現実にはディスク装置は 1 つだけしかなく、それが論理的に 2 つのファイル・システムに分割されているのである。もし 2 つ目の装置があるとしたら、それに関連したファイルは /dev/rp10 や /dev/rp11 とでも名付けられそうである。この場合、先頭の 1 つの数字で物理的な装置を特定し、2 番目の数字でその装置のどの場所かが指定される。

ディスク・デバイスのファイルが 1 つだけでなく複数あることを不思議に思う読者もいるかもしれない。このファイル・システムが小さなサブシステムに分割されているのは、1 つには歴史的な理由からで、別の理由としては保守がやさしくなるということがある。1 つのサブシステムのなかにあるファイル群は、主システムにある 1 つのディレクトリを通してアクセス可能になっている。/etc/mount というプログラムを使うと、デバイスファイルとディレクトリ間の対応をみることができる。

```
$ /etc/mount
rp01 in /usr
$
```

われわれの例では、root システムは /dev/rp00 を占有し（/etc/mount からのメッセージには出ないが）、一方ユーザファイル・システム —— /usr とそのサブディレク

トリのなかに収められたファイル群 — は /dev/rp01 上にある。

root ファイル・システムは、システムの実行のために必ず存在している必要がある。システム起動時にアクセス可能なのは、root システム中のファイルだけであり、/bin/sh のような幾つかのプログラムがともかく動いてくれなくては始まらない。このため /bin, /dev, /etc は常にこの root システムのなかに保存されている。立上げ操作の間、すべてのファイルは自己一貫性（icheck (8) あるいは fsch (8) を参照）の診断をされ、root システムに接続される。この接続操作はマウンティングと呼ばれている。装置に新しいディスクパックをマウントするのと同じことをソフトウェアで行なっているのであり、普通はスーパーユーザだけにこの操作が許される。/dev/rp01 が /usr としてマウントされてしまえば、このユーザファイル・システムのなかにあるファイルは、root システムの一部であるのと全く同じようにアクセス可能になる。

平均的なユーザには、どのファイル・サブシステムが今どこにマウントされているかといった細かなことには関心がないものだが、それに関連して 2 点ほど知っておくべきことがある。第 1 点は、個々のサブシステムはいつもマウントされているとは限らないので、別のサブシステムにあるファイルとのリンクは許されていないということである。例えば /bin のなかにあるプログラムを、自分のディレクトリ bin のなかに別のファイル名でリンクしても、/usr は /bin とは異なったファイル・サブシステムのなかにあるため、以下のようなメッセージが出て拒否される。

```
$ ln /bin/mail /usr/you/bin/m
ln: Cross-device link
$
```

もしこのリンクを許してしまうと、異なったファイル・サブシステムのなかでは i ノードの数字がユニークでなくなる（別のファイルにそれぞれのサブシステムが同じ名前を付けることがありうる）のも問題になるだろう。

第 2 点は、それぞれのサブシステムには、容量（ファイルのために使えるブロック数）と i ノードに一定の上限があるということである。1 つのサブシステムが一杯になってしまうと、どこかの場所が解放されない限り、そのサブシステムのなかではファイルの拡張が不可能になる。マウントされているサブシステムの空き（利用できる）領域を知りたければ、df （disc free space）コマンドを使うとよい。

```
$ df
/dev/rp00 1989
/dev/rp01 21257
$
```

/usr には 21257 の空きブロックがある。これが十分な大きさなのか、あるいは危機が迫っているのかはシステムの使い方によって違ってくる。実際のシステムのなかには、ずっと大きなファイルの空き領域を必要とするものもある。話は少しそれるが、あらゆるコマンドのなかで、この df コマンドの出力形式ほど、各システムによって異なっているものはないだろう。実際に読者が得る df の出力形式は、上記のものと全然違っているかもしれない。

さてここでもう少し、汎用的で有用なコマンドに目を向けてみよう。ログインしたとき、ユーザは1本のターミナルラインをもつ。つまり /dev のなかにある1つのファイルをもつということである。これを通して、ユーザが入力したり受け取ったりする文字が送られるわけである。自分が今使っている端末を知りたいときは tty コマンドを使う。

```
$ who am i
you      tty0      Sep 28 01:02
$ tty
/dev/tty0
$ ls -l /dev/tty0
crw--w--w- 1 you       1, 12 Sep 28 02:40 /dev/tty0
$ date >/dev/tty0
Wed Sep 28 02:40:51 EDT 1983
$
```

このデバイスの所有者はユーザ（you）で、しかもそのユーザだけが読むことを許可されていることに注意しよう。言い換えると、他のどんな人もユーザが入力中の文字を直接には読めないのである。しかし端末への書込みはどの人にも許されている。これを防ぎたければ、そのデバイスに chmod コマンドを実行して、他の人が write コマンドを使ってコンタクトをとろうとするのを阻止するわけである。あるいは mesg コマンドを使うだけでよい。

```
$ mesg n  .................................................. メッセージがでないようにする。
$ ls -l /dev/tty0
crw------- 1 you       1, 12 Sep 28 02:41 /dev/tty0
$ mesg y  .................................................. 元に戻す。
$
```

使用中の端末を特定の名前を指定できることは役に立つことが多いとはいえ、いちいち指定するのは厄介である。そこで、実際に使っている端末に関係なく、ログイン端末と同義語として使えるのが /dev/tty というデバイス名である。

```
$ date >/dev/tty
Wed Sep 28 02:42:23 EDT 1983
$
```

この /dev/tty は、仮に標準入力と標準出力が端末ではなくファイルと統合されているときでも、あるプログラムがユーザと対話する必要があるときにとりわけ役立つ。/dev/tty を使っているプログラムの 1 つに crypt がある。crypt の標準入力からは"暗号化される前のテキスト"が入り、暗号化されたデータは標準出力へ出ていく。そこで crypt は、暗号化のためのキーワードを /dev/tty から読み込むのである。

```
$ crypt <cleartext >cryptedtext
Enter key: .................................  暗号化のためのキーワードをタイプせよ。
$
```

/dev/tty を使っていることはこの例では目にみえないが、実際に使われている。もし crypt が暗号化のキーワードを標準入力から読み込むようになっていれば、暗号化以前のテキストの最初の行を読んでしまうだろう。そこで代わりに、crypt は /dev/tty をオープンし、暗号化のためのキーワードが画面上でみえないようにするために文字の自動エコーバックを止めておいてから、そのキーワードを読み込んでいるのである。第 5 章と第 6 章で、/dev/tty を利用した別の例を紹介していこう。

プログラムを走らせてみたいが、その出力は気にしないということがときにはあるかもしれない。例えば、今日のニュースはもうみてしまったので、もう読みたくないというような場合、次のように news の出力を /dev/null というファイルに切り換えると、その出力が捨てられる。

```
$ news >/dev/null
$
```

/dev/null に書き込まれるデータは何の断わりもなく捨てられる。一方、/dev/null から読み込むと常に 0 バイトを返してくるので、/dev/null から読み込むプログラムは、いきなりファイルの終了を受け取ることになる。

この /dev/null がよく使われるのは、診断メッセージだけをはっきりみるために、普通の出力を捨ててしまいたい場合である。例をあげると、あるプログラムの使った CPU 時間を教えてくれる time コマンド（time (1)）の情報はその標準エラー出力に書かれるので、標準出力の方を /dev/null に送ってしまえば、本来なら延々と表示するコマンドの CPU 時間もうまく計測できるわけである。

```
$ ls -l /usr/dict/words
-r--r--r--  1 bin          196513 Jan 20   1979 /usr/dict/words
```

```
$ time grep e /usr/dict/words >/dev/null

real        13.0
user         9.0
sys          2.7
$ time egrep e /usr/dict/words >/dev/null

real         8.0
user         3.9
sys          2.8
$
```

出力に現われた数字は、それぞれ、経過した時間、そのプログラムの使った CPU 時間、それにプログラムが走っている間にカーネルが使った CPU 時間を意味している。egrep というのは grep の強化版で、これについては第 4 章で取り上げるが、大きなファイルを検索するときには grep のほぼ 2 倍の速さをもつ。grep や egrep からの出力が /dev/null に送られなかったとしたら、つまり実際に画面に現われたとしたら、何百何千という文字が端末上に現われるのを待たされた後で、ようやく求める時間情報を得るはめになる。

> 問題 2–9　マニュアルの 4 章を読んで、/dev のなかにあるその他のファイルについて調べてみよ。/dev/mt0 と /dev/rmt0 の違いは何か？ /dev のなかに、ディスクやテープなどのためのサブディレクトリをもつことの潜在的な利点について述べよ。

> 問題 2–10　非 UNIX 系のシステムで書かれたテープはしばしば異なったブロックサイズをもっており、80 文字のカードイメージ 10 枚分にあたる 800 バイトを 1 ブロックとするものもある。ところが /dev/mt0 というテープデバイスは、512 バイト単位のブロックを想定している。dd コマンド（dd (1)）を調べて、そういったテープをどうやって読んでいるのか理解せよ。

> 問題 2–11　どうして /dev/tty はユーザのログイン端末とリンクしないのだろうか？ このファイルの使用許可が、ユーザのログイン端末と同じ rw--w--w- のモードだったら何が起こるだろうか？

> 問題 2–12　write (1) はどのように動くか？ ヒント：utmp (5) をみよ。

> 問題 2–13　あるユーザがその端末を最近使ったかどうかはどうすればわかるか？

歴史と参考文献

ここで取り上げた UNIX のファイル・システムは、Ken Thompson 著 "UNIX implementation"（BSTJ, 1987 年 7 月号）の一部分をなしている。Dennis Ritchie の "The evolution of the UNIX time-sharing system" という論文（Symposium on Language Design and Programming Methdology, Sydney, Australia, 1979 年 9 月）は、このファイル・システムがどのように設計され、オリジナルの PDP-7 システムにどうやって組み込まれ、そしていかにして現在の形にまで成長してきたかを興味深く記述したものである。

UNIX システムのファイル・システムは、MULTICS ファイル・システムから幾つかのアイデアを採用している。E. I. Organick による "The MULTICS system: An Examination of its Structure"（MIT Press, 1972 年）は、MULTICS を包括的に取り扱っている本である。

Bob Morris と Ken Thompson 著の "Password security: a case history" は、様々のシステムのパスワードのメカニズムを比較した面白い読み物で、UNIX プログラマーズ・マニュアル第 2 巻 B に載っている。

同じ巻に、Dennis Ritchie による "On the security of UNIX" という論文があり、そのなかで彼は、システム保護のためには crypt のような細々したプログラムよりも、むしろシステム管理に払われる注意の方がどれだけ効果的かを解説している。

第3章
シェルの利用

シェル — すなわちユーザのプログラム実行要求を解釈するプログラム — は、UNIX ユーザにとって最も重要なものである。ユーザの愛用しているエディタを除外して考えると、他のどんなプログラムよりもこのシェルを使って仕事している時間が一番多いはずである。本章と第 5 章では、シェルの機能の解説にかなりの時間を費やしていく。ここでの重要なことは、ユーザがシェルの使い方を知っていれば、たくさんの仕事を苦労しなくても多くのことが達成できることで、しかも C のようなよく使われている言語でプログラミングするという手段をもち出さなくてもそれが可能であるというところにある。

本書ではシェルを 2 つの章に分けて扱う。本章では、第 1 章で取り上げた最低限必要な内容から 1 歩を踏み出して、いくぶん複雑な機能を扱っていく。とはいっても、これらは普通に使われているシェルの機能であり、メタキャラクタ、引用符の使い方、新しいコマンドの作成、コマンドへの引数の受渡し、シェル変数の利用、それに基本的な制御フローといった内容である。ユーザが自分自身でシェルを使っていくためには、本章の内容が不可欠になる。第 5 章ではもっと手ごわい題材を扱っていく。こちらは自分だけでなく、他人が使っても十分に頑丈な、本格的なシェル・プログラムを書くことを目論んでいる。とはいえ、この章立ては、少々勝手に分けたものにすぎないから、最終的には両方の章とも読む必要があろう。

3.1 コマンド行の構造

話を先に進めるために、コマンドとはそもそも何なのか、そしてシェルはそれを一体どのように解釈しているのかをもう少しよく知っておく必要がある。本節では、第 1 章で紹介したシェルの基本をもっと体系的に扱い、新しい情報を交えながら説明していく。

最も単純なコマンドはワード 1 個だけでできている。通常はファイル名を指定してコマンドを実行する（別の型をしたコマンドについては後述する）。

```
$ who ............................................. /bin/who というファイルを実行する。
you      tty2     Sep 28 07:51
jpl      tty4     Sep 28 08:32
$
```

コマンドは 1 つの改行で終わるのが普通であるが、セミコロン ; もまたコマンドの終了として使われる。

```
$ date;
Web Sep 28 09:07:15 EDT 1983
$ date; who
Web Sep 28 09:07:23 EDT 1983
you      tty2     Sep 28 07:51
jpl      tty4     Sep 28 08:32
$
```

セミコロンがコマンドの終わりの印に使えるとはいっても、復帰キーを入力するまでは何も起こらない。シェルは、複数のコマンドを入力してもただ 1 つのプロンプトしか表示してこないのに注意してほしい。しかしプロンプトが 1 つなのを除けば、

```
$ date; who
```

は、2 つのコマンドを別々の行で実行するのと同じである。とりわけ、date の実行が終了するまでは、who が実行されないことを覚えておこう。

"date; who" の出力をパイプを通して送り出してみよう。

```
$ date; who | wc
Web Sep 28 09:08:48 EDT 1983
      2      10      60
$
```

これはおそらく期待した結果ではないかもしれない。なぜなら、who の出力だけが wc への入力になっているからである。who と wc をパイプラインで結合させると、パイプラインと呼ばれるまとまったコマンドになり、このパイプラインは date 後に実行されることになる。つまり、シェルがコマンド行を解釈するとき、"|" は ";" よりも優先順位が高いのである。

コマンドをまとめて扱いたければ、以下のように括弧が使える。

```
$ (date; who)
Web Sep 28 09:11:09 EDT 1983
you     tty2    Sep 28 07:51
jpl     tty4    Sep 28 08:32
$ (date; who) | wc
      3      16      89
$
```

date と who の出力は連結されて 1 本の流れになるから、まとめてパイプへ送りこむことができる。

tee コマンドを使うと、パイプのなかを流れていくデータをとらえてファイルのなかに入れることができる（ただし、別のパイプのなかへ入れることはできない）。tee はシェルの一部ではないが、それにもかかわらずパイプの操作には手頃なコマンドである。tee コマンドの応用として、中間出力をファイルへ保存することができる。

```
$ (date; who) | tee save | wc
      3      16      89 ............................................ wc からの出力。
$ cat save
Web Sep 28 09:13:22 EDT 1983
you     tty2    Sep 28 07:51
jpl     tty4    Sep 28 08:32
$ wc <save
      3      16      89
$
```

tee コマンドは入力を出力へコピーすると同時に、名前を指定したファイル名またはファイル群にもコピーする。そのため、wc が受け取るデータは、パイプラインのなかに tee が存在しない場合と全く同じデータになる。

もう 1 つのコマンドの終了として、アンパサンド "&" がある。& もシェルに対してコマンドの終了を待つなと指示する点を除けば、セミコロンや改行と全く同じである。典型的には、対話型のコマンドを入力し続ける間に、長時間かかるコマンド (long-running-command) を "バックグラウンドで" 走らせるためにこの & が使われる。

```
$ long-running-command &
5273 ................................................. long-running-command のプロセス id。
$   .................................................................. すぐプロンプトが現われる。
```

複数のコマンドをまとめる（グループ化する）機能を使うと、バックグラウンド・プロセスはもっと面白いことに使える。sleep というコマンドは、以下のように、指定した数字の秒数だけ実行開始を遅らせる働きをもつ。

```
$ sleep 5
$   .................................................. プロンプトが現われるまでに 5 秒かかる。
$ (sleep 5; date) & date
5278
Web Sep 28 09:18:20 EDT 1983 ................... 2 番目の date からの出力
$ Web Sep 28 09:18:25 EDT 1983 ............. プロンプトが現われて 5 秒後に
                                                            date が実行される。
```

この結果を解説すると、バックグラウンド・プロセスは開始と同時に眠る（sleep）一方、2 番目の date はすぐに現在の時刻を表示し、シェルはプロンプトを出して新しいコマンドを待っている。そして 5 秒後、sleep が眠りから覚め、1 番目の date が最新の時刻を打ち出す、というわけである。時間の経過を紙の上に表現するのは困難なので、この例は実際に試してみた方がよい（マシンのこみ具合やその他の細々した理由から、表示された 2 つの時刻の差が正確に 5 秒であるとは限らない）。この機能を使うと、将来の一定時刻にコマンドを走らせることも簡単である、すなわち、次のように

```
$ (sleep 300; echo Tea is ready) & ............. 5 分でお茶の準備ができる。
5291
$
```

とすると、手軽なメモ機能として使える（エコーバックする文字列のなかに ctl–d を入れておくと、表示するときに端末のベルを鳴らしてくれる）。& は ";" よりも優先順位が高いから、上記の例では括弧を忘れてはならない。

　& はコマンドに対して有効な終了記号である。パイプラインはコマンドだから、バックグラウンドでパイプラインを走らせるためには括弧は要らない。すなわち、

```
$ pr file | lpr &
```

とすれば、コマンドの終了まで待たされることはなく、このパイプラインはファイルをプリンタ上に印刷する手配をしてくれる。パイプラインに括弧を付けて、以下のように書いても結果は同じであるが、ただ、たくさんタイプしなくてはならない。

```
$ (pr file | lpr) &
```
.... 前の例と同じ。

コマンドの多くは、コマンド行上の引数を受け付ける。引数とは、上記の例の `file`（`pr` の引数）のようなものを言う。引数は、ブランクやタブで分割された複数のワードであり、コマンドが処理するファイル名を指定するのが代表的であるが、それぞれのプログラムに合うように解釈される文字列の場合もある。例えば、`pr` は表示するファイルの名前を引数として受け付け、`echo` は何も解釈せずにただその引数をエコーバックし、さらに `grep` の最初の引数は検索するテキストパターンを指定するのに使われる。そしてもちろん多くのプログラムは、マイナス記号で始まる引数のオプション群をもっている。

シェルによって解釈される特殊記号、例えば、<, >, |, ;, & といった記号は、シェルが走らせているプログラムに対して与えられる引数ではない。これらの記号は、実行するプログラムをシェルがどう走らせるかを制御するのに使われる。例えば、

```
$ echo Hello >junk
```

とすると、"echo を Hello という 1 つの引数で走らせて、その出力を junk というファイルのなかに入れよ" とシェルに命じることになる。>junk という文字列は `echo` の引数ではなく、シェルによって解釈されるものであり、`echo` からは決してみえない。実際、この文字列はコマンドの最後に置く必要はなく、

```
$ >junk echo Hello
```

としても同じである。ただ、こう書いてしまっては、何をしているかが一目ではわかりにくくなる。

問題 3–1 次の 3 つのコマンドの違いは何か?

```
$ cat file | pr
$ pr <file
$ pr file
```

（時間が経つにつれて、入力切換えの演算子 "<" はパイプにその地位を奪われるようになってきた。"<file" とするよりも "cat file |" とする方がより自然だと考えられているようである。）

3.2 メタキャラクタ

シェルはこの他にも多くの記号を特別なものとして認識する。最もよく使われるのがアスタリスク"*"であり、*の位置に任意の文字列を入れてできるようなファイルをディレクトリのなかで探せ、とシェルに教えるのに使われる。例えば、

$ *echo **

とすれば、貧弱ではあるものの、lsの機能をまねることができる。第1章では言及しなかったことだが、ファイル名マッチング記号は、ドット（.）で始まるファイル名を対象としないので、すべてのディレクトリにある"."や".."という名前のファイルが存在していることで生じる問題から逃れている。ファイル名マッチング記号は、パターンのなかに積極的なドットが与えられたときに限って、ドットで始まるファイル名と一致するようになる。例によって、賢明なる echo を実行すれば何が起こっているかがはっきりするだろう。

$ *ls*
.profile
junk
temp
$ *echo **
junk temp
$ *echo .**
. .. .profile
$

*のように特別の性質をもった記号はメタキャラクタと呼ばれ、数多くの種類がある。表3.1にそのすべてを一覧表にしておく。ただし、そのうちの2, 3のものについては第5章で述べることにする。

表3.1　シェルのメタキャラクタ

>	*prog* > *file* とすると標準出力を *file* に切り換える
>>	*prog* >> *file* とすると標準出力を *file* に追加する
<	*prog* < *file* とすると標準入力として *file* を読み込む
|	*p1* | *p2* とすると、*p1* の標準出力と *p2* の標準入力を結合する
<<*str*	ヒア・ドキュメント。*str* だけが書かれた行が次に現れるまで、この後に続く行を標準入力にする

表 3.1　シェルのメタキャラクタ

*	ファイル名中の長さ 0 以上の任意の文字列と一致する
?	ファイル名中の任意の一文字と一致する
[*ccc*]	ファイル名中の *ccc* のなかの任意の文字と一致する。0-9, a-z といった範囲指定も許される
;	コマンド区切り。p1;p2 と書くと、まず *p1* が実行され、次に *p2* が実行される
&	; と似ている。ただし、p1 の実行の終了を待たない
`...`	... にあるコマンド（群）を実行する。シェルの出力は `...` に置換される
(...)	... にあるコマンド（群）をサブシェルのなかで実行する
{...}	... にあるコマンド（群）をカレントシェルのなかで実行する（めったに使われない）
$1, $2 *etc.*	$0...$9 はシェルファイルに対する引数に置換される
&*var*	シェル変数 *var* の値
&{*var*}	*var* の値。テキストと連結されたときの混乱を防ぐために{}を用いる。表 5.3 も参照のこと
\	"\c" とすると、文字通りの *c* の意味になり、"\改行" の場合は捨てられる
'...'	'...' をそのまま取り出す
"..."	$, `...`, \ を解釈した後で、... をそのまま取り出す
#	ワードの先頭に # があると、その行に書かれた残りの内容はコメントになる（第 7 版では異なる）
var=value	変数 *var* への代入
p1 && p2	*p1* を実行し、もしうまくいったら *p2* を実行する
p1 || p2	*p1* を実行し、もしうまくいかなかったら *p2* を実行する

このように多数のメタキャラクタを用意する場合には、シェルに対して、そのメタキャラクタを"解釈せずにそのままにしておけ"と言う方法が必要になる。特殊な記号が解釈されるのを防ぐ最も簡単で有効な方法は、単一引用符でくくってしまうやり方である。

```
$ echo '***'
***
$
```

二重引用符を使って、"..." としてもよいが、シェルは実際にはこの引用符で区切られた中身をのぞきにいって、$, `...`, \ を探すので、引用符で囲まれた文字列に何か処理をしようとするのでなければ "..." は使うべきではない。

3番目のやり方として、次に示すように、シェルに解釈してほしくない1個1個の記号の前にバックスラッシュ \ を1つずつ置いてもよい。

```
$ echo \*\*\*
```

*** はあまり英語らしくみえないが、シェルの語法に従えば、これも1つのワードである。シェルでいうワードは、シェルが単位として受け付ける任意の一続きの文字列であり、引用符で囲まれていれば、ブランクを含んでいてもよい。

次の例のように、ある種類の引用符で囲むと別の種類の引用符の機能は抑制される。

```
$ echo "Don't do that!"
Don't do that!
$
```

また、引数全体を引用符で囲む必要はないので、次のようにもできる。

```
$ echo x'*'y
x*y
$ echo '*'A'?'
*A?
$
```

この例では、引用符はその役目が終わった後で捨てられるので、echo は引用符を含まない引数を1つもらっている。

引用符で囲む文字列には改行が含まれていてもよい。

```
$ echo 'Hello
> world'
hello
world
$
```

">" という文字列は、完全なコマンドにするためにさらに入力が必要とシェルが判断したときに、シェルが表示する2次プロンプトである。この例では、1行目にある1

つの引用符は、もう 1 つの引用符を与えてやらないと釣合いが取れないと判断したわけである。この 2 次プロンプトに使われる文字列はシェル変数 PS2 に収められており、好きなものに変更できる。

これまでの例ではいずれも、メタキャラクタを引用符で囲んでしまうと、シェルが解釈できないようになる。次の、

$ echo x*y

を考えてみよう。このコマンドは、x で始まって y で終わるすべてのファイル名をエコーバックする。いつもと同じく、echo はファイルがどうなっているかとか、シェルのメタキャラクタとかについては何も知らない。* の解釈が必要だとしても、それはシェルが行なっているのである。

パターンに一致するファイルが 1 つもなかったらどうなるだろう？ シェルは苦情を言ったり（初期の版では実際そうなっていた）せず、あたかもその文字列が引用符で囲まれていたかのように送り出す。この動作を逆手にとるのはうまい考えとは言えないが、あるパターンに一致するファイルが存在するかどうかを調べるのに利用できる。

```
$ ls x*y
x*y not found    ............... ls からのメッセージ。そのようなファイルは存在しない。
$ >xyzzy    ......................................................... xyzzy を作成。
$ ls x*y
xyzzy    ............................................. ファイル xyzzy は x*y と一致する。
$ ls 'x*y'
x*y not found    ............................. ls が * を解釈しているのではない。
$
```

行の終わりにバックスラッシュがあると、その行は継続行とみなされる。この方法を使えば、シェルに極めて長い行を与えることができる。

```
$ echo abc\
> def\
> ghi
abcdefghi
$
```

バックスラッシュの後に続いて入力した改行は捨てられていることに注意。しかし、引用符で囲まれたなかで入力した改行はそのまま残される。

メタキャラクタ # は、シェルのコメントとしてあらゆるシステムで利用されている。もしシェルに対して書かれたワードが # で始まっていれば、その行の残りの部

105

分は無視される。

```
$ echo hello # there
hello
$ echo hello#there
hello#there
$
```

はオリジナルの第 7 版には含まれていなかったが、極めて広範囲に採用されているので、本書でもこれ以降利用することにする。

問題 3-2　次のコマンドで出力される結果について説明せよ。

```
$ ls .*
```

echo に関する余談

　積極的に要求していないときでも、echo は最後に改行を 1 つ付ける。echo をもっとすっきりとして、気の利いたデザインにするには、要求されたものだけを出力するようにすればよいと思われる。もしそうすれば、以下のように、シェルからプロンプトを出すのは簡単になる。

```
$ pure-echo Enter a command:
Enter a command:$                          改行は付いていない。
```

しかし、echo を使うときには大抵は改行を付けるので、自動的な改行付加が規定値になっていないと、余分なタイプが必要になるという欠点がある。

```
$ pure-echo 'Hello!
> '
Hello!
$
```

コマンドは一番よく使われる機能を既定値として実行すべきだから、現実の echo は、改行を自動的に終わりに追加するようになっている。

　しかしそれが望ましくないときは、どうすればよいのか？　第 7 版の echo には -n というオプションが 1 つだけ用意されていて、これによって最後の改行出力が抑制される。

```
$ echo -n Enter a command:
Enter a command:$          ............................  同じ行にプロンプトが現われる。
$ echo -
-                          ............................  -n だけが特別な意味をもつ。
$
```

唯一ややこしいのは、改行を後ろに付けた -n をエコーバックする場合である。

```
$ echo -n '-n
> '
-n
$
```

これではみっともないがともかく動く。いずれにせよ、この例はめったなことでは必要ないだろう。

システム V で採用された別の方法では、echo に C 言語と似た形でバックスラッシュ・シーケンスを解釈させるようにし、\b はバックスペース、\c（これは実際には C のなかにはない）は最後の改行の抑制といった意味にさせている。

```
$ echo 'Enter a command:\c'  ............................  システム V 版の echo
Enter a command:$
```

この機能は、マイナス記号をエコーバックするときに生じる混乱は避けているが、別の問題がある。echo は診断の補助手段として使われることが多く、バックスラッシュを解釈するプログラムの数が非常に多いため、echo までがバックスラッシュをみるようにするのは混乱に拍車をかけることになる。

ともかく、echo の 2 つの設計方法にはそれぞれ長所と短所がある、本書では第 7 版のやり方（-n）を使っていくので、もし読者が使う echo が違った習慣に従っているときには、われわれのプログラムを少しばかり修正する必要があるだろう。

もう 1 つ設計思想上問題になるのは、一切の引数が与えられなかったときに echo は何をするべきかという問題である。— 具体的には、1 つの空行を表示するのか、または全く何も表示しないのかということである。私たちの知っているシステムでは現在の echo は空行を 1 行表示するようになっているが、過去の版ではそうではなく、かつてこの問題について様々な議論が戦わされた。Doug McIlroy がこれに関して語った次の文章は、何やら神秘的な雰囲気をうまく伝えている。

UNIX と Echo

　昔むかし、New Jersey という国に UNIX という名前の素敵な女性が住んでいました。学者たちははるばるやってきて、彼女をほめ讃えたものでした。その純粋さに我を失った学者たちは皆こぞってお嫁にしたいと願いました。あるものは無垢の魅力に、あるものは洗練された礼儀正しさに、またあるものは、ずっと豊かな国でさえめったにやり通せない仕事を難なくこなす彼女の身軽さに惚れ込んだのでした。生まれつき心が広く寛容でしたので、UNIX は、とても堪えられないほどの金持ちの求婚者を除いて、みんなのもとへ嫁いでいきました。やがて、たくさんの子供が生まれ、成長して、UNIX の子供たちは地球上のすみずみに広がっていきました。

　自然の女神は UNIX に微笑みかけ、この世の他のものたちの願いよりもずっと熱心に彼女の願いを叶えてやりました。上品な礼儀作法などよく知らない、身分の低い民は、とても正確で水晶のように透き通った声をした彼女の echo（こだま）をたいへん喜びました。しかし、自分たちの叫び声をひどくねじまげて自然のなかにこだまさせる岩や木々と同じで、言われたことと全く同じように返事できないことを残念に思いました。そこで従順な UNIX は、言われたとおりのことを完璧に echo してほしいという願いを受け入れました。

　あるとき、気の短い若者が UNIX に "無を echo してくれ" と命じたので、UNIX は律儀に口を開け、無を echo し、そしてまた口を閉じたのでした。

　若者はこう命じました。"そうやって口を開けるのには一体どういう意味があるんだ？　これからは無を echo するように言われたときには初めから口を開けないようにしてくれ。" UNIX はこれに従いました。

　"でも僕には、たとえ無を echo するときにも完全な動作をしてほしい。" 神経質な若者が訴えました。"口を閉じていては完全な echo はできない。" どちらの若者も怒らせたくなかったので、UNIX は、短気な若者と神経質な若者に対してそれぞれ異なった無を喋るのを承知しました。UNIX は神経質な若者のための無を "\n" と呼ぶことにしました。

　けれども、それでもなお、UNIX が "\n" というときには実際には無だけを喋っているのではなかったので、口を2回開ける必要があったのです。1度は "\n" を言うため、もう1度は無を言うためです。ですから、その神経質な若者を喜ばせることはできませんでした。そこで若者は直ちに言いました。"僕にはその \n は完璧な無のように聞こえる。だけどその2番目のやつで台なしだ。どちらか一方をやめてほしい。" 若者を怒らせるのを潔しとしなかった UNIX は、幾つかの echo を取り消すことを承知し、取消しの命令を "\c" と呼びました。こうして神経質な若者は、"\n" と "\c" を一緒に要求すれば、完全な無の echo を聞けるようになったはずでした。けれど、その若者は、1度も無の echo を聞くことなく観念の洪水に溺れて死んでしまったということです。

3.2 メタキャラクタ

問題 3–3 次のそれぞれの grep コマンドがどういう働きをするかを予測し、その後で実際に確認せよ。

```
grep \$              grep \\
grep \\$             grep \\\\
grep \\\$            grep "\$"
grep '\$'            grep '"$'
grep '\'$'           grep "$"
```

実際に確認するときは、上記のコマンド自身を内容にもつファイルを用意すればよいかもしれない。

問題 3–4 "–" で始まるパターンを検索しようと思ったら、grep にはどのように指定するとよいか？ その引数を引用符で囲むのではなぜだめなのか？ ヒント：-e オプションを調べよ。

問題 3–5 以下のコマンドについて設問に答えよ。

```
$ echo */*
```

この表現で、すべてのディレクトリにあるすべてのファイル名を表示するだろうか？ またその名前はどのような順序で現われるか？

問題 3–6 （小細工の問題）ファイル名のなかで / を使うにはどうしたらよいか（つまり、パスの要素の区切りにならない / はどうしたら使えるか）？

問題 3–7 次の、

```
$ cat x y >y
```

と

```
$ cat x >>y
```

では何が起こるか？ やみくもに試す前に頭のなかで考えよ。

問題 3–8 仮に

```
$ cat rm *
```

と入力しても、全ファイルが削除されるという警告を rm が出せないのはなぜか？

3.3 新しいコマンドの作成法

　さていよいよ第1章でお約束したことへ話を進めていく。すなわち、既存のコマンドから新しいコマンドを作成する方法である。

　繰り返し使うコマンド群があるときには、普通のコマンドと同等に使えるように、それを別の名前をもった"新しい"コマンドに統合できたら都合がよいだろう。話を具体的にするために、第1章で述べた次のパイプライン

```
$ who | wc -l
```

を使って、ユーザの数を数える必要があるものと仮定し、この仕事のために新しく nu というプログラムを作ることにしよう。

　まず最初に必要な作業は"who | wc -l"を内容にもつ通常のファイルを作成することである。自分の愛用しているエディタを利用してもよいし、次のようにして作成してもよい。

```
$ echo 'who | wc -l' >nu
```

(もし引用符がなかったら、nu のなかには何が入るだろうか?)

　第1章で述べたように、シェルはエディタとか who や wc と何も変わることのない、sh という名前をもったプログラムにすぎない。シェルはプログラムなのだから、実行することも、シェル自身の入力を切り換えることもできる。そこで端末の代わりにファイル nu から、入力が行なわれるようにしてシェルを実行してみよう。

```
$ who
you      tty2      Sep 28 07:51
rhh      tty4      Sep 28 10:02
moh      tty5      Sep 28 09:38
ava      tty6      Sep 28 10:17
$ cat nu
who | wc -l
$ sh <nu
      4
$
```

この出力は、端末から who | wc -l を入力した場合に得られる出力と同じものである。

　引数にファイル名を指定するとそのファイルから入力を取り込むという点でも、シェルは他のほとんどのプログラムと変わらない。従って、次のように、

    $ *sh nu*

としても結果は同じである。しかし、いちいち"sh"とタイプしなくてはならないのは煩わしい。その分長くなるし、シェルでプログラムを統合して書いたプログラムと、例えばCで書いたプログラムを区別することにもなる[*1]。

　そこで、もしあるファイルが実行可能で、かつその内容がテキストなら、シェルはそれをシェル・コマンド群のファイルとみなす。そのようなファイルをシェルファイルと呼ぶ。nu を実行可能にするためには、1 度だけ

    $ *chmod +x nu*

とするだけである。こうしておけば次からは

    $ *nu*

と入力するだけで実行できる。これ以降、nu を使う人は、ただ実行させただけでは、こんな簡単な方法で作ったコマンドであることはわからないだろう。

　シェルが実際に nu を実行するときには、

    $ *sh nu*

と入力して、新しいシェル・プロセスを作り出すのと全く同じ方法をとる。この子供のシェルをサブシェルと呼び、これはユーザのカレントシェルによって起動したシェル・プロセスである。sh nu は、sh <nu と同じではない。sh nu とした場合、その標準入力は依然として端末に統合されているからである。

　このままでは、nu が作動するのは、カレント・ディレクトリのなかにあるときに限られる（もちろん、カレント・ディレクトリがユーザの PATH にあることが前提であり、これからもそう仮定していく）。ユーザがどのディレクトリにいても nu を実行できるようにするために、nu をユーザの個人用の bin ディレクトリに移動させて、個人用のサーチパスに /usr/you/bin を追加する必要がある。

    $ *pwd*
    /usr/you
    $ *mkdir bin* .... もしまだもっていなければ bin を作成する。
    $ *echo $PATH* .... PATH の確認。
    :/usr/you/bin:/bin:/usr/bin .... 左記のようなものが表示されるはずである。
    $ *mv nu bin* .... nu を bin ディレクトリに移動。
    $ *ls nu*
    nu not found .... nu はカレント・ディレクトリにはなくなった。

[*1] にもかかわらず、この区別は大抵のオペレーティング・システムでは行なわれている。

```
$ nu
        4 ................................. しかし、シェルは nu をみつけることができた。
$
```

もちろんユーザ（you）の PATH は、ログインするたびに設定し直す手間をなくすために、.profile に設定しておくべきである。

この他にも、環境を自分に合ったように設定するために、このような方法で作成できる単純なコマンドがある。筆者たちが使ってみて便利だと思われるものを次に示す。

- cs
  端末の画面をクリアするために、不可思議な一続きの文字列を適切にエコーバックする（24 個の改行になっていることが多い）。
- what
  who と ps -a を実行するコマンドで、誰がログインしていてどんなことをやっているのかを表示する。
- where
  現在使用中の UNIX システムの識別名を表示する。いつも複数のシステムで仕事をしている人には便利である（PS1 の設定をしても同じような目的に使える）。

問題 3-9　/bin と /usr/bin のなかを探して、現実に幾つのコマンドがシェルファイルであるかを確かめよ。この作業を 1 つのコマンドでできるだろうか？　ヒント：file (1)。ファイルの長さをもとに推測した数はどのくらい確かなものだろうか？

3.4　コマンドの引数とパラメータ

　このままでも nu は十分であるが、シェル・プログラムの多くは引数が与えらえるようになっている。引数を解釈することで、例えば、プログラムの実行のときにファイル名やオプションが指定できるようになるのである。

　今、ファイルのモードを実行可能に変えるための、cx というコマンドを作りたいと仮定してみよう。つまり、

　　$ *cx nu*

が

　　$ *chmod +x nu*

の簡略表現になるようにしようというわけである。このために必要なことはすでに説明済みである。つまり、

　　chmod +x *filename*

という内容をもつ cx という名前のファイルをもてばよい。実行可能にするファイル名は cx を実行するたびに違うから、cx にファイル名を教えてやる方法を新しく覚えさせればよい。

　一連のコマンドの入ったファイルを実行するとき、シェルは $1 が現われるたびに1番目の引数、$2 が現われるたびに2番目の引数、というふうにして置換していき、順次 $9 まで置換していく。従って、もしファイル cx の内容が、

　　chmod +x $1

となっていれば、コマンド

　　$ *cx nu*

が実行されたとき、そのサブシェルは "$1" を最初の引数である "nu" と置き換える。

　この一連の作業を一括してみよう。

```
$ echo 'chmod +x $1' >cx ....................... 元になる cx を作成。
$ sh cx cx ..................................... cx 自身を実行可能にする。
$ echo echo Hi, there! >hello .................. テスト・プログラムの作成。
$ hello ........................................ 実行してみる。
hello: cannot execute
$ cx hello ..................................... 実行可能にする。
```

```
$ hello .................................................... もう一度やってみよう。
Hi, there! ................................................. 今度はうまくいった。
$ mv cx /usr/you/bin ....................... cx を個人用の bin に移動。
$ rm hello ................................................. 後始末。
$
```

このなかで、

```
$ sh cx cx
```

といっているのに注目してほしい。これはすでに cx が実行可能で

```
$ cx cx
```

と入力するときに、シェルが自動的に実行するコマンドの形と全く同じである。

cx のようなプログラムが複数のファイルを 1 度に処理するために、2 つ以上の引数を指定するにはどうしたらよいだろうか？　洗練された方法ではないが、まず最初に浮かぶ案は、次のようにシェル・プログラムに 9 つの引数を並べてやる方法である。

```
chmod +x $1 $2 $3 $4 $5 $6 $7 $8 $9
```

(この方法では、$9 までしか有効にならない。$10 という文字列は "第 1 の引数 $1 とそれに続く 0" と解釈されてしまうからである。)　このシェルファイルを利用するユーザが 9 未満の引数を与えると、指定されなかった引数はヌル文字列になり、実際に与えられた引数だけが有効なものとして、サブシェルによって chmod に渡される。従ってこのやり方でもうまくいくにはいくが、いかにもすっきりしない方法だし、第一、9 を超す引数が与えられるとうまくいかない。

この種の問題を予期して、シェルは "すべての引数" を意味する $* という簡略表記を用意している。従って、cx を適切に定義するには、

```
chmod +x $*
```

とすればよいことになる。この形にすれば、どれだけ引数が与えられてもうまく働く。

$* を用いると、以下に示す lc とか m といった便利なシェルファイルを作ることができるようになる。

```
$ cd /usr/you/bin
$ cat lc
# lc: count number or lines in files
wc -l $*
```

3.4 コマンドの引数とパラメータ

```
$ cat m
# m: a concise way to type mail
mail $*
$
```

賢いことにこの両者は引数がなくても使うことができる。引数がないときには、`$*`はヌルになり、wc や mail には引数は一切渡されない。以下に示すように、引数の有無にかかわらず、このコマンドは適切に実行される。

```
$ ls /usr/you/bin/*
    1 /usr/you/bin/cx
    2 /usr/you/bin/lc
    2 /usr/you/bin/m
    1 /usr/you/bin/nu
    2 /usr/you/bin/what
    1 /usr/you/bin/where
    9 total
$ ls /usr/you/bin | lc
    6
$
```

上記のコマンドをはじめ、本章に登場するコマンドはすべて、個人用のプログラムの例である。つまり、自分で書いて、自分の bin のなかに入れておく類のプログラムである。しかし、これらは個人の好みが強く反映されるために、広く大勢の人に使えるようにするには向いていない。公共的に利用するのに適したシェル・プログラムの書き方は第 5 章で扱っていく予定である。

シェルファイルの引数はファイル名である必要はない。そういった例として、個人用の電話番号の検索を考えてみよう。以下のような内容をもつ /usr/you/lib/phone-book というファイルがあるとする。

```
dial-a-joke     212-976-3838
dial-a-prayer   212-246-4200
dial santa      212-976-3636
dow jones report 212-976-4141
```

これは grep コマンドで検索可能である（こういった個人的なデータベースを保存しておくのには、個人用の lib ディレクトリが適している）。grep は情報フォーマットを意識しないから、名前でも、住所でも、郵便番号でも、好きなものを何でも検索

できる。では、電話番号検索プログラムを作成してみよう。筆者たちの住まいの電話番号に敬意を表して、このプログラムを 411 と呼ぶことにする。

```
$ echo 'grep $* /usr/you/lib/phone-book' >411
$ cx 411
$ 411 joke
dial-a-joke   212-976-3838
$ 411 dial
dial-a-joke   212-976-3838
dial-a-prayer   212-246-4200
dial santa   212-976-3636
$ 411 'dow jones'
grep: can't open jones ......................................... 何かがおかしい。
$
```

最後の例は、このプログラムが内包する問題を明らかにするために入れておいたものである。dow jones を 411 に 1 つの引数として与えたつもりでも、ブランクが 1 個含まれているので、もはや引用符で囲まれていないことになる。このため 411 コマンドを解釈しているサブシェルは、それを 2 つの引数に変換して grep に渡してしまう。つまり、これでは

```
$ grep dow jones /usr/you/lib/phone-book
```

と入力したのと同じことになり、明らかに間違いになる。

　この問題を救済するには、シェルの二重引用符の処理法を、利用する方法がある。'...' という具合に囲まれてしまうと、どんな内容もいじることはできないが、"..." だと、シェルはその内側をみにいって、$ や \ や `...` を探す。従って 411 を

```
grep "$*" /usr/you/lib/phone-book
```

のように改良すれば、$* は複数の引数と置き換えられるが、仮にブランクが含まれていても、それを 1 つの引数として grep に渡すことになる。

```
$ 411 dow jones
dow jones report   212-976-4141
$
```

　ところで、-y オプションを使うと、grep を（従って 411 を）大文字と小文字の区別をしないようにできる。

3.4 コマンドの引数とパラメータ

```
$ grep -y pattern ...
```
-y を指定すると、pattern のなかに出てくる小文字は入力のなかにある大文字とも一致するはずである（このオプションは第 7 版の grep にはあるが、システムによってはこの機能をもたないものもある）。

コマンドの引数に関する細かい説明は第 5 章にまわそうと思うが、ここで触れておく方がよいと思われるものについて 1 つだけ述べておこう。それは、$0 という引数は実行するプログラム自身の名前になるということである。つまり、cx では、$0 は"cx" ということになる。$0 を利用して作った面白いプログラムに、2, 3, 4, ... という名前のプログラムがある。これらのプログラムは出力を多くのカラムに分けて表示させるものである。

```
$ who | 2
drh     tty0    Sep 28 21:23        cvw     tty5    Sep 28 21:09
dmr     tty6    Sep 28 22:10        scj     tty7    Sep 28 22:11
you     tty9    Sep 28 23:00        jlb     ttyb    Sep 28 19:58
$
```

2, 3, ... という複数のプログラムを作るといっても、実体は 1 つのプログラムである。事実、これらのプログラムは同一のファイルにリンクしたものにすぎない。

```
$ ln 2 3; ln 2 4; ln 2 5; ln 2 6
$ ls -li [1-9]
16722 -rwxrwxrwx 5 you          51 Sep 28 23:21 2
16722 -rwxrwxrwx 5 you          51 Sep 28 23:21 3
16722 -rwxrwxrwx 5 you          51 Sep 28 23:21 4
16722 -rwxrwxrwx 5 you          51 Sep 28 23:21 5
16722 -rwxrwxrwx 5 you          51 Sep 28 23:21 6
$ ls /usr/you/bin | 5
2              3              4              411            5
6              cx             lc             m              nu
what           where
$ cat 5
# 2,3, ...: print in n columns
pr -$0 -t -l1 $*
$
```

-n オプションは、各ページのヘッダを表示しないようにするために指定で、-ln オプションは 1 ページの長さを n 行に設定する。プログラムの名前自体が pr コマンドに対するカラム数の引数になっており、従って出力は $0 で指定されたカラムの数に分けられて、1 度に 1 行ずつ表示する。

3.5 プログラム出力を引数として与える方法

　ここで、シェルファイル内に書くコマンドの引数に関する話題から、引数の作り方に話を移そう。確かに、*のようなメタキャラクタからファイル名を拡大するやり方が（明示的に全部書き並べる方法を除けば）最も普通である。しかし、プログラムを実行させて引数を作り出すのもうまい方法である。プログラムの実行命令を逆引用符で`...`のように囲めば、任意のプログラムの出力をコマンド行のなかに書くことができる。

```
$ echo At the tone the time will be `date`.
At the tone the time will be Thu Sep 29 00:02:15 EDT 1983.
$
```

以下の小さな変更が示すように、`...`は二重引用符"..."のなかでも解釈される。

```
$ echo "At the tone
> the time will be `date`."
At the tone
the time will be Thu Sep 29 00:03:07 EDT 1983.
$
```

　もう1つ別の例として、ユーザ名が入っている mailinglist というファイルを通してメールを送りたい、という状況を考えてみよう。ぎこちないながらも mailinglist を編集して、適当な mail コマンドにしてから、それをシェルに渡せばできるにはできる。しかし、次のようにするのがはるかに簡単である。

```
$ mail `cat mailinglist` <letter
```

こうすると、まずユーザ名のリストを作るために cat が実行され、そしてそれが mail の引数になる（逆引用符で囲まれたコマンドの出力を引数と解釈するときには、シェルは改行をコマンド行の終了としてではなく、ワードの区切りとみなす。この点については第5章で詳しく説明する）。逆引用符は極めて簡単に使えるため、mail コマンドにことさらメールリスト（送付先）のオプションを作る必要はない。

　これと若干違ったやり方に、mailinglist を単なる名前の入ったファイルから、そのリストを表示するプログラムへ変更する方法がある。

```
$ cat mailinglist .................................................... 新しい版
echo don whr ejs mb
$ cx mailinglist
```

```
$ mailinglist
don whr ejs mb
$
```

こうしておけば、リストの人へメールを送るには次のようにすればよい。

```
$ mail 'mailinglist' <letter
```

もう1つ別のプログラムを加えると、`mailinglist` に書かれたユーザのリストを対話的に修正することも可能になる。そのプログラムは `pick` と呼ばれ、

```
$ pick arguments ...
```

とすると、*arguments* を1度に1つずつ表示し、1人ごとに何か反応を返すまで待つようになる。`pick` は、y ("yes" を意味する) という反応で選ばれた引数だけを出力し、これ以外の反応を返したときにはその引数は捨てられる。例えば、

```
$ pr 'pick *.c' | lpr
```

とすると、.c で終わるファイル名を1つずつ表示してくる。そのうち、"y" で選ばれたものだけが、`pr` および `lpr` によって表示されるのである (`pick` は第7版には含まれていないが、極めて簡単で有用なものなので、第5章と第6章では `pick` の幾つかの版を考えていく)。

さて、今2番目の版の `mailinglist` をもっているとしよう。すると、

```
$ mail 'pick \'mailinglist\'' < letter
don?  y
whr?
ejs?
mb?   y
$
```

とすれば、その手紙 (`letter`) は don と mb に送られる。入れ子になった逆引用符が使われているのに注目すること。また、2つのバックスラッシュは、外側の '...' の解釈中に、内側の '...' の解釈を抑制する働きをもっている。

問題 3-10   次の

```
$ echo 'echo \'date\''
```

でバックスラッシュを省略したら何が起こるか?

問題 3-11 次の

$ `date`

を実行してみて、その結果について説明せよ。

問題 3-12

$ *grep -l pattern filenames*

とすると、*pattern* に一致したファイル名のリストを表示するが、この他には何も出力されない。以下の形のコマンドをいろいろ変形して試してみよ。

$ *command* `*grep -l pattern filenames*`

3.6 シェル変数

　大抵のプログラミング言語と同様に、シェルにも変数がある。これをシェルの方言ではパラメータと呼ぶこともある。$1 のような文字列は位置パラメータ ── シェルファイルに対する引数を格納する変数 ── であり、この場合その数字がコマンド行上の位置を表わしている。私たちはこれまでに他のシェル変数をみてきた。コマンドを検索するディレクトリのリストの入った PATH, ユーザのログイン・ディレクトリの入った HOME などである。通常の言語で使う変数とは異なり、引数を表わすのに使われるシェル変数の値は変更できない。つまり、PATH は $PATH を値にもつ変数であるが、$1 を値にもつ 1 という変数は存在しないのである。$1 は第 1 番目の引数を簡略に表記したものにすぎない。

　位置パラメータ以外のシェル変数は、ユーザが作成し、アクセスし、変更することが可能である。例えば、

$ *PATH=:/bin:/usr/bin*

という代入文によって、サーチパスを変更できる。このとき等号の両側にはスペースを置いてはならず、また代入する値は 1 つのワードでなくてはならない。1 つのワードにするためにも、もし解釈してほしくないメタキャラクタを含むときには引用符でくくる必要がある。変数の値はその変数の前にドル記号（$）を付けることによって参照できる。

$ *PATH=$PATH:/usr/games*
$ *echo $PATH*
:/usr/you/bin:/bin:/usr/bin:/usr/games

3.6 シェル変数

```
$ PATH=:/usr/you/bin:/bin:/usr/bin
$
```
.... 元に戻す。

変数はシェル固有の特別なものだけとは限らない。代入文によって新しい変数を作ることもできる。特別な意味をもつ変数は伝統的に大文字で綴るので、ユーザの作る変数名は通常、小文字で書く。この変数はパス名のような長い文字列を記憶させておくためによく使われる。

```
$ pwd
/usr/you/bin
$ dir=`pwd`
```
.... 現在の場所（カレント・ディレクトリ）を記憶させる。
```
$ cd /usr/mary/bin
```
.... どこか他のディレクトリへ移る。
```
$ ln $dir/cx .
```
.... ファイル名の指定のなかでその変数を使う。
```
$ ...
```
.... しばらく仕事をする。
```
$ cd $dir
```
.... 元のディレクトリへ戻る。
```
$ pwd
/usr/you/bin
$
```

シェルの組込みコマンドである **set** を使えば、自分で定義したすべての変数の値が表示できる。1つか2つの変数をみるだけなら、**echo** を使う方が適当である。

```
$ set
HOME=/usr/you
IFS=

PATH=:/usr/you/bin:/bin/usr/bin
PS1=$
ps2=>
dir=/usr/you/bin
$ echo $dir
/usr/you/bin
$
```

変数の値はそれを作り出したシェルと結び付いているので、そのシェルの子供にあるシェルへは自動的に送られない。

```
$ x=Hello
```
.... x の作成。
```
$ sh
```
.... 新しいシェルへ移行する。

```
$ echo $x
```
.... 改行のみ。サブシェルのなかでは x は未定義。
```
$ ctl-d
```
.... このシェルを抜け出る。
```
$
```
.... 元のシェルへ戻る。
```
$ echo $x
Hello
```
.... x はまだ定義されている。
```
$
```

シェルファイルはサブシェルが実行しているから、そのシェルファイルからは変数の値が変更できなかったのである。

```
$ echo 'x="Good Bye"
```
.... x を設定してその値を表示させるための
```
> echo $x' >setx
```
.... 2 行のシェルファイルを作成。
```
$ cat setx
x="Good Bye"
echo $x
$ echo $x
Hello
```
.... 元のシェルでは x の値は Hello である。
```
$ sh setx
Good Bye
```
.... サブシェルでは x の値は Good Bye であるが、
```
$ echo $x
Hello
```
.... しかし、このシェルでは依然として Hello のままである。
```
$
```

しかし、シェルファイルを使うときにシェル変数の変更が役に立つときもある。わかりやすい例として、個人用の PATH に新しいディレクトリを追加するためのシェルファイルが考えられる。シェルには変更ができるように"."（ドット）というコマンドが用意されており、これを使うと、サブシェルのなかではなく、カレントシェルのなかにあるコマンドが実行される。このコマンドが発明されたきっかけは、ログインし直さずに .profile を手軽に再実行できるようにするためであったが、使い道はそれだけとは限らない。

```
$ cat /usr/you/bin/games
PATH=$PATH:/usr/games
```
.... PATH に /usr/games を追加する。
```
$ echo $PATH
:/usr/you/bin:/bin:/usr/bin
$ . games
```

```
$ echo $PATH
:/usr/you/bin:/bin:/usr/bin:/usr/games
$
```

". "コマンドに指定されたファイルは PATH に従って検索されるので、そのファイルを個人用の bin ディレクトリのなかに格納することもできる。

". " によるファイルの実行がシェルファイルの実行に似ているのは表面上だけである。そのファイルは普通の意味で"実行"されるのではない。実行される代わりに、ファイルのなかのコマンドを対話的にタイプしたのと全く同じようにして解釈される —— シェルの標準入力が一時的に切り換えられて、そのファイルの内容を取り込む —— のである。ファイルは読み込まれるのであって、実行されるのではないから、実行の使用許可をもっている必要はない。もう1つ違うのはそのファイルがコマンド行の引数を受け取らないという点である。受け取る代わりに、$1, $2 を始めとして残りもすべて空になる。引数を受け渡してくれればよいのだが、残念ながらそうはなっていない。

サブシェルのなかの変数の値を設定するには、もう1つ、コマンド行上でコマンドの前で積極的に代入する方法がある。

```
$ echo 'echo $x' >echox
$ cx echox
$ echo $x
Hello ...................................................... 前と同じ。
$ echox
       ................................................ サブシェルでは x は設定されていない。
$ x=Hi echox
Hi    ................................................ サブシェルに渡された x の値。
$
```

(元来は、コマンド行のどこに置いても代入されてコマンドに渡されたのだが、この方法は dd (1) と干渉して問題を起こした。)

". " の機能は変数の値を恒久的に変えるとき、また、行中の代入は一時的に値を変更するとき、というふうに区別して利用すべきである。例として、個人用（you）の PATH にない、/usr/games というディレクトリのなかでコマンドを検索する場合をもう1度考えてみよう。

```
$ ls /usr/games | grep fort
fortune  ................................ フォーチュンクッキー・ゲームのコマンド。
```

第 3 章　シェルの利用

```
$ fortune
fortune: not found
$ echo $PATH
:/usr/you/bin:/bin:/usr/bin        .................... /usr/games は PATH にない。
$ PATH=/usr/games fortune
Ring the bell: close the book; quench the candle.
$ echo $PATH
:/usr/you/bin:/bin:/usr/bin        ....................... PATH は変化していない。
$ cat /usr/you/bin/games
PATH=$PATH:/usr/games              ................. games コマンドがあるのでこれを使おう。
$ . games
$ fortune
Premature optimization is the root of all evil - Knuth
$ echo $PATH
:/usr/you/bin:/bin:/usr/bin:/usr/games   ........ 今度は PATH が変化した。
$
```

　PATH の変更とコマンドの実行の 2 つの機能を、単一のシェルファイルで行なうこ
とも可能である。以下のように、ほんの少し手を加えた games コマンドを 1 つ用意
すれば、PATH を変えずに 1 つのゲームを実行することも、/usr/games を恒久的に
PATH に含めることもできる。

```
$ cat /usr/you/bin/games
PATH=$PATH:/usr/games $*           ........................................ $* に注目。
$ cx /usr/you/bin/games
$ echo $PATH
:/usr/you/bin:/bin:/usr/bin        ............................ /usr/games はない。
$ games fortune
I'd give my right arm to be ambidextrous.
$ echo $PATH
:/usr/you/bin:/bin:/usr/bin        ....................................... まだない。
$ . games
$ echo $PATH
:/usr/you/bin:/bin:/usr/bin:/usr/games   ................ ここで含まれた。
```

```
$ fortune
He who hesitates is sometimes saved.
$
```

1番目の games は、PATH に /usr/games を一時的に含むように修正されたサブシェルの中で、そのシェルファイルを実行している。2番目の実行はサブシェルではなく、カレントシェルのなかでそのファイルを解釈し、この場合 $* は空文字列になるから、その行にはコマンドが存在せず、PATH の変更だけが行なわれる。games をこのように2通りに使い分けるのは手のこんだ方法ではあるが、手軽に使えて感覚的にも自然な機能である。

変数の値をサブシェルのなかでアクセス可能にしたければ、シェルの export コマンドを使わなくてはならない（サブシェルから親シェルに変数の値を送る手段がなぜないのか考えてみるとよい）。以下に示すのは前に取り上げた例であるが、今度は変数を export している。

```
$ x=Hello
$ export x
$ sh                                              新しいシェルへ。
$ echo $x
Hello                                             x はサブシェルのなかでもわかる。
$ x='Good Bye'                                    その値を変更する。
$ echo $x
Good Bye
$ ctl-d                                           このシェルを抜け出し、
$                                                 元のシェルへ戻る。
$ echo $x
Hello                                             x は依然として Hello である。
$
```

export はいろいろ微妙な意味をもつこともあるが、日常の利用のためには次の最低限の経験則で十分である。すなわち、短期間の便のために設定した一時的な変数は export してはいけない。しかし、シェルやサブシェル（例えば、ed の ! コマンドで作られたシェルなど）のすべてに設定したい変数はいつも export しておくこと。従って PATH や HOME のようにシェルに固有の変数は export すべきである。

問題 3-13　カレント・ディレクトリをいつも PATH に入れておくのはなぜか？　またそれは PATH のどこに置くべきだろうか？

3.7 さらに高度な入出力の切換え

標準エラー出力が発明されたのは、エラーメッセージがどんなときでも端末上に表示されるようにするためであった。

```
$ diff file1 fiel2 >diff.out
diff: fiel2: No such file or directory
$
```

エラーメッセージが端末上に表示されるのは、確かに望ましいことである —— もしそのメッセージが diff.out のなかに入ってみえなくなり、うまくいかなかった diff コマンドが、正しく働いたかのような印象を残すとしたら、非常に具合が悪いだろう。

すべてのプログラムには、実行時に3つのファイルが暗黙のうちに設定され、それぞれにファイル指定子（これに関しては第7章で再び取り上げる）と呼ばれる小さな整数の番号が付けられる。標準入力（0）と標準出力（1）はこれまでにみてきて馴染みになっているもので、ファイルやパイプに切り換えられることが多い。2という番号を付けられた3つ目のファイルが標準エラー出力であり、この出力は通常はユーザの端末に出てくる。

プログラムによっては、正しく動作したときにも、この標準エラーへ出力するものがある。その代表的な例に time というプログラムがあるが、これは何かのコマンドを実行し、その実行に要した時間を標準エラー出力へ知らせてくるプログラムである。

```
$ time wc ch3.1
    931    4288   22691 ch3.1

real        1.0
user        0.4
sys         0.4
$ time wc ch3.1 >wc.out

real        2.0
user        0.4
sys         0.3
```

3.7 さらに高度な入出力の切換え

```
$ time wc ch3.1 >wc.out 2>time.out
$ cat time.out
real      1.0
user      0.4
sys       0.3
$
```

2>*filename* と書くことによって（2 と > の間にスペースを置くことは許されない）、標準エラー出力がそのファイルへ切り換えられる。構文的には洗練されていないが、ともかくその出力はファイルに書かれる（time の出してきた 3 種類の時間は、この例のような短時間のテストではそれほど正確ではないが、長時間のテストには役に立ち、客観的にも信頼のおけるものになる。その値を保存しておいてもっと詳しい解析に使ってもよかろう。例えば、表 8.1 を参照せよ）。

2 つの出力ストリームを併合（マージ）することも可能である。

```
$ time wc ch3.1 >wc.out 2>&1
$ cat wc.out
    931    4288    22691 ch3.1

real      1.0
user      0.4
sys       0.3
$
```

2>&1 と書けば、シェルに対して、標準エラー出力を標準出力と同じストリームにのせるように命令することになる。アンパサンド（&）の記号はとりたてて覚えるのに役立つ語呂合わせで決められたものではなく慣用にすぎないから、暗記してしまうしかない。標準出力を標準エラー出力に追加するために、1>&2 とすることもできる。

```
echo ... 1>&2
```

とすれば標準エラー出力上に標準出力が表示される。シェルファイルのなかでは、これはメッセージがパイプやファイルのなかに誤って消えてしまうのを防ぐ働きをする。

シェルにはコマンドの標準入力を、別のファイルではなく、そのコマンドと一緒に置けるような機能がある。この機能を使えば、シェルファイルは完全に自己完結した動作が可能になる。前に作成した電話番号検索プログラム 411 を例にとると、次のように書けることになる。

```
$ 411
grep "$*" <<End
dial-a-joke    212-976-3838
dial-a-prayer  212-246-4200
dial santa     212-976-3636
dow jones report   212-976-4141
End
$
```

シェルの用語では、このような構成をヒア・ドキュメント (here document) と呼ぶ。つまり、入力が別のファイルではなく、まさにこの場所 (here) にあるという意味をもつ。<< の記号がヒア・ドキュメントの合図になり、続いて書かれたワード（上の例では End）が入力の終わりを示す区切りになる。このワードが書かれた行が現われるまで、すべての行が入力として取り込まれる。ワードの一部が引用符でくくられていたり、バックスラッシュが付いている場合を除いて、シェルはヒア・ドキュメントのなかの $, `...`, \ の置換作業を行なう。もし引用符が付いていれば、ドキュメント全体を文字通りそのまま取り込む。

ヒア・ドキュメントについては本章の終わりでもう1度取り上げ、もっと面白い実用例をお目にかけよう。

表 3.2 に、シェルが理解する様々な入出力の切換え命令を一覧表にしておく。

表 3.2　シェルの入出力の切換え

$>file$	標準出力を $file$ に切り換える
$>>file$	標準出力を $file$ に追加する
$<file$	標準入力を $file$ から取り込む
$p1|p2$	プログラム $p1$ の標準出力とプログラム $p2$ の標準入力を結合する
^		の以前の同義語
$n>file$	ファイル指定子 n からの出力を $file$ に切り換える
$n>>file$	ファイル指定子 n からの出力を $file$ に追加する
$n>\&m$	ファイル指定子 n からの出力をファイル指定子 m とマージする
$n<\&m$	ファイル指定子 n からの入力をファイル指定子 m とマージする
$<<s$	ヒア・ドキュメント。次に行の先頭に書かれた s が現われるまで、標準入力として取り込む。$, `...`, \ は置換される
$<<\backslash s$	置換を行なわないヒア・ドキュメント
$<<'s'$	置換を行なわないヒア・ドキュメント

| 問題 3-14 | 411 コマンドのヒア・ドキュメント版と元の版を比較せよ。どちらが保守しやすいだろうか？　また、公共利用のためにはどちらの方法がよいか？ |

3.8　シェル・プログラムにおけるループ

　シェルには、変数、ループ、条件判断などがあり、事実上プログラミング言語の一種といえる。ここでは基本的なループについて説明することにし、制御フローについては第5章で取り上げることにしよう。

　一群のファイル名について同じ仕事を繰り返し実行する（ループさせる）ことは極めてよく行なわれる。シェルのもつ for 文はシェルの唯一の制御フロー文であり、後で実行するためにファイルのなかに置いておくよりも、端末から入力する方が多いかもしれない。構文は次のようなものである。

```
for var in list of words
do
        commands
done
```

例をあげると、複数のファイル名を1行に1つずつエコーバックするために for 文を使うには、ただ次のように入力すればよい。

```
$ for i in *
> do
>       echo $i
> done
```

"i" を使うのが習慣になっているが、"i" は任意のシェル変数に変えてもかまわない。この変数の値は $i と書くことでアクセスされるのであり、for ループのなかではその変数は i で参照するのではないことに注意しよう。上の例では、カレント・ディレクトリ上のすべてのファイルを拾い出すために * を使ったが、任意の引数のリストを使ってもよい。実際にはファイル名をただ表示するだけではつまらないので、もっと面白いことをしたくなる。私たちがよく利用するのは、一群のファイルを過去の版と比較するときである。例えば、（old というディレクトリに収められている）第2章の旧版と現在の版を比較するためには、以下のようにする。

```
$ ls ch2.* | 5
ch2.1       ch2.2       ch2.3       ch2.4       ch2.5
ch2.6       ch2.7
$ for i in ch2.*
> do
>       echo $i:
>       diff -b old/$i $i
>       echo ............................  読みやすくするために空行を 1 行追加する。
> done | pr -h "diff `pwd`/old `pwd`" | lpr &
3712 .................................................................  プロセス id。
$
```

出力をパイプを通して pr と lpr に渡しているが、これはただそれが可能なことを示すために書いておいた。つまり、for ループのなかにあるコマンド群の標準出力は、for 自身の標準出力へ出ていくのである。pwd を 2 回組み込んで呼び出し、pr コマンドの -h オプションを使って、出力上、具合のよいヘッダを書いている。さらに、この一連の作業全体が非同期（&）に走るように設定しているので、作業の終了を待たされることはない。つまり、この & はループとパイプライン全体に適用されるのである。

筆者たちは for 文を上記のように書くのが好きであるが、もう少しつめた形で書いてもよい。つめて書くときの主な制限事項は、改行やセミコロンの直後に現われたときに限って、do と done が正しくキーワードと認識される、という点である。for の大きさによっては、以下のようにすべてを 1 行に書く方がよいこともある。

> for i in *list*; do *commands*; done

for ループは、複数のコマンドを実行するときとか、組込みの引数処理が適当でないコマンドを使う場合に使う必要がある。しかし、それぞれのコマンドがすでにファイル名をループしているときには for は使うべきではない。すなわち、

```
# Poor idea:
for i in $*
do
        chmod +x $i
done
```

とするのは、

```
chmod +x $*
```

に劣るのである。なぜなら for ループがそれぞれのファイルに対して chmod を実行することになるため、コンピュータ資源の無駄使いになるからである（次の 2 つの違いはしっかり理解しておく必要がある。すなわち、

  for i in *

では、カレント・ディレクトリにある全ファイルをオープンするが、

  for i in $*

では、シェルスクリプトに与えられた引数全部に対してループが実行されるのである）。

 for に対する引数のリストはファイル名のパターン・マッチによって与えられることが多いが、実際にはどんなものから与えてもよい。

  $ *for i in `cat ...`*

としてもよいし、単に引数をタイプするだけでもよい。例をあげると、私たちは本章の初めの方で、2, 3, ... などの複数カラムに表示する一群のプログラムを作成した。これらは 1 つのファイルにリンクしたものに過ぎなかったので、一旦、2 というファイルを書いてしまえば、リンクは以下のようにしてまとめて実行できる。

  $ *for i in 3 4 5 6; do ln 2 $i; done*
  $

 for のもう少し面白い例として、pick を使ってバックアップ用のディレクトリにあるファイルと、どのファイルを比較するかを選択させるというのも考えられよう。

```
    $ for i in 'pick ch2.*'
    > do
    >         echo $i:
    >         diff old/$i $i
    > done | pr | lpr
    ch2.1?   y
    ch2.2?
    ch2.3?
    ch2.4?   y
    ch2.5?   y
    ch2.6?
    ch2.7?
    $
```

2度あることは3度ある、という格言があるので、タイプする手間を省くためにこのループをシェルファイルに格納しておいた方がよいだろう。

> **問題 3-15** 上記の diff ループをシェルファイルのなかに入れるとした場合、そのシェルファイルのなかに pick を組み込むだろうか？　その答えと理由を述べよ。

> **問題 3-16** 上記のループの最後の行が、
>
> > `> done | pr | lpr &`
>
> のように、アンパサンド（`&`）で終わっていたらどうなるか？　答えを考えてから実際にやってみよ。

3.9　全部まとめて送る方法 — bundle

シェルファイルを作っていく雰囲気を伝えるために、もっと大きな例を考えてみよう。他のマシンを使っている友人（仮に somewhere!bob[*2] としよう）から1通のメールを受け取ったと想定してみる。彼はあなたの bin のなかにあるシェルファイルのコピーが欲しいといってきている。最も単純なメールを送り返せばよい。そこでまず次のようにタイプしてみることが考えられる。

```
$ cd /usr/you/bin
$ for i in `pick ch2.*`
> do
>         echo ============ This is file $i ===========
>         cat $i
> done | mail somewhere!bob
$
```

しかし、これを somewhere!bob の側からみてみよう。なるほど、受け取ったメールメッセージのなかのファイルにははっきりとした区切りが付いているが、編集して元のファイルに戻すにはエディタを使う必要があるだろう。ここでひらめくのは、そのメールメッセージをうまく組み立てて、自動的に編集するようにすれば、受け取った側で何もしなくてすむのではないか、という考えである。そのために、ファイル群だけでなくそれを編集する命令も含むようなシェルファイルにしなくてはならない。

[*2] 他のマシンを特定する方法にはいろいろの表記法がある。`machine!person` というのが最も単純である。mail (1) を参照。

3.9 全部まとめて送る方法 — bundle

次に、コマンドの起動と、そのコマンドに与えるデータをまとめるには、シェルのヒア・ドキュメント機能が手軽に使えたことに思いあたる。ここまで考えつくと、残る仕事は引用符を正しく付けてやるだけである。以下に示すのが bundle という名前の仮のプログラムで、これはファイル群をまとめて、標準出力上に結び付けられた自己説明的なシェルファイルへ出力する機能をもつ。

```
$ cat bundle
# bundle:  group files into distribution package
echo '# To unbudle, sh this file'
for i
do
        echo "echo $i 1>$2"
        echo "cat >$1 <<'End of $i'"
        echo $i
        echo "End of $i"
done
$
```

プログラム中で End of &i を引用符でくくっているが、これによってファイル群のなかに含まれるメタキャラクタが無視されることが保証されている。

もちろん、somewhere!bob にこの仕事を押しつける前に自分で試してみなくてはならない。

```
$ bundle cx lc >junk ................. 試しの束 (bundle) の作成。
$ cat junk
# To unbudle, sh this file
echo cx 1>$2
cat >cx <<'End of cx'
chmod +x $*
End of cx
echo lc 1>$2
cat >lc <<'End of lc'
# lc: count number or lines in files
wc -l $*
End of lc
$ mkdir test
$ cd test
```

133

```
$ ../sh junk ............................................... 実行してみる。
cx
lc
$ ls
cx
lc
$ cat cx
chmod +x $*
$ cat lc
#lc: count number of lines in files
wc -l $* ................................................... 問題ないようだ。
$ cd ..
$ rm junk test/*; rmdir test ............................... 後始末。
$ pwd
/usr/you/bin
$ bundle 'pick *' | mail somewhere!bob ............ 目的のファイルの送信。
```

もし送信しようとするファイルのなかにたまたま

 End of *filename*

の形をした行が含まれていたら問題だが、これが起こる確率は少ない。bundle を完全に安全なものにするには、後ろの章で述べる知識が必要になるが、今のところはこのままでも極めて利用価値が高く便利である。

 bundle は、UNIX 環境のもつ柔軟性の多くを検証している。例えば、シェルループ、入出力切換え、ヒア・ドキュメントやシェルファイルといった機能を使い、その出力を mail に直接渡している。さらに最も面白いと思われるのは、これが新しいプログラムを生み出すプログラムであるという点である。bundle は、私たちの知る最もスマートなシェル・プログラム — 単純で、役に立ち、エレガントなことをするわずか数行のプログラム — の1つに数えられる。

> 問題 3-17 あるディレクトリとそのサブディレクトリのなかにあるすべてのファイルを送信するために bundle を使うにはどうしたらよいか?
> ヒント：シェルファイルは再帰的な呼び出しが可能である。

> 問題 3-18 bundle を修正して、それぞれのファイルに ls -l から得られる情報が含まれるようにせよ。とりわけ、使用許可情報と最後の変更日付が含まれるようにせよ。bundle の機能をアーカイブ・プログラム ar (1) と比べてみよ。

3.10 シェルがプログラム可能になっている理由

　UNIX のシェルは、コマンド・インタープリタとして典型的なものではない。確かにシェルは通常のやり方と同じようにコマンドを実行させてくれるが、一種のプログラミング言語でもあるため、はるかに多くのことが可能になる。ここまでみてきたことを簡単に振り返ってみるのも価値があろう。復習する理由は、本章で取り上げたテーマが多かったからでもあるが、"よく使われる機能"について述べるつもりで、40 ページにも渡ってシェルのプログラミング例ばかり羅列してきたので、まとめを書こうということである。しかし実際には、シェルを使っているときには、始終小さなオンライン・プログラムを書いているのであり、"お茶の準備ができたよ"という例からもわかるように、パイプラインも 1 つのプログラムである。シェルとは元来このようなものなのである。ユーザは、いつもプログラムしているのだが、(慣れてしまえば) 極めて簡単で自然なので、ほとんどプログラミングをしているという意識はなくなる。

　シェルは、ループだとか、< や > を使った入出力切換えだとか、* を使ったファイル名の拡張だとかいった仕事を受けもつ。このため、プログラムのなかでこういった機能を考慮する必要はなくなる。さらに重要なことは、こういった機能があらゆるプログラムに対して同等に適用できるようになることである。シェルファイルとかパイプといったこの他の機能は、実際にはカーネルが実行しているが、それを作り出すための自然な構文を提供してくれるのはやはりシェルである。これらの機能は、単に便利であるという範囲を超えて、実際にシステムの性能アップに役立っている。

　こうしたシェルの能力や便利さは、その下にいるカーネルに負うところが多い。例えば、パイプを設定するのはシェルであるが、実際はパイプのなかにデータを通してくれるのはカーネルである。また実行可能ファイルは、UNIX ではそのまま実行されるから、シェルファイルを作成すれば、それはコンパイルされたプログラムと全く同じように走らせることができる。ユーザはそれらがコマンドファイルであることに何ら気を使う必要はない ── RUN のような特別なコマンドを使って実行する必要はないのである。さらに、シェル自身も 1 つのプログラムであり、カーネルの一部ではないので、他のプログラムと同じように、機能を整備したり、拡張したり、使ったりできる。このアイデアは何も UNIX システムだけのものではない。しかし、他のどんなシステムよりも、UNIX ではこれらがうまく活用されてきている。

　第 5 章で再びこのシェル・プログラミングの問題に立ち戻る。しかし、シェルで何かをしているときには、実際はいつもそれをプログラミングしているのだということは心にとめておいていただきたい ── シェルが成功している理由の大半は、この性質のおかげである。

歴史と参考文献

シェルは最も初期のものからプログラム可能になっていた。もともとは、if, goto, ラベルという別個のコマンドが用意されており、goto コマンドの実行には、適切なラベルを探して、入力ファイルの先頭からスキャンしていく方法が取られていた（パイプは読み直しができないので、何らかの制御フローをもつシェルファイルにはパイプをつなげることはできなかった）。

第 7 版のシェルのオリジナルは、John Mashey の助力とアイデアを得た Steve Bourne の手で書かれた。第 5 章でみていくように、それにはプログラミングに必要なものがすべて揃っている。これに加えて、入力と出力も合理化されている。シェル・プログラムの入出力の切換えには何の制限もない。ファイル名のメタキャラクタの解釈も、シェルの内部で行なわれている。極めて小さなマシン上に搭載されなくてはならなかった初期の版では、別のプログラムがメタキャラクタの解釈を行なっていた。

ユーザが使う可能性のあるもう 1 つの代表的なシェル（すでにこちらを愛用されているかもしれないが）に、csh がある。このいわゆる "C シェル" は、第 6 版のシェルを土台にして、カリフォルニア大学のバークレー校で Bill Joy が開発したものである。C シェルは、対話機能を助けるという点で、Bourne のシェルを凌駕している ── 最も有名なのがヒストリー機能で、これは以前に実行したコマンドを（普通はちょっと修正して）簡単に繰り返し実行できるようにする機能である。C シェルでは構文もいくぶん異なっている、しかし、これは初期のシェルから出発しているので、プログラミングのしやすさという点では劣る。プログラミング言語というより、対話的なコマンド・インタープリタというべきだろう。特に、制御フローを組み込んであるシェルファイルにパイプをつないだり、そこからパイプを引っ張りだすことはできない。

pick は Tom Duff が発明したプログラムであり、また bundle は Alan Hewett と James Gosling がそれぞれ独自に発明したものである。

第4章
フィルタ

UNIX には、"何か入力を読み込み、それに単純な変形を加え、何らかの出力を書き出す"という仕事をするプログラムが多数存在する。例をあげると、入力の一部分を選び出す grep や tail, 入力をソートする sort, 入力のなかのワード数などを数える wc がある。このようなプログラムを総称してフィルタと呼んでいる。

本章では使用頻度の高いフィルタについて説明する。第 1 節では grep を取り上げ、第 1 章の内容よりも複雑なパターンの処理に重点を置いて述べる。また、grep ファミリーの他のコマンド、egrep と fgrep も紹介していこう。

第 2 節では、この他の有用なフィルタについて手短に説明する。このなかには、文字変換（transliteration）をする tr, 他のシステムからもってきたデータを扱うための dd, 繰り返し現われるテキスト行を探すための uniq が含まれる。また、sort についても、第 1 章よりもっと詳細に説明していく。

本章の残りの部分で説明するのは、2 種類の汎用"データ変換プログラム"、いわゆる"プログラム可能なフィルタ"である。プログラム可能と呼ばれるのは、ある特定の変形を、簡単なプログラミング言語を使って書かれたプログラムとして表現できるからである。プログラムをいろいろ変えることで、極めて多様な変換を行なうことができる。

その 2 つのプログラムとは、ストリーム・エディタ（stream editor）を意味する sed と、作成者の名前にちなんで名付けられた awk で、両方とも grep を汎用化して作られている。

いずれも、コマンドを

    $ program pattern-action filenames ...

の形で書けば、あるパターンに一致する行を探して、指定されたファイル群を順にスキャンし、一致した行がみつかったときに対応するアクションが実行される。grep を例にとれば、パターンには ed と同じような正規表現が使われ、アクションを指定しなかった場合には、そのパターンに一致した行が 1 行ずつ表示されるようになって

いる。

　sed と awk は、パターンとアクションの両方を汎用化したものである。sed は ed から派生したものであり、エディタ・コマンド群の"プログラム"を取り込み、コマンド群に対して与えられたファイルからデータを取り込みながら、すべての行に対してコマンド群を実行していく。awk の方はテキスト置換の目的には sed ほど便利ではないが、演算、変数、組込み関数、それに C と極めてよく似た形式のプログラミング言語を備えている。本章ではこの 2 つのプログラムの機能の一部しか取り上げない。詳しくは、関連論文が UNIX プログラマーズ・マニュアルの第 2 巻 B に出ているので参照されたい。

4.1　grep ファミリー

　grep については第 1 章で簡単に触れ、それ以降の問題のなかでも利用してきた。grep コマンドは、

　　$ *grep pattern filenames* ...

とすれば、指定したファイル、または標準入力を検索して、*pattern* と一致する行をすべて表示する。grep は、ある変数がプログラムのなかのどこにあるか、また、あるワードが文書のなかのどこにあるかを探すのにたいへん役立ち、プログラムの出力から一部分を抜き出すのにも有用である。

```
$ grep -n variable *.[ch]
```
　　　　　　　　　　　　　　　　　　 C のソースプログラムにある variable の位置を検索。
```
$ grep From $MAIL
```
　　　　　　　　　　 メールボックスのなかにあるメッセージのヘッダを表示。
```
$ grep From $MAIL | grep -v mary
```
　　　　　　　　　　　　　　　　　　 mary 以外の人からきたメールのヘッダの表示。
```
$ grep -y mary $HOME/lib/phone-book
```
　　　　　　　　　　　　　　　　　　　　　　　　 mary の電話番号を探す。
```
$ who | grep mary
```
　　　　　　　　　　　　　　　 mary がログインしているかどうかを確認。
```
$ ls | grep -v temp
```
　　　　　　　　　　　 temp という文字列を含まないファイル名の表示。

-n オプションは行番号を表示させる機能、-v オプションは検索の意味を逆にする指定、また -y オプションはパターンのなかの小文字をファイルのなかの大文字小文字のいずれとも一致させる指定である（大文字は依然として大文字としか一致しない）。

　これまでみてきた例では、grep が探すのは通常の英字や数字でできた文字列だけであった。しかし、実際には、grep はずっと複雑なパターンも検索でき、単純な 1 種の言語で書かれた文字列表現を解釈するのである。

4.1 grep ファミリー

　技術的には、grep で使うパターンは、正規表現と呼ばれる文字列指定子にわずかに制限を加えた形をしている。grep では ed と同一の正規表現が解釈される。事実、grep の母体は（ある日の夕刻に）ed にちょっと手を加えて作られたものである。

　正規表現は、ちょうどシェルが * などを使うのと同じように、特定の文字に特別な意味をもたせる。grep では ed よりも使用するメタキャラクタの数がいくぶん多く、残念なことに grep と ed では意味が一致していないものがある。表 4.1 に正規表現に使われる全メタキャラクタをあげておくが、本文中でも簡単にみておこう。

　メタキャラクタ ^ と $ は、パターンを行の始まり（^）や終わり（$）に"固定する"働きをする。例えば、

    $ *grep From $MAIL*

とすれば、自分のメールボックスのなかにある From を含む行を意味するが、

    $ *grep '^From' $MAIL*

とすれば、From で始まる行が表示される。このように指定する方がメールのヘッダ行である可能性がさらに高くなる。正規表現のメタキャラクタはシェルのメタキャラクタと重複することがあるので、grep のパターンを単一引用符で囲むようにすれば間違いがない。

　grep はシェルとよく似たキャラクタ・クラスをサポートしており、[a-z] は grepでも任意の小文字の英字 1 字を指す。しかし違いもあり、もし grep のキャラクタ・クラスが ^ で始まっていたら、そのパターンはそのクラスのなかに指定されたもの以外を指すことになる。従って、[^0-9] は数字以外の任意の 1 文字の意味になる。さらに、シェルではキャラクタ・クラスのなかに書かれた] や - をバックスラッシュで保護するが、grep や ed ではこのような記号は、意味が明確なところにしか書いてはならない。例えば、[][-] というパターンは左かぎ括弧、右かぎ括弧、マイナス符号のどれか 1 つの意味になる。

　ドット "." はシェルの ? と同じ意味で、任意の 1 文字の意味になる（おそらくドットは、UNIX プログラムごとに最もいろいろに意味が変わる記号であろう）。2 つほど例をあげておく。

    $ *ls -l | grep '^d'* .... サブディレクトリ名の一覧を表示する。
    $ *ls -l | grep '^.......rw'* .... 他人が読み書きできるファイルの一覧を表示する。

"^" に続けてドットを 7 個書くと、行の先頭にある任意の 7 文字の意味になる。これを ls -l の出力に適用すれば、任意の使用許可情報の文字列の意味になる。

　closure 演算子 * は、その表現のなかで直前に現われた文字やメタキャラクタ（キャラクタ・クラスを含む）の意味になり、その文字やメタキャラクタが任意の数連続したものの集合を指す。例えば、x* は x が可能な限り連続したもの、[a-zA-Z]*

139

は英字の文字列、.* は改行までの任意の文字列、また、.*x は行の最後に x を含む任意の文字列の意味になる。

　closure について 2 つほど重要な注意事項がある。第 1 点は、closure は 1 つの文字だけに適用される、ということである。xy* は、x の後に幾つかの y が続いたものの意味であり、xyxyxy のような文字列の意味にはならない。第 2 点は、"任意の数" にはゼロも含まれることである。従って、最低 1 つの文字の意味にしたければ、その文字を 2 度書かなくてはならない。例えば、任意の英字の文字列の意味にするには、[a-zA-Z][a-zA-Z]* とするのが適切な表現になる（英字 1 字に続くゼロ個以上の英字）。シェルのファイル名マッチング記号 * は、正規表現では .* に相当する。

　grep の正規表現は改行と一致することはなく、従って正規表現は 1 行の範囲内でのみ有効である。

　これらの正規表現によって、grep は簡単なプログラミング言語になっている。例えば、パスワードファイルの 2 番目のフィールドは暗号化されたパスワードだったことを思い出していただきたい。すると以下のコマンドはパスワードをもたないユーザを検索することになる。

　　$ *grep '^[^:]*::'　/etc/passwd*

このパターンの意味は、行の先頭から、コロン以外の文字が任意の数続き、さらにその後に 2 つのコロンをもつ行となる。

　grep は、実際には grep ファミリーのプログラム群のなかで最も古いものであり、これ以外には fgrep と egrep という仲間がある。基本的な動作は変わらないが、fgrep はたくさんの書かれたままの文字列を同時に検索し、一方、egrep は真の正規表現を解釈する — grep と同じ正規表現をもつが、egrep ではこの他に、"or" 演算子と、表現をグループ化するための括弧が使える。括弧の使用法については、すぐ後で説明しよう。

　fgrep にも egrep にも、パターンを読み込むファイルを指定するための -f オプションがある。ファイルのなかの改行がパターンの区切りになり、区切られた複数のワードは同時に検索に使われる。例えば、スペルミスしがちなワードについて、そのワードを 1 行に 1 つずつ入れたファイルを用意すれば、自分の文書のなかにそれらの間違ったワードが現われるのをチェックすることができる。次のように fgrep を使えばよい。

　　$ *fgrep -f common-errors document*

egrep の解釈する正規表現（これも表 4.1 にあげてある）は grep と同じであるが、2, 3 の追加事項がある。まず、グループ化のための括弧が使えるので、(xy)* と書けば、空文字列、xy, xyxy, xyxyxy などのどれをも意味する。また、"or" 演算子はタテ棒 | で表わされる。today|tomorrow は today と tomorrow のいずれかの意味に

4.1 grep ファミリー

なり、これは to(day|morrow) と書いても同じ意味になる。さらに egrep にはこの他2種類の closure 演算子、+ および ? がある。x+ というパターンは1つ以上のxの意味になり、また x? はゼロまたは1個のxを指すが、2つ以上のxの意味にはならない。

egrep は、単語遊び（word games）にもすぐれた能力をもっている。その例として、ある性質をもった単語を辞書のなかから探しだすというゲームをしてみよう。筆者たちが使っている辞書は、Webster's Second International で、単語の意味を省略して1行に1つずつ書かれた単語のリストの形でディスクに格納されている。読者のシステムにも、スペルチェックのための、/usr/dict/words という小型の辞書があるかもしれない。その内容を調べてフォーマットを確かめてみるとよい。次に示すパターンは、5種類の母音をすべて含み、しかもその5つが英字順に現われる単語を探すためのものである。

```
$ cat alphvowels
^[^aeiou]*a[^aeiou]*e[^aeiou]*i[^aeiou]*o[^aeiou]*u[^aeiou]*$
$ egrep -f alphvowels /usr/dict/web2 | 3
```

abstemious	abstemiously	abstentious
acheilous	acheirous	acleistous
affectious	annelidous	arsenious
arterious	bacterious	caesious
facetious	facetiously	fracedinous
majestious		
$		

alphvowels のファイルのなかでは、パターンは引用符でくくられていない。egrep のパターンを引用符でくくって使っても、シェルは引用符をはぎとって egrep が解釈しないようにしてしまうから、egrep はもともと引用符を解釈していないのである。しかし、ファイルから読ませるとシェルが検査しないので、ファイルの中身の両端には引用符を使わないのである。上の例では grep を使ってもよかったが、closure を含むパターンの検索には、egrep の方が特にファイルが大きくなったときには高速の検索が期待できる。

もう1つ例をあげておこう。ある単語がすべて英字順に現われる6文字以上の単語を全部探したいという場合には、以下のようにする。

```
$ cat monotonic
^a?b?c?d?e?f?g?h?i?j?k?l?m?n?o?p?q?r?s?t?u?v?w?x?y?z?$
$ egrep -f monotonic /usr/dict/web2 | grep '......' | 5
```

| adbest | acknow | adipsy | agnosy | almost |
| befist | behint | beknow | bijoux | biopsy |

141

```
chintz       dehors       dehort       deinos       dimpsy
egilops      ghosty
$
```

(egilops というのは、小麦につく病気の 1 種である。) egrep の出力をフィルタするのに grep を使っているのに注目されたい。

ところで、なぜ grep プログラムには 3 種類もあるのだろうか? fgrep はメタキャラクタを解釈しない代わりに、何千もの単語を効率よく同時に調べることができる (初期化されてしまえば、実行時間は単語の数とは関係がない) ので、基本的には、文献検索のような仕事に適している。fgrep で使われるパターンの大きさは、grep や egrep で使われているアルゴリズムの能力を超えるから、fgrep にはそれなりに存在理由がある。しかし一方、grep と egrep の違いは、正当な理由を与えるのが難しい。grep の方がずっと起源が古く、ed に由来する馴染み深い正規表現を使っており、タグ付き正規表現や多くのオプション群をもっているという特徴がある。それに対して、egrep は (タグ表現を除いて) さらに汎用性のある正規表現を解釈し、実行時間の速さにもはっきりした違いがある (実行速度はパターンに依存しない) が、標準版では、表現が複雑になったときに実行開始までの時間が長くなる。しかし、現在では、実行が即座に開始される新しい版の egrep も存在していることから、egrep と grep は 1 つのパターン・マッチング・プログラムとして統一することも可能であろう。

表 4.1　grep と egrep の正規表現 (優先度の低い順)

c	特殊な意味をもたない任意の文字 c はその文字自身を意味する
\\c	文字 c の特殊な意味をなくす
^	行の先頭
$	行の終わり
.	任意の 1 文字
[...]	... のうちの任意の 1 文字。a-z のような範囲の指定も有効
[^...]	... にない任意の 1 文字。範囲指定も有効
\\n	n 番目の \\(...\\) がマッチしたものを指す (grep のみ)
r*	ゼロ回以上の r の繰り返し
r+	1 回以上の r の繰り返し (egrep のみ)
r?	ゼロまたは 1 回の r (egrep のみ)
$r1r2$	$r1r2$ という並び
$r1|r2$	$r1$ または $r2$ (egrep のみ)
\\(r\\)	タグ付き正規表現 r (grep のみ)。ネスト可能

表 4.1　grep と egrep の正規表現（優先度の低い順）

(r)	正規表現 r（egrep のみ）。ネスト可能
	どの正規表現も改行とはマッチしない

問題 4-1　タグ付き正規表現（\(と \)）を付録 1 あるいは ed (1) で調べ、grep を使って、パリンドローム ── 前から読んでも後ろから読んでも同じ単語 ── を探してみよ。
ヒント：一定の長さの単語ごとにパターンを書けばよい。

問題 4-2　grep の構造は、1 行読んでは一致しているかどうかを調べ、それを繰り返すというふうになっている。もし正規表現が改行とも一致するようになると、grep にはどんな影響がでるだろうか?

4.2　その他のフィルタ

　本節の目的は、UNIX システムが一群の小さなフィルタをもっていて、それがいかに豊かな可能性を秘めているかに読者の注意を向けることにある。これらのフィルタの利用例を 2, 3 示していくことにしよう。ただし、決してこの例がすべてではないのに注意してほしい ── 第 7 版にももっとたくさんのフィルタがあるし、さらにシステムごとに固有のフィルタがある。標準的なものについては、マニュアルの 1 章にすべて記載されている。
　まず第 1 に取り上げるのは sort であり、これはおそらく最も利用価値の高いフィルタである。sort の基礎は第 1 章で扱った。すなわち、sort には入力を行単位に ASCII コードの順に並び替える働きがある。既定値によって行なわれる動作はこの通りであるが、現実にはデータをもっと他の順序で並び替えたいと思うことも多いだろう。そこで、sort はこの要求に答えるために、様々なオプションを用意している。例えば、-f オプションを指定すると、大文字と小文字が"折り重ねられる（folded）"ので、大文字と小文字は区別されなくなる。-d オプション（辞書の順）を指定すると、英字、数字、ブランク以外の文字はすべて比較の対象からはずされる。
　実際には英字を比較することの方が多いが、ときには数字の比較が必要なときもある。-n オプションを指定すると、数字の値の順にソートし、また -r オプションが指定すると比較の意味を逆に解釈する。つまり、以下のように解釈されるのである。

　　$ ls | sort -f .... ファイル名を英字順にソートする。

```
$ ls -s | sort -n   ...................   小さいファイルから順番にソートする。
$ ls -s | sort -nr  ...................   大きなファイルから順番にソートする。
```

　sort は通常、行全体をみてソートするのであるが、特定のフィールドだけに注目するように指定することもできる。+m と書けば最初の m 個のフィールドをスキップすることを意味し、+0 は行の先頭からという意味になる。従って例をあげると次のようになる。

```
$ ls -l | sort +3nr   ..........   バイト数の順にソートする。大きなものから順に出力。
$ who | sort +4n      ............   ログイン時刻の順にソートする。古いものから順に出力。
```

　この他、sort のオプションには、出力ファイルを指定する（入力ファイルの1つであってもかまわない）-o オプション、ソート対象となるフィールドが全く同じときに、同じものは1行だけしか出力しないようにする -u オプションがある。
　以下の、マニュアルの sort (1) から引用した暗号めいた例のように、ソートのためのキーは複数指定することもできる。

```
$ sort +0f +0 -u filenames
```

+0f は大文字小文字を一緒にして行をソートするので、これだけでは同じ内容の行が隣り合っているとは限らない。そこで、+0 を2番目のキーとして使うと、最初のソートで同じだったものがさらに通常の ASCII コードの順にソートされる。最後に、3番目の -u で隣接した同一内容の行が削除される。従って、1行に1つずつ書かれた単語のリストを入力にすると、このコマンドは重複のない（ユニークな）単語を表示することにある。本書[*1]の索引は、これと同様の sort コマンドを使って作成したものであり、実際にはもっと多くの sort の機能を利用している。sort (1) を参照。
　uniq コマンドは、sort の -u フラグから着想されたものであり、隣接した重複行のなかから1行だけ残して他のものを捨てる働きをもつ。この機能をもつプログラムが sort と別に用意されていれば、ソートに関係ない仕事もできるようになる。例えば、入力がソートされているかどうかに関係なく、uniq は連続して現われる複数の空行を除いてくれる。さらにその重複行の処理を特別な形で処理させるオプションが用意されている。uniq -d とすると重複した（duplicated）行だけを表示し、uniq -u とするとユニークであった（つまり重複のなかった）行だけを表示する。さらに uniq -c とすればそれぞれの行の出現回数を数えてくれる。例は少し後でみていくことにしよう。
　comm コマンドはファイル比較のためのプログラムである。ソートされた入力ファイル f1, f2 が入力されると、comm は出力を3段組みに表示する。つまり f1 だけに

[*1] この場合本書とは、原書の "The UNIX Programming Environment" を指す。

出現した行、f2 だけに出現した行、両方のファイルに出現した行の 3 つに分類するのである。この 3 つのカラムのうち任意のものの表示をオプションの指定で抑制できる。例えば、

 $ *comm -12 f1 f2*

とすれば、両方のファイルにあった行だけを表示するし、また

 $ *comm -23 f1 f2*

とすれば、最初のファイルには存在し、かつ 2 番目のファイルには存在しない行を表示する。この機能はディレクトリの比較や単語のリストと辞書を比較するときに役立つ。

 tr コマンドは入力中の文字を変換（transliterate）する働きがある。tr が使われるのは、もっぱら大文字と小文字の変換である。

 $ *tr a-z A-Z* .... 小文字を大文字に変換。
 $ *tr A-Z a-z* .... 大文字を小文字に変換。

 dd コマンドは、これまでみてきたどのコマンドとも趣きが異なり、元来は、他のシステムの磁気テープデータの処理用に作られたものである — その名称自身、OS/360 のジョブ制御言語の名残なのである。dd では大文字小文字の変換を行ない（tr の構文とは極めて異なっている）、また ASCII から EBCDIC、およびその逆の変換が行なわれる。さらに、これは非 UNIX 系のシステムの特徴である、ブランクの埋め込まれた固定長レコードのデータの読み書きにも使われる。実際上は、dd はいろいろなソースの、生の未フォーマットのデータを取り扱うのに用いられることが多い。dd にはバイナリーデータを取り扱うための機能が組み込まれているのである。

 フィルタを巧みに組み合わせるとどんなことができるかを具体的に示すために、次のようなパイプラインを考えてみよう。このパイプラインは、入力のなかで出現頻度の高い上位 10 個の単語を表示するものである。

```
cat $* |
tr -sc A-Za-z '\012'      英字以外の文字の連を圧縮して、それぞれ
sort |                    1 つの改行に置き換える
uniq -c |
sort -n |
tail |
5
```

tr 自体は標準入力を読むだけのコマンドだから、それに先だって cat でファイル群を集めておく必要がある。マニュアルをみると、tr コマンドは一続きの英字以外の

ものをすべて圧縮して1つの改行に置換するので、入力は変換されて、1行あたり1つの単語が書かれた形になる。続いてその単語がソートされ、次に `uniq -c` によって、同一の単語群は、出現回数を先頭に付けた1行に圧縮され、その回数が今度は `sort -n` のソートフィールドに使われている（`uniq` の前後で2回 `sort` するやり方は、慣用句といってもよいくらいしばしば登場する）。こうして得られた結果は、出現頻度の昇順にソートされた、その文書中のユニークな単語群となる。そして、`tail` が出現頻度の高い単語の上位10個（ソートされたリストの終わりから10個）を選び出し、最後にコマンド5がそれらを5段組みに表示する。

本節からそれるが、行の最後を | にすると、行を継続させられることにも注目していただきたい。

問題 4-3　本節で取り上げたツールを使って、/usr/dict/words を利用した簡単なスペルチェック・プログラムを書け。その欠点は何か？　またその欠点にどのように対処したらよいか？

問題 4-4　愛用しているプログラミング言語で単語数計算プログラムを書き、本節で紹介した単語数計算のためのパイプラインと、大きさ、速さ、保守の容易さの点を比較せよ。このプログラムをなるべく簡単な手順でスペルチェック・プログラムに変えてみよ。

4.3　ストリーム・エディタ — sed

さてここで sed の話に移ろう。sed は ed から直接作られたものなので、勉強するのに抵抗は少ないだろうし、ed の知識の整理にもなると思われる。

sed の基本的なアイデアは単純である。

$ *sed 'list of* ed *commands' filenames* ...

とすると、sed はその入力ファイル群から1度に1行ずつ読み込み、各行ごとに、コマンドのリストから取り出したコマンドを順次実行し、編集された形の行を標準出力上に書き出す。だから、例えば、1組のファイルのなかに登場するすべての UNIX を UNIX(TM) に変えるには、次のようにすればよい。

$ *sed 's/UNIX/UNIX(TM)/g' filenames* ... >*output*

ここで起こることを誤解しないようにしよう。sed は入力ファイル群の内容を変化させることはない。変化したものは標準出力上に書かれ、元のファイルは変更されない。読者はこれまで十分に経験を積んできているから、

$ *sed '...' file* >*file*

とするのがよくないのはおわかりだろう。ファイルの内容を置換するには、一時ファイルを使うか、あるいは別のプログラムを利用すべきである（既存のファイルの上書きという考えをまとめたプログラムについては、後の章で取り上げる。第 5 章の `overwrite` を参照）。

　`sed` は自動的に次々に行を出力するので、上記の例の置換コマンド s の後には p を付ける必要はない。もし付けてしまったら、修正された行はそれぞれ 2 度ずつ表示されるであろう。しかし引用符はいつも付けておく方がよい。`sed` のメタキャラクタの多くが、シェルに対して意味をもつからである。例として、ファイル名のリストを作り出すのに `du -a` を使うときを考えてみよう。通常 du コマンドは、以下のように大きさとファイル名を表示してくる。

```
$ du -a ch4.*
18      ch4.1
13      ch4.2
14      ch4.3
17      ch4.4
2       ch4.9
$
```

ファイルの大きさの部分を捨てるには、`sed` が利用できる。しかしこのための編集コマンドは、* やタブ記号がシェルに解釈されてしまうのを防ぐために、引用符でくくっておく必要がある。

```
$ du -a ch4.* | sed 's/.*▷//'
ch4.1
ch4.2
ch4.3
ch4.4
ch4.9
$
```

この置換によって、右端のタブ自身（パターンのなかでは ▷ で示されている）を含む、そこまでのすべての文字（`.*`）が削除される。

　同様にして以下のようにすれば、`who` の出力からユーザ名とログイン時刻を選び出すこともできる。

```
$ who
lr      tty1    Sep 29 07:14
```

```
ron     tty3    Sep 29 10:31
you     tty4    Sep 29 08:36
td      tty5    Sep 29 08:47
$ who | sed 's/ .*//'
lr 07:14
ron 10:31
you 08:36
td 08:47
$
```

このsコマンドは、1つのブランクに続く文字（可能な限り後ろまでみにいき、さらに多くのブランクが入っていてもよい）の後にもう1つのブランクがきたら、それ全体を1つのブランクに置換する。この例でも引用符は必要である。

これとほとんど同じsedコマンドを使って、自分のユーザ名を返してくるgetnameというプログラムが作れる。

```
$ cat getname
who am i | sed 's/ .*//'
$ getname
you
$
```

ここでもう1つ紹介するsedコマンドの例は極めて使用頻度が高いので、筆者たちはindという名前のシェルファイルのなかに入れて使っている。このindコマンドはタブストップ1つ分インデントさせるもので、各種の出力をラインプリンタ用紙上にうまく収まるように移動させるのに便利である。

  sed 's/^/▷/' $* indの第1版

この版では空行にも1つずつのタブを付けてしまうが、これは不必要であろう。改良した版の indでは、修正する行を選択するsedの機能を使っている。sコマンドの前に何かパターンを付けると、そのパターンに一致する行だけが影響を受けるようになる。

  sed '/./s/^/▷/' $* indの第2版

/./というパターンは、改行以外に少なくとも1つ以上の文字をもつ行を意味する、従って、sコマンドはこのパターンに一致する行には実行されるが、空行には実行されない。sedは変更してもしなくても、すべての行が出力されることを思い出してほしい。従って、空行もしかるべくちゃんと出力される。

ind には別の書き方もある。コマンドの前に "!" を付ければ、選別パターンに一致しない行にだけそのコマンドを実行させることができる。そこで、次の、

    sed '/^$/!s/^/▷/' $*   ....   ind の第 3 版

では、/^$/ というパターンが空行（行の先頭の直後に行の終わりが続く）と一致し、従って /^$/! は、"次のコマンドを空行に対しては実行するな"という意味になるわけである。

  上で述べたように、その行に何が実行されたかにかかわらず、sed はすべての行を表示する（削除された場合は例外）。しかも sed には大抵の ed コマンドが使える。従って、入力の最初の（例えば）3 行を表示して終了する sed プログラムは、簡単に書けることになる。

    sed 3q

3q は ed の規則には合わないコマンドだが、sed では正しい表現になり、行をコピーし、第 3 行で終了せよという意味になる。

  データに対してこの他の処理、例えば字下げ（インデント）をすることも可能である。sed の出力を ind を通して実行させる方法も考えられる。しかし、sed には複数のコマンドが書けるので、sed を以下のように 1 度（とみえないかもしれないが）起動しても実現できる。

    sed '/s/^/▷/
        3q'

引用符と改行の位置に注意しよう。コマンド群は別々の行の上になくてはならないが、行の先頭のブランクやタブは sed がうまく無視してくれる。

  このアイデアから、引数で指定されたファイルのそれぞれの最初の数行を表示する、head という名前のプログラムを書きたくなるかもしれない。しかし、sed 3q（あるいは 10p でもよい）とタイプするのは極めてやさしいので、筆者たちは新しいプログラムにする必要を感じなかった。けれども、ind というプログラムは新しく別個に作っている。これは、対応する sed コマンドをタイプするのが簡単でなかったからである（本書を執筆中、筆者たちは既存の 30 行の C のプログラムを、上に表示した ind の第 2 版と置き換えた）。コマンド行が複雑になったとき、どの時点で別のコマンドとして分離させるとよいかについては、はっきりした基準はない。筆者たちは、個人用の bin のなかに入れてみて、それを実際に使うかどうかを確かめてみるのが最もよいめやすになると考えている。

  sed のコマンド群をファイルのなかに入れておき、そこから実行することも可能である。以下のように入力すればよい。

    $ *sed -f cmdfile ...*

行の指定には、3のような行番号を表わす数字以外のものを使ってもよい。

    $ *sed '/pattern/q'*

とすると、*pattern* と初めて一致する行が現われるまで入力された行を表示する。また、

    $ *sed '/pattern/d'*

とすると、*pattern* を含む行をすべて削除する。削除は自動表示の前に行なわれるので、削除された行は失われる。

この自動表示機能は便利なことが多いが、邪魔になることもある。-n オプションを使えば自動表示機能を抑制でき、その場合には、p コマンドによって積極的に表示するように命令された行だけが出力中に現われる。例えば、

    $ *sed -n '/pattern/p'*

とすれば、grep と同じ動作になる。一致の条件はパターンの後に！を付ければ逆さまの意味にできるので、

    $ *sed -n '/pattern/!p'*

は、grep -v と同じになる（sed *'/pattern/d'* のときも同じである）。

同じ仕事をする sed と grep の両方がなぜ必要なのだろうか？　結局のところ、grep は単に sed の単純で特殊なケースにすぎない。両者が存在する理由は歴史的事情にもよる —— grep は sed よりもずいぶん昔に作られた。しかし、grep は生き残り、それどころか実際に盛んに使われている。とりわけ、sed と grep のどちらにもできる仕事では、grep の方が sed よりも使いやすいのは明らかであろう。普通の仕事は簡単な指定で処理してくれるからである（さらに grep は、sed ではできないこともできることがある。例えば、-b オプションをみよ）。しかし、プログラムというものは、いずれはすたれるものである。かつて、単純な置換をするための gres という名前のプログラムが存在したが、sed が誕生するとまたたくまに姿を消してしまった。

sed では、ed と同じ構文を使って改行を挿入することができる。

    $ *sed 's/$/*
    > /'

とすれば、各行の終わりに1つずつの改行が追加され、従ってその入力をダブルスペースに変えてくれるし、また、

    $ *sed 's/[▷][▷]*/*
    > /g'

4.3 ストリーム・エディタ — sed

とすれば、すべてのブランクやタブの列が改行と置換されるので、入力は1行1語ずつに分割される。(正規表現"[▷]"は、1つのブランクもしくはタブの意味、また、"[▷]*"はゼロ個以上のブランクもしくはタブの意味になるので、このパターン全体では、1つ以上のブランクまたはタブの意味になる)。

また、正規表現や行番号に対して、行範囲を指定することもできる。この行範囲のなかでだけ、指定された任意のコマンドが実行される。

```
$ sed -n '20,30p'
```
.... 20 行から 30 行だけを表示。
```
$ sed '1,10d'
```
.... 1 行から 10 行を削除 (tail +11 に等しい)。
```
$ sed '1,/^$/d'
```
.... 最初の空白行までの行を削除 (空白行を含む)。
```
$ sed -n '/^$/,/^end/p'
```
.... 1 つの空行から end で始まる行の間に書かれた行をすべて表示。
```
$ sed '$d'
```
.... 最終行を削除。

行番号はその入力の先頭から付けられ、新しいファイルの先頭でリセットされることはない。

しかし、sed には ed にはない基本的な制限がある。相対行番号の考え方がサポートされていないのである。具体的には行番号の表現のなかに + や - と書いても理解してくれないので、入力を逆方向にみていくことは不可能である。

```
$ sed '$-1d'
```
.... 規則に合わない。逆方向の参照はできない。
```
Unrecognized command: $-1d
$
```

ある行が読み込まれると、それ以前の行は2度と取り扱えなくなる。つまり上のコマンドが要求している、最終行の1つ手前の行を指定する手段はないのである(公正を期すために言うと、実は sed にもこれを扱う方法がなくもない。しかし相当に高度な知識が要求される。マニュアルで、"hold" コマンドを調べてみよ)。また、同じ理由から、順方向に相対的な行を探す方法もない。

```
$ sed '/thing/+1d'
```
.... 規則に合わない。順方向の参照はできない。

sed には、複数の出力ファイルに書き出す機能がある。例えば、

```
$ sed -n '/pat/w file1
>      /pat/!w file2' filenames ...
$
```

とすると、pat と一致する行は file1 に、pat と一致しない行は file2 に書かれる。あるいは、本節の最初の例に戻って、

```
$ sed 's/UNIX/UNIX(TM)/gw u.out' filenames ...  >output
```

とすると、全体の出力は以前の通りに output というファイルに書かれるが、同時に変更された行だけが u.out というファイルにも書き出される。

場合によっては、シェルとやりとりして、シェルファイルの引数を sed コマンドのなかに取り込むことが必要になる。その1つの例が newer で、これはあるディレクトリのなかの、指定されたファイルよりも新しいファイルをすべてリストするプログラムである。

```
$ cat newer
# newer f:  list files newer than f
ls -t | sed '/^'$1'$/q'
$
```

sed に与えるための特殊記号は引用符で保護されているが、$1 には引用符が付いていないので、シェルは $1 を指定されたファイル名に置換する。この引数の書き方は、次のようにしてもよい。

```
"/^$1\$/q"
```

こうすれば $1 はファイル名と置換され、\$ はただの $ になるからうまくいく。

同じようにして、指定されたファイルよりも以前に作られたファイルをすべてリストする older というプログラムも書ける。

```
$ cat older
# older f:  list files older than f
ls -tr | sed '/^'\$1'\$/q'
$
```

違いは ls コマンドで付けられた、出力の順序を逆にする -r オプションだけである。

sed にはここで紹介してきたよりももっとたくさんの機能があり、条件判断、ループや分岐、前に読み込んだ行の記憶、そしてもちろん、付録1に記載されている多くの ed コマンドが使えるが、実際に sed で使う場合には、それらを長々しく複雑に書き連ねるよりも、ここで示したような形 ── 1つか2つの単純な編集コマンド ── とすることが多い。表 4.2 に sed の機能の一部を要約しておく。ただし、この表ではマルチライン機能は省略している。

sed が便利なのは、任意の長い入力が処理でき、実行が高速で、さらに正規表現や1度に1行の処理をするという点で ed に似ているためである。しかし、これを裏返して言うと、sed では比較的限られた量のメモリしか使えない(テキストを何行も覚えておくのは困難である)し、データは1度しかみてくれないし、また、後ろに戻る

4.3 ストリーム・エディタ — sed

こ, 、/.../+1 のように前方参照することもできない。さらには数字を扱う機能も用意されていない — sed は純粋なテキスト・エディタなのである。

表 4.2 sed コマンドの一覧

a\	\で終わらない行に出会うまで、行を出力へ追加していく
b *label*	*label* の付いたコマンドまで分岐する
c\	指定された行を c\に続く行に変更する。形式は a と同様
d	行を削除して、次の入力行を読む
i\	次の出力の前に、テキストを挿入する
l (エル)	非表示文字もみえる形にする
p	その行を表示する
q	終了
r *file*	*file* を読み込み、その内容を出力にコピーする
s/*old*/*new*/*f*	*old* を *new* に置き換える。*f* が g のときはすべての *old* を置換し、*f* が p のときは画面に表示し、*f* が w *file* のときは *file* に書き出す
t *label*	条件判断。現在行に対して置換が行なわれたら、*label* まで分岐する
w *file*	その行を *file* に書き出す
y/*str1*/*str2*/	*str1* に書かれた文字を、それぞれに対応する *str2* の文字と置き換える（範囲指定は許されない）
=	現在の入力行番号を表示する
!*cmd*	行が選択されない条件のときにだけ sed コマンド、*cmd* を実行する
:*label*	b および t コマンドのためのラベルを設定する
{	対応する } までのコマンド群をまとめて扱う

問題 4-5 引数に書いたファイルそのものは出力しないように、older と newer のプログラムを修正せよ。さらに、出力されるファイルが逆の順序にリストされるように変更せよ。

問題 4-6 プログラム bundle を強固にするために sed を利用してみよ。
ヒント：シェルのヒア・ドキュメント機能を使うのでは、入力の終わりの印に使われるワードと行全体が完全に一致したときしか終わりと認識されない。

4.4 パターン検索・処理言語 — awk

sed にあった制限の幾つかは awk が救ってくれる。awk に盛り込まれたアイデアは sed とほとんど同じであるが、細かな点については、テキスト・エディタよりも C 言語を基礎にして作られている。awk の利用方法は sed とよく似ており、

$ awk 'program' filenames ...

とすればよいが、program の部分の書き方が異なり、以下のような形式になる。

pattern { action }
pattern { action }
...

awk は指定されたファイル名 (filenames) を入力として、1 度に 1 行ずつ読み込む。入力行はすべて複数のパターン (pattern) 全部と順次比較される。すなわち、あるパターンに行が一致するたびに、対応するアクション (action) が実行される。sed と同様、awk もその入力ファイル群には変更を加えない。

awk に書くパターンは、egrep で用いる正規表現と全く同じでもよいし、あるいは C を思わせるようなもっと複雑な条件にしてもよい。単純な例ではあるが、

$ awk '/regular expression/{ print }' filenames ...

は、egrep と全く同じ動作をする。つまり、指定した正規表現 (regular expression) に一致した行をすべて表示してくれる。

パターンとアクションのどちらを省略してもよい。もしアクションの方を省略すると、暗黙のうちに、一致した行を表示するように指定したことになる。従って、

$ awk '/regularexpression/' filenames ...

としても、前の例と同じ動作をする。逆にパターンの方を省略すると、指定したアクションはすべての入力行に対して実行される。従って、

$ awk '{ print }' filenames ...

は、スピードは遅いものの cat と同じ仕事をすることになる。

興味深い例に進む前に、もう 1 点だけ注意しておこう。sed と同様、awk にもまたファイルからプログラムを与えることが可能である。

$ awk -f cmdfile filenames ...

フィールド

awk はそれぞれの入力行を自動的に複数のフィールドに分割する。フィールドというのは、ブランクやタブで区切られた、ブランクを含まない文字列を指す。この定義によれば、who の出力は次のように 5 つのフィールドをもつことになる。

```
$ who
you      tty2      Sep 29 11:53
jim      tty4      Sep 29 11:27
$
```

awk ではそれぞれのフィールドを $1, $2, ..., $NF と呼ぶ。ここで、NF というのは、フィールドの総数を値にもつ変数である。この例では、2 行とも NF は 5 である（フィールドの総数を表わす NF と、行の最後のフィールドを表わす $NF の違いに注意せよ。シェルと異なり、awk では、$で始まるのはフィールドだけであり、変数には $ のような飾りは付けない）。例をあげると、du -a が出力してくるファイルの大きさを捨てるには、

```
$ du -a | awk '{ print $2 }'
```

とすればよいし、また、ログインしているユーザ名とログイン時刻を、1 人につき 1 行になるように表示するには、

```
$ who | awk '{ print $1,$5 }'
you 11:53
jim 11:27
$
```

でよい。さらにこの名前とログイン番号を、時刻でソートして表示するには次のようにすればよい。

```
$ who | awk '{ print $5,$1 }' | sort
11:27 jim
11:53 you
$
```

これらの例は、本章の最初の方で示した sed を使った版の別の方法になっている。このように、sed に比べて awk の方が扱いやすいが、普通は処理速度が遅く、大量に入力があるときには、実行開始までの時間も実際の実行速度も遅い。

awk は通常、ブランク（任意の数のブランクとタブの列）をフィールドの区切りとして採用しているが、この区切り記号は任意の 1 文字に変更できる。1 つの方法として、

155

第4章　フィルタ

コマンド行に -F（大文字）を置けばよい。例えばパスワードファイル /etc/passwd のフィールドは、以下のようにコロンで区切られている。

```
$ sed 3q /etc/passwd
root:3D.fHR5KoB.3s:0:1:S.User:/:
ken:y.68wd1.ijayz:6:1:K.Thompson:/usr/ken:
dmr:z4u3dJWbg7wCk:7:1:D.M.Ritchie:/usr/dmr:
$
```

従って、1番目のフィールドから得られるユーザ名を表示するには、次のようにする。

```
$ sed 3q /etc/passwd | awk -F: '{ print $1 }'
root
ken
dmr
$
```

ブランクとタブの扱いは特別になっているが、それは意識的にそうしているのである。既定値では、ブランクもタブもいずれも区切り記号であるので、行の先頭にある区切り記号は捨てられて勘定に入らない。しかし、もしブランク以外のものを区切り記号に設定すると、フィールドを決定する際に、先頭の区切り記号も数に数えられる。具体的に言うと、タブを区切り記号として選び、従ってブランクが区切り記号でなくなると、先頭のブランクもフィールドの一部となり、あとはタブの1つ1つがフィールドを決めていくことになる。

表 示

awk は入力フィールドの数の他にも、いろいろ役に立つ数字を覚えておいてくれる。組込み変数 NR には、現在の入力"レコード"つまり入力行の番号が入っている。従って、入力ストリームに行番号を追加するには、この変数を使って、

```
$ awk '{ print NR, $0 }'
```

とすればよい。$0 というフィールドには、変更前の入力行全体が入っている。print 文を使うと、コンマで区切られた要素は出力フィールド区切り記号で区切られて表示され、積極的に指定しないときにはその区切り記号は1つのブランクと仮定される。

print の出してくるフォーマットはそのままでも使えることが多いが、満足できなければ、出力を完全に制御するために printf 文を使えばよい。例えば、行番号を4桁のフィールドにおさめて表示したければ、次のようにする。

```
$ awk '{ printf "%4d %s\n", NR, $0 }'
```

%4d は 4 桁の幅をもつフィールドに入る 10 進整数（NR）の指定であり、%s は文字列（$0）の指定である。また、printf は放っておくとブランクや改行も表示しないので、改行記号を意味する \n もちゃんと書いておく必要がある。awk の printf 文は、C の printf 文に似たものである。後者については printf (3) を参照されたい。

ind の最初の版（本章の最初の方に出てくる）は、awk を使って次のように書くこともできる。つまり、

```
awk '{ printf "\t%s\n", $0 }' $*
```

として、1 つのタブ（\t）と入力されたレコードを表示させればよいのである。

パターン

/etc/passwd のなかから、パスワードをもたない人を探したいとしてみよう。暗号化されたパスワードは 2 番目のフィールドにあるから、求めるプログラムは次のパターンを書くだけですむ。

```
$ awk -F: '$2 == ""' /etc/passwd
```

このパターンは第 2 のフィールドが空文字列かどうかを調べている（"==" は等号検査演算子である）。この条件のパターンは、次のような様々な形でも表現できる。

```
$2 == ""          ........................... 2 番目のフィールドが空である。
$2 ~ /^$/         ........................... 2 番目のフィールドが空文字列と一致する。
$2 !~ /./         ........................... 2 番目のフィールドがいかなる文字とも一致しない。
length($2) == 0   ........................... 2 番目のフィールドの長さがゼロである。
```

記号 ~ は正規表現との一致を指し、!~ とすると "一致しない" という意味になる。このとき正規表現自身はスラッシュで囲んでおく。

length は awk の組込み関数であり、1 つの文字列の長さを数えてくれる。あるパターンを否定するには、以下のようにその前に ! を付ければよい。

```
!($2 == "")
```

この "!" 演算子は C のものと同じだが、! をパターンの後ろに書く sed とは位置が逆になっている。

awk のパターンがよく使われる仕事に、簡単なデータの正当性の検査がある。こういた検査の仕事の多くは、結局、何らかの基準にあてはまらない行をみつけだすことに他ならない。つまり、何も出力がなければ、そのデータは許容できると考えられる（"便りのないのはよい知らせ"）。例をあげると、次のパターンは、剰余を計算する演算子 % を使って、それぞれの入力レコードに偶数のフィールドがあるかどうかを確かめている。

```
    NF %2 != 0        # print if odd number of fields
```
また、次のパターンは、組込み関数 length を使って、長すぎる行を表示するためのものである。

```
    length($0) > 72 # print if too long
```
awk のコメントの記号はシェルと同じ # であり、それがコメントの開始を表わす。

また別の組込み関数 substr を使えば、長すぎるという警告とその行の一部を表示できるから、出力にいくぶん情報を増やすことができる。

```
    length($0) > 72 { print "Line", NR, "too long:", substr($0,1,60) }
```
substr(s, m, n) は、文字列 s の m 番目の位置から n 文字分の長さの文字列（サブストリング）を作り出す関数である（文字列の位置は1から数え始める約束になっている）。もし n を省略すると、m 番目から最後までのサブストリングが使われる。substr は位置の決まったフィールドの抽出にも使える。例えば、date の出力から、時間と分を選び出すには、以下のようにすればよい。

```
    $ date
    Thu Sep 29 12:17:01 EDT 1983
    $ date | awk '{ print substr($4, 1, 5) }'
    12:17
```

問題 4-7　入力をそのまま出力へコピーする、つまり cat と同じ働きをする awk のプログラムは何種類書けるか？　そのうちどれが一番短くてすむか？

パターン BEGIN と END

awk には2つの特殊なパターン、BEGIN と END が用意されている。BEGIN のパターンに対応するアクションは、最初の入力行が読み込まれる前に実行される。この BEGIN パターンは、変数の初期設定、ヘッダの表示、あるいは、変数 FS に代入するフィールド区切り記号の設定に使える。

```
    $ awk 'BEGIN { FS = ":" }
    >       $2 == ""' /etc/passwd
    $ ..................................  出力なし。われわれはみなパスワードをもっている。
```
END パターンに対するアクションは、入力の最終行の処理が終わった後に実行される。例えば、

```
       $ awk 'END { print NR }' ...
```
とすると、入力行数が表示される。

算術演算と変数

　これまでの例では、単純なテキストの操作だけを扱ってきた。awk の真価は入力データに対して計算もできる点にある。数を計算したり、合計や平均を求めることなどは、簡単にできる。awk がよく使われるのは、特定のカラムに現われる数を合計する仕事である。例えば、1番目のカラムに現われる数を計算するには、次のようにする。

```
               { s = s + $1 }
       END     { print s }
```

加えられた値の個数は変数 NR によってわかるから、最後の行を

```
       END     { print s, s/NR }
```

と変えれば、合計と平均の両方が表示される。

　この例は、awk における変数の使い方の例にもなっている。s は組込み変数ではなく、使用時に定義したものである。変数は暗黙のうちにゼロに初期化されているから、通常は初期値設定に気を使う必要はない。

　awk は C と同じように簡略表記にした算術演算子も用意しているから、上の例は普通は次のように書くことが多い。

```
               { s += $1 }
       END     { print s }
```

s += $1 は s = s + $1 と同じ意味であるが、表記上では短くてすむ。

　入力行数を数えるためにこのプログラムは以下のように応用することもできる。

```
               { nc += length($0) + 1   # number of chars, 1 for \n
                 nw += NF               # number of words
               }
       END     { print NR, nw, nc}
```

これは入力中であった、行数、ワード数、文字数を数えるプログラムであり、従って、wc と同じ仕事をする（ただし awk の版ではファイルごとの合計は出力しない）。

　算術演算子を使ったもう1つの例として、ページ数計算のためのプログラムを紹介しよう。これは1ページ66行としたとき、複数のファイルを pr で出力させたときのページ数を計算するプログラムである。以下のように、awk を使った prpages というコマンドにまとめることができる。

```
$ cat prpages
# prpages:  compute number of pages that pr will print
wc $* |
awk '!/ total$/ { n += int(($1+55) / 56) }
     END        { print n }'
$
```

prは各ページに56行分（経験的に決められた値）のテキストを書くので、ページ数を計算するためには、まず行数に55を加えて56で割る。それを組込み関数intによって切り捨てれば、残った整数がページ数となる。この作業は、wcの出力する行のうち、行の終わりにtotalと書かれていない行についてだけ実行される。

```
$ wc ch4.*
    753    3090   18129 ch4.1
    612    2421   13242 ch4.2
    637    2462   13455 ch4.3
    802    2986   16904 ch4.4
     59     213    1117 ch4.9
   2854   11172   62847 total
$ prpages ch4.*
53
$
```

この結果が正しいかどうかを確かめるために、次のようにprを実行して、直接awkに入れてみればよい。

```
$ pr ch4.* | awk 'END { print NR/66 }'
53
$
```

　awkの変数には文字列を入れることもできる。ある変数の値が数字とみなされるか、文字列とみなされるかは状況によって異なる。大まかに言えば、s+=$1のような算術式のなかでは数値が用いられ、x="abc"のような文字列のときには文字列の値が用いられる。そして、x>yのようにあいまいな場合、オペランドが明らかに数値でないときには、文字列の値が採用される（awkのマニュアルをみれば、この規則が正確に書かれている）。文字列変数は空文字に初期設定される。以下の節では文字列を大いに利用していこう。

awk 自身、NR や FS のように、この両方の型の組込み変数をたくさんもっている。表 4.3 がその全部の一覧である。また、表 4.4 には awk で使える演算子をまとめておいた。

表 4.3　awk の組込み変数

FILENAME	現在の入力ファイル名
FS	フィールドの区切り記号（既定値はブランクとタブ）
NF	入力レコードのフィールド数
NR	入力レコード数
OFMT	数字の出力フォーマット（既定値は %g, printf (3) を参照）
OFS	出力フィールド区切り文字列（既定値はブランク）
ORS	出力レコード区切り文字列（既定値は改行）
RS	入力レコード区切り文字列（既定値は改行）

表 4.4　awk の演算子（優先順位の低い順）

= += -= *= /= %=	代入。v op= $expr$ は v = v op ($expr$) のこと
||	OR。いずれかが真なら、$expr1$||$expr2$ は真になる。もし $expr1$ が真なら、$expr2$ は評価されない
&&	AND。いずれもが真のとき、$expr1$&&$expr2$ は真になる。もし $expr1$ が偽なら、$expr2$ は評価されない
!	式の値の否定
> >= < <= == != ~ !~	関係演算子。~ は一致、!~ は一致しないを表わす
nothing	文字列の連結
+ -	加算、減算
* / %	乗算、除算、剰余演算
++ --	インクリメント、デクリメント（前後いずれに置いてもよい）

> 問題 4-8　上でみた prpages の検査法には、もっと他の方法がある。どれが一番速いかを実験してみよ。

制御フロー

大きな文書を編集しているときには、(いままでの経験からいって)誤って同じ単語を2つ続けて書いてしまうことがよく起こる。これが意図的に書かれたものであることはまずない。この問題を解決するためには、Writer's Workbench (wwb) プログラム群のうちの double を使って、隣接した同一ワードの組を探すとよい。以下は、awk を使ってその double を実現した例である。

```
$ cat double
awk '
FILENAME != prevfile {    # new file
    NR = 1                # reset line number
    prevfile = FILENAME
}
NF > 0 {
    if ($1 == lastword)
        printf "double %s, file %s, line %d\n",$1,FILENAME,NR
    for (i = 2; i <= NF; i++)
        printf "double %s, file %s, line %d\n",$i,FILENAME,NR
    if (NF > 0)
        lastword = $NF
}' $*
$
```

演算子 ++ はそのオペランドをインクレメントさせるのに使われており、デクレメントさせるには演算子 -- を使う。

組込み変数 FILENAME には現在の入力ファイル名が入っている。また、NR は入力の先頭からの行数を数えてしまうので、ファイル名が変わるたびに初期化して、該当した行の行番号が正しくわかるようにしている。

上で使われている if 文は、C の if 文と全く同じである。

if (*condition*)
    *statement*1
else
    *statement*2

もし条件 (*condition*) が真なら、文1 (*statement*1) が実行され、もしそれが偽で、かつ else 部が存在していれば、文2 (*statement*2) が実行される。else 部はなく

4.4 パターン検索・処理言語 — awk

てもよい。

for 文の方も、C の for 文と同じように、ループさせるためのものであるが、シェルのものとは書き方が異なっている。

 for (*expression*1; *condition*; *expression*2)
   statement

この for 文は次の while 文に等しく、while 文もまた awk で使える。

 *expression*1
 while (*condition*) {
   statement
   *expression*2
 }

例えば、

 for (i = 2; i <= NF; i++)

とすれば、2, 3, ... と、フィールドの数 NF になるまで順に i を設定しながらループする。

 break 文を使うと、while や for のなかから即座に抜け出る。continue 文だと、その次の反復を開始する（while では *condition*, for では *expression*2 のところから）。next 文は次の入力行を読み込み、その awk プログラムの最初からパターン・マッチングを再開するように教える働きをする。また、exit 文は即座に END パターンへ実行を移す。

配 列

ほとんどのプログラミング言語と同様、awk にも配列が用意されている。ちょっとした例として以下の awk プログラムを紹介しよう。これは、行番号でインデックスされた配列要素として入力行を取り込んでおいて、入力が終わった後でそれらを逆順に表示するプログラムである。

```
$ cat backwards
# backwards:  print input in backward line order
awk '    { line[NR] = $0 }
END      { for (i = NR; i > 0; i--) print line[i] } ' $*
$
```

変数と同じように、配列にも宣言が要らないことに注目しよう。配列の大きさを制限するものは、自分のマシンで使えるメモリの大きさだけである。もちろん、極めて大

163

きなファイルが配列に読み込まれれば、しまいにはメモリがあふれてしまうこともある。大きなファイルの終わりを表示するには、tail の助けが必要になる。

```
$ tail -5 /usr/dict/web2 | backwards
zymurgy
zymotically
zymotic
zymosthenic
zymosis
$
```

tail は、シーキング（seeking）と呼ばれるファイル・システム操作機能を使っており、この機能を使うと、途中のデータを読まずにファイルの終わりまで一気に進めるのである。第 7 章の lseek についての説明をみてほしい（筆者たちの使っている版の tail には、その行を逆順に表示するための -r というオプションがあり、このため、上で使った backwards コマンドは出番がなくなっている）。

入力処理の際には、通常、それぞれの入力行をフィールドに分割することが多い。組込み関数 split を使えば、任意の文字列に対して同じフィールド分割操作が可能である。

n = split(*s*, *arr*, *sep*)

とすると、文字列 *s* は *n* 個のフィールドに分割され、配列 *arr* の 1 から *n* までの要素として格納される。もし区切り記号 *sep* を指定すると、その記号が使用されるが、指定しない場合には現在の FS の値が用いられる。例えば、split($0, a, ":") は入力行をコロンによって分割するので、/etc/passwd の処理に都合がよい。また split("9/29/83", date, "/") は年月日の数字をスラッシュによって分割する。

```
$ sed 1q /etc/passwd | awk '{ split($0,a,":"); print a[1] }'
root
$ echo 9/29/83 | awk '{ split($0,date,"/"); print date[3] }'
83
$
```

表 4.5 は awk の組込み関数の一覧表である。

表 4.5　awk の組込み関数

cos($expr$)	$expr$ のコサイン
exp($expr$)	$expr$ のエクスポネンシャル
getline()	次の入力行を読む。ファイルの終了なら 0 を返し、そうでなければ 1 を返す
index($s1, s2$)	$s1$ のなかの $s2$ の位置。$s2$ が存在しなければ 0 を返す
int($expr$)	$expr$ の整数部。0 に近い方に向かって切り捨てた値になる
length(s)	文字列 s の長さ
log($expr$)	$expr$ の自然対数
sin($expr$)	$expr$ のサイン
split(s, a, c)	s を文字 c によって $a[1] \ldots a[n]$ に分割。n を返す
sprintf($fmt, \ldots$)	指定された fmt に従って $\ldots$ をフォーマットする
substr(s, m, n)	文字列 s の m 番目の位置から n 文字分取り出したサブストリング

連想配列

　データ処理においてよく問題になるのは、名前と値が組になった集合について値をまとめていく仕事である。つまり、以下のような、

```
Susie   400
John    100
Mary    200
Mary    300
John    100
Susie   100
Mary    100
```

という入力があったとき、次のようにそれぞれの名前ごとに合計を求めたいことがある。

```
John    200
Mary    600
Susie   500
```

第4章 フィルタ

awk はこの仕事をすっきりとこなす手段を用意している。その手段が連想配列 (associative array) である。配列の添字といえば普通は整数になっているが、awk では添字に任意の値が使える。従って、

```
        { sum[$1] += $2 }
END     { for (name in sum) print name, sum[name] }
```

とするだけで、上記のような名前と値の組の集まりについて、名前ごとに値を加算し表示する完全なプログラムになる。データが名前でソートされている必要はない。それぞれの名前 ($1) が sum の添字として使われ、最後に、for 文の特殊な書き方を利用して、sum の全要素を順番に出力する。構文上は、for 文のこの形は以下のような形にまとめられる。

```
for (var in array)
    statement
```

この構文は、表面上はシェルのなかの for ループと似ているようにみえるかもしれないが、関係はない。こちらは、要素についてではなく、配列の添字についてループするのであり、それぞれの添字を変数 (var) に対して順番に設定していく。しかし、その添字が作られる順序は予測できないので、添字をソートする必要があるかもしれない。上記の例の場合、以下のように、パイプを通して出力を sort に渡し、最大の値をもつ人を先頭にしてリストすることができる。

```
$ awk '...' | sort +1nr
```

連想記憶の実現にあたっては、一種のハッシング機構を用いている。それによって、任意の要素へは他のどの要素ともほぼ同じ時間でアクセスでき、また (少なくとも中規模の大きさの配列では) 配列にどれだけ多くの要素が使われていても、アクセス時間が変わらないことが保証される。

この連想記憶は、入力中の全ワードの出現回数を数えるような仕事に有効である。

```
$ cat wordfreq
awk '    { for (i = 1; i <= NF; i++) num[$i]++ }
END      { for (word in num) print word, num[word] }
' $*
$ wordfreq chap4.* | sort +1 -nr | sed 20q | 4
the 372             .CW 345             of 220              is 185
to 175              a 167               in 109              and 100
.P1 94              .P2 94              .PP 90              $ 87
awk 87              sed 83              that 76             for 75
```

```
The 63              are 61              line 55              print 52
$
```

最初の for ループでは、入力行のなかにあるワードを 1 つ 1 つみて、そのたびに配列 num のなかにある該当するワードの添字をもった要素をインクレメントする（入力行の i 番目のフィールドを示す、awk の $i を、シェル変数と混同しないこと）。ファイルの読込みが終了した後で、2 番目の for ループが、ワードと出現回数を適用な順序で表示している。

> 問題 4-9 wordfreq からの出力には、.CW のようなテキスト・フォーマット・コマンド（.CW はここで使われているフォントでワードを印字する命令）が含まれている。このような本来ワード数に入れるべきでないワードを除くにはどうしたらよいか？ また、tr コマンドを使って、入力中の文字の大文字小文字に関係なく wordfreq が正しく動作するようにするにはどうしたらよいか？ wordfreq の作りやすさと性能を、4.2 章で示したパイプラインや以下のものと比較せよ。
>
> ```
> sed 's/[ ▷][ ▷]*/\
> /g' $* | sort | uniq -c | sort -nr
> ```

文字列

1 つのフィールドを選び出すような小さな仕事には sed と awk のどちらも使われるが、プログラミングが必要な仕事に使えるのは awk だけである。その具体例として、長い行を 80 カラムに折り曲げるプログラムがある。80 文字を超える行はすべて、80 番目の文字のところで分割される。その際、分割した印として \ が終わりに 1 個追加して書かれ、次に行の残りの部分が処理されていく。折り曲げられた行の最後の部分は、左揃えではなく、右揃えで出力される。この方がプログラムのリストには都合のよい出力になるからで、fold はこの目的で利用されることが多い。例として、表示行幅を 80 文字でなく 20 文字にすると、以下のような出力になる。

```
$ cat test
A short line.
A somewhat longer line.
This line is quite a bit longer than the last one.
```

```
$ fold test
A short line.

A somewhat longer li\
            ne.
This line is quite a\
 bit longer than the\
         last one.
$
```

システム V の pr にはタブの追加・削除機能が付いているが、たいへん不思議なことに、第 7 版にはそのいずれを実行するプログラムも用意されていない。次に示す、私たちの実現した fold では、sed を使ってタブをスペースに変換し、awk の数える文字数が正しくなるようにしてある。ただし、行の先頭にあるタブに関しては適切な動作をする(先頭行のタブもまたソースプログラムによく用いられている)が、行の途中にあるタブについては適当な数のカラムとは数えてくれない。

```
# fold:   fold long lines
sed 's/▷/        /g' $* |    # convert tabs to 8 spaces
awk '
BEGIN {
    N = 80      # folds at column 80
    for (i = 1; i <= N; i++)    # make a string of blanks
        blanks = blanks " "
}
{   if ((n = length($0)) <= N)
        print
    else {
        for (i = 1; n > N; n -= N) {
            printf "%s\\n", substr($0,i,N)
            i += N;
        }
        printf "%s%s\n", substr(blanks,1,N-n), substr($0,i)
    }
} '
```

awk にははっきりした文字列連結演算子はなく、複数の文字列を隣り合わせに置けば自動的に連結される。blanks は初め、ヌル文字になっている。BEGIN 部のループでは、1 つの長いブランク列が連結によって作り出されている。つまり、ループを 1 回まわるたびに blanks の後ろに 1 つずつブランクが追加されるのである。2 番目のループでは、入力行をある大きさのまとまりに切っていき、その分割は、残りの部分が特定の大きさより小さくなるまで続けられる。C と同じように、式として代入文も使えるので、以下のように、

    if ((n = length($0)) <= N) ...

と書いているのは、入力行の長さを n に代入した後で、その値を評価することになる。括弧の使い方に注意していただきたい。

> 問題 4-10 fold を修正して、ワードの途中で切らずに、ブランクやタブで行を折り曲げるようにせよ。その際、長いワードがあっても困らないように作れ。

シェルとのやりとり

field n という使い方をするプログラムを書きたいとしてみよう。これは入力行の n 番目のフィールドをすべて表示するプログラムで、例えば、ユーザ名だけを表示するには、

    $ who | filed 1

とすればよい。awk にフィールド選別機能があるのはもう自明なので、ここで主に問題となるのは、どうやってそのフィールド番号 n を awk のプログラムに渡してやるか、ということになる。1 つの方法として次のようにしてもよい。

    awk '{ print $'$1' }'

$1 は裸（どの引用符の内側にもない）なので、awk からはフィールド番号としてみえる。もう 1 つの方法として、二重引用符を使うやり方がある。

    awk "{ print \$$1 }"

この場合、awk の引数はシェルによって、\$ が $ になり、$1 が n の値になる。筆者の好みを言えば、最初の単一引用符型の方が気に入っている。というのも、二重引用符型だと典型的な awk プログラムに余分な \ を多用することになるからである。

以下に示す 2 番目の例は、n 番目のフィールドに現われる数を加算していく addup n というプログラムである。

    awk '{ s += $'$1' }

```
    END { print s }'
```
次の 3 番目の例は、n 個のカラムについてそれぞれ小計を出し、さらに総計も計算するプログラムである。

```
awk '
BEGIN { n = '$1' }
{       for (i = 1; i <= n; i++)
                sum[i] += $i
}
END {   for (i = 1; i <= n; i++) {
                print "%6g ", sum[i]
                total += sum[i]
        }
        printf "; total = %6g\n", total
} '
```

BEGIN を使って n の値を変数に入れ、プログラムの残りの部分が引用符でごちゃごちゃするのを避けている。

今あげた 3 つの例に共通する主な問題点は、どれが引用符の内側で、どれが外側にあるかを覚えていることではなく（これも煩わしくはあるが）。いま書いた形では、標準入力からしか読み込めないプログラムになっていることである。このプログラムに対しては、パラメータ n も任意の長さのファイル名のリストも渡す方法がない。これを解決するためには何らかのシェル・プログラミングが必要になる。これについては次章で取り上げる。

awk を使ったカレンダーサービス

ここで最後に取り上げる例は連想配列の応用である。このプログラムは、シェルとのやりとりの仕方を示す例にもなり、プログラムをどう進化させていくかの紹介にもなるであろう。

ここで考える仕事は、行事予定を書いたメールを、毎朝システムから自分に送らせるようにすることである（このようなカレンダーサービスはすでにシステムに用意されているかもしれない。calendar (1) を参照のこと。本項ではそれに代わる方法を紹介する）。まず基本的なサービスとしては、少なくとも今日の予定を教えてもらうことがある。第 2 段階として、注意すべき日 ─ 例えば今日だけでなく明日の行事についても教えてくれるようにしたい。週末や休暇を適切に取り扱う方法は読者の練習問題として残しておくことにしよう。

何はともあれ、カレンダーを保存しておく場所が必要である。そのためには、/usr/you のなかに calendar という名前のファイルを用意するのが最も簡単であろう。

```
$ cat calendar
Sep 30    mother's birthday
Oct 1     lunch with joe, noon
Oct 1     meeting 4pm
$
```

このファイルが用意できたら、第 2 にそのカレンダーをスキャンして日付をみつけだす方法が必要になる。これには幾つものやり方がある。"今日"から"明日"を計算する仕事が一番優れている点を評価して、ここでは awk を使っていくが、sed とか egrep といった他のプログラムでも間に合う。このカレンダーから選び出された行を送り出すには、もちろん mail を使うことになる。

第 3 に、calendar のファイルを毎日、おそらくは早朝に、確実かつ自動的にスキャンさせる手段が必要である。この仕事は、第 1 章でちょっと触れたように、at を用いれば実行できる。

さて、calendar のフォーマットを date の出力のように、それぞれの行が月の名前と日で始まるように制限すれば、カレンダー・プログラムの第 1 案は簡単に書ける。

```
$ date
Thu Sep 29 15:23:12 EDT 1983
$ cat bin/calendar
# calendar:   version 1 -- today only
awk <$HOME/calendar '
        BEGIN { split("'"`date`"'", date) }
        $1 == date[2] && $2 == date[3]
' | mail $NAME
$
```

ここでは BEGIN ブロックで、date の出力した日付を分割して配列にしている。配列の 2 番目と 3 番目の要素には、それぞれ月と日が入る。シェル変数 NAME には自分のユーザ名が入っているものと仮定しよう。

引用符が驚くほど続けて書かれているのは、awk プログラムのなかに書かれた文字列に、date の出力をうまくはめ込むのに必要だからである。もっと理解しやすい方法としては、date の出力を入力の最初の行から渡してやる方法もある。

```
$ cat bin/calendar
# calendar:  version 2 -- today only, no quotes
(date; cat $HOME/calendar) |

awk '
  NR == 1   { mon = $2; day = $3 } # set the date
  NR > 1 && $1 == mon && $2 == day  # print calendar lines
' | mail $NAME
$
```

次の段階として、calendar を改良して、今日の分だけではなく明日の分も探すように変更しよう。このためには、大抵の場合、今日の日付をもってきてその日に 1 を加えるだけですむ。しかし月末になると、次の月をもってきて、日のほうは 1 に設定し直す必要がある。当然ながら、月によって月末までの日数は違っている。

ここで役に立つのが連想配列である。days と nextmon という 2 つの配列は、添字に月の名前をもち、それぞれの値は、その月の日数と次の月の名前になっている。従って、days["Jan"] は 32 になり、nextmon["Jan"] は Feb になる。以下のように、

```
days["Jan"] = 31; nextmon["Jan"] = "Feb"
days["Feb"] = 28; nextmon["Feb"] = "Mar"
...
```

などと全部の文を書き並べたりせずに、簡単に書けるデータ構造を split を使って変換し、実際に欲しいものを作ることにしよう。

```
$ cat bin/calendar
# calendar:   version 3 -- today and tomorrow
awk <$HOME/calendar '
BEGIN {
    x = "Jan 31 Feb 28 Mar 31 Apr 30 May 31 Jun 30 "\
        "Jul 31 Aug 31 Sep 30 Oct 31 Nov 30 Dec 31 Jan 31"
    split(x, data)
    for (i = 1; i < 24; i += 2) {
        days[data[i]] = data[i+1]
        nextmon[data[i]] = data[i+2]
    }
}
```

```
        split(")"'date'"'",date)
        mon1 = date[2]; day1 = date[3]
        mon2 = mon1; day2 = day1 + 1
        if (day1 >= days[mon1]) {
            day2 = 1
            mon2 = nextmon[mon1]
        }
    }
    $1 == mon1 && $2 == day1 || $1 == mon2 && $2 == day2
    ' | mail $NAME
$
```

データのなかに Jan が 2 度現われているのに注意する。このような、1 つの "番人" のデータ値を置くことで 12 月の処理が簡単になる。

　カレンダー・プログラムの仕上げとして、これが毎日実行されるように変更しよう。すべきことは何かと考えてみると、確かに毎朝 5 時ごろに起きて calendar を走らせてほしいのである。人間の手で、(毎日!) 忘れずに次のように命令すれば、できるにはできる。

```
$ at 5am
calendar
ctl–d
$
```

しかしこれでは本当の意味で自動的ではないし、信頼もおけない。だが巧妙なやり方がある。つまり、at に対してそのときのカレンダーの実行だけでなく、その次の実行スケジュールもたてるようにさせればよいのである。

```
$ cat early.morning
calendar
echo early.morning | at 5am
$
```

2 番目の行で翌日のためのもうひとつの at コマンドが準備されているので、このプログラムを一度実行すれば、この手続きは自己増殖的に続いていく。at コマンドは、処理するコマンド群のために必要な PATH やカレント・ディレクトリなどのパラメータを設定してくれるから、特別なことは何もする必要はない。

> 問題 4–11 calendar を修正して、週末も理解できるようにせよ。すなわち、金曜日に"明日"と行ったときには、土曜日、日曜日、月曜日が含まれるようにすること。また、さらに calendar を修正して、閏年も扱えるようにせよ。clendar には休暇期間についても教えるべきだろうか？ この問題をどのように解決すればよいか？

> 問題 4–12 calendar では行の先頭に限らず、行の途中に書かれた日付も理解する必要があるだろうか？ また 10/1/83 のように、他の形式で書かれた日付はどうすればよいか？

> 問題 4–13 calendar で、$NAME の代わりに getname を使わない理由は何か？

> 問題 4–14 ファイルを削除する代わりに一時ディレクトリへ複写するような個人用の rm コマンドを書け。しかも、at コマンドを組み込んで、ユーザが眠っている間にその一時ディレクトリのなかをきれいにするようにしておくこと。

その他の機能について

 awk は扱いにくい言語である。その全部の機能を 1 章分として適当な枚数で紹介するのは至難の技である。そのため、マニュアルで調べてほしい機能を幾つかあげておく。

- print の出力のファイルやパイプへの切換え機能：任意の print 文や printf 文の後には、> と 1 つのファイル名（引用符でくくった文字列、あるいは変数として）を付けてよい。そうすれば出力はファイルのなかへ送られる。シェルと同じように、>> を使えば上書きせずに追加される。パイプのなかに出力するには、> の代わりに | を使う。
- 複数行のデータレコード機能：レコード区切り記号 RS を改行に設定しておけば、入力レコードの区切りは 1 つの空行になる。この方法で、幾つかの入力行を 1 つのレコードとして扱うことが可能である。
- セレクタとしての"パターン、パターン"機能：ed や sed と同じように 2 つのパターンによって行範囲の指定ができる。その範囲は、最初のパターンが現われた行から、2 番目のパターンが現われる行までになる。簡単な例は、次のようなもので、

    NR == 10, NR == 20

これは、10 行から 20 行まで（20 行を含む）の意味になる。

4.5 よいフィルタとよいフィルタ

　awk で取り上げた最後の幾つかの例は、それだけで完結したコマンドである。しかし、awk は単純な 1, 2 行のプログラムとして使われ、ずっと大きなパイプラインの一部として、何らかのフィルタの役割を果たしていることが多い。このことは大抵のフィルタについてもあてはまる。わずか 1 つのフィルタを適用してやることで抱えた問題が氷解することもあるが、複数のフィルタを結合して 1 本のパイプラインにすることは、問題を解決可能な小問題に分割するのに役立つ。このようなツールの利用法こそは UNIX プログラミング環境の核心であるといわれることが多い。この見方は一面的に過ぎるが、フィルタはシステムのあらゆるところで利用されており、なぜうまく動いているのか調べておいて損はない。

　UNIX プログラムの作り出す出力は、他のプログラムが入力として取り込めるフォーマットになっている。フィルタできるファイルには何行のテキスト行が含まれるだけで、飾りのヘッダとかトレーラとか空行は含まれない。どの行にも関心のある対象 ―― 例えば、ファイル名、ワード、実行中のプロセスに関する記述 ―― が書かれており、そのために、wc や grep のようなプログラムで、関心のある項目の数を数えたり、指定した項目を探したりするのに不都合がないわけである。それぞれの対象により多くの情報が含まれているときも、そのファイルは依然として行単位ではあるものの、ls -l の出力のようにブランクやタブで区切られたフィールドに分けて利用できる。このようなフィールドに分割されたデータがあれば、awk のようなプログラムを使って、情報を選別したり、処理したり、整理し直したりすることが可能である。

　一般にフィルタには共通の設計思想がある。個々のフィルタは、引数で指定されたファイル群、あるいは引数が与えられなかった場合には標準入力を処理し、その結果を標準出力に書き出す。その引数が指定するのは入力であり、決して出力ではない[*2]。従って、フィルタ系のコマンドの出力はいつでもパイプラインのなかに送り込むことができる。オプションの引数（すなわち、grep で使うパターンのようなファイル名以外の引数）はすべてのファイル名の前に置く、というのも共通している。また最後に、エラーメッセージは標準エラー出力上に書かれるので、そのメッセージがパイプのなかに消えてしまうことはない。

　個々のコマンドがこういった約束をもっていても、1 つ 1 つのコマンドに目にみえる効果があるわけではない。しかしすべてのプログラムに同じ約束が一様に適用されるとき、コマンドは実に簡単に結合できるようになる。そういった簡単な結合は、本

[*2] 初期の UNIX ファイル・システムには、この規則に違反した保守プログラムによって破壊されたものがある。一見して害のなさそうなコマンドがディスク全面に渡って訳のわからないものを書き込んでしまったのである。

書の例題の至るところで示してある。とりわけ、4.2 章の終わりに示した、単語数計算プログラムの例のなかに見事に実現されている。もしこれらのプログラムのどれか1つでも名前を明示した入出力ファイルを必要としたり、パラメータの指定に何らかの介入が必要だったり、あるいはヘッダやトレーラを作り出すことがあったら、このパイプラインはうまく動作しないに違いない。そしてもちろん、そもそも UNIX システムがパイプを用意してくれていなかったら、この仕事のためには、誰かが昔ながらのプログラムを書くはめになるだろう。しかし現実にパイプは存在し、パイプラインは動く。しかも、こういったツールに慣れ親しめば、それを利用したプログラムを書くのは非常にやさしいのである。

<u>問題 4-15</u>　ps コマンドは説明のためのヘッダを表示し、ls -l はファイル群の総ブロック数を知らせてくれる。これについてコメントせよ。

歴史と参考文献

egrep の作者である Al Aho によって書かれた "Pattern matching in strings" (Proceedings of the Symposium on Formal Language Theory, Santa Barbara, 1979 年) という論文のなかに、パターン・マッチング・アルゴリズムに関するすぐれた解説がある。

sed は ed をベースとして、Lee McMahon が設計、解説したものである。

awk は、Al Aho, Peter Weinberger, Brian Kernighan の手で、紆余曲折のあげく、設計、開発された。この言語の名前が 3 人の開発者たちの頭文字を集めたものになっているのもまた想像力の欠如を物語っている。開発者たちが書いた "AWK — a pattern scanning and processing language" (Software — Practice and Experience, 1978 年 7 月) には awk の設計に関する話が載っている。awk の起源をたどると幾つかの場所に行きつくが、SNOBOL4, sed, Marc Rochkind 設計になる正当性検査言語、言語ツールである yacc や lex, そしてもちろん C からも、それぞれのよいアイデアを借用しているのは事実である。実際、awk と C が似ていることが混乱の原因になっている — awk は C に似た言語だが同じものではない。C には存在しない構文も幾つかあるし、また微妙に違っているところもある。

Doug Comer による "The flat file system FFG: a database system consisting of primitives" (Software — Practice and Experience, 1982 年 11 月) というタイトルの論文には、シェルと awk を使ってデータベース・システムを作成する話がでている。

第5章
シェルによるプログラミング

　大抵のユーザはシェルを対話型コマンド・インタープリタと考えているが、シェルは一種のプログラミング言語であり、その言語の約束に従って書かれたコマンドを実行しているのである。このシェルではコマンドを実行するにあたって、対話型という面とプログラム可能という面とをいずれも満足させる必要があった。そのため、シェルの設計はその間の歴史的事情にも彩られており、一種風変わりな言語になっている。応用の幅が広いために、この言語の細かな機能はシステムによってまちまちになっているが、うまく使うのに微妙な違いに精通している必要はない。本章では、有用なシェル・プログラムを発展させていく様子を示しながら、シェルの基礎を説明していく。ただし、本章はシェルのマニュアルではない。シェルの詳しい説明は、UNIX プログラマーズ・マニュアルの sh (1) にあり、このマニュアルは本章を読み進む間、手近に置いていただきたい。

　大抵のコマンドと同じく、シェルもその動作の細かな点を知るには、実際に試してみることが一番の近道になるうる。マニュアルを読むだけでは暗号の羅列となりかねず、もやもやを払うのに 1 つのよい実例にかなうものはない。この理由から本章は、シェルの機能を個々に取り上げるのではなく、例題を中心に構成した。従って本章は、シェルをプログラミングに使うためのガイドであり、その能力を網羅した百科事典ではない。ここで説明するのは、シェルに何ができるかだけにとどまらず、シェル・プログラムをどう開発し、どのように書くかについても述べ、何かアイデアを思い付いたときに、それを対話的に試してみるやり方を、詳しく述べていくことにしたい。

　シェルに限らず、ある言語を使ってプログラムを書くとき、それが十分役立つものかどうかは、他のユーザが使いたがるかどうかで判断できよう。しかし、他人がプログラムに期待する水準は、通常自分自身のために書くときより厳しいものである。従って、シェルでプログラミングするときの主要なテーマは、不適当な入力も扱え、動作が異常なときにもエラー情報を出せるような、頑丈なプログラムを作ることにある。

第 5 章　シェルによるプログラミング

5.1　cal コマンドを強化する

　シェル・プログラムは、プログラムに対するユーザ・インターフェイスの強化や修正によく使われる。強化に耐えうるプログラムの一例として、cal (1) コマンドを考えてみよう。

```
$ cal
usage:  cal [month] year ............................ ここまではよい。
$ cal october 1983
Bad argument ........................................ あまりよくない。
$ cal 10 1983
    October 1983
 S  M Tu  W Th  F  S
                   1
 2  3  4  5  6  7  8
 9 10 11 12 13 14 15
16 17 18 19 20 21 22
23 24 25 26 27 28 29
30 31
$
```

　月を数字で与えなくてはならないのは煩わしい。やってみればわかることだが、cal 10 とすると、今年の 10 月ではなく、西暦 10 年の 1 年間のカレンダーが表示される。従って、一月分のカレンダーを表示するときは常に年を指定する必要がある。

　ここで重要なことは、その cal 自体には変更を加えずにそのインターフェイスが変えられる、ということである。つまり、個人用の bin ディレクトリに別のコマンドを入れておけば、それがもっと都合のよい引数をもつ構文をうまく変換して、本物の cal が必要とするどんな引数でも作り出せるのである。その新しいコマンド自体を同じ cal という名前にすることさえできる。同じ名前にしておけば、覚えておくことが少なくなって具合がよい。

　まず第 1 に考えるべきことは設計方針である。cal は何をすべきか？　基本的には cal を感性に逆らわないものにしたい。まず、月は英字の名前で与えられなくては困る。2 つの引数が与えられたときは、月の名前を変換すること以外は元の cal と同じ動作をしてくれなくてはならない。引数が 1 つのときには、月か年のカレンダーを適切に表示し分け、また引数がない場合には、今月のカレンダーを表示してくれるのが

望ましい。なぜなら、cal コマンドは、今月のカレンダーをみるという形で使われることが一番多いと考えらえるからである。さてこうしてみると、決定すべき問題は、引数が幾つあるかを判定し、それから標準の cal に必要な引数とそれらの引数との対応をつけることである。

シェルは、こういった判断をするのに適した case 文を用意している。

```
case word in
    pattern) commands ;;
    pattern) commands ;;
    ...
esac
```

case 文は word と pattern 群とを上から順番に比較していき、一致した最初の（しかも最初のものに限って）パターンと結び付いた command 群を実行する。このパターン群は、ファイル名マッチング機能で使えた規則を少し汎用化した、シェルのパターン・マッチング規則を使って書く。それぞれのアクションの終わりには二重のセミコロン ;; を付ける（最後のケースの ;; はなくてもよいが、編集を容易にするために残しておくことが多い）。

ここで考える cal では引数の数を判断し、英字で書かれた月の名前を処理して、その後で本物の cal を呼んでいる。シェル変数 $# にはシェルファイルが呼ばれるときの引数の数が入っている。この他のシェル変数については表 5.1 に一覧表にしておく。

表 5.1　シェルの組込み変数

$#	引数の数
$*	シェルに対する全引数
$@	$* と似ている。5.7 章参照
$-	シェルに与えられたオプション群
$?	実行された最後のコマンドの返した値
$$	シェルのプロセス id
$!	& で開始された最後のコマンドのプロセス id
$HOME	cd コマンドの引数の既定値
$IFS	引数群のなかのワードを区切るキャラクタのリスト
$MAIL	ファイルが更新されたときに "You have mail" のメッセージを出す
$PATH	コマンドを検索するディレクトリのリスト
$PS1	プロンプト文字列。既定値は "$"
$PS2	継続コマンド行のプロンプト文字列。既定値は ">"

```
$ cat cal
# cal:  nicer interface to /usr/bin/cal

case $# in
0)      set `date`; m=$2; y=$6 ;; # no args: use today
1)      m=$1; set `date`; y=$6 ;; # 1 arg: use this year
*)      m=$1; y=$2 ;;             # 2 args: month and year
esac

case $m in
jan*|Jan*)      m=1 ;;
feb*|Feb*)      m=2 ;;
mar*|Mar*)      m=3 ;;
apr*|Apr*)      m=4 ;;
may*|May*)      m=5 ;;
jun*|Jun*)      m=6 ;;
jul*|Jul*)      m=7 ;;
aug*|Aug*)      m=8 ;;
sep*|Sep*)      m=9 ;;
oct*|Oct*)      m=10 ;;
nov*|Nov*)      m=11 ;;
dec*|Dec*)      m=12 ;;
[1-9]|10|11|12) ;;                # numeric month
*)              y=$m; m="" ;;     # plain year
esac

/usr/bin/cal $m $y                # run the real one
$
```

最初の case 文は引数の数 $# を検査し、その数に見合ったアクションをとる。この最初の case 文のなかにある最後の * というパターンはその他全部という意味である。すなわち、引数の数が 0 でも 1 でもなかったら、この最後のケースが実行されることになる（複数のパターンは順にスキャンされるので、この * は最後になくてはならない）。この例では m に月、y に年を設定している —— 引数が 2 つ与えられた場合には、この cal は元の cal と同じ動作をする。

最初の case 文には次のような行が2つある。

set `date`

みかけだけでははっきりしないが、この文のすることは、実行させてみれば容易にわかる。

```
$ date
Sat Oct  1 06:05:18 EDT 1983
$ set `date`
$ echo $1
Sat
$ echo $4
06:05:20
$
```

set はシェルの組込みコマンドの1つであり、極めて多くの仕事をする。引数がない場合には、第3章でみたように、現在の環境変数群の値を表示する。通常の引数を与えた場合には、$1, $2 などの変数の値を設定し直す。それで、set `date` とすると、$1 を曜日、$2 を月の名前、などと設定することになる。従って、cal の最初の case 文では、引数が1つもない場合には、その日の月と年の値が設定される。また、引数が1つの場合には、それは月と判断し、年の値は現在の日付から取り出す。

set は、この他に複数のオプションを認識する。そのなかで最もよく使われるのは、-v と -x であり、これはシェルが処理しているコマンドの実行中にそのコマンドをエコーバックさせるのに使われる。複雑なシェル・プログラムをデバッグするためには欠かせないオプションである。

残る問題は、月が英字で書かれているときに、それを数字に変換する方法である。これは2番目の case 文が行なっており、そこに書かれていることはほとんど自明であろう。ただ1つ新しい手法は、case 文のパターンにある "|" であり、それは egrep の場合と同じく、| の両側に書かれたもののどちらか一方の意味になる。すなわち、big|small というのは、big または small の意味になる。もちろんこれは、[jJ]an* のように書いてもよい。このプログラムでは、月の名前はすべて小文字で書いてもよいし（大抵のコマンドは小文字入力を受け付けるから）、最初の文字を大文字にしてもよい（date が出力するフォーマットはそうなっているから）。シェルのパターン・マッチングの規則を表5.2に示しておく。

表 5.2　シェルのパターン・マッチングの規則

`*`	ヌル文字列を含む任意の文字列を指す
`?`	任意の 1 文字の意味
`[`ccc`]`	ccc にある文字のうちどれか 1 つを指す [a-d0-4] は [abcd0123] と同じ意味になる
`"..."`	... と正確に一致するもの。引用符によってすべての特殊記号の解釈が抑制される。'...' としてもよい
`\c`	文字通りの c の意味
a|b	case 文の式のなかでのみ有効。a または b の意味
`/`	ファイル名のなかでは、その表現に明示的に書かれた / だけを指す。case 文のなかでは、この他の文字と同じように扱われる。ファイル名の最初の 1 文字として書かれた場合、その表現中で明示的に書かれた "." だけを指す

　2 番目の case 文の終わりの 2 行は、年を表わす引数が 1 つ与えられたときの処理をする。1 番目の case 文では、引数が 1 つだとそれは月を表わすと仮定されたことを思い出してほしい。もし月として矛盾のない数字であったら、そのままにされるし、もしそうでなければ年を表わすものとして仮定される。

　こうして最後の行で、これらの変換された引数とともに /usr/bin/cal（本物の cal）が呼び出される。これでわれわれの版の cal は初心者の考えるとおりに動作するようになる。

```
$ date
Sat Oct  1 06:09:55 EDT 1983
$ cal
   October 1983
 S  M Tu  W Th  F  S
                   1
 2  3  4  5  6  7  8
 9 10 11 12 13 14 15
16 17 18 19 20 21 22
23 24 25 26 27 28 29
30 31
```

```
$ cal dec
   December 1983
 S  M Tu  W Th  F  S
             1  2  3
 4  5  6  7  8  9 10
11 12 13 14 15 16 17
18 19 20 21 22 23 24
25 26 27 28 29 30 31
$
```

さらに cal 1984 とすれば、1984 年のすべてのカレンダーが表示される。

　この強化版 cal プログラムはオリジナルの cal と同じ仕事をするにすぎないが、使い方が単純で覚えるのもやさしい。そこで筆者たちはこれも cal と呼ぶことにし、calendar（すでにコマンドとして存在する）とか、もっと覚えにくい ncal とかいった名前にするのを避けた。名前を 1 つだけにしておけば、ユーザがカレンダーの表示のために別の神経を使わなくてもよいという利点もある。

　case 文の話を終わる前に、シェルのパターン・マッチングの規則が ed やそれに由来するものと違っている理由について、一言触れておく方がよいだろう。つまるところと、2 種類のパターンがあれば、それは覚えるべき 2 種類の規則と、それを処理する 2 種類のコードがあることを意味する。その違いのなかには、単に選択が悪くて訂正されないまま残っているというものもある。— 例えば、"任意の 1 文字"を表わすのに、ed は "." を使い、シェルは "?" を使っているのは、今はもう使われなくなった過去の版の互換性を保つという理由以外にはない。しかし、異なった仕事をするパターンもある。ed の正規表現は、1 つの行内に任意の位置のある文字列を検索するが、もしその行の始めや終わりに固定して検索したければ、^ や $ といった特殊記号が必要になる。しかし、ファイル名を探すときには、暗黙のうちに行の先頭に固定して検索したい。

```
$ ls *.c
```

の代わりに

```
$ ls ^?*.c$
```
　　　　　　　　　　　　　　　　　　　　　　　　　このようには書かない。

と書かなくてはならないのなら、非常に煩わしくなるだろう。

第5章 シェルによるプログラミング

> 問題 5-1　強化版の cal の方を使いたいユーザがいるとしたら、それを他のユーザからアクセスできるようにするにはどうすればよいか？　そのプログラムを /usr/bin のなかに入れるためにすべきことは何か？

> 問題 5-2　cal 83 とすると、1983 年のカレンダーが表示するように変更するのは価値があるだろうか？　もし価値があるとしたら、83 年のカレンダーはどうやって表示すればよいだろうか？

> 問題 5-3　cal を改良して、次のように
>
> $ cal oct nov
>
> と 2 つ以上の月を書き並べたり、
>
> $ cal oct-dec
>
> のような月の範囲で指定しても受け付けるようにせよ。もし今が 12 月だとして、cal jan としたら、その年の 1 月と翌年の 1 月のどちらを出力すべきだろうか？　また、cal にどの程度まで機能を追加してよいだろうか？

5.2　どのファイルが実行されたかを調べる — which

　cal のような個人用のコマンドを作成するには幾つかの問題がある。すぐに問題になるのは、Mary と一緒に仕事をしているユーザが mary というユーザ名でログインしているときに、もし Mary が自分の bin ディレクトリに新しい版の cal をリンクしていなければ、その版の代わりに、標準の cal が呼び出されることである。これだけでも混乱のもとになるが、—— 元の cal が出すエラーメッセージはあまり役に立たないことを思い出してほしい —— もっと一般的な問題はほんの一例にすぎない。シェルは PATH によって指定されたディレクトリ群のなかにあるコマンドを検索するので、期待したものと違う版のコマンドが呼び出される危険性がいつも存在するのである。例をあげると、何かのコマンド、例えば echo を入力したとき、実際に実行されるファイルのパス名は、./echo かもしれないし、/bin/echo かもしれない。または /usr/bin/echo か、別の名前のものかもしれない。自分の PATH に書かれたパス名と、そのファイルがどこにあるかによって結果は変わってくる。サーチパスのなかで、期待するファイルの入ったディレクトリよりも前に書かれたディレクトリのなかに、同じ名前で間違った動作をする実行可能ファイルがたまたま存在していたら、極めてまぎらわしいことになる。おそらく最も問題になるのは、test コマンドで、こ

れについては後ほど解説する。test という名前は、あるプログラムの暫定版に付ける名前としてよく使うので、目的のものと違う test プログラムを呼び出してしまい、再三に渡って悩まされることはよくある[*1]。そこで、どの版のプログラムが実行されるのかを教えてくれるコマンドがあれば、役に立つだろう。

実現方法の1つとして、指定された実行可能ファイル名を、PATH のなかに登場するすべてのディレクトリ上で繰り返し検索するやり方が考えられる。第3章では、ファイル名と引数を繰り返し探すために for を使った。ここでは次のようなループが必要になる。

```
for i in each component of PATH  .......... i 番目の PATH の個々の要素のなかで
do                                                                繰り返せ。
    if given name is in directory i  .......... もし指定された名前が i の
        print its full pathname                          ディレクトリにあったら、
                                                                   その完全パス名を表示せよ。
done
```

逆引用符で、'...' のように囲めば、任意のコマンドを実行できるから、簡単にやるには、コロンをブランクに置き換えながら、$PATH に対して sed を実行させればよい。echo を使ってこれを試してみよう。

```
$ echo $PATH
:/usr/you/bin:/bin:/usr/bin  ............................. 4個の要素がある。
$ echo $PATH | sed '/:/ /g'
 /usr/you/bin /bin /usr/bin  ............................. 3個しか表示されない。
$ echo 'echo $PATH | sed '/:/ /g''
/usr/you/bin /bin /usr/bin  ............................. これでも3個である。
```

明らかにこれでは困る。$PATH のなかの"."はヌル文字列と同じである。従って、$PATH のなかのコロンをブランクに置き換えるだけでは、ヌル要素の情報が失われてしまうから十分でない。正しいディレクトリの並びを作り出すには、PATH のなかのヌル要素を1個のドットに置き換えてやる必要がある。このヌル要素は、文字列中の中間に入ることもあれば、両端に現われることもあるので、あらゆる場合にうまくいくようにするには、次のようにちょっと工夫してやらなくてはならない。

[*1] test をよく使うシェルファイルのなかで、この問題を避ける方法を後ほど考えていこう。

```
$ echo $PATH | sed 's/^/.:/
>                 s/::/:.:/g
>                 s/:$/:./
>                 s/:/ /g'
. /usr/you/bin /bin /usr/bin
$
```

この仕事は、4個の別々の sed コマンドとして書いてもよかったのだが、sed は順に置換を実行するので、sed を1回実行するだけでも十分である。

　PATH のなかのディレクトリの要素を手にしてしまえば、先に述べた test (1) コマンドを使って、それぞれのディレクトリにあるファイルが存在しているかどうかを知ることができる。この test コマンドは、実際には、UNIX のプログラムのなかではいささかスマートではない部類に入る。例えば、test -r file とすれば、file が存在してかつ読出し可能かを検査してくれるし、test -w file とすれば、file が存在してかつ書込み可能かを検査してくれるのに、第7版には test -x の機能がない（システム V や他の版にはある）。本書が他の版を土台にしていれば、-x の機能も使うことができたのだが。ここでは、ファイルが存在して、かつそれがディレクトリではない、言い換えれば、通常のファイルであるかどうかを検査する。test -f の機能で我慢しよう。しかし、出回っている版にはいろいろ種類があるので、それぞれのシステムの test について、マニュアルを調べる必要がある。

　ところで、すべてのコマンドは終了状態 — 何が起こったかを示すためにシェルに返される値 — を返してくる。この終了状態は小さな整数で表わされ、慣用としては、0 は"真"（コマンドは正常に実行された）を表わし、0 以外の数は"偽"（コマンドの実行は異常であった）を表わす。C で使われている真と偽の値とは逆になっていることに注意しておく必要がある。

　"偽"という状態はいろいろな原因によって起こるので、その原因を区別するために、偽となった原因はその"偽"の終了状態のなかに符号化されて入っていることが多い。例えば、grep は一致したときには 0 を、一致しないときには 1 を、パターンかファイル名に誤りがあったときには 2 を返してくる。その値によって何かが問題になることは少ないが、あらゆるコマンドは常に何らかの状態を返してくる。test は、その唯一の目的が1つの終了状態を返すことにあるという点で、普通のコマンドと異なっている。その他には、出力もしないし、ファイルを変更することもない。

　シェルは、最後に実行したプログラムの終了状態を、変数 $? のなかに格納している。

```
$ cmp /usr/you/.profile /usr/you/.profile
$ ....................................................... 出力なし。2つのファイルは同一である。
```

```
$ echo $?
0                            ゼロは実行がうまくいったことを示す。2つのファイルは同一である。
$ cmp /usr/you/.profile /usr/mary/.profile
/usr/you/.profile /usr/mary/.profile differ: char 6,line 3
$ echo $?
1                            ゼロ以外の値はファイルが異なっていたことを示す。
$
```

cmpとかgrepのような2, 3のコマンドには-sというオプションがあり、これを使うと適切な状態でコマンドから抜け出るが、出力はすべて抑制される。

シェルのif文は、以下のように、あるコマンドの終了状態に基づいて、幾つかのコマンドを実行し分けるときに使うことができる。

```
if command
then
        条件が真のときに実行するコマンド群。
else
        条件が偽のときに実行するコマンド群。
fi
```

改行記号を入れる位置は重要である。fi, then, elseといった文は、改行記号とかセミコロンの直後でないと認識されない。また、elseの部分は書かなくてもよい。

case文の場合には、シェルの内部で直接パターン・マッチングを行なうが、このif文も条件が合えば常にコマンドを実行させる。システムVを含むUNIXシステムのなかには、testを組込み関数としてもつものもあるので、if文とtestと使えばcase文と同程度に高速実行が期待される。testが組み込まれていない場合には、if文よりもcase文の方がずっと効率がよいので、どのようなパターン・マッチングにもcase文を使うことをお勧めする。

```
case "$1" in
hello)  command
esac
```

とする方が、以下のように

```
if test "$1" = hello       testがシェルの組込み関数でないから遅い。
then
        command
fi
```

とするよりも高速のはずである。大抵のプログラミング言語なら if 文を使って検査するようなところで、シェルでは時々 case 文を使う理由の1つはここにある。その反面、case 文では、あるファイルが読出し可能な使用許可をもっているかどうかが簡単には判定できない。この目的のためには、test と if 文で行なう方がうまくいく。

さてこれで、コマンドがどのファイルを呼び出したかを知らせるためのコマンド、which の第1版を作るための道具立てが出そろった。そのプログラムは以下のようなものになる。

```
$ cat which
# which cmd:   which cmd in PATH is executed, version 1

case $# in
0)      echo 'Usage: which command' 1>&2; exit 2
esac
for i in `echo $PATH | sed 's/^:/.:/
                            s/::/:.:/g
                            s/:$/:./
                            s/:/ /g'`
do
        if test -f $i/$1       # use test -x if you can
        then
                echo $i/$1
                exit 0         # found it
        fi
done
exit 1          # not found
$
```

試してみよう。

```
$ cx which ..................................... which を実行可能にする。
$ which which
./which
$ which ed
./bin/ed
$ mv which /usr/you/bin
```

5.2 どのファイルが実行されたかを調べる — which

```
$ which which
/usr/you/bin/which
$
```

最初の case 文は単なるエラー検査のためのものである。echo に対して 1>$2 という出力の切換えが行なわれているので、エラーメッセージがパイプのなかに消えてしまわないようになっていることに注目しよう。シェルの組込み関数 exit は終了状態を返すのに利用できる。コマンドがうまく動かなかったときのエラー状態を返すために exit 2 と書き、ファイルがみつからなかったときは exit 1、ファイルがみつかったときに exit 0 と書いた。もし明示的に exit 文を書かなければ、シェルファイルからの終了状態は最後に実行されたコマンドの状態になる。

さて、カレント・ディレクトリのなかに test というプログラムがあったらどうなるだろうか? (test はシェルの組込み関数ではないものと仮定している)

```
$ echo 'echo hello' >test ................................ 適当に test を作成。
$ cx test ....................................................... 実行可能にする。
$ which which ........................................... ここで which を試してみる、
hello ................................................................................. 失敗!
./which
$
```

さらにエラー検査が必要である (仮にカレント・ディレクトリに test が存在しなくても!)。which を実行させて、test の完全なパス名をみつけ、その名前をはっきりと指定することも可能である。だがこれでは不十分である。というのは、test は異なったシステムの異なったディレクトリ上にあるかもしれないし、which はまた sed や echo も使っているので、これらのパス名を指定することになる。しかし解決法は単純で、シェルファイルのなかでは、PATH を /bin と /usr/bin のなかだけしかコマンドを探しにいかないように固定してしまえばよい。もちろん、この PATH は which コマンドだけのためのものだから、検索すべきディレクトリの列を決定するための元の PATH を保存しておく必要がある。

```
$ cat which
# which cmd:  which cmd in PATH is executed, final version

opath=$PATH
PATH=/bin:/usr/bin
```

```
        case $# in
        0)      echo 'Usage: which command' 1>&2; exit 2
        esac
        for i in `echo $opath | sed 's/^:/.:/
                                    s/::/:.:/g
                                    s/:$/:./
                                    s/:/ /g'`
        do
                if test -f $i/$1       # this is /bin/test
                then                   # or /usr/bin/test only
                        echo $i/$1
                        exit 0         # found it
                fi
        done
        exit 1          # not found
        $
```

これで which は、たとえサーチパス上に望みのものでない test (あるいは sed や echo) が存在してもうまく働く。

```
$ ls -l test
-rwxrwxrwx 1 you        11 Oct  1 06:55 test    ...... まだ存在している。
$ which which
/usr/you/bin/which
$ which test
./test
$ rm test
$ which test
/bin/test
$
```

シェルはこの他、コマンドを統合するための演算子を 2 つ用意している。その 2 つの演算子とは、|| と && であり、これらは if 文よりも短く、手軽に使えることが多い。例えば、|| を幾つかの if 文と置き換えることができる。

  test -f *filename* || echo file *filename* does not exist

と書いたものは、以下のものと同じである。

```
if test ! -f filename ............................................ ! は条件の否定
then
        echo file filename doues not exist
fi
```

みかけはパイプに似ているが、この || という演算子はパイプとは何の関係もない — OR を意味する 1 つの条件演算子である。まず、|| の左側にあるコマンドが実行され、その終了状態がゼロ（成功）以外のときには、|| の右側のコマンドは無視される。もし左側のコマンドがゼロ以外（失敗）の値を返したときには、右側のコマンドが実行され、従って、全体の式の値は、右側のコマンドの終了状態の値が採用される。言い換えれば、|| は、左側のコマンドが成功したときには右側のコマンドが実行されないという条件付きの OR 演算子なのである。これと対になっている && は、AND の条件となる。つまりこの場合には、左側のコマンドが成功したときに限って、右側のコマンドが実行される。

| 問題 5–4 | which が、終了する前に PATH を opath に再設定しないのはなぜか？

| 問題 5–5 | シェルでは 1 つの case の終了に esac を使い、if の終わりに fi を使っているのに、do の終わりに done を使っているのはなぜか？

| 問題 5–6 | PATH のなかで初めにみつけたファイルで終わりにせず、すべてのファイルを表示するように、which に -a オプションを追加せよ。
ヒント：match='exit 0'

| 問題 5–7 | exit のようなシェルの組込み関数が使えるように、which を改良せよ。

| 問題 5–8 | ファイルの実行許可情報を検査するように which を改良せよ。さらに、ファイルがみつからない場合には、エラーメッセージを表示するように変更せよ。

5.3 while と until を用いたループ ── 監視のテクニック

第3章では、多くの単純な対話型プログラムに for ループを使った。普通 for ループは、"for i in *.c"のように一連のファイル名の繰返し処理に使われたり、"for i in $S*"のようにシェル・プログラムの全引数を繰返して扱うときに使われる。しかし、シェルのループは、こういった慣用的な用法から考えられるよりもずっと汎用性のあるものである。例えば、which のなかの for ループを考えてみればよい。

ループには3種類、すなわち、for, while, until がある。そのうちでは for の使用頻度が圧倒的に多い。for は一群のコマンド ── すなわち、ループの本体（loop body） ── を、ワードの集まりの要素ごとに1回ずつ実行する。ワードの集まりは単なるファイル名であることが多い。一方 while と until では、ループの本体はコマンド群の実行を制御するために、コマンドの終了状態が利用される。ループの本体は、こういった条件コマンドがゼロ以外の状態を返すか（while のとき）、ゼロを返すか（until のとき）したときに実行される。while と until は、コマンドの終了状態の解釈の仕方が違うだけで、それ以外の点では同じものである。

それぞれのループの基本型を以下にあげておく。

```
for i in list of words
do
        ............................  ループの本体、$i には並びのなかの要素が順に設定される。
done


for i ..........  （並びは暗黙のうちにシェルファイルの全引数、すなわち $* と仮定される）
do
        ............................................................  ループの本体。
done


while command
do
        ............................  コマンドが真を返す限り実行され続けるループの本体。
done
```

5.3 while と until を用いたループ — 監視のテクニック

```
until command
do
        ............................... コマンドが偽を返す限り実行され続けるループの本体。
done
```

for の2番目の形では、並びが省略された場合には $* の意味になり、最も使用頻度の高い形が省略時に仮定される。

while や until を制御する条件コマンドはどんなコマンドでもよい。些細な例であるが、以下に示すのは、誰か（例えば Mary）がログインするのを監視するための while ループである。

```
while sleep 60
do
        who | grep mary
done
```

ここで使われている sleep は、60秒間停止し（割込みがかけられない限り）、いつも正常に実行されて、"成功"を返してくるだろう。だから、このループは1分間に1回ずつ、Mary がログインしたかどうかを検査してくれるはずである。

この版では、すでの Mary がログインした状態にあるとき、それがわかるまでに60秒間待たなくてはならないという欠点がある。さらに、Mary がログインしている間は、毎分、彼女についての情報が表示され続ける。このループは、until を使えば以下のように内側と外側をひっくり返すことができて、そうすれば、Mary が現在ログインしていても、即座にしかも1度だけその情報を手にすることができる。

```
until who | grep mary
do
        sleep 60
done
```

ここで使われている条件はもっと興味深いことも示している。Mary がログインしている場合、"who | grep mary" は who の（出力）リストのなかに彼女が使用中であることを表示し、grep は、何かをみつけたかどうかを示す状態を返すので、全体としては"真"を返すのである。一般にパイプラインの終了状態は、そのパイプラインの最後の要素の終了状態となる。

さてこれで、このコマンドをまとめ、名前を付けて、次のように組み込むことができる。

```
$ cat watchfor
# watchfor:  watch for someone to log in

PATH=/bin:/usr/bin

case $# in
0)      echo 'Usage: watchfor person' 1>$2; exit 1
esac

until who | egrep "$1"
do
        sleep 60
done
$ cx watchfor
$ watchfor you
you     tty0    Oct  1 08:01 ............................... うまく動作する。
$ mv watchfor /usr/you/bin ......................................... 組み込む。
$
```

ここでは grep を egrep に代えているので、

```
$ watchfor 'joe|mary'
```

のようにタイプして、2人以上のユーザを監視することもできる。

　もっと複雑な例として、すべてのユーザのログインとログアウトの状況を監視し、使用中のユーザの出入りを報告するようにすることもできる —— 増減検査版 who とでも言うものである。その基本構造は単純である。毎分1回 who を実行して、その報告と1分前の報告を比較して、両者の違いをすべて報告するようにすればよい。who の出力はファイルに入れておくことになるだろうから、そのファイルは、ディレクトリ /tmp に保存するようにしよう。そのファイルを別のプロセスに属するファイルと区別するために、シェル変数 $$ (そのシェル・コマンドのプロセス id) をファイル名の一部として入れておく。これはよく使う手である。一時ファイルのなかにコマンド名を符号化して入れておくのは、ほとんどの場合、システム管理者の便のために行なわれる。(watchwho のこの版も含めて) コマンド群が /tmp のなかにファイル群を残したままにするのは稀ではないので、あるファイルをどのコマンドが利用しているのかを知ることができれば都合がよい。

5.3 while と until を用いたループ ─ 監視のテクニック

```
$ cat watchwho
# watchwho:  watch who logs in and out

PATH=/bin:/usr/bin
new=/tmp/wwho1.$$
old=/tmp/wwho2.$$
>$old             # create an empty file

while :           # loop forever
do
        who >$new
        diff $old $new
        mv $new $old
        sleep 60
done | awk '/>/ { $1 = "in:    "; print }
            /</ { $2 = "out:   "; print }'
$
```

"`:`"はシェルの組込みコマンドの1つで、その引数を評価して"真"を返すだけの働きをもつ。この代わりに、"真"の終了状態を返すだけの働きをもつ `true` というコマンドを使うことも可能である(これと反対の `false` コマンドも存在する)。しかし、組込みコマンド"`:`"は、ファイル・システムからコマンドをもってきて実行しなくてもよいので、`true` よりも効率がよい。

`diff` の出力は、2つのファイルからもってきたデータを区別するために < と > の記号を使う。変化のあった部分をわかりやすい形で報告するために、`awk` プログラムでこの出力を処理している。1分ごとに新たに `awk` を実行させずに、`while` ループ全体の出力を `awk` にパイプでつないでいることに注意しよう。`sed` はこの処理には向かない。なぜなら、`sed` の出力はいつも1行分入力から遅れているからである。つまり、処理はされたものの表示されない入力行がいつも1行あることになり、これでは望ましくない遅れをもち込むことになろう。

一方、`old` は作成時には空になっているので、`watchwho` の最初の出力は現在ログインしているすべてのユーザの一覧になる。最初に `old` を作成するためのコマンドを `who >$old` に変えれば、`watchwho` は変化分だけを表示するようになるが、どちらがよいかは好みの問題である。

ループするプログラムの別の例としては、自分のメールボックスを定期的に監視す

るプログラムがある。何かそのメールボックスに変化があるたびに、このプログラムは "You have mail." と表示してくれる。このプログラムは、変数 MAIL を使ったシェルの組込み機能の代わりとして有用である。以下の例ではファイルの代わりにシェル変数を使って実現したが、これは目的を達成するのにいろいろなやり方があることを示すためである。

```
$ cat checkmail
# checkmail:  watch mailbox for growth

PATH=/bin:/usr/bin
MAIL=/usr/spool/mail/`getname`   # system dependent

t=${1-60}

x="`ls -l $MAIL`"

while :
do
        y="`ls -l $MAIL`"
        echo $x $y
        x="$y"
        sleep $t
done | awk '$4 < $12 { print "You have mail" } '
$
```

ここでもまた awk を使っている。今回の awk の使用目的は、メールボックスがただ変化したというだけではなく、大きくなったときにだけメッセージが表示されるように保証することである。そうしておかないと、メールを削除した直後にもメッセージが出ることになるだろう（シェルの組込み変数使用版にはこの欠点がある）。

時間間隔は普通 60 秒に設定されているが、もし次のように、

$ *checkmail 30*

とコマンド行にパラメータを指定すれば、その値が代わりに使用される。シェル変数 t は、上のプログラム中の次の行によって、時間が指定されればその時間に、また何も値が指定されなければ 60 に設定される。

$ *t=${1-60}*

5.3 while と until を用いたループ — 監視のテクニック

これにはまた新しいシェルの機能が使われている。

`${var}` は `$var` と同じ意味になり、変数名のなかの文字列に、英字や数字が含まれているときに生じる問題を避けるのに使える。

```
$ var=hello
$ varx=goodbye
$ echo $var
hello
$ echo $varx
goodbye
$ echo ${var}x
hellox
$
```

中括弧のなかに書かれた一定の文字列は、その変数を特別に処理することを指定する。もし変数が未定義で、その変数名の後に、? が書かれている場合には、その ? の後に書かれた文字列を表示して、(シェルが対話型でなければ) シェルは終了する。もし何もメッセージが与えられていないと、次のように標準のメッセージが表示される。

```
$ echo ${var?}
hello                          ………………… O.K. var は設定されている。
$ echo ${junk?}
junk: parameter not set        ………………… 既定値のメッセージの表示。
$ echo ${junk?error!}
junk: error!                   ………………… メッセージが与えられている。
$
```

シェルの作り出すメッセージにはいつもその未定義変数の名前が含まれていることに注意しておこう。

これと別の形に `${var-thing}` がある。これは `$var` が定義されていればその値になり、定義されていなければ thing の値をとる意味になる。`${var=thing}` も似た働きをするが、次のように `$var` の値を thing の値に設定し直す機能をもつ。

```
$ echo {$junk-'Hi there'}
Hi there
$ echo ${junk?}
junk: parameter not set        ………………… junk は影響を受けていない。
```

197

```
$ echo ${junk='Hi there'}
Hi there
$ echo ${junk?}
Hi there ..................................... junk は Hi there に設定されている。
$
```

変数の値を評価する規則を表 5.3 にまとめておく。

表 5.3 シェル変数の値の評価

$var	var の値：var が未定義の場合には空
${var}	上に同じ：変数名の後に英数字が続く場合に役立つ
${var-thing}	var が定義されている場合にはその値：未定義の場合には thing の値。$var は変更されない
${var=thing}	var が定義されている場合にはその値：未定義の場合には thing。未定義のときには $var は thing の値に設定される
${var?tmessage}	定義されていれば $var になる：それ以外のときには、message を表示してシェルから抜け出る。もしメッセージが空の場合には、var: parameter not set と表示する
${var+thing}	$var が定義されているときには thing の値。それ以外のときには空

初めの例に戻ると、

```
t=${1-60}
```

は、t を $1 に設定し、もし引数が与えられなければ、60 に設定することはもう理解できよう。

> 問題 5-9　/bin や /usr/bin のなかに、true や false が組み込まれていることを確認せよ（これらのコマンドのどこにあるかをみつけるには、どうしたらよいか?）。

> 問題 5-10　ユーザに 'joe|mary' と、| で区切ってタイプするよう要求せず、複数の引数を与えればそれが何人かの人を表わすように watchfor を変更せよ。

問題 5–11	新旧 2 つのデータの比較のために、awk の代わりに comm を使う watchwho のプログラムを書け。どちらの版がすぐれているだろうか？
問題 5–12	who の出力をファイルの代わりにシェル変数に書くような watchwho を書け。どちらの版がよりよいだろうか？　watchwho や checkmail は & を自動的に実行するようにすべきだろうか？
問題 5–13	シェルの"何もしない"コマンドとコメント記号 # との違いはなんだろう？　両方が存在する意味はあるだろうか？

5.4　割込みのかけ方 — トラップ

　もし watchwho を実行中の DEL キーを押したり、回線を切ったり（hang up）すると、/tmp のなかには 1 つか 2 つの一時ファイルが残される。watchwho ではコマンドを終了する前にそういった一時ファイルを削除しなければならない。そこでこういったことがいつ起こるかを知る方法と、復活させる手段が必要になる。

　DEL キーを入力すると、ユーザが端末上で実行中のすべてのプロセスに割込みシグナルが送られる。同じように、回線を切ったときには、切断シグナルが送られる。さらにこの他にも同じようなシグナルがある。シグナルを受け取ったときに行なう動作をプログラムが明示的にもっていない場合、そのシグナルはプログラムの実行を停止させる。シェルは、& を使って実行されたプログラムを割込みから保護しているが、回線の切断に対しては保護しない。

　シグナルについては第 7 章で詳しく説明するが、これをシェルのなかで使うためには、そうたくさんのことを知る必要はない。以下のように、シェルの組込みコマンド trap を使うだけで、シグナルが発生したときに実行すべき一連のコマンド群が設定できるのである。

　　　trap *sequence-of-commands list of signal numbers*

コマンド列（*sequence-of-commands*）は 1 個の引数なので、まず大抵の場合には引用符がでてくる必要がある。シグナル番号（*signal numbers*）はシグナルを区別するための小さい整数である。例えば、2 は DEL キーを押したときに発生するシグナルであり、1 は回線を切ったときに発生するシグナルである。シェル・プログラミングをする人の役に立ちそうなシグナル番号を表 5.4 にあげておく。

第 5 章 シェルによるプログラミング

表 5.4 シェルのシグナル番号

0	シェルを終了（exit）したとき（ファイルの終了などの理由によって）
1	回線の切断
2	割込み（DEL キー）
3	終了（quit）（ctl–\：プログラムにコアダンプを作らせる）
9	終了（kill）（このシグナルはつかまえたり無視したりはできない）
15	終了（terminate）、kill (1) が発生するシグナルの既定値

従って、watchwho の一時ファイルを削除するには、ループの直前で trap を呼び、次のように回線切断や割込みや終了（terminate）をとらえてやる必要がある。

```
...
trap 'rm -f $new $old; exit 1' 1 2 15

while :
...
```

trap の最初の引数になっているコマンド列は、シグナルが発生したときに即座にコールされるサブルーチンのようなものである。シグナルがプログラムを停止させない場合は、このコマンド列が終了したとき、実行中のプログラムは元の箇所から再開される。従って、trap コマンド列のなかで明示的に exit を起動する必要がある。そうしないと、そのシェル・プログラムは割込みの後も実行され続けるであろう。またこのコマンド列は、trap が設定されるときに 1 回、起動されたときに 1 回の合計 2 回読まれることになる。従って、このコマンド列を最もよく保護するには単一引用符でくくるのがよく、そうすれば変数は trap ルーチンが実行されるときにだけ評価される。今回の例ではどちらでもよいのだが、これが問題になる例をのちほど扱う。ついでながら、-f オプションの指定は、rm が問合せしてこないようにするためのものである。

　trap は対話的に使っても役に立つことがある。最もよく使われるのは、電話回線の切断によって発生した回線切断シグナルがプログラムを終了（kill）させないようにしたい場合である。

```
$ (trap ' ' 1; long-running-command) &
2134
$
```

5.4 割込みのかけ方 ── トラップ

ヌル・コマンドは、そのプロセスと子プロセスで"割込みを無視せよ"という意味になる。括弧を使っているので、`trap` と実行すべきプログラムは、バックグラウンドのサブシェルのなかで一括して実行される。もし括弧を付けなければ、`trap` は `long-running-command` だけでなく、ログインシェルにも適用されるであろう。

`nohup` (1) コマンドは、この機能を提供してくれる短いシェル・プログラムである。以下に示すのが、第 7 版の `nohup` の全体のリストである。

```
$ cat `which nohup`
trap "" 1 15
if test -t 2>&1
then
        echo "Sending output to 'nohup.out'"
        exec nice -5 $* >>hohup.out 2>&1
else
        exec nice -5 $* 2>&1
fi
$
```

`test -t` では、出力を保存すべきかどうか判断するために、標準出力が端末かどうかを検査している。このバックグラウンド・プログラムは `nice` と一緒に実行されて、対話型のプログラムよりも低い優先順位が与えられる（`nohup` が `PATH` を設定していないことに注目しよう。これは設定すべきだろうか?）。

ここで `exec` が使われているのは、単に効率を上げるためである。`nice` コマンドはこの `exec` がなくても全く同じように実行される。ただ、`exec` はシェルの組込みコマンドの 1 つであり、シェルを実行しているプロセスを指定されたプログラムと置き換える働きをするので、プロセスが 1 つ節約になるのである ── シェルは通常、そのプログラムが完了するのを待っている。これまであげてきた幾つかの例でも、実はこの `exec` を使うことができた。例えば、`cal` プログラムの強化版の最後で、`/usr/bin/cal` を起動するところなどである。

ところで、シグナル 9 はつかまえたり無視したりできないシグナルである。つまり無条件に終了（`kill`）させるのである。シェルからは、次のようにして送ることができる。

```
$ kill -9 process id ...
```

`kill -9` は既定値ではない。というのは、既定値にしてしまうと、このようにして終了させられたプロセスには、"死ぬ"までに猶予を与えられる機会はなくなるからである。

201

| 問題 5-14 | 上にあげた nohup の版では、コマンドの標準エラー出力と標準出力と一緒にしている。これはよい設計といえるだろうか？　もしよくなければ、この両者をすっきりと分離するにはどうすればよいか？

| 問題 5-15 | シェルの組込みコマンドである times について調べ、自分の.profile のなかに 1 行追加して、ログオフしたときにシェルが CPU の使用時間を表示するようにせよ。

| 問題 5-16 | /etc/passwd のなかの、次に使ってよいユーザ id を探すプログラムを書け。もし読者が凝り性（かつ使用許可をもらっている）なら、このプログラムをシステムに新しいユーザを追加するためのコマンドに仕上げよ。このためにはどんな使用許可が必要になるか？　また、割込みはどのように処理すればよいか？

5.5　ファイルの置換 — overwrite

　sort コマンドには、以下のように、ファイルに上書き（overwrite）するための -o オプションがある。

　　$ *sort file1 -o file2*

これは以下のようにするのと同じである。

　　$ *sort file1 >file2*

もし file1 と file2 が同一のファイルであったら、> を使った切換えだと、ソートする前に入力ファイルを切り捨ててしまう。しかし、-o オプションのほうは、正しく動作する。なぜなら、出力ファイルが作成される前に、入力ファイルがソートされて一時ファイルに保存されるからである。

　この他の多くのコマンドでも、-o オプションが使えれば具合がよいと考えても不思議ではない。例えば、sed だと、次のようにあるファイルをそのまま書き直せたらと考えたくなる。

　　$ *sed 's/UNIX/UNIX(TM)/g' ch2 -o ch2* .... こうはできない。

だが、こういったコマンドにすべて -o オプションを追加するように修正するのは実際的ではないだろう。さらに言えば、設計としてもうまくいかない。シェルで使う > 演算子のように、機能は 1 つにまとめる方がよい。この仕事をするために、overwrite というプログラムを導入しよう。その素案は以下のようなものである。

　　$ *sed 's/UNIX/UNIX(TM)/g' ch2 | overwrite ch2*

5.5 ファイルの置換 — overwrite

その骨組みを実現するのは簡単である — 入力をファイルの終わりまで保存しておいて、それからそのデータを引数のファイルにコピーすればよい。

```
# overwrite:  copy standard input to output after EOF
# version 1.  BUG here

PATH=/bin:/usr/bin

case $# in
1)       ;;
*)       echo 'Usage: overwrite file' 1>&2; exit 2
esac

new=/tmp/overwr.$$
trap 'rm -f $new; exit 1' 1 2 15

cat >$new                  # collect the input
cp $new $1                 # overwrite the input file
rm -f $new
```

mvではなくcpが使われているので、出力ファイルがすでに存在している場合、その使用許可と所有者に変化はない。

この版は気持ちがよいほどすっきりしているとはいえ、致命的な欠点をもっている。つまり、もしユーザがcpの実行中にDELキーを入力してしまったら、元の入力ファイルが破壊されてしまうのである。割込みによって入力ファイルへの上書き作業が中断されないよう、以下のような対策を講じなくてはならない。

```
# overwrite:  copy standard input to output after EOF
# version 2.  BUG here too

PATH=/bin:/usr/bin

case $# in
1)       ;;
*)       echo 'Usage: overwrite file' 1>&2; exit 2
esac
```

```
new=/tmp/overwr1.$$
old=/tmp/overwr2.$$
trap 'rm -f $new $old; exit 1' 1 2 15


cat >$new                    # collect the input
cp $1 $old                   # save original file


trap '' 1 2 15               # we are comitted: ignore signals
cp $new $1                   # overwrite the input file

rm -f $new $old
```

元のファイルにまだ変更を加えないうちに DEL が発生すると、一時ファイルが削除されて、元のファイルはそのまま残る。バックアップがすんだ後だと、シグナルは無視されるので、最後の cp が中断されることはない —— 最後の cp が開始されれば、overwrite は元のファイルの変更作業にかかりきりになる。

これでもまだ微妙な問題が残っている。次の例を考えてみよう。

```
$ sed 's/UNIX/UNIX(TM)g' precious | overwrite precious
command garbled: s/UNIX/UNIX(TM)g
$ ls -l precious
-rw-rw-rw- 1 you         0 Oct  1 09:02 precious
$
```

overwrite に入力を与えているプログラムに誤りがあると、そのプログラムの出力は空になり、従って、overwrite は忠実に確実にその引数に書かれたファイルの内容を空にしてしまうだろう。

　解決法は幾つも考えられる。例えば overwrite がファイルの置換の前に確認を求めてくるようにもできる。しかし、overwrite を対話的にしたら、その長所の大半が失われてしまう。また、overwrite に入力が空でないことの確認をさせる（test -z によって）こともできるが、これはみっともないし、適切な方法でもない。それでは、エラーを発見する前に、何らかの出力が出てきてしまうと予想される。

　最もすぐれた解決策は、overwrite の管理下でデータ生成プログラムを走らせて、終了状態を検査できるようにする方法である。これは伝統的な方法でもないし、直感にも反する —— 1 本のパイプラインのなかでは、overwrite は普通最後に置くべきだろう。しかし、うまく動かすには、まず最初に書かなくてはならない。とはいって

5.5 ファイルの置換 — overwrite

も、overwrite は標準出力には何も書き出さないから、汎用性は失われない。それに、time も nice も nohup もすべて、他のコマンドを引数にもつコマンドであることを考えれば、この構文も前代未聞というほど変なわけでもない。

以下に示すのが、安全を考慮した版である。

```
# overwrite: copy standard input to output after EOF
# final version

opath=$PATH
PATH=/bin:/usr/bin

case $# in
0|1)    echo 'Usage: overwrite file cmd [args]' 1>&2; exit 2
esac

file=$1; shift
new=/tmp/overwr1.$$; old=/tmp/overwr2.$$
trap 'rm -f $new $old; exit 1' 1 2 15       # clean up files

if PATH=$opath "$@" >$new                   #collenct input
then
        cp $file $old       # save original file
        trap '' 1 2 15      # we are comitted: ignore signals
        cp $new $file
else
        echo "overwrite: $1 failed, $file unchanged" 1>&2
        exit 1
fi
rm -f $new $old
```

シェルの組込みコマンド shift は、引数の並び全体を 1 つずつ左にずらす働きをする。すなわち、$2 は $1 に、$3 は $2 にといった具合に変わる。"$@" は、$* のように、(shift の後の) すべての引数を与えるが、解釈は何もしない。これについては 5.7 章でもう 1 度取り上げる。

上例では、ユーザの指定したコマンドを実行するために、PATH が復元されていることに注意しよう。もし復元されていないと、/bin や /usr/bin のなかにないコマ

205

ンドはoverwriteからは実行できないことになる。
　これでoverwriteはちゃんと動作するようになる（いくぶんぎこちないが）。

```
$ cat notice
UNIX is a Trademark of Bell Laboratories
$ overwrite notice sed 's/UNIXUNIX(TM)/g' notice
command garbled: s/UNIXUNIX(TM)/g
overwrite: sed failed, notice unchanged
$ cat notice
UNIX is a Trademark of Bell Laboratories       変わっていない。
$ overwrite notice sed 's/UNIX/UNIX(TM)/g' notice
$ cat notice
UNIX(TM) is a Trademark of Bell Laboratories
$
```

　sedを使ってあるワードを別のものにすべて置き換えるのは、よく使われる手である。overwriteがあれば、この仕事を自動的に行なうためのシェルファイルも簡単に作れる。

```
$ cat replace
# replace:  replace str1 in files with str2, in place

PATH=/bin:/usr/bin

case $# in
0|1|2)  echo 'Usage: replace str1 str2 files' 1>&2; exit 1
esac

left="$1"; right="$2"; shift; shift

for i
do
        overwrite $i sed "s@$left@$right@g" $i
done
```

```
$ cat footnote
UNIX is not an acronym
$ replace UNIX Unix footnote
$ cat footnote
Unix is not an acronym
$
```

(for 文に書く並びが空の場合には $* が仮定されることを思い出すこと。）置換コマンドの区切り記号として / の代わりに @ を使っているが、これは、少しでも入力文字列との混同が少ないだろうという配慮によるものである。

replace は PATH を /bin:/usr/bin に設定しており、$HOME/bin を含んでいない。ということは、replace がうまく動作するには、overwrite は /usr/bin のなかになくてはならないことになる。筆者たちは単純化のためにこのように仮定した。もし読者のなかに、overwrite を /usr/bin のなかに組み込めない人がいたら、replace コマンドのなかでPATH に $HOME/bin を入れておくか、overwrite のパス名を明示的に書くかしなくてはならない。本書では今後、作成するコマンドは /usr/bin のなかに入っているものと仮定する。

| 問題 5–17 | overwrite は、存在するファイルを削除する trap の中でシグナル番号の 0 を使っていないが、その理由は何か?
ヒント：次のプログラムを実行中に DEL キーを入力してみよ。

```
trap "echo exiting; exit 1" 0 2
sleep 10
```

| 問題 5–18 | replace に -v オプションを追加して、変化のあった行をすべて /dev/tty 上に表示するようにせよ。
ヒント：s/$left/$right/g$vflag

| 問題 5–19 | 置換文字列のなかの文字種に関係なく動作するように、replace を改良せよ。

| 問題 5–20 | あるプログラムの全体に渡って、変数 i を index に代えるために、replace が使えるだろうか？ この仕事をするためにはどのような変更をしたらよいか？

問題 5-21　replace は /usr/bin に入れるに値するほど、便利で強力なツールだろうか？　それとも必要なときに適切な sed コマンドをタイプするだけの方が好ましいだろうか？　その理由は?

問題 5-22　（難問）

```
$ overwrite file 'who | sort'
```

は動作しない。なぜだめなのかを説明し、改良せよ。

ヒント：sh (1) のなかの eval を調べよ。その解決法は、コマンドのなかのメタキャラクタの解釈にどのような影響を与えるか？

5.6　プログラム名の指定によるプロセスの終了 — zap

　kill コマンドは、プロセス id で指定されたときにだけプロセスを終了させる。特定のバックグラウンド・プロセスを終了させたかったら、まずプロセス id を探すために ps コマンドを実行し、それからそのプロセス id を kill の引数としていちいち再タイプすることになる。しかし、すぐに別のプログラムにタイプする数字を、ps コマンドでただ表示させるだけにしておくのは馬鹿げている。この仕事を自動化するための、zap とでも名付けたプログラムが書かれていないのはなぜなのだろうか?

　理由の 1 つは、プロセスの停止が危険であり、目的のプロセスを正しく停止させるには注意が必要だからである。1 つの防護策は、zap をいつも対話的に実行させ、ねらいのプロセスを選ぶのに pick を使う方法である。

　手短に pick の機能を復習しておこう。このコマンドは引数の 1 つ 1 つを順に表示して、ユーザに反応を求めてくる。そして、反応が y だったらその引数は表示される（pick については次節で扱う）。zap では pick を使い、名前で選ばれたプロセスがユーザが本当に停止させたいものかどうかを確認する。

```
$ cat zap
# zap pattern:  kill all processes matching pattern
# BUG in this version

PATH=/bin:/usr/bin

case $# in
0)      echo 'Usage: zap pattern' 1>&2; exit 1
esac
```

```
kill `pick \`ps -ag | grep "$*"\` | awk '{print $1}'`
$
```

バックスラッシュで保護された、ネストした逆引用符に注意しよう。pick が選んだ ps の出力からプロセス id を選択する働きをするのは awk コマンドである。

```
$ sleep 1000 &
22126
$ ps -ag
   PID TTY TIME CMD
...
 22126 0   0:00 sleep 1000
...
$ zap sleep
22126?
0? q ........................................................ 何が起こっているのだろう?
$
```

ps の出力がワード単位に分解されているのが問題なのである。分解されたワードがそれぞれ pick の引数とみなされていて、1 行が 1 つの引数になっていない。シェルは、文字列を引数に分解するとき、以下のように普通はブランク/非ブランクの区切りを手がかりにしている。

```
for i in 1 2 3 4 5
```

このプログラムでは、シェルが文字列を引数に分解するのをうまく制御してやって、改行記号だけが隣り合った"ワード"の区切りになるようにする必要がある。

シェル変数 IFS (internal field separator：内部フィールド区切り) には一群の文字の列が入っており、これらの文字が、逆引用符や for 文のような引数のリストのなかにあるワードの区切りとなる。通常は、IFS にはブランクとタブと改行が入っているが、これは例えば、改行だけのように好きなものに変更できる。

```
$ echo 'echo $#' >nargs
$ cx nargs
$ who
you     tty0    Oct  1 05:59
pjw     tty2    Oct  1 11:26
```

```
$ nargs 'who'
10                                          ブランクまたは改行で区切られたフィールド10個。
$ IFS='
'                                                                改行だけにする。
$ nargs 'who'
2                                                        2行でフィールド2個。
$
```

IFSを改行に設定すると、zapはうまく動作する。

```
$ cat zap
# zap pat:  kill all processed matching pattern
# final version

PATH=/bin:/usr/bin
IFS='
'                       # just a newline

case $1 in
"")     echo 'Usage: zap [-2] pattern' 1>&2; exit 1 ;;
-*)     SIG=$1; shift
esac

echo '    PID TTY TIME CMD'
kill $SIG 'pick \'ps -ag | egrep "$*"\' | awk '{print $1}''
$ ps -ag
   PID TTY TIME CMD
...
 22126 0   0:00 sleep 1000
...
$ zap sleep
   PID TTY TIME CMD
 22126 0   0:00 sleep 1000? y
 23104 0   0:02 egrep sleep? n
$
```

ここで 2 つほど細工を加えている。1 つは、シグナルを指定するための省略可能な引数（引数が与えられていない場合、`SIG` は未定義のままになり、従ってヌル文字列になることに注意）を導入していること。もう 1 つは、`grep` の代わりに `egrep` を使っているので、`'sleep|date'` のようなもっと複雑なパターンも使えるようになっていることである。初めの `echo` は、`ps` の出力のために列のヘッダを表示してくれる。

このコマンドが `kill` という名前を踏襲せずに、新たに `zap` と名付けられていることを不思議に思われる読者もいるかもしれない。`cal` コマンドの例と違い、実際にも `kill` を新しくしたいのではない、というのが主な理由である。1 つには、`zap` は対話的でなくてはならないという要請がある ─ とすれば、リアルタイムに処理するコマンドとして `kill` を残しておきたい。また `zap` はいらいらするほど遅い、ということもある ─ 余分なプログラムをすべて組み込むためのオーバヘッドはかなりのものになる。もっとも、`ps`（これはともかくも実行できなくては始まらない）が一番効率が悪いのだが、もっと効率のよい実現方法については次章で扱っていく。

> 問題 5-23　`zap` を改良して、`ps` のヘッダをパイプラインから表示するようにし、`ps` の出力フォーマットが変わっても問題ないようにせよ。この改良によって、プログラムはどれだけ複雑になるだろうか？

5.7　ブランクと引数 ─ pick

ここまでに、シェルのなかに `pick` コマンドを書くために必要なことの大半をみてきたことになる。1 つだけ新しく必要になるのは、ユーザ入力を読み込む仕組みである。シェルに組込みの `read` がこの仕事を受けもっており、標準入力からテキストの 1 行を読み込んで、それを（改行記号を付けずに）指定した名前の変数の値に割り当てる機能をもつ。

```
$ read greeting
hello, world ..................................... greeting の新たな値を入力する。
$ echo $greeting
hello, world
$
```

`read` が最もよく使われるのは、`.profile` のなかであり、ログインしたときの環境の設定、基本的には `TERM` のようなシェル変数の設定に用いられる。

readでは標準入力からしか読み込めない。つまり入力の切換えすらできないのである。シェルの組込みコマンドはどれも、（制御フローの基本であるforのようなものとは対照的に）＞や＜で切換えはできない。

```
$ read greeting </etc/passwd
goodbye .............................. ともかく何らかの値をタイプしなくてはならない。
illegal io ........................................ シェルはここでエラーを教えてくれる。
$ echo $greeting
goodbye .............................. greetingの値は、ファイルから読み込んだものではなく、
$                                                   タイプしたものになっている。
```

これはシェルのバグと言ってもよいものかもしれないが、現実はこのとおりである。しかし、幸いにして、readが囲んだループを切り換えてやるという抜け道でしのげることが多い。私たちが実現したpickコマンドのポイントはここにある。

```
# pick:   select arguments

PATH=/bin:/usr/bin


for i                                   # for each argument
do
        echo -n "$i? " >/dev/tty
        read response
        case $response in
        y*)     echo $i ;;
        q*)     break
        esac
done </dev/tty
```

echo -nとすれば最後の改行が抑制されるので、反応を返すときにはプロンプトと同じ行にタイプできる。もちろん、標準出力はまず確実にその端末ではないから、プロンプトは/dev/tty上に表示されるようになっている。

　break文はCからの借用である。これは最も内側の閉じたループを終了させる。上の例ではqが1個タイプされたときにforループから抜けでるようになっている。筆者たちはqを選択作業の終わりの印に使っている。簡単で、しかも手軽に使え、それに他のプログラムとも整合性がとれているからである。

5.7 ブランクと引数 — pick

例えば以下のように、pickの引数のなかのブランクをいじってみると面白い。

```
$ pick '1 2' 3
1 2?
3?
$
```

pickがどのようにして引数を読み込んでいるのかを知りたければ、pickを実行してプロンプトごとに復帰キーを押してみればよい。今のところうまくいっている。for iが複数の引数をうまく取り扱っているのである。このループは以下のように、また違ったふうに書けたのでは、とお思いの人がいるかもしれない。

```
$ grep for pick                    今の版が何をしているかを調べる。
for i in $*
$ pick '1 2' 3
1?
2?
3?
$
```

しかし、この形式ではうまく動かない。なぜなら、ループのオペランドは再スキャンされて、最初の引数に含まれるブランクが、1つの引数を2つの引数にしてしまうからである。$* を引用符でくくってみよう。

```
$ grep for pick                          別の版に挑戦。
for i in "$*"
$ pick '1 2' 3
1 2 3?
$
```

これでもうまく動かない。つまり、"$*" は、ブランクで区切られたすべての引数がつながってできた1つのワードの意味になるからである。

もちろん抜け道はある。ただし何やら怪しげで魔術的なものである。すなわち、次に示すように、シェルは "$@" という文字列を特別に扱い、シェルファイルに対する正しい引数に変換する。

```
$ grep for pick                          3つ目の版に挑戦。
for i in "$@"
```

第5章 シェルによるプログラミング

```
$ pick '1 2' 3
1 2?
3?
$
```

もし引用符でくくられていなかったら、`$@` は `$*` と同じになる。二重引用符でくくられたときにだけ特別な動作をするのである。前出の overwrite のなかでは、この動作を利用して、ユーザのコマンドに付ける引数が保存されるようにしたのであった。

幾つか登場した約束をまとめておくと以下のようになる。

- `$*` や `$@` は引数に展開されて、再スキャンされる。引数のなかにブランクがあると、それで区切られて複数の引数になる。
- `"$*"` は単一のワードになり、そのワードはスペースをはさんでひとつながりになったシェルファイルへの全引数からできている。
- `"$@"` は、そのシェルファイルが受け取った引数に等しい。つまり、引数のなかのブランクは無視され、できあがったワードのリストは本来の引数と同じものになる。

もし pick に引数がない場合、読込みはおそらく標準入力から行なわれなくてはならないと考えられよう。ということは、

```
$ pick `cat mailinglist`
```

とする代わりに

```
$ pick <mailinglist
```

と言えるように手を加えることも不可能ではない。しかし、これを組み込んだ版の pick は開発しない。というのも、シェルにこの仕事をさせると幾つかみっともない複雑さをもち込むことになるし、次章で紹介していく予定の C で書かれた同じプログラムより、難解なものになるからである。

以下にあげる練習問題のうち、最初の2つは難問であるが、シェル・プログラミングの経験者にとってはためになるはずである。

> **問題 5-24** コマンド行に何も引数が与えられなかったときには、引数を標準入力から読みにいくような pick の作成に挑戦してみよ。この pick はブランクを適切に処理できなくてはならない。q を1つ入力したときの応答は正しくなっているだろうか? もしうまくいかなければ次問をやってみよ。

| 問題 5-25 | シェルの入出力コマンドである read や set などでは入出力の切換えができないが、シェル自体は一時的に切換え可能である。exec コマンドについて記述してある、マニュアルの sh (1) の部分を読んで、サブシェルを呼び出さずに /dev/tty から read する方法を理解せよ（まず第 7 章を読むと役に立つかもしれない）。

| 問題 5-26 | （はるかにやさしい）自分の .profile のなかに read を使用して、TERM とそれに関係したタブストップのようなものを初期化するようにせよ。

5.8 公共サービス情報 — news

第 1 章で、読者のシステムには news コマンドがあって、ユーザ全般に関心のあるメッセージを出してくれるかもしれないと述べた。コマンドの名前や細かな仕様は異なっているかもしれないが、大抵のシステムには何らかのニュースサービスがある。ここで news コマンドを紹介していくのは、読者のシステムのコマンドを改良しようと目論んでいるのではなく、このようなプログラムがシェルのなかで極めて簡単に書けることを示すためである。私たちが作っていく news コマンドと読者の版を比較してみるのはおもしろいことかもしれない。

こういったプログラムを作る際の基本的な考え方は、ニュースの項目の 1 つ 1 つを、/usr/news のような特別のディレクトリのファイルに入れておくことである。news（すなわち私たちの news プログラム）は、ユーザのホーム・ディレクトリ（.news_time）のなかにあるタイム・スタンプの働きをするファイルと、/usr/news のなかにあるファイルの修正時刻を比較することによって動作する。デバッグの段階では、ニュースのファイルと .news_time のいずれのファイルとも "." のディレクトリに入れておいて、他人が使う準備が整ったときに /usr/news に変更するのがよい。

```
$ cat news
# news:   print news files, version 1

HOME=.            # debugging only
cd .              # place holder for /usr/news

for i in `ls -t * $HOME/.news_time`
do
        case $i in
        */.news_time)    break ;;
```

```
                *)              echo news: $i
            esac
    done
    touch $HOME/.news_time
    $ touch .news_time
    $ touch x
    $ touch y
    $ news
    news: y
    news: x
    $
```

touchは、引数に与えられたファイルの中身を実際にはいじらずに、その最終修正時刻だけを現在の時刻に変更するコマンドである。デバッグの段階ではいちいちニュースファイルを表示したりせず、ファイル名だけをエコーバックするようにしよう。ループは新しいファイルだけをリストしながら、.news_timeに出会うと終了する。case文のなかにある * は、ファイル名パターンでは一致しない / とも、一致できることに注意しよう。

もし.news_timeが存在しなかったらどうなるだろう？

```
    $ rm .news_time
    $ news
    $
```

何も表示が出なかったのは要素外のことだし正しくない。こうなってしまったのは、lsがファイルを発見できないときには、存在しているファイルについて何らかの情報を表示する前に、未発見の事実を標準出力に報告するからである。これはまぎれもなくバグである ── その診断情報は標準エラー上に表示されなくては困る ── が、ループのなかでその問題を認識させ、標準エラーを標準出力へ切り換えてやることで、どんな版のnewsでも同じように動作するようにすれば、問題は回避できる（この問題は新しい版のUNIXシステムでは改良されているが、筆者たちがそのまま残しておいたのは、ちょっとした修正でうまく対処できることが多いことを示したかったからである）。

```
    $ cat news
    # news:   print news files, vesion 2

    HOME=.            # debugging only
```

5.8 公共サービス情報 — news

```
cd .              # place holder for /usr/news
IFS='
'                 # just a newline
for i in `ls -t * $HOME/.news_time 2>&1`
do
        case $i in
        *'not found')      ;;
        */.news_time)      break ;;
        *)                 echo news: $i ;;
        esac
done
touch $HOME/.news_time
$ rm .news_time
$ news
news: news
news: y
news:x
$
```

以下の

```
./.news_time not found
```

のメッセージが3個のワードに分解されないように、IFSは改行に設定しておく必要がある。

newsは、ファイル名をエコーバックするのではなく、その内容を表示しなくてはならない。いつ誰がメッセージを出したのかを知ることは役に立つので、setコマンドとls -lを使って、メッセージ本体の前にヘッダを表示するようにしよう。

```
$ ls -l news
-rwxrwxrwx 1 you        208 Oct    1 12:05 news
$ set `ls -l news`
-rwxrwxrwx: bad option(s) ................................. どこかが正しくない!
$
```

シェルのなかではプログラムとデータの互換性の問題が生じることがあり、上記はその一例である。setコマンドが文句を言っているのは、引数（"-rwxrwxrwx"）がマイナス記号で始まっているためにオプションのようにみえるからである。（エレガン

217

トとは言えなくても）簡単に手当てするには、以下のように、引数の前に通常の文字を付ければよい。

```
$ set X'ls -1 news'
$ echo "news:   ($3) $5 $6 $7"
news: (you) Oct 1 12:05
$
```

これは、メッセージの作成者と作成日時をファイル名と一緒に表示しており、ほどよいフォーマットといえる。

　以下にあげるのが、news コマンドの最終版である。

```
# news:   print news files, final vesion

PATH=/bin:/usr/bin
IFS='
'                       # just a newline
cd /usr/news

for i in 'ls -t * $HOME/.news_time 2>&1'
do
        IFS=' '
        case $i in
        *'not found')      ;;
        */.news_time)   break ;;
        *)         set X'ls -l $i'
                   echo "
$i: ($3) $5 $6 $7
"
                   cat $i
        esac
done
touch $HOME/.news_time
```

ヘッダのなかにある余分な改行は、新しいニュース項目が表示されるたびにそれらを区切っていく働きをする。IFS の初期値は単なる1個の改行であり、not found というメッセージが（仮に）最初の ls から出力されても、それも単一の引数として扱

われる。IFS は 2 回目の割当てで 1 個のブランクに再設定されるので、2 番目の ls の出力は複数の引数に分類される。

問題 5–27　news に -n (notify) オプションを追加し、ニュースの項目を表示するのではなく、ニュースの到着を知らせるようにし、また.news_time も変更しないようにせよ。これは、自分の.profile のなかに収めておくとよいかもしれない。

問題 5–28　筆者たちの news の設計と実現法を読者のシステム上にある同様のコマンドと比較せよ。

5.9　ファイルの変化の把握 — get と put

長々と書いてきた本章の終わりにあたる本節では、もっと大きく複雑な例を取り上げ、シェルと awk や sed の共同作業について説明する。

バグを退治し、機能を追加していくにつれて、プログラムというものは何段階にも形を変えていくものである。こういった変化の跡をたどることが時々必要になるし、そのプログラムを他のマシンに移植するときにはなおさら必要になる — 移植先の人が戻ってきて "この前の版の移植後にどんな変更があったんだい?" とか "これこれのバグはどうやって退治したんだい?" とたずねることもあろう。さらに、いつもバックアップコピーをもっていれば、何か思いついたアイデアをずっと安全に試してみることができる。つまり、もしそのアイデアがうまくいかなくても、造作もなく元の版に戻れるわけである。

1 つの解決方法はあらゆる版をすべてコピーしておく方法であるが、系統だてて整理するのも難しいし、高価なディスクスペースを多く使うことにもなる。代わりに、ここでは、連続した版の大半の部分は共通に違いない、という考えを使うことにする。共通部分は 1 度だけ保存しておけば事足りる。以下のような

```
$ diff -e old new
```

diff -e コマンドなら、ed のコマンド群のリストを作り出し、そのコマンド群が old を new に変換してくれるのである。このようなやり方で、あらゆる版のファイルを 1 つの (別の) ファイルのなかに収めておくことが可能になる。1 つの版だけそのまま保存し、後はそれを任意の版に変換する編集コマンド群の集合があればよいのである。

このやり方に 2 通りあるのは明らかである。1 つは、最新版だけをそのまま残し、編集コマンドには時間を遡るようにさせる方法。もう 1 つは、最も古い版だけを保存

第5章 シェルによるプログラミング

し、編集コマンドには時間の順に働いてもらう方法の2つである。後者の方が若干プログラムしやすいが、私たちが関心があるのは大抵の場合最新版なのだから、前者の方が多くの版が存在するときには高速である。

筆者たちは前者のやり方を選んだ。ヒストリーファイルと呼ぶことにする単一のファイルには、現在の版の後に続いて、1つずつ前の（つまり1段階古い）版に変換していくための編集コマンドの集合を入れておく。1つ1つの編集コマンドの集合は以下のような行で始めるものとする。

@@@ *person date summary*

ここで *summary* とあるのは、その変更を加えた人（*person*）が変更の要点を1行に書いたものである。

様々な版を保存するために、2つのコマンドが用意されている。1つは、ヒストリーファイルからある版を抽出するための get, もう1つは、ヒストリーファイルに新しい版を登録するための put で、これは登録の前に変更の要点を1行で書くように要求してくる。

実際に実現する前に、get や put がどのように機能するか、ヒストリーファイルはどのように維持されるかの例をあげておく。

```
$ echo a line of text >junk
$ put junk
Summary: make a new file            ............ 説明をタイプする。
get: no file junk.H                 ............ ヒストリーは存在しない...
put: creating junk.H                ...  そこで put がヒストリーを作成する。
$ cat junk.H
a line of text
@@@ you Sat Oct  1 13:31:03 EDT 1983 make a new file
$ echo another line >>junk
$ put junk
Summary: one line added
$ cat junk.H
a line of text
another line
@@@ you Sat Oct  1 13:32:28 EDT 1983 one line added
2d
@@@ you Sat Oct  1 13:31:03 EDT 1983 make a new file
$
```

5.9 ファイルの変化の把握 — get と put

"編集コマンド群"はこの場合には 2d と書かれた1行だけであり、これによってファイルの第2行が削除されて、新しい版から古い版になるわけである。

```
$ rm junk
$ get junk ...................................................... 最新版。
$ cat junk
a line of text
another line
$ get -1 junk
$ cat junk ...................................................... 最新版の1つ前の版。
a line of text
$ get junk ...................................................... 再び最新版。
$ replace another 'a different' junk ............... 最新版に変更を加える。
$ put junk
Summary: second line changed
$ cat junk.H
a line of text
a different line
@@@ you Sat Oct  1 13:34:07 EDT 1983 second line changed
2c
another line
.
@@@ you Sat Oct  1 13:32:28 EDT 1983 one line added
2d
@@@ you Sat Oct  1 13:31:03 EDT 1983 make a new file
$
```

最初コマンドはヒストリーファイルのなかで上から下に実行され、望みの版を抽出する。つまり、最初のコマンドの組によって最新版が2番目に新しい版に、次のコマンドの組が2番目のを3番目に新しい版に変換し、... という具合である。従って実際には、ed を実行するときには、1度に1段階ずつ新しいファイルを古いファイルに順に変換していくのである。

もし変更するファイルのなかに3個のアットマークで始まる行が含まれていると、おかしなことになるのは明らかである。diff (1) の BUGS の項は、ピリオドだけしか含まない行があると警告をだす。筆者たちが編集コマンドの目印に @@@ を選んだのは、これが通常のテキストには起こりそうもない列だからである。

221

getやputがどのようにして完成品になっていったかを示すのもためになるだろうが、かなり長くなるし、いろいろな形をおみせしていくには多くの説明が必要になるだろう。従ってここでは最終版だけを示す。putの方がより単純である。

```
# put:   install file into histroy

PATH=/bin:/usr/bin

case $# in
        1)        HIST=$1.H ;;
        *)        echo 'Usage: put file' 1>&2; exit 1 ;;
esac
if test ! -r $1
then
        echo "put: can't open $1" 1>&2
        exit 1
fi
trap 'rm -f /tmp/put.[ab]$$; exit 1' 1 2 15
echo -n 'Summary: '
read Summary

if get -o /tmp/put.a$$ $1           # previous version
then                         # merge pieces
        cp $1 /tmp/put.b$$           # current version
        echo "@@@ `getname` `date` $Summary" >>/tmp/put.b$$
        diff -e $1 /tmp/put.a$$ >>/tmp/put.b$$  # latest diffs
        sed -n '/^@@@/,$p' <$HIST >>/tmp/put.b$$ # old diffs
        overwrite $HIST cat /tmp/put.b$$         # put it back
else                # make a new one
        echo "put: creating $HIST"
        cp $1 $HIST
        echo "@@@ `getname` `date` $Summary" >>$HIST
fi
rm -f /tmp/put.[ab]$$
```

put は、オンラインの要約を読み込んだ後で、get を呼び出して1つ前の版のファイルをヒストリーファイルから抽出する。出力するファイルは get の -o オプションによって、別に指定される。もしヒストリーファイルが発見できなかったら、get はエラー状態を返し、put はそれに応じてヒストリーファイルを新たに作成する。ヒストリーファイルを作成し、そこには、最新版、@@@ で始まる行、最新版から1つ前の版に変換するための編集コマンド、さらにもっと以前に遡るための編集コマンドと @@@ の行が、この順に書かれる。最後に、この一時ファイルは overwrite を使ってヒストリーファイル上にコピーされる。

get は put よりも複雑であるが、その理由の大半は get にはオプションがあることによる。

```
# get:   extract file from histroy

PATH=/bin:/usr/bin

VERSION=0
while test "$1" != ""
do
    case "$1" in
        -i) INPUT=$2; shift ;;
        -o) OUTPUT=$2; shift ;;
        -[0-9]) VERSION=$1 ;;
        -*) echo "get: Unknown argument $i" 1>&2; exit 1 ;;
        *)  case "$OUTPUT" in
            "") OUTPUT=$1 ;;
            *)  INPUT=$1.H ;;
            esac
    esac
    shift
done
OUTPUT=${OUTPUT?"Usage: get [-o outfile] [-i file.H] file"}
INPUT=${INPUT-$OUTPUT.h}
test -r $INPUT || { echo "get: no file $INPUT" 1>&2; exit 1; }
trap 'rm -r /tmp/get.[ab]$$; exit 1' 1 2 15
# split into current version and editing commands
```

```
sed <$INPUT -n '1,/^@@@/w /tmp/get.a'$$'
              /^@@@/,$w /tmp/get.b'$$
#perform the edits
awk </tmp/get.b$$ '
    /^@@@/  { count++ }
    !/^@@@/ && count > 0 && count <= - '$VERSION'
    END { print "$d"; print "w", "'$OUTPUT'" }
' | ed - /tmp/get.a$$
rm -f /tmp/put.[ab]$$
```

ここにあるオプションは、まず普通に理解できよう。-i や -o は入力や出力の変更の指定に使われる。-[0-9] は特定の版を選択するために入れた。つまり、0 は最新版（既定値）、-1 は最新版の 1 つ前の版、などという具合である。幾つかの引数をループさせて使うためには、for ではなく、test や shift を使った while が用いられている。これは、(-i や -o などの) オプションが別の引数を取り上げてしまうことがあるため shift が必要になるからで、もし shift が for ループの内側にあるときには、for ループと shift では適切に働いてくれない。ed に使われている "-" オプションは、ファイルの読み書きの際に通常付随して行なわれる文字数の計算をしないようにするためのものである。

次の

```
test -r $INPUT || { echo "get: no file $INPUT" 1>&2; exit 1; }
```

の行は、

```
if test ! -r $INPUT
then
    echo "get: no file $INPUT" 1>&2;
    exit 1;
fi
```

と同じ働きをする（後者は私たちが put のなかで使った形式）が、書くのに短くてすみ、|| の演算子に抵抗のないプログラマには、意味もよりすっきりするであろう。{ と } の間に書かれたコマンド群は、サブシェルではなく、カレントシェルのなかで実行される。ここで {} でくくってやる必要があるのは、exit の出口をただのサブシェルではなく、get からの出口にしたいからである。{ と } は do と done と似たものである——つまり、セミコロンや改行をはじめとするコマンド区切り記号が続けて書かれたときにだけ特別な意味になる。

ここでようやく、本来の仕事をする get のプログラム部分になる。まず、sed でヒストリーファイルを 2 つの部分、つまり、最新版と編集命令の集合の 2 つに分解する。次に awk コマンドで編集コマンドを処理する。@@@ の行の数を数え（表示はしない）、その数が指定された版の数よりも大きくない間は、編集コマンドが順次実行されていく（awk が既定値では入力行を表示することを思い出していただきたい）。ヒストリーファイルに入っている ed コマンドの後には、2 つの ed コマンドが追加されている。(そのうちの) $d は sed が現在の版の上に残した @@@ の行を削除するためのもので、w コマンドはそのファイルを最終的な場所に書き出すためのものである。get が変更を加えるのは、貴重なヒストリーファイルではなく現在の版のファイルだけなのだから、get には overwrite の必要はない。

問題 5-29 次の 2 つの仕事をする version というコマンドを作成せよ、まず、

```
$ version -5 file
```

とすると、ヒストリーファイル上にある指定した版の要約、修正日時、修正者を報告する。さらに、

```
$ version sep 20 file
```

とすると、9月 (sep) 20日には第何版が使われていたかを報告する。この仕事は典型的には以下のようにして使われると予想される。

```
$ get `version sep 20 file`
```

(version は利用の便のためにそのヒストリーファイル名をエコーバックする。)

問題 5-30 作業ディレクトリにごちゃごちゃと .H のついたファイル名を入れる代わりに、ヒストリーファイルをきちんと分離したディレクトリ上で扱えるように get と put を修正せよ。

問題 5-31 一旦方法が決まったら、何も全部の版のプログラムを覚えておく必要はない。ヒストリーファイルの中間にある（幾つかの）版を削除するためにはどうすればよいか？

5.10 まとめ

何か新しいプログラムを書く必要があるとき、自分の好みのプログラミング言語ならどのようにプログラムを作ることになるか、とまず考えてみるのが人情である。筆者たちの場合、その言語はシェルであることが多い。

幾つかの常識にない構文もあるものの、シェルは優れたプログラミング言語の1つである。シェルは、その演算子がそのままプログラムであるから、高水準の言語に属する。また対話的であるから、プログラムを対話的に開発することができ、うまく"働く"ようになるまで小刻みに手を加えていける。しかも、プログラムを個人的な利用の範囲を超えて使うようにするつもりだったら、広範囲のユーザのために磨きをかけ頑丈にすることもできる。頻繁に起こることではないが、シェルで書かれたプログラムでは効率が悪すぎるという場合には、そのうちの幾つか、あるいはすべてをCを使って書き直すこともできる。しかし、それにしても、プログラムの設計はすでに証明済みなわけだし、暫定版はすでに手中にあることになる（次章では何度かこの道筋をたどることになる）。

UNIX のプログラミング環境の特徴は、こうした汎用的なアプローチ ── ゼロから出発する代わりに他の人の仕事を土台にする、小さいものから始めてそれを発展させていく、新しい考えをツールを使って試してみる ── にある。

本章では、既存のプログラムやシェルを利用して簡単にできる仕事の例を多く取り上げてきた。`cal` の場合のように、単に引数を改良するだけでよいものもある。あるいは、`watchfor` や `checkmail` のように、シェルが、一連のファイル名やコマンドの実行順序をループさせる手段を提供することもある。もっと複雑にみえる例でもCで書くよりもはるかに少ない仕事量ですむのである。例えば、筆者たちの版のシェルで書いた 20 行の `news` をCで書いたものに置き換えるとすると、350 (!) 行にもなる。

しかし、プログラム可能な言語を1つもつだけで十分なわけではないし、多くのプログラムがあるだけで十分なのでもない。重要なのは、すべての部品が一緒に動作する、ということである。個々の部品には情報の表現方法や通信方法に共通の約束をもたせる。個々の部品を設計する際には、1つの仕事だけに関心を集中し、それをうまくやることにのみ精力を注げばよい。何か新しいアイデアがひらめいたとき、部品を容易に効率よく結合するのはいつでもシェルの仕事である。この共同作業こそ、UNIX のプログラミング環境が非常に生産的である理由なのである。

歴史と参考文献

`get` と `put` のアイデアは、Marc Rochkind ("The source code control system," IEEE Trans. on Software Engineering, 1975 年) の発案になる Source Code Control System (SCCS) に由来する。SCCS は、ここで紹介した単純なプログラムよりもずっと強力で柔軟なものであり、生産現場における大規模なプログラムの保守のために考え出された。とはいえ、SCCS の基礎は `diff` プログラムと何ら変わることはない。

第6章
標準入出力を用いたプログラミング

　これまでは既存のツールを使って新しいツールを組み立ててきたが、もはやシェルや sed や awk などの既存のツールを使うのでは不十分な限界にまで達した。本章では、プログラミング言語 C を使った簡単なプログラムを書いていく。共同してうまく仕事をしてくれるツールを作るという基本概念は、ここでもプログラムの設計や説明の軸になっている — すなわち、われわれが作りたいツールは、他人にも使え、それを土台にまた新しいツールを組み立てていけるものである。個々の具体例のなかでは、ツールの賢明な実現方法、つまり、まず何かしら役に立つ仕事をする最低限のツールを作り、必要があるときに（だけ）、機能やオプションを追加していくという実現方法も紹介していきたい。

　新しいプログラムはゼロから書くのにもっともな理由がある。いまの問題が、既存のプログラムでは処理できないということもある。この手の問題は、プログラムが非テキストを扱わなくてはならないときによく生じるものである。例えば、われわれがこれまでみてきたプログラムの多くはテキスト情報に限ってうまく扱えるものだった。また、場合によっては、シェルやその他の汎用ツールだけを使ったのでは、適切な頑丈さや効率を得られないということもある。シェルなどでは不十分な場合も、定義をちゃんとしたものに改良したり、プログラムのユーザ・インターフェイスを整えたりするのにはシェルで作った版は大いに役立つだろう（これで十分満足に働くのなら、何も C で組み直すことはない）。前章の zap プログラムは効率が問題になる好例である。シェルで第 1 版を書くのにはものの数分しかかからないし、最終版には適切なユーザ・インターフェイスもある。ただ実行速度があまりにも遅すぎるのである。

　筆者たちがプログラムを書くのに C を使う理由は、C が UNIX システムの標準の言語であり、— カーネルをはじめユーザ・プログラムはすべて C で書かれている — 現実に、これほど満足にサポートされている言語は他にないためである。従って、読者は C を知っているか、あるいは少なくとも読み進むのに困難がないものと想定する。C の知識がない読者は、B. W. Kernighan と D. M. Ritchie 著 "The C

Programming Language" (Prentice–Hall, 1978 年)[*1] をお読みいただきたい。

またわれわれは、C プログラムのために効率よく手軽な入出力（I/O）とシステムサービスを提供してくれるルーチン集、すなわち "標準入出力ライブラリ" を使っていく。この標準入出力ライブラリは、C をサポートしている多くの非 UNIX システムでも利用できるので、システムとのやりとりをこの機能だけで行なうプログラムなら、移植も容易にできるはずである。

筆者たちが本章で取り上げた例題は、日常使う小さいツールであるが、第 7 版には入ってない、という共通の性質をもっている。もし読者の使っているシステムに似たようなプログラムがあったら、両者の設計を比較してみるのも勉強になるだろうし、本書の例題がまったく目新しいものなら、筆者たちと同様そのプログラムの有用性を理解されることと思う。いずれにせよ、これらは、いかなるシステムも完全ではないのだということと、ほどほどの努力で簡単に改良したり欠点をなくしたりできることが多いということを知る手助けになるに違いない。

6.1 　標準入出力 — vis

多くのプログラムは 1 つの入力から読込みを行ない、1 つの出力に書出しを行なう。こういったプログラムでは、標準入力と標準出力だけを使う入出力で十分だから、プログラムはすぐ書きはじめてよい。

標準入力を標準出力にそのままコピーする、vis という名前のプログラムを紹介しよう。そのままコピーするとはいっても、非表示文字はすべて \nnn の形に置き換えて目にみえるようにして表示し、nnn には該当文字の 8 進値を用いる。vis はファイルのなかに紛れ込んでしまった、望ましくない変な文字を発見するのに極めて有用である。例えば、vis はバックスペースを 8 進値である 010 を使って、\010 の形で表示してくれる。

```
$ cat x
abc
$ vis <x
abc\\010\\010\\010___
$
```

この基本版の vis を使って複数のファイルをスキャンするには、ファイルを集めるために、次のように cat を使えばよく、

[*1] 訳注：日本語版 "プログラミング言語 C"（共立出版、石田晴久訳、1981 年）

```
$ cat file1 file2 ...  | vis
...
$ cat file1 file2 ...  | vis | grep '\\'
...
```

こうすれば、プログラムからファイルをアクセスする方法は勉強しないですむ。

ところで、この仕事はわざわざ C を用いなくても、sed を使ってもできるような気がするかもしれない。というのも、"l"（エル）コマンドを使えば、sed は非表示文字を目にみえる形で表示してくれるからである。

```
$ sed -n l x
abc◁◁___
$
```

sed の出力はおそらく vis の出力よりもわかりやすいだろう。だが残念ながら、sed は決して非テキストファイルを念頭に置いては作られていないのである。

```
$ sed -n l /usr/you/bin
$ ............................................................. 何もない!
```

（上記は PDP–11 で実行した。ある VAX システムでは sed は異常終了した。おそらく、入力が極めて長いテキスト行にみえてしまうのだろう。）従って sed を使うのは不適当であり、われわれは新しいプログラムを書く必要に迫られる。

最も単純な入出力ルーチンは、getchar と putchar と呼ばれている。getchar は呼び出されるたびに標準入力から次の文字を取り込む。標準入力は、ファイルでも、パイプでも、端末（既定値）でもかまわない —— 実際に何になっているかはプログラムからはわからない。同じように、putchar(c) は標準出力上に c という文字を書き出す。この場合も標準出力の既定値は端末になっている。

printf (3) は、出力フォーマットの変換をする関数である。printf と putchar は適当な順序で組み合わせて呼び出してよく、出力は呼び出された順序に従って行なわれる。入力変換用のこれに対応する関数として、scanf (3) がある。これは、標準入力を読み込み、文字列や数字などを望みの形に切り出してくれる関数である。scanf と getchar もまた適当な順に呼び出してかまわない。

以下に示すのが、vis の第 1 版である。

```
/* vis:  make funny characters visible (version 1) */

#include <stdio.h>
#include <ctype.h>
```

第6章 標準入出力を用いたプログラミング

```
main()
{
    int c;

    while ((c = getchar()) != EOF)
        if (isascii(c) &&
            (isprint(c) || c=='\n' || c=='\t' || c==' '))
            putchar(c);
        else
            printf("\\%03o", c);
    exit(0);
}
```

getcharは入力のなかの次のバイトを返し、ファイルの終了（あるいはエラー）に出会ったときにはEOFという値を返す。ところで、このEOFはファイルからもってきたバイトではない。第2章のファイルの終了に関する説明を思い出していただきたい。EOFの値は、単一のバイトで表わせるどんな値とも異なっていることが保証されているので、本当のデータと確実に区別できる。cはchar（文字型）ではなく、int（整数型）で宣言されているから、EOFの値を入れておける大きさがある。以下の、

`#include <stdio.h>`

の行は、各々のソースファイルの先頭に必ずなくてはならない。この行によって、Cコンパイラが、標準のルーチンと記号の収められたヘッダファイル（/usr/include/stdio.h）を読み込む。そのなかにEOFの定義が入っているのである。テキストのなかでは、このファイル名の完全表記の代わりに`<stdio.h>`という簡略表記を用いていく。

`<ctype.h>`というファイルは、/usr/includeのなかに入っているまた別のヘッダファイルであり、文字の性質を判断するための、マシンに依存した検査を定義している。ここでは、`isascii`と`isprint`を使っており、それぞれ、入力文字がASCII（つまり、0200より小さい値をもつ）か、表示可能な文字かを判断する。この他の検査については表6.1にあげておく。`<ctype.h>`のなかの定義では、改行やタブやブランクが"表示可能"でないことに注意しよう。

表 6.1 ＜ctype.h＞ 文字検査マクロ

isalpha(c)	英字：a-z A-Z	
isupper(c)	大文字：A-Z	
islower(c)	小文字：a-z	
isdigit(c)	数字：0-9	
isxdigit(c)	16進数：0-9 a-f A-F	
isalnum(c)	英字か数字	
isspace(c)	ブランク、タブ、改行、垂直タブ、フォームフィード、復帰	
ispunct(c)	英数字でも制御文字でもないもの	
isprint(c)	表示可能文字	
iscntrl(c)	制御文字：0 <= c < 040 || c == 0177	
isascii(c)	ASCII 文字：0 <= c <= 0177	

　vis の最後で呼び出している exit は、プログラムを正しく動作させるには必須ではないが、この exit によって、vis を呼び出す人の誰でも、プログラムが完了したときに正常な終了状態（慣用的には 0）が確実にみえるようになる。終了状態を返す別の方法としては、return 0 を実行して main を抜け出す手もある。main からの戻り値は、そのプログラムの終了状態に等しくなっている。return あるいは exit を積極的に書かないと、終了状態が何になるかは不定である。

　C プログラムのコンパイル手順は、まず、vis.c のような .c で終わる名前を付けたファイルにソースプログラムを入れ、次に、cc でそれをコンパイルし、コンパイラが a.out（"a" はアセンブラの意味）という名前のファイルに残したコンパイラ結果を実行させるという流れになる。

```
$ cc vis.c
$ a.out
hello worldctl–g
helloworld\007
ctl–d
$
```

a.out が実行できたら別の名前に変えて使うのが普通であり、コンパイル時に直接別の名前にするには、以下のように cc にオプション -o を使う。

$ *cc -o vis vis.c* .... a.out ではなく vis に出力する。

第 6 章 標準入出力を用いたプログラミング

> **問題 6-1** われわれが vis を使う主目的は本当に異常な文字を探すことにあるので、タブは \011 とか ▷ とか \t などのような形で目にみえるようにはせず、そのままにしておくべきだと判断したとする。これに代わる方法として、出力中のすべての文字 —— タブ、非グラフィックス、行末のブランク、などの文字を含む —— を明確に表示する設計法も考えられる。vis を修正して、タブ、バックスラッシュ、フォームフィードなどの文字が、C の慣用表記である、\t, \\, \b, \f などと表示され、さらに、行末のブランクにも目印が付くようにせよ。この課題はあいまいさを許さずにやり遂げられるだろうか？　自分なりの設計ができたら、それと以下のものをくらべてみよ。
>
> ```
> $ sed -n l
> ```

> **問題 6-2** 横に長い行はほどほどの長さに折り曲げて出力するように、vis を改良せよ。前問で要求されたあいまいさのない出力と、この改良とはお互いにどう関係し合うだろうか?

6.2　プログラムの引数 —— vis 第 2 版

　C プログラムが実行されるとき、関数 main からは、コマンド行に書かれた引数が、引数の数を表わす argc と、引数を含んだ文字列を指すポインタの集まりである配列 argv という形で使えるようになる。argv[0] はコマンド自体を指すのが慣例になっているので、argc は常に 0 よりも大きく、"役に立つ" 引数は argv[1]...argv[argc-1] が指し示していることになる。< や > を使った入出力の切換えは、個々のプログラムではなく、シェルが行なっていたことを思い出してほしい。従って入出力を切り換えても、プログラムからみえる引数の数に変わりはない。

　引数操作の具体例をみるために、vis を改良してオプションの引数を追加してみよう。ここでは、非表示文字を目にみえる形に表示する代わりに、全部取り除いてしまう vis -s というオプションを追加する。このオプションがあると、他のシステムからもってきたファイル、例えば行の終わりに改行ではなく CRLF（復帰と改行）を使っているようなファイルのゴミを簡単に取り除くことができる。

```
/* vis:  make funny characters visible (version 2) */

#include <stdio.h>
#include <ctype.h>

main(argc, argv)
    int argc;
    char *argv[];
{
    int c, strip = 0;

    if (argc > 1 && strcmp(argv[1], "-s") == 0)
        strip = 1;
    while ((c = getchar()) != EOF)
        if (isascii(c) &&
            (isprint(c) || c=='\n' || c=='\t' || c==' '))
            putchar(c);
        else if (!strip)
            printf("\\%03o", c);
    exit(0);
}
```

argv は 1 つの配列を指すポインタであり、その配列の個々の要素がさらに幾つかの文字列の配列のポインタになっている。それぞれの配列の終わりには ASCII 文字の NUL ('\0') がついているので、その配列を 1 つの文字列として扱うことができる。この版の vis はまず引数があるかどうか、あるとすればそれが -s であるかどうかを検査する（無効な引数は無視される）。上記のプログラムで使われている strcmp (3) は 2 つの文字列を比較し、一致した場合にはゼロを返す関数である。

表 6.2 に、文字列操作関数や汎用ユーティリティ関数をまとめて示した。関数 strcmp もこのうちの 1 つである。ここにあげる関数は標準的なもので、虫取りもすんでおり、（場合によってはアセンブリ言語で）自作した関数よりも目的のマシンに最適化されているため高速であることが多く、自作のプログラムを書くよりもこれらの関数を利用するのがまず最善の方法になる。

表 6.2　標準文字列操作関数

strcat(s, t)	文字列 t を文字列 s に追加。s を返す
strncat(s, t, n)	文字列 t のうちの最大 n 文字を s に追加
strcpy(s, t)	t を s にコピーする。s を返す
strncpy(s, t, n)	正確に n 文字をコピーする。必要に応じてヌルが追加される
strcmp(s, t)	s と t を比較する。<, ==, > のそれぞれに対応して <0, 0, >0 を返す
strncmp(s, t, n)	最大 n 文字まで比較する
strlen(s)	文字列 s の長さを返す
strchr(s, c)	s のなかに現われた最初の c の位置を返す。存在しない場合には NULL を返す
strrchr(s, c)	s のなかに現われた最後の c の位置を返す。存在しない場合には NULL を返す 上記 2 つは昔のシステムの index と rindex に対応する
atoi(s)	s の整数値を返す
atof(s)	s の浮動小数点数値を返す。double atof() という宣言が必要
malloc(n)	n バイト分のメモリを指すポインタを返す。不可能なら NULL が返される
calloc(n, m)	n×m バイト分のメモリを指すポインタを返し、メモリの内容を 0 に設定する。不可能なら NULL が返される。malloc と calloc は char * を返す
free(p)	malloc や calloc が割り当てたメモリを解放する

問題 6-3　vis -s*n* とすれば *n* 文字以上連続した表示可能文字だけを表示し、非表示文字や短い表示可能文字の列が捨てられるように、引数 -s を変更せよ。これは、実行可能プログラムのような非テキストファイルからテキストの部分だけを分離するのに役立つ。システムによっては、この仕事をする strings というプログラムが使える。そのように独立したプログラムとしてもっているのと、vis の引数として使えるようにしておくのと、どちらがよいだろうか？

> **問題 6-4**　C のソースプログラムをみることができることは、UNIX システムの強みである —— その C プログラムには、プログラミング上の問題の多くにエレガントな解決例を示してくれるものがある。C のソースプログラムは読みやすいという利点があり、一方、アセンブリ言語で書いたプログラムは最適化のために適していることがある。この両者の得失について述べよ。

6.3　ファイル・アクセス —— vis 第 3 版

vis の第 1 版と第 2 版は、標準入力から読み込み、標準出力に書き出しているが、このいずれもシェルの機能をそのまま受け継いでいる。次にすべきことは、名前で指定したファイルをアクセスできるように vis を改良することである。すなわち、

```
$ vis file1 file2 ...
```

とすれば、標準入力の代わりに指定したファイル群をスキャンするようにしたい。ただし、ファイル名の引数がない場合には、やはり vis は標準入力を読むようにしておきたい。

問題は、そのファイル群をどうやって読み込ませるか —— つまり、実際にデータを読み込む入出力文に対して、そのファイル群をどう結合させるか、ということである。

規則は簡単である、ファイルを読み書き可能にするには、それに先立って、標準ライブラリ関数 fopen でそのファイルをオープンしておかなくてはならない。fopen は（temp とか /etc/passwd のような）ファイル名を取り込み、カーネルとディスク管理に関する何かしらのやりとりをした後で、その後の操作でそのファイルを使用するときに使う内部名を返してくる。

この内部名は、実際にはファイル・ポインタと呼ばれる一種のポインタであり、そのポインタはファイルに関する情報が入った構造体を指している。そのファイルの情報としては、バッファーの位置、バッファー中の現在の文字の位置、ファイルが読出し中か書込み中かの区別、などがある。<stdio.h> を取り込むことで得られる定義の 1 つは FILE と呼ばれる構造体に関する定義である。ファイル・ポインタを宣言するには以下のように書けばよい。

```
    FILE *fp;
```

これは、fp が FILE を指すポインタである、という意味になる。FILE を指すポインタを返してくるのは fopen であり、<stdio.h> のなかに fopen のための型宣言が入っている。

プログラム中では、fopen は実際には以下のような形で呼び出される。

```
char *name, *mode;
```

```
fp = fopen(name, mode);
```

fopenの最初の引数は、文字型で表わした、ファイルの名前である。2番目の引数も文字型であり、ファイルをどう使うかのモードを表わす。許されているモードは読出し（"r"）、書込み（"w"）、追加（"a"）の3種類である。

　書込みや追加のためにオープンしようとしたファイルが存在していなかったら、可能な場合は新たなファイルが作成される。既存のファイルを書込みモードでオープンしたら以前の内容は捨てられる。自分に使用許可権がないファイルを読んだり、それに書き込んだりしようとしたときと同じく、存在しないファイルを読もうとしたらエラーになる。もし何らかのエラーがあった場合、fopenはポインタとして無効な値NULL（通常、<stdio.h>のなかでは(char *)0と定義されている）を返してくる。

　次に必要なのは、一旦オープンしたファイルの読み書きの方法である。やり方はいろいろ考えられるが、最も単純なのは、getcとputcである。getcはファイルのなかから次の文字をとってくる。

```
c = getc(fp)
```

とすると、fpの示すファイルの次の文字がcに代入され、ファイルの終了になったらEOFが返される。putcの動作もgetcに似ている。

```
putc(c, fp)
```

は、ファイルfp上に文字cを書き、cを返す働きをする。また、getcとputcはエラーが生じたときに、いずれもEOFを返す。

　プログラムの実行が開始されたときには、あらかじめ3つのファイルがオープンされており、それぞれにファイル・ポインタが与えられている。3つのファイルとは標準入力、標準出力、標準エラー出力の3つであり、それぞれ対応するファイル・ポインタはstdin, stdout, stderrと呼ばれている、こららのファイル・ポインタは<stdio.h>のなかで宣言されていて、FILE *型のオブジェクトが使えるところならどこでも利用できる。ただし、これらは定数であり、変数ではないので、値を入力することはできない。

　getchar()はgetc(stdin)と同じであり、またputchar(c)はputc(c.stdout)と同じ意味になる。実際には、この4つの"関数"はいずれも<stdio.h>のなかのマクロとして定義されているので、1文字ごとに関数を呼び出すことで生じるオーバヘッドは回避されて、高速に実行される。<stdio.h>のなかにあるこの他の定義については表6.3を参照のこと。

6.3 ファイル・アクセス — vis 第3版

表 6.3 <stdio.h> のなかの定義

stdin	標準入力
stdout	標準出力
stderr	標準エラー出力
EOF	ファイルの終了。通常は -1
NULL	無効ポインタ。通常は 0
FILE	ファイル・ポインタの宣言に使用
BUFSIZ	通常の入出力バッファーサイズ（512 や 1024 の値をとることが多い）
getc(fp)	ストリーム fp から 1 文字返す
getchar()	getc(stdin) に同じ
putc(c, fp)	ストリーム fp 上に文字 c を書く
putchar(c)	putc(c, stdout) に同じ
feof(fp)	ストリーム fp でファイルの終了になったときにゼロ以外の値をとる
ferror(fp)	ストリーム fp 上に何らかのエラーが発生したときにゼロ以外の値をとる
fileno(fp)	ストリーム fp のファイル識別子。第 7 章を参照

さて、これで必要な準備作業が片付いたので、vis の第 3 版を書くことにしよう。コマンド行に引数が書かれていれば、その引数は順に表示され、引数がない場合には、標準入力が処理されるようにする。

```
/* vis:  make funny characters visible (version 3) */

#include <stdio.h>
#include <ctype.h>
int strip = 0;       /* 1 => discard special characters */

main(argc, argv)
    int argc;
    char *argv[];
{
    int i;
    FILE *fp;
```

```
        while (argc > 1 && argv[1][0] == '-') {
            switch (argv[1][1]) {
            case 's':    /* -s: strip funny chars */
                strip = 1;
                break;
            default:
                fprintf(stderr, "%s: unknown arg %s\n",
                    argv[0], argv[1]);
                exit(1);
            }
            argc--;
            argv++;
        }
        if (argc == 1)
            vis(stdin);
        else
            for (i = 1; i < argc; i++)
                if ((fp=fopen(argv[1], "r")) == NULL) {
                    fprintf(stderr, "%s: can't open %s\n",
                        argv[0], argv[i]);
                    exit(1);
                } else {
                    vis(fp);
                    fclose(fp);
                }
        exit(0);
    }
```

このプログラムは省略可能な引数を先に書くという慣例に従って書かれている。オプションの引数が1つ処理されるたびに、プログラムの残りの部分がその引数の有無と関係なく処理されるように、argcとargvが調整されている。visが認識するオプションが1つしかないにもかかわらず、ここでループを使ったプログラムを書いているのは、引数の処理を一定の方法で行なうやり方を示すためである。第1章で、筆者たちは、UNIXのプログラムではオプションの引数の扱いに統一がとれていないこと

を述べた。一般に強制されるのは好まないということはさておくとして、不統一となる理由の1つは、引数を任意の形に切り出すプログラムがいとも簡単に書けてしまうからである。システムによっては getopt (3) という関数が使えるが、これは、この混沌とした状況を合理化しようとする試みの1つであり、自作のプログラムを作る前に調べておくのもよいだろう。

vis ルーチンは、以下のように、単一のファイルの内容を表示する。

```
vis(fp)  /* make chars visible in FILE *fp */
    FILE *fp;
{
    int c;

    while ((c = getc(fp)) != EOF)
        if (isascii(c) &&
           (isprint(c) || c=='\n' || c=='\t' || c==' '))
            putchar(c);
        else if (!strip)
            printf("\\%03o", c);
}
```

関数 fprintf は printf と同じであるが、ただ、書き込むファイルを指定するファイル・ポインタの引数が追加されている。

関数 fclose は、fopen が確立した、ファイル・ポインタと外部（ファイル）名との結合を切断し、そのファイル・ポインタを別のファイルに結合できるように開放する働きがある。1つのプログラムが同時にオープンできるファイルの数には制限（およそ20）があるので、不要になったファイルは解放しておくに越したことはない。printf, putc などの標準ライブラリ関数のどれかを使って作り出された出力は、通常、バッファーされているので、効率を上げるために大きなまとまりごとに書き出すことができる（例外は端末への出力である。端末の出力は通常、発生と同時、あるいは少なくとも改行が表示されるごとに書き出される）。出力ファイルに対して fclose を呼び出すと、バッファーされた出力もすべて吐き出される。プログラムが exit を呼び出すか、main から戻ってきたときには、そのときオープン中のすべてのファイルに対して fclose も自動的に呼び出されるようになっている。

stderr も、stdin や stdout と同じようにプログラムに割り当てられている。stderr 上に書かれた出力は、標準出力が切り換えられているときにも端末上に現われる。vis は診断情報を stdout ではなく stderr 上に書くので、幾つかのファイルのうちの1つが何らかの理由でアクセスできない場合でも、その診断情報はユーザの

239

端末上に出てきて、パイプラインや出力ファイルのなかに紛れ込んでしまうことはない（そもそも標準エラー出力は、エラーメッセージが実際にパイプラインのなかで消失しはじめてから、パイプラインよりもいくらか後に開発されたものである）。

やや勝手ではあるが、ここでは、入力ファイルがオープンできないときにはプログラムが終了するように vis を作った。その判断は、入力ファイルが1つで、しかもほとんど対話的に使われるプログラムには妥当なものと思われる。もっとも、読者が別の設計法を考えてもおかしくはない。

> 問題 6-5　引数として指定されたファイルのなかから、表示可能な文字だけを含むファイル名を選んで表示するプログラム printable を書け。もし1つでも非表示可能文字が含まれていたら、そのファイル名を表示しないようにする。printable は次のような状況で使用できる。
>
> 　　$ pr 'printable *' | lpr
>
> grep と同じように、この検査の意味を逆にするオプション -v を追加せよ。ファイル名の引数が1つも与えられない場合、printable はどういう動作をすべきだろうか？　また、printable はどのような終了状態を返すべきか？

6.4　画面ごとの表示プログラム ─ p

これまでファイルの内容を調べるためには cat を使ってきた。しかし、ファイルが長くて、しかも使っている端末がシステムと高速回線で接続されているときには、ユーザが ctl-s や ctl-d を素早くタイプできたとしても、cat の出力は速すぎて読めないだろう。

そこで制御可能な大きさにしてファイルを表示するプログラムが是非とも必要になる。しかし、この目的のための標準的なプログラムは用意されておらず、それはおそらく、元来の UNIX システムがハードコピー端末と低速の通信回線の時代に開発されたことに原因があると思われる。そこで、次に p というプログラムを取り上げる。これは、ファイルを1度に1画面ずつ表示し、次に進む前に1画面ごとにユーザからの反応を待つプログラムである（頻繁に使うことを考えると、"p" という名前は短くて都合がよい）。これまでのプログラムと同様、p では引数で指定したファイル群からも、標準入力からも読込みを行なう。

6.4 画面ごとの表示プログラム — p

```
$ p vis.c
...
$ grep '#define' *.[ch] | p
...
$
```

このプログラムでは、C で書くのはやさしく、それ以外では困難だから、C を用いるのが最もふさわしい。システムの標準のツールだと、ファイルやパイプからの入力と端末からの入力を混在させるのは容易ではない。

p の基本設計は、入力を小さなかたまりごとに表示することである。大きさとして具合がよいのは 22 行である。というのは、この数字は多くの画面端末が採用している 1 画面の長さの 24 行よりわずかに小さく、しかも 1 ページ 66 行の標準的出力のちょうど 3 分の 1 に当たるからである。次に p にユーザ入力を促すようにさせる簡単な方法は、22 行のかたまりごとに最後の改行を表示しないようにすることである。そうするとカーソルは、その行の左端には戻らず、右端で停止することになる。そこでユーザが復帰キーを押すと、これが消された改行を補い、次の行が本来の場所に表示される。ユーザが画面の終わりで ctl–d または q をタイプすれば、p は終了する。

長い行があっても、とりたてて特別な動作は考えないようにしよう。また、ファイルが複数であっても何もコメントせずに、単に画面を次に送っていくだけにする。こうすれば、次の

```
$ p filenames ...
```

は以下のものと同じ動作をすることになる。

```
$ cat filenames ...   | p
```

もしファイル名を表示する必要があれば、以下のような for ループを使って追加することも可能である。

```
$ for i in filenames ...
> do
>         echo $i:
>         cat $i
> done | p
```

実際のところ、われわれがこのプログラムに追加できる機能は数え上げればきりがない。従って、まずぜい肉を取り払った版をを作って、その後で経験を生かしながら拡張させていくようにしよう。そうすることで、搭載される機能は、何となくあった

方がよさそうだというあいまいなものでなく、本当にわれわれの必要とするものになる。

pの基本的な構造はvisと同じである。個々のファイルに対して実質的な仕事をするprintというルーチンを呼び出しながら、メインルーチンが複数のファイルを繰り返し処理する形をとる。

```
/* p: print input in chunks (version 1) */

#include <stdio.h>
#define PAGESIZE    22
char    *progname;    /* program name for error message */

main(argc, argv)
    int argc;
    char *argv[];
{
    int i;
    FILE *fp, *efopen();

    progname = argv[0];
    if (argc == 1)
        print(stdin, PAGESIZE);
    else
        for (i = 1; i < argc; i++) {
            fp = efopen(argv[i], "r");
            print(fp, PAGESIZE);
            fclose(fp);
        }
    exit(0);
}
```

efopenは、極めてよく行なわれる操作を1つのルーチンにまとめたものである。すなわち、ファイルのオープンを試み、もしオープンできなければエラーメッセージを表示してプログラムを終了させる働きをする。つまづきのもとになった（あるいは、つまづいた）プログラム名を特定するエラーメッセージを出すために、efopenでは、mainのなかで設定された、プログラム名を入れておくprognameという外部

6.4 画面ごとの表示プログラム — p

文字列を参照する。

```
    FILE *efopen(file, mode)    /* fopen file, die if can't */
        char *file, *mode;
    {
        FILE *fp, *fopen();
        extern char *progname;

        if ((fp = fopen(file, mode)) != NULL)
            return fp;
        fprintf(stderr, "%s: can't open file %s mode %s\n",
            progname, file, mode);
        exit(1);
    }
```

efopen が現在の形に落ち着くまでに、筆者たちは他に2種類のefopenを設計してみた。1つはメッセージを表示した後で、失敗を示すヌル・ポインタを戻すようにするものである。この方法によって、呼び出したプログラムには継続するか終了するかの選択権が与えられる。もう1つの設計は、efopen に第3の引数を与え、それを使って、ファイルのオープンに失敗した後、戻るかどうかを指定できるようにするものである。しかし、このプログラムでは、ファイルのアクセスに失敗したときに続行してもほとんど意味をもたない。従って、現在の版の efopen がここでの利用には最も適したものといえる。

p コマンドの仕事の実質的な部分は、次のように print のなかで行なわれる。

```
    print(fp, pagesize) /* print fp in pagesize chunks */
        FILE *fp;
        int pagesize;
    {
        static int lines = 0;   /* number of lines so far */
        char buf[BUFSIZ];

        while (fgets(buf, sizeof buf, fp) != NULL)
            if (++lines < pagesize)
                fputs(buf, stdout);
            else {
                buf[strlen(buf)-1] = '\0';
```

第6章 標準入出力を用いたプログラミング

```
            fputs(buf, stdout);
            fflush(stdout);
            ttyin();
            lines = 0;
        }
    }
```

BUFSIZ を使っているが、これは <stdio.h> のなかで定義された、入力バッファーの大きさである。fgets(buf, size, fp) は fp からの入力の次の行を、次の改行まで（改行も含む）を取り込んで、buf のなかに入れ、区切り記号として \0 を追加する。最大で size-1 文字がコピーされる。ファイルの終了の時点で、fgets は NULL を返す (fgets はもっとうまく設計することも可能だろう。今のままでは文字数を返さないで buf を返すようになっているが、入力が長すぎても何も警告を出さない。失われる文字はないが、現実に何が起こったかを知るには、buf をみる必要がある)。

strlen は文字列の長さを返す関数である。ここでは、最後の入力行から、末尾の改行を切り落とすのにこれを使っている。fputs(buf, fp) は文字列 buf をファイル fp 上に書く働きをする。各ページの終わりで呼び出している fflush は、バッファーされていた出力をすべて吐き出す働きをもつ。

各ページに表示した後にユーザからの応答を読み込む仕事は、ttyin という名前のルーチンに任されている。p はファイルやパイプからの入力のときでも動作しなくてはならないから、ttyin に標準入力を読ませるわけにはいかない。これをうまく解決するために、p はファイル /dev/tty をオープンする。/dev/tty は、標準入力がどのように切り換えられていても、そのユーザの端末を意味する。ttyin はそもそも応答の1番目の文字を返す目的で書いたものだが、ここではその機能は使わない。

```
ttyin() /* process response from /dev/tty (version 1) */
{
    char buf[BUFSIZ];
    FILE *efopen();
    static FILE *tty = NULL;

    if (tty == NULL)
        tty = efopen("/dev/tty", "r");
    if (fgets(buf, BUFSIZ, tty) == NULL || buf[0] == 'q')
        exit(0);
    else    /* ordinary line */
```

```
            return buf[0];
    }
```

新たな ttyin が呼び出されたときにも元の値が保存されるように、ファイル・ポインタ devtty は static で宣言されている。つまりファイル /dev/tty は 1 回目の呼び出しのときだけオープンされる。

さほど苦労しなくても p に追加できる機能が幾つかあるのはすぐにわかるが、このプログラムの最初の版がここに書かれた機能、つまり 22 行表示して止まるという機能だけをもつものであったことは注目に値する。ずいぶん後になって他の機能が追加されたが、今日に至っては余分の機能を使う人の数は少ない。

1 つ簡単に実現できる追加機能は、1 ページの行数を pagesize という変数にして、以下のようにコマンド行で指定できるようにすることである。

```
    $ p -n ...
```

とすれば、n 行ごとにまとめて表示される。この機能を実現するためには、main の先頭に、もうお馴染みのコードを追加してやればよい。

```
    /* p: print input in chunks (version 2) */
        ...
        int i, pagesize = PAGESIZE;

        progname = argv[0];
        if (argc > 1 && argv[1][0] == '-') {
            pagesize = atoi(&argv[1][1]);
            argc--;
            argv++;
        }
        ...
```

ここで、atoi は文字列を整数に変換する関数である (atoi (3) を参照)。

また、各ページの終わりのところで一時的に何か別のコマンドを実行できるような機能を p に追加することもできる。ed などの多くのプログラムと同じように、ユーザが感嘆符で始まる行をタイプすると、その行の残りの部分はコマンドと解釈され、シェルに渡されて実行される。この仕事をするための system (3) という関数があるので、これはことさら取り上げるほどの機能ではないが、すぐ後で触れる注意事項を読んでおく必要がある。ttyin の修正版は以下のようなプログラムになる。

```
ttyin()  /* process response from /dev/tty (version 2) */
{
    char buf[BUFSIZ];
    FILE *efopen();
    static FILE *tty = NULL;

    if (tty == NULL)
        tty = efopen("/dev/tty", "r");
    for (;;) {
        if (fgets(buf,BUFSIZ,tty) == NULL || buf[0] == 'q')
            exit(0);
        else if (buf[0] == '!') {
            system(buf+1);   /* BUG here */
            printf("!\n");
        }
        else    /* ordinary line */
            return buf[0];
    }
}
```

残念なことに、この版の ttyin には、小さいながら悪質なバグがある。というのは、system が実行するコマンドは、その標準入力を p から受け継ぐので、もし p がファイルやパイプから読込みを行なっていると、以下のように、そのコマンドが p の入力と干渉することがあるのである。

$ *cat /etc/passwd | p -1*
root:3D.fHR5KoB.3s:0:1:S.User:/:*!ed* .... p のなかから ed を起動する。
? .... ed は /etc/passwd を読み込み ...
! .... 混乱を生じて、終了した。

この問題を解決するには、UNIX のプロセスがどのように制御されているかを知る必要があり、これについては 7.4 章で紹介する。今のところ、ライブラリのなかにある標準の system は問題を起こすことがあるが、第 7 章の版の system を組み込めば、ttyin は正しく動作することを頭のなかに入れておいていただきたい。

さて、これで vis と p の 2 つのプログラムを書いたことになるが、この 2 つは、便利な機能を追加した、cat の変種と考えられる。では、これらを cat に組み込んで、例えば、-v とか -p といったオプションの引数で使えるようにすべきだろうか？　新

6.4 画面ごとの表示プログラム — p

しいプログラムを書くべきか、それとも以前のプログラムに新機能として追加すべきかということは、新しいアイデアを考えついたときにいつも問題になる。筆者たちには確答できないが、判断の助けになる原則を幾つか示しておく。

大原則は、1 つのプログラムは基本的な仕事を 1 つだけするようにすべきだ、ということである — 1 つのプログラムであまりに多くのことをしようとすれば、プログラムは肥大し、速度は遅くなり、維持は困難になり、使うのも難しくなる。実際、多くの機能があっても、そのオプションを覚えておけないので、使われないまま眠ってしまうことが多い。

この原則から考えると、cat と vis は結合してはならないようである。cat はただその入力をコピーし、vis はそれを変形する仕事をする。この 2 つを 1 つにまとめてしまったら、それは異なった 2 つのことをするプログラムになってしまう。cat と p についても事情は全く同じである。cat は高速で効率のよいコピーを意図したプログラムであり、一方 p は一部分を拾い読みするのを目的としている。しかも p はその出力を変形し、22 行ごとに改行を落としてしまう。どうやら、プログラムは別々に 3 つにしておくのが正しい設計のようである。

| 問題 6-6 | もし pagesize が正の数ではなくても p は正常に動作するだろうか？

| 問題 6-7 | p にはこの他にどんな機能が追加できるだろうか？　以前に読み込んだ入力を再表示する機能が必要かどうか考え、（もし必要なら）その機能を実現せよ（これは筆者たちが追加して使っている機能の 1 つである）。個々の停止のごとに、1 画面分よりも少ない行数の入力を表示する機能を追加せよ。行番号やその内容で指定した行まで、前後自由にスキャンする機能を追加せよ。

| 問題 6-8 | シェルの組込みコマンド exec（sh (1) 参照）のもつファイル操作機能を使って、ttyin が使用している system の呼び出しを修正せよ。

| 問題 6-9 | もし p に対して入力を指定し忘れると、p は端末からの入力を黙って待っている。この起こりそうなエラーを検出するのは価値があるだろうか？　もし価値があるとしたら、どうすればできるか？
ヒント：isatty (3)

6.5　1つの応用例 — pick

　第5章で考えた版の pick が、シェルの能力を無理やり引き出しているのは明らかである。以下に示す C で書いた版は、第5章のものとはいくぶん違っている。引数が指定されれば以前の版と同じように動作するが、"-" という引数が1つ指定されると、pick はその標準入力を処理するのである。
　どうして、何も引数がないときには標準入力を読み込む、としないのだろうか? 5.6章で取り上げた以下の zap コマンドの第2版を考えていただきたい。

```
kill $SIG `pick \`ps -ag | egrep "$*"\` | awk '{print $1}'`
```

上記の egrep のパターンに一致するものが何もないときには何が起こるだろうか? その場合、pick は引数がなくなって、標準入力を読みはじめる。かくして、zap コマンド自体は訳のわからない状態で異常終了する。こうしたあいまいな状況を避けるためには、積極的に引数を与えなくてはならないようにするのが最も簡単である。そして、cat などのプログラムで使われている "-" の使用法を考えれば、どう指定すればよいかはおのずと明らかになる。

```c
/* pick:  offer choice on each argument */

#include <stdio.h>
#define PAGESIZE    22
char    *progname;   /* program name for error message */

main(argc, argv)
    int argc;
    char *argv[];
{
    int i;
    char buf[BUFSIZ];

    progname = argv[0];
    if (argc == 2 && strcmp(argv[1],"-") == 0)  /* pick - */
        while (fgets(buf, sizeof buf, stdin) != NULL) {
            buf[strlen(buf)-1] = '\0';  /* drop newline */
            pick(buf);
```

```
            }
        else
            for (i = 1; i < argc; i++)
                pick(argv[i]);
        exit(0);
    }

    pick(s)   /* offer choice of s */
        char *s;
    {
        fprintf(stderr, "%s? ", s);
        if (ttyin() == 'y')
            printf("%s\n", s);
    }
```

pick は、対話的な引数選択の機能を 1 つのプログラムに集約することになる。これは、単に便利というだけでなく、他のコマンドに、"対話用"のオプションを付ける必要を減らす働きをする。

問題 6-10　pick をすでにもっているとして、この他に rm -i を用意する必要があるだろうか?

6.6　バグとデバッグについて

　読者が一度でもプログラムを書いた経験をおもちなら、バグについてはもうお馴染みのことだろう。バグのないプログラムを書くには、設計をすっきりと単純にするように気を配り、実現の際にも最新の注意を払い、そして修正作業も整然と行なうようにするしか、うまい解決法がない。

　決定版はないが、UNIX にはバグを探す手助けをしてくれるツールが用意されている。しかし、これらのツールを紹介するにはバグを用意しなくてはならず、本書のプログラムはすべて完全であるので、そのままでは役に立たない。そこで、典型的なバグを故意に作ってみよう。上に示した pick を取り上げる。以下に再掲するが、今度はエラーを 1 つ含んでいる（前に戻って元のプログラムをみるのはフェアではない）。

第6章 標準入出力を用いたプログラミング

```
pick(s)  /* offer choice of s */
    char *s;
{
    fprintf("%s? ", s);
    if (ttyin() == 'y')
        printf("%s\n", s);
}
```

さて、このプログラムをコンパイルして実行すると、何が起こるだろうか?

```
$ cc pick.c -o pick
$ pick *.c .................................................... ともかく試してみよう。
Memory fault - core dumped ............................................ 悲劇!
$
```

"Memory fault" の表示は、プログラムが本来許されていなかったメモリ領域を参照しようとした、という意味である。この表示は、ポインタがどこかでたらめなところを指していることを意味することが多い。"Bus error" という、これとは別の診断メッセージも似た意味をもち、終端記号のない文字列をスキャンしたときによく生じるエラーである。

"Core dumped" の表示は、カーネルが実行中のプログラムの状態を、カレント・ディレクトリにある core という名前のファイルに退避した、という意味である。強制的にプログラムをコアダンプさせることもできる。プログラムがフォアグラウンドで動いていれば ctl-\ をタイプすればよいし、またバックグラウンドで動いていれば kill -3 のコマンドが使える。

バグのあるプログラムをいじるツールとして、adb と sdb という2つのプログラムがある。大抵のデバッガと同様、この2つのプログラムも難解で複雑だが、しかしないと困るものである。adb は第7版に含まれており、sdb は最近の版の UNIX システムで使える。どちらか一方は確実に使えるはずである。

この2つのデバッガについては、必要最小限の使用法しか述べる余裕がない。最少限のこととは、スタック・トレースの表示、すなわち、プログラムが死んだときに実行中だった関数やその関数を呼び出した関数の表示などを行なうことである。スタック・トレースのなかの最初の関数は、プログラムが異常終了したときに実行中だった場所を意味している。

adb でスタック・トレースを得るためには、コマンド $C を使う。

6.6 バグとデバッグについて

```
$ adb pick core ........................................... adb の起動。
$C ........................................................ スタック・トレースの要求。
~_stdout(0175722,011,0,011200)
        adjust:     0
        fillch:     060542
__doprnt(0177345,0176176,011200)
~fprintf(011200,0177345)
        iop:        011200
        fmt:        0177345
        args:       0
~pick(0177345)
        s:          0177345
~main(035,0177234)
        args:       035
        argv:       0177234
        i:          01
        buf:        0
ctl-d ...................................................... 終了。
$
```

このトレース情報を解読すると、まず main が pick を呼び出し、それが fprintf を呼び出す。次にそれが_doprnt を呼び出して、さらにそれが_stdout を呼び出した、という意味になる。_doprnt は pick.c のどこにも使われてないので、問題は fprintf かそれより上のルーチンのどこかにあるに違いない（トレースバックのなかのサブルーチンに書かれた行は、ローカル変数の値を示している。$c と小文字を使えばこの情報の出力は抑制され、adb は版によって、$C と大文字のままでもこの情報を表示しないものもある）。

答えを言ってしまう前に、同じことを sdb を使って試してみよう。

```
$ sdb pick core
Warning: 'a.out' not found compiled with -g
lseek: address 0xa64 ......................... プログラムが死んだときのルーチン。
*t ........................................... スタック・トレースの要求。
lseek()
fprintf(6154,2147479154)
pick(2147479154)
```

```
    main(30,2147478988,2147479112)
    *q ............................................................ sdb の終了。
    $
```

これをみると、表示された情報のフォーマットは異なっているが、共通の問題点として、fprintf が出ている（トレースバックが違っていたのは、このプログラムが異なったマシン —— VAX–11/750 —— 上で実行されたからである。VAX では標準入出力ライブラリの実現方法が違っている）。そこで、欠陥版の pick のなかの fprintf の起動の仕方をよくみると、なるほど間違いがある。

```
    fprintf("%s? ", s);
```

これには stderr が書かれておらず、従ってフォーマット文字列 "%s? " が FILE のポインタとして使われるため、その結果、当然混乱が生じてしまった。

　筆者たちがこのエラーを例にあげたのは、これは設計が悪いというよりも、うっかり見落としてしばしば犯す間違いだからである。間違った引数で関数を呼び出すために起こるこの手の間違いは、C プログラムを検査する lint (1) というコマンドを使っても発見できる。lint は C プログラムを検査して、潜在的なエラー、移植性の問題、あいまいな構造を指摘する。pick.c 全体に lint を実行すると、以下のようにこのエラーをみつけてくれるはずである。

```
    $ lint pick.c
    ...
    fprintf, arg.  1 used inconsistently "llib-lc"(69) :: "pick.c"(28)
    ...
    $
```

これを翻訳すると、標準ライブラリのなかに書かれた定義と、われわれのプログラムの 28 行目の使用法とで、fprintf の最初の引数が食い違っている、と教えてくれているのである。これは間違いを探すときの強力な手がかりである。

　lint は実りの多いものとはいえ、実際にはその出力は玉石混交である。すなわち、lint はこのプログラムの間違いを正確に指摘したが、それと同時に、上では省略した妥当といえないメッセージもたくさん出すので、どれに手当が必要で、どれは無視してよいかを知るには経験を要する。しかし、lint は人間の目ではほとんど発見不可能なエラーまでみつけてくれるから、判読の経験を積む努力は報われるはずである。長々と編集した後には、必ず lint を実行する習慣をつけ、出てくる警告メッセージが全部理解できるものかどうかを確かめてみるのは無駄ではないだろう。

6.7 具体例 — zap

第 5 章でシェルファイルとして紹介したプログラムには、プロセスを選択的に終了させるコマンド zap があった。第 5 章の版の zap がかかえた大きな問題点は、そのスピードにある。あまりにたくさんのプロセスを作るために実行速度が遅く、ことに正常な処理をはずれたプロセスを終了させるためのプログラムとしては堪えられないほど遅い。zap を C で書き直せばずっと高速になることが期待できる。しかし、このプログラム全部を書き直すのではなく、ここではプロセス情報をみつけるには依然として ps コマンドを用いてみよう。この方が、カーネルのなかからいちいち情報を掘り起こすのと比べればはるかにやさしく、また移植性もよい。zap は ps を使ってパイプをオープンしてその入力端側におき、ファイルの代わりにそのパイプから読込みを行なう。関数 popen (3) は fopen と似たものであるが、ただ、最初の引数がファイル名ではなくコマンドである点が異なっている。次の例では使用していないが、popen に対応する pclose も存在する。

```
/* zap:   interactive process killer */

#include <stdio.h>
#include <signal.h>
char    *progname;     /* program name for error message */
char    *ps = "ps -ag";   /* system dependent */

main(argc, argv)
    int argc;
    char *argv[];
{
    FILE *fin, *popen();
    char buf[BUFSIZ];
    int pid;

    progname = argv[0];
    if ((fin = popen(ps, "r")) == NULL) {
        fprintf(stderr, "%s: can't run %s\n", progname, ps);
        exit(1);
```

```
        }
        fgets(buf, sizeof buf, fin);     /* get header line */
        fprintf(stderr, "%s", buf);
        while (fgets(buf, sizeof buf, fin) != NULL)
            if (argc == 1 || strindex(buf, argv[1]) >= 0) {
                buf[strlen(buf)-1] = '\0'; /* suppress \n */
                fprintf(stderr, "%s? ", buf);
                if (ttyin() == 'y') {
                    sscanf(buf, "%d", &pid);
                    kill(pid, SIGKILL);
                }
            }
        exit(0);
    }
```

上例では、ps -ag（オプションはシステムよって異なる）を用いたプログラムを書いたが、読者がスーパーユーザでなければ、終了させることができるプロセスは自分自身のプロセスに限られる。

1つ目の fgets は、ps の出力からヘッダ行を取り除くために呼び出している。このヘッダ行に対応する"プロセス"を終了させようとしたら何が起こるかを頭のなかで考えてみるのは、面白い練習問題になるであろう。

関数 sscanf は、入力フォーマットの変換を行なう scanf (3) ファミリーの1つである。sscanf 関数は、ファイルの代わりに文字列に変換する働きをもつ。システムコール kill は、プロセスに特殊なシグナルを送るもので、そのシグナル SIGKILL は、<signal.h> のなかで定義されており、とらえたり、無視したりはできない。第5章にこのシグナルに対応する数値は9であると書かれていたことを覚えている読者もいるであろう。だが、プログラムをマジックナンバーで一杯にせず、ヘッダファイルのなかの記号定数を使う習慣をつけるのが望ましい。

引数が1つも指定されない場合には、zap は ps の出力行を1行1行提示して、選択を求めてくる。引数が1つ与えられると、zap は ps の出力のうち、その引数に一致する行だけを提示してくる。関数 strindex(s1, s2) は、strcmp（表 6.2 参照）を使って、その引数と ps の出力行の一部が一致するかどうかを検査するために用いられる。strindex は s1 のなかで s2 が現われた位置を返し、もし s2 が存在しなければ -1 を返す。

```
strindex(s, t)  /* return index of t in s, -1 if none */
    char *s, *t;
{
    int i, n;

    n = strlen(t);
    for (i = 0; s[i] != '\0'; i++)
        if (strncmp(s+i, t, n) == 0)
            return i;
    return -1;
}
```

表 6.4 に、標準入出力ライブラリのなかから、よく使われるものをまとめておく。

表 6.4 有用な標準入出力関数

fp=fopen(s,mode)	ファイル s をオープンする。"r", "w", "a" のモードはそれぞれ、読出し、書込み、追加の意味になる（エラーには NULL を返す）
c=getc(fp)	文字を取り出す。getchar() は getc(stdin) と同じ
putc(c,fp)	文字を送り出す。putchar(c) は putc(c, stdout) と同じ
ungetc(c,fp)	入力ファイル fp に文字を書き戻す。1 回に書き戻せる文字は最大 1 個
scanf(fmt,a1,...)	stdin から fmt に従って a1,... へ複数の文字を読み込む。a_i はそれぞれポインタでなくてはならない。EOF もしくは変換したフィールド数を返す
fscanf(fp,...)	ファイル fp から読み出す
sscanf(s,...)	文字列 s から読み出す
printf(fmt,a1,...)	a1,... を fmt に従ってフォーマットし、stdout 上へ出力する
fprintf(fp,...)	... をファイル fp の上に出力する
sprintf(s,...)	... を文字列 s のなかに出力する
fgets(s,n,fp)	fp から、最大 n 文字を s のなかに読み込む。ファイルの終了に出会うと NULL を返す
fputs(s,fp)	ファイル fp 上に文字列 s を出力する

第6章 標準入出力を用いたプログラミング

表 6.4　有用な標準入出力関数

`fflush(fp)`	バッファーされた出力をすべてファイル fp 上に吐き出す
`fclose(fp)`	ファイル fp をクローズする
`fp=popen(s,mode)`	パイプをオープンして、コマンド s と結合する。fopen を参照
`pclose(fp)`	パイプ fp をクローズする
`system(s)`	コマンド s を実行し、その終了を待つ

問題 6-11　zap を修正して、任意の数の引数が与えられるようにせよ。上に書かれたプログラムでは、1つの方法として、zap は通常それ自身に対応する行をエコーバックするようになっている。このやり方は妥当だろうか？もっとよい方法があれば、プログラムをそれに応じて修正せよ。
ヒント：getpid (2)

問題 6-12　strindex を使って、fgrep (1) を構築せよ。複雑な検索、例えば1つの文書のなかの 10 個の単語の検索を実行して、その実行時間を比較せよ。なぜ fgrep は高速なのだろうか？

6.8　対話型ファイル比較プログラム — idiff

　あるファイルに異なる2つの版があって、しかもそれぞれの一部が必要になる、ということがよく問題になる。このような状況は、別々の2人が独立にファイルに手を加えたときにしばしば発生する。diff コマンドを使えば、2つのファイルの違いはわかるが、第1のファイルと第2のファイルからそれぞれ一部を抜き出したいと思っても diff は直接の役には立たない。

　本節では、idiff プログラム（"interactive diff"：対話型 diff）を作ってみよう。このプログラムは、diff の出力を細切れにしてユーザに示し、1つ目のファイルの一部を選ぶか、2つ目のファイルの一部を選ぶか、それともそれらを編集するかといった選択権をユーザに与えてくれる。idiff はユーザが選択した部分を適切な順序につなぎ、idiff.out と呼ばれるファイルへ書き出す。つまり、以下のような2つのファイルがあるとすると、

6.8 対話型ファイル比較プログラム — idiff

```
file1:                          file2:
This is                         This is
a test                          not a test
of                              of
your                            our
skill                           ability.
and comprehension.
```

diff なら出力は次のようになる。

```
$ diff file1 file2
2c2
< a test
---
> not a test
4,6c4,5
< your
< skill
< and comprehension.
---
> our
> ability.
$
```

これを idiff との対話にすれば、例えば次のようになるだろう。

```
$ idiff file1 file2
2c2 ............................................................. 最初の違い
< a test
---
> not a test
? > ................................................. ユーザは第 2 の (>) 版を選択する。
4,6c4,5 ........................................................... 2 番目の違い。
< your
< skill
< and comprehension.
```

```
    ---
    > our
    > ability.
    ? <                                         今度は第1の（<）版を選択する。
    idiff output in file idiff.out
    $ cat idiff.out                             出力はこのファイルのなかに入っている。
    This is
    not a test
    of
    your
    skill
    and comprehension.
    $
```

< や > の代わりに e という応答を返すと、idiff は、すでに読み込んでいる 2 群の行を対象として ed を起動する。もし上の例の 2 回目の応答が e であったら、エディタのバッファーの中身は以下のようになるであろう。

```
    your
    skill
    and comprehension.
    ---
    our
    ability.
```

ed によってファイルのなかに書き戻される内容が、そのまま idiff の最終出力のなかへ入っていく。

最後にもう 1 つ述べておくと、!*cmd* を使って退避すれば、idiff のなかから任意のコマンドを実行することも可能である。

技術的にみてこの仕事の最大の難所となるのは diff であり、この点はすでに経験済みである。従って、idiff で実質的に必要なのは、diff の出力を切り出して、正しいファイルを適切なときにオープン・クローズし、また正しく読み書きさせる仕事である。そこで idiff のメインルーチンでは、以下のように、まずファイルの準備をし、それから diff プロセスを実行させる。

6.8 対話型ファイル比較プログラム — idiff

```c
/* idiff:  interactive diff */

#include <stdio.h>
#include <ctype.h>
char    *progname;
#define HUGE    10000   /* large number of lines */

main(argc, argv)
    int argc;
    char *argv[];
{
    FILE *fin, *fout, *f1, *f2, *efopen();
    char buf[BUFSIZ], *mktemp();
    char *diffout = "idiff.XXXXXX";

    progname = argv[0];
    if (argc != 3) {
        fprintf(stderr, "Usage: idiff file1 file2\n");
        exit(1);
    }
    f1 = efopen(argv[1], "r");
    f2 = efopen(argv[2], "r");
    fout = efopen("idiff.out", "w");
    mktemp(diffout);
    sprintf(buf,"diff %s %s >%s",argv[1],argv[2],diffout);
    system(buf);
    fin = efopen(diffout, "r");
    idiff(f1, f2, fin, fout);
    unlink(diffout);
    printf("%s output in file diff.out\n", progname);
    exit(0);
}
```

259

第6章 標準入出力を用いたプログラミング

関数 mktemp (3) はファイルを作成するが、作られたファイルは既存のどのファイルとも違った名前をもつことが保証されていて、mktemp はその引数を上書きするようになっている。つまり、6 個の x が、idiff プロセスのプロセス id と 1 文字の英字に置き換えられるのである。また、システムコール unlink (2) は指定された名前のファイルをファイル・システムから削除する働きをもつ。

diff が 2 つの版の変更点を出すたびに繰り返し処理を行なう仕事は、idiff と呼ばれる関数で行なわれる。基本となっているアイデアは極めて単純である。すなわち、diff のひとかたまりの出力を表示し、一方のファイルにある不要なデータをとばして、もう一方の必要な版をコピーする。以下の idiff のプログラムは退屈で細々したことをたくさん含むため、望みのものよりも大きなプログラムになっているが、部分部分は容易に理解できるであろう。

```
    idiff(f1, f2, fin, fout)      /* process diffs */
        FILE *f1, *f2, *fin, *fout;
    {
        char *tempfile = "idiff.XXXXXX";
        char buf[BUFSIZ], buf2[BUFSIZ], *mktemp();
        FILE *ft, *efopen();
        int cmd, n, from1, to1, from2, to2, nf1, nf2;

        mktemp(tempfile);
        nf1 = nf2 = 0;
        while (fgets(buf, sizeof buf, fin) != NULL) {
            parse(buf, &from1, &to1, &cmd, &from2, &to2);
            n = to1-from1 + to2-from2 + 1; /* #lines from diff */
            if (cmd == 'c')
                n += 2;
            else if (cmd == 'a')
                from1++;
            else if (cmd == 'd')
                from2++;
            printf("%s", buf);
            while (n-- > 0) {
                fgets(buf, sizeof buf, fin);
                printf("%s", buf);
```

```
        }
    do {
        printf("? ");
        fflush(stdout);
        fgets(buf, sizeof buf, stdin);
        switch (buf[0]) {
        case '>':
            nskip(f1, to1-nf1);
            ncopy(f2, to2-nf2, fout);
            break;
        case '<':
            nskip(f2, to2-nf2);
            ncopy(f1, to1-nf1, fout);
            break;
        case 'e':
            ncopy(f1, from1-1-nf1, fout);
            nskip(f2, from2-1-nf2);
            ft = efopen(tempfile, "w");
            ncopy(f1, to1+1-from2, ft);
            fprintf(ft, "---\n");
            ncopy(f2, to2+1-from2, ft);
            fclose(ft);
            sprintf(buf2, "ed %s", tempfile);
            system(buf2);
            ft = efopen(tempfile, "r");
            ncopy(ft, HUGE, fout);
            fclose(ft);
            break;
        case '!':
            system(buf+1);
            printf("!\n");
            break;
        default:
            printf("< or > e or !\n");
```

```
                    break;
                }
            } while (buf[0]!='<' && buf[0]!='>' && buf[0]!='e');
            nf1 = to1;
            nf2 = to2;
        }
        ncopy(f1, HUGE, fout);   /* can fail on very long files */
        unlink(tempfile);
    }
```

　関数 parse は、diff の出力の切り出しという、ありふれているが手際のよさを要する仕事を行なっている。すなわち、4種類の行番号およびコマンド (a, c, d のいずれか) の抽出をするのである。diff の出力は、コマンドを表わす英字の左右どちらにも、行番号が1つあるいは2つ付いている可能性があるから、切り出し作業をするプログラム parse はいくぶん込み入ったものになる。

```
    parse(s, pfrom1, pto1, pcmd, pfrom2, pto2)
        char *s;
        int *pcmd, *pfrom1, *pto1, *pfrom2, *pto2;
    {
    #define a2i(p) while (isdigit(*s)) p = 10*(p) + *s++ - '0'

        *pfrom1 = *pto1 = *pfrom2 = *pto2 = 0;
        a2i(*pfrom1);
        if (*s == ',') {
            s++;
            a2i(*pto1);
        } else
            *pto1 = *pfrom1;
        *pcmd = *s++;
        a2i(*pfrom2);
        if (*s == ',') {
            s++;
            a2i(*pto2);
        } else
```

6.8 対話型ファイル比較プログラム — idiff

```
        *pto2 = *pfrom2;
}
```

a2i というマクロは、ASCII コードから整数への特殊な変換を行なうが、その変換は 4 箇所現われる ASCII コードのところで行なわれる。

nskip や ncopy は、指定された行数だけファイルを読みとばしたりコピーしたりする関数である。

```
nskip(fin, n)   /* skip n lines of file fin */
    FILE *fin;
{
    char buf[BUFSIZ];

    while (n-- > 0)
        fgets(buf, sizeof buf, fin);
}

ncopy(fin, n, fout) /* copy n lines from fin to fout */
    FILE *fin, *fout;
{
    char buf[BUFSIZ];

    while (n-- > 0) {
        if (fgets(buf, sizeof buf, fin) == NULL)
            return;
        fputs(buf, fout);
    }
}
```

このままでは idiff は割込みをかけるときれいに終了しない。というのは、割込みがかかると /tmp のなかにファイルを置き去りにしていくからである。割込みをとらえて、ここで取り上げたような一時ファイルを削除する方法は次章で紹介する。

ここで取り上げた zap と idiff に共通して重要なことは、仕事の難所の大半をすでに他人が作成したプログラムでやってくれるという点である。zap と idiff ではただ、適切な情報を計算する別のプログラムに対して、都合のよいインターフェイスをとるだけである。自分で骨を折る代わりに、他人の仕事を基にしてプログラムを組み立てられないかどうか探ってみるのには大いに価値がある — これは生産性向上の

263

第 6 章　標準入出力を用いたプログラミング

ための安上がりな方法である。

問題 6-13　`idiff` にコマンド q を追加せよ。q< と応答を返すと、それ以降の "<" の選択肢がすべて取り込まれ、また、q> とすれば、それ以降の ">" の選択肢のすべてが取り込まれるようにしたい。

問題 6-14　`idiff` を改良して、`diff` に対する引数を与えれば、それがそのまま `diff` に渡されるようにせよ。例えば -b や -h がその候補である。また、`idiff` を修正して、以下のように別のエディタを指定できるようにせよ。

```
$ idiff -e another-editor file1 file2
```

この 2 つの修正はお互いにどのように関係し合うだろうか?

問題 6-15　`diff` の出力に一時ファイルを使わずに、`popen` と `pclose` を使うように `idiff` を変更せよ。プログラムの実行速度と複雑さはどのように違うだろうか?

問題 6-16　`diff` には次のような性質がある。すなわち、引数の 1 つがディレクトリの場合、`diff` はそのディレクトリのなかを探して、もう 1 つの引数のファイル名と同名のファイルを探す。しかし、これと同じことを `idiff` で試してみると、うまくいかず変なことになる。何が起こっているのかを説明し、修正せよ。

6.9　環境へのアクセス

シェルの環境変数は C プログラムから容易にアクセスできるので、この機能は、ユーザに多くの負担をかけずにプログラムを自分の環境に合わせる目的で使われることがある。例えば、通常の 24 行より行表示が多い端末を使っている場合を考えてみよう。プログラム p を使い、かつ自分の端末の機能を目一杯に使いたければ、どのような方法が考えられるだろうか?　まず第 1 の方法は p を使うたびに以下のような指定をすることだが、これをいちいちやるのは煩わしい。

```
$ p -36 ...
```

あるいは次のように、自分の bin ディレクトリのなかにシェルファイルを常駐しておくこともできる。

6.9 環境へのアクセス

```
$ cat /usr/you/bin/p
exec /usr/bin/p -36 $*
$
```

第3の方法として、自分の端末の特性を定義する環境変数を利用するために、p のプログラムを改良するやり方がある。仮に、自分の .profile のなかで、PAGESIZE という変数を以下のように定義しているとしよう。

```
PAGESIZE=36
export PAGESIZE
```

getenv("*var*") というルーチンは、環境のなかをシェル変数 *var* を求めて探しまわり、その変数がみつかればその値を文字列として返し、もし未定義であれば NULL を返す。getenv があれば、p を修正するのは容易である。修正に必要な仕事は、宣言を2つ追加し、メインルーチンの先頭で getenv を呼び出すだけでよい。

```
/* p:  print input in chunks (version 3) */
...
    char *p, *getenv();

    progname = argv[0];
    if ((p=getenv("PAGESIZE")) != NULL)
        pagesize = atoi(p);
    if (argc > 1 && argv[1][0] == '-') {
        pagesize = atoi(&argv[1][1]);
        argc--;
        argv++;
    }
...
```

オプションの引数は、環境変数の後で処理されるから、積極的に指定したページの大きさはすべて、暗黙の値よりも優先的に用いられる。

> 問題 6-17　使用するエディタの名前を求めて環境のなかを探すように、idiff を修正せよ。また、2とか3といったプログラムで変数 PAGESIZE を使えるように手を加えよ。

第6章 標準入出力を用いたプログラミング

歴史と参考文献

　標準入出力ライブラリは、Mike Lesk の移植性の高い入出力ライブラリを基にして、Dennis Ritchie が設計したものである。このいずれのパッケージとも、プログラムが UNIX から非 UNIX システムに変更なしに移植できるような標準的な機能を提供することを目的に作られている。

　われわれが使っている p の設計は、Henry Spencer が作ったプログラムを基にした。

　adb は Steve Bourne、sdb は Howard Katseff、lint は Steve Johnson が書いたものである。

　idiff は最初に Joe Maranzano が書いたプログラムをおおよその下敷きに使っている。diff 自体は Doug McIlroy によるもので、そのアルゴリズムは、Harold Stone、および Wayne Hunt と Tom Szymanski らの2組が独自に発明したものに基づいている（J. W. Hunt と T. G. Szymanski 著 "A fast algorithm for computing longest common subsequences," CACM, 1977 年5月を参照）。diff アルゴリズムは、M. D. McIlroy と J. W. Hunt 著 "An algorithm for differential file comparison" (Bell Labs Computing Science Technical Report41, 1976 年) に記述されている。McIlroy の言葉を引用すると、"私は最終版に到達するまでに、完全に異なったアルゴリズムを3種類試してみた。diff は単にプログラムの能力うんぬんというのではなく、正しく動作するまでに改良が繰り返されたプログラムの典型的な一例である。"

第7章
UNIX システムコール

本章では UNIX オペレーティング・システムとの最も低レベルのやりとり、すなわちシステムコールについて述べていく。システムコールはカーネルへの入り口である。UNIX オペレーティング・システムが実際に用意している機能は実はこれだけあり、これ以外のものはすべてシステムコールを土台にして組み立てられている。

大別すれば、本章で扱う内容は次のようになる。まず第 1 に、`fopen` や `putc` のようなライブラリルーチンの基礎になっている入出力のしくみを扱う。ファイル・システムについてもつっこんだ内容を取り上げ、特にディレクトリと i ノードについて詳述する。第 2 は、プロセスに関する説明 ── つまり、プログラムのなかから別のプログラムを実行する方法 ── である。その話の後で、シグナルと割込みについて述べる。つまり、DELETE キーを押したときに何が起こるか、そしてそれをプログラムのなかでどうやってうまく処理するか、といったことを説明していく。

第 6 章と同様に、取り上げる例の多くは、第 7 版に含まれていないが役に立つプログラムである。仮にその例が直接読者の役に立たなくても、そのプログラムを読めば何かしら得るところがあるに違いないし、それをヒントにして、自分のシステムで似たような自作のツールを組み立てられることもあろう。

システムコールの詳細は UNIX プログラマーズ・マニュアルの 2 章に書かれている。本章の内容は最も重要な部分ではあるが、すべてを網羅しようと意図したものではないことに注意していただきたい。

7.1 低レベル入出力

最も低レベルの入出力は、直接 OS への入り口になっている。従って、この入出力を使うプログラムでは、ファイルを適当な大きさで読み書きする。その際、カーネルが周辺装置に適した大きさごとにデータをバッファーし、全ユーザの効率が最適化されるように、その装置に対するやりとりを管理しているのである。

ファイル指定子

UNIX システムの入力と出力は、例外なくファイルの読み書きで行なわれる。というのは、あらゆる周辺装置はファイル・システムのなかではファイルの 1 つであり、端末でさえも例外ではない。このことは、プログラムと周辺装置の間のやりとりがすべて 1 つのインターフェイスで取り扱われていることを意味している。

大抵の場合、ファイルから読み出したりファイルに書き込んだりする前に、あらかじめシステムに教えてやる必要がある。この処理をファイルをオープンするという。ファイルに書き込む場合、ときには、新たにファイルを作成する必要があることもあろう。システムはユーザにそうする権利があるかどうかを調べ（該当ファイルは存在するか？ ユーザにファイルをアクセスする使用許可権があるか？）、もしすべての条件が満たされていたら、ファイル指定子と呼ばれる非負の 1 つの整数を返す。そのファイルに対する入出力には、ファイル名ではなくこのファイル指定子が常に用いられる。オープンされたファイルの全情報はシステムの方でもっているが、ユーザのプログラムから参照できるのはファイル指定子に限られる。第 6 章で説明した FILE ポインタが指している構造体のなかには、このファイル指定子の情報が含まれており、<stdio.h> のなかで定義された fileno(fp) マクロは、このファイル指定子を返してくるようになっている。

端末からの入出力には、それを簡便にするために、特別な工夫がされている。シェルが端末の入力を開始した場合であれば、プログラムはオープンされたファイルを 3 個受け継ぐ。その 3 つのファイルには 0, 1, 2 のファイル指定子がついていて、それぞれ、標準入力、標準出力、標準エラー出力と呼ばれている。積極的に指定しない場合には、これらのファイルは端末に結び付けられているから、ファイル指定子 0 から読み、ファイル指定子 1 と 2 に書くだけですむプログラムなら、あらためてファイルをオープンしなくても入出力が可能である。プログラムがこれ以外のファイルをオープンするときには、それらのファイル指定子は 3, 4 などになる。

入出力がファイルやパイプに切り換えられるときには、シェルがその変換作業を行ない、ファイル指定子 0 や 1 に暗黙のうちに割り当てられている端末を、指定された名前のファイルに変更してくれる。ファイル指定子の 2 は端末に結び付けたままで使うことが多くて、従って、エラーメッセージは、端末上に表示できる。$2>filename$ とか 2>&1 といった決まりきった指定は、この既定値の接続のつなぎかえをしてくれるが、ファイルの割当ての変更はシェルが行なうのであり、プログラムが行なうのではないことに注意しよう（プログラム自身も再割当てができなくはないが、そうすることはまず滅多にない）。

ファイルの入出力 — read と write

入力と出力はすべて read と write という 2 つのシステムコールによって行なわれ、C プログラムではこれらと同名の関数によってアクセスされる。いずれのシステムコールも 1 番目の引数はファイル指定子である。2 番目の引数は複数のバイトの配列であり、その配列がデータソースのありかや書込み先を教える働きをしている。また、3 番目の引数には転送すべきバイトの数が書かれる。

```
int fd, n, nread, nwritten;
char buf[SIZE];

nread = read(fd, buf, n);
nwriteen = write(fd, buf, n);
```

これらのシステムコールは呼び出されるたびに、転送したバイト数を返してくる。読出しの場合、読み出すべきバイト数が要求した n バイトよりも少ない数しか残っていなければ、返されるバイト数は、要求したバイト数よりも少なくなる（ファイルが端末である場合、通常 read は次に現われる改行までしか読み込まないので、その数は要求された数より少ないことが多い）。返された値が 0 の場合にはファイルの終了を意味し、−1 のときはエラーが起こったことを表わす。一方、書込みの場合には、返される値は実際に書き込まれたバイト数そのものであり、もしこれが予想したバイト数と異なっていたら、エラーが発生したことになる。

1 度に読み書きするバイト数を指定していないときには、バイト数としては、1 回に 1 文字（"バッファーされていない"）を意味する 1 か、ディスク上の 1 ブロックのバイト数（多くは 512 か 1024 バイト）が使われることが多い（<stdio.h> のなかの変数 BUFSIZE にこの値が入っている）。

具体例を示すために、入力を出力にコピーするプログラムを用意した。この入力と出力は任意のファイルやデバイスに切り換えることができるから、実際には任意のものから任意のものへのコピーをするプログラムということになり、このプログラムは cat の本質的部分を実現していることになる）。

```
/* cat:  minimal version */
#define SIZE    512 /* arbitrary */

main()
{
    char buf[SIZE];
```

```
    int n;

    while ((n = read(0, buf, sizeof buf)) > 0)
        write (1, buf, n);
    exit(0);
}
```
もしファイルの大きさが SIZE の整数倍でなければ、いずれは read は、write が書き込むべきバイト数よりも少ないバイト数を返し、その次に呼ばれる read はゼロを返してくるはずである。

この場合、ディスクに合った大きさごとに書込みするのが効率という点からは最善だろうが、ユーザのデータはカーネルがバッファーしてくれるので、1 度に 1 文字ずつの入出力でも、データ量が少なければ実際上の用は足りる。時間をくうのは主としてシステムコールのための時間なのである。例えば ed は 1 バイトずつ読み込んで標準入力を検索する。54000 バイトの大きさのファイルにこの版の cat を使い、SIZE の値を 6 通りに変えてその実行時間を計測してみた結果、以下のような値が得られた。

時　　間 (ユーザ + システム，単位:秒)

SIZE	PDP-11/70	VAX-11/750
1	271.0	188.8
10	29.9	19.3
100	3.8	2.6
512	1.3	1.0
1024	1.2	0.6
5120	1.0	0.6

ディスクのブロックサイズは PDP–11 システム上で 512 バイト、VAX 上で 1024 バイトである。

幾つかのプロセスで同時に同一のファイルにアクセスしても、全く問題はない。事実、あるプロセスが読んでいるファイルに、別のプロセスが書き込んでいてもかまわない。これが意図した動作でない場合には混乱を引き起こすかもしれないが、ときには役立つこともある。read が 0 を返してきて一旦ファイルの終了のシグナルが送られてきても、もしそのファイルに更にデータが書き込まれれば、この次の read はまだ読み込んでいないバイトを発見することになる。この事実をもとに、readslow と呼ばれるプログラムが作られた。readslow は、このファイルの終了を読み込んでもかまわずに、入力を読み続けるので、プログラムの進行状況を監視するのに便利で

ある。

```
$ slowprog >temp &
5213 ......................................................... プロセス id
$ readslow <temp grep something
```

言い換えれば、ゆっくりした仕事をする何らかのプログラムが出力をファイルに書き出し、そのファイルを readslow に読み込んで、おそらく何か別のプログラムと共同作業をしながらデータが蓄積されていくのを監視していることになる。

構造的には readslow と cat は同一のものである。ただ異なるのは、現在の入力が終了したときに、終わらないでループする点である。readslow には低レベルの入出力を使わなくてはならない。標準の入出力ルーチンを使ったのでは、ファイルの終了に1度でも出会うと EOF を出し続けるからである。

```
/* readslow:  keep reading, waiting for more */
#define SIZE     512 /* arbitrary */

main()
{
    char buf[SIZE];
    int n;

    for (;;) {
        while ((n = read(0, buf, sizeof buf)) > 0)
            write(1, buf, n);
        sleep(10);
    }
}
```

関数 sleep は、プログラムの実行を指定された秒数だけ待たせるものである。これに関しては sleep (3) のなかに説明があるが、readslow でデータはないかと絶え間なくファイルを監視し続けるのは望ましくない。そんなことをしたら CPU 時間があまりに高くつくであろう。従って、この版の readslow は一旦ファイルの終了まで入力をコピーした後、sleep でしばらく眠りにつき、そして再び、ファイルをみにいくようになっている。もし眠っている最中に新たなデータが到着したら、そのデータは次の read で読み込まれることになるであろう。

第 7 章 UNIX システムコール

> **問題 7-1**　眠っている時間を n 秒に変更できるように、readslow に -n オプションを追加せよ。システムによっては、tail の機能と readslow の機能を結合させた -f ("forever") というオプション付きの tail を用意していることもある。この設計についてコメントせよ。

> **問題 7-2**　読み込んでいる最中のファイルが途中で途切れていたら、readslow はどうなるだろうか? この問題をうまく解決するにはどうしたらよいか? ヒント：7.3 章の fstat に関する説明を参考にせよ。

ファイルの作成 — open, creat, close, unlink

暗黙のうちに仮定される標準入力、標準出力、標準エラー出力以外のファイルは、読み書きするために、積極的にファイルをオープンしなくてはならない。この目的のために使われるシステムコールに、open と creat[*1] の 2 つがある。

open は前章に登場した fopen とかなり似ているが、異なる点は、それがファイル・ポインタを返す代わりに、1 つの変数、すなわちファイル指定子を返すことにある。

```
    char *name;
    int fd, rwmode;

    fd = open(name, rwmode);
```

fopen のときと同じく、引数 name はファイル名を表わす文字列である。しかし、アクセスモードの引数に違いはあって、rwmode は読出しのとき 0, 書込みのとき 1, 読み書き両方のときに 2 を使う。もし何かエラーが発生したときには、open は -1 を返し、これ以外のときには有効な値をもったファイル指定子を返してくる。

存在していないファイルに対して open しようとするとエラーになる。そこで、ファイルを新しく作成したり、既存のファイルを上書きするときのためには、システムコール creat が用意されている。

```
    int perms;

    fd = creat(name, perms);
```

もし name というファイルが作成できたら、creat はファイル指定子を返し、作成できなければ -1 を返してくる。ファイルが存在していない場合、creat は新しくファ

[*1] かつて Ken Thompson が、もし UNIX システムを再設計するとしたらどこを変えますかと尋ねられたとき、こう答えたことがある。"creat のスペルを create にするでしょうね。"

イルを作り、それには引数 perms が指定する使用許可が付けられる。ファイルがすでに存在している場合には、creat はファイルの中身を切り捨ててその長さを 0 にする。すでに存在しているファイルを作成（creat）してもエラーにはならない（使用許可情報は変わらない）。作成されたファイルは、perms の内容に関係なく書込み可能な状態でオープンされる。

第 2 章で述べたように、読出し、書込み、実行の制御のために、ファイルには必ず 9 ビットの保護情報が付けられている。従って、その指定のためには、3 桁の 8 進数を使うのが便利である。例えば、0755 とすれば、所有者には読出し、書込み、実行を許可し、グループや一般ユーザには読出しと実行を許可するという意味になる。頭に 0 を付けるのを忘れないようにすること。C プログラムのなかで 8 進数を指定するには、先頭に 0 を付加する約束になっているからである。

具体例で示すため、ここでは cp の単純化した版を用意した。単純化の主要な点は、ここで取り上げる版がファイル 1 個だけをコピーすることと、ディレクトリを表わす 2 番目の引数の指定を許していないことである。もう 1 つ、コピー元のファイルの使用許可情報が保存されないという欠陥があるが、これを救う方法は後ほど紹介しよう。

```
/* cp: minimal version */
#include <stdio.h>
#define PERMS 0644 /* RW for owner, R for group, others */
char *progname;

main(argc, argv)    /* cp: copy f1 to f2 */
    int argc;
    char *argv[];
{
    int f1, f2, n;
    char buf[BUFSIZ];

    progname = argv[0];
    if (argc != 3)
        error("Usage: %s from to", progname);
    if ((f1 = open(argv[1], 0)) == -1)
        error("can't open %s", argv[1]);
    if ((f2 = creat(argv[2], PERMS)) == -1
```

```
            error("can't create %s", argv[2]);

    while ((n = read(f1, buf, BUFSIZ)) > 0)
        if (write(f2, buf, n) != n)
            error("write error", (char *) 0);
    exit(0);
}
```

error については次の項で述べる。

1つのプログラムが1度にオープンできるファイルの数には制限（典型的な場合にはおよそ20, `<sys/param.h>` のなかの NOFILE を調べよ）がある。従って、多くのファイルを処理しようとするプログラムには、ファイル指定子を再利用する手段がなくてはならない。システムコール close を使えば、ファイル名とファイル指定子の結合が切られ、そのファイル指定子をまた別のファイルに使えるように解放してくれる。exit を経由してプログラムを終了させたり、メイン・プログラムから返ってきたときには、すべてのファイルはクローズされる。

また、システムコール unlink にはファイル・システムからファイルを削除する働きがある。

エラー処理 — errno

システムコールは、本節で説明するものに限らず、いずれもエラーに出会う可能性をもっている。通常システムコールは -1 という値を返してエラーの発生を知らせてくれるが、場合によっては、どんなエラーが起きたのかを区別できると具合がよい。この目的のためにすべてのシステムコールは、不都合がないときには、errno と呼ばれる外部変数のなかに整数のエラー番号を残す（各種のエラー番号の意味を知りたければ、UNIX プログラマーズ・マニュアルの2章の序文にある一覧表をみるとよい）。errno を使うことで、自作のプログラムのなかから、ファイルのオープンに失敗した理由が、ファイルが存在しなかったためなのか、それとも、読出しの使用許可がなかったためなのかなどが判定できる。この他、さらに errno が指す配列 sys_errlist が用意されていて、そこに書かれた文字列から、errno の番号を意味のある言葉に翻訳することが可能である。以下に示す error では、このデータ構造を用いた。

```
    error(s1, s2)   /* print error message and die */
        char *s1, *s2;
    {
        extern int errno, sys_nerr;
```

```
    extern char *sys_errlist[], *progname;

    if (progname)
        fprintf(stderr, "%s: ", progname);
    fprintf(stderr, s1, s2);
    if (errno > 0 && errno < sys_nerr)
        fprintf(stderr, " (%s)", sys_errlist[errno]);
    fprintf(stderr, "\n");
    exit(0);
}
```

errnoは初期状態では0になっており、sys_nerrよりも常に小さくなくてはならない。しかし、エラーがなくなったときにも0に再設定されないから、もし実行の継続を望むようなプログラムがあれば、エラーのたびにerrnoを再設定する必要がある。

この版のcpがどのようなエラーメッセージを出すのか、以下に例をあげておく。

```
$ cp foo bar
cp: can't open foo (No such file or directory)
$ date >foo; chmod 0 foo ............................. 読めないファイルを作る。
$ cp foo bar
cp: can't open foo (Permission denied)
```

ランダム・アクセス — lseek

通常、ファイルの入出力は先頭から順番に行なわれる。readとwriteは直前のreadやwriteが扱ったファイルの次の部分を対象にする。しかし、必要があれば、ファイルは任意の順序で読み書きすることができる。システムコールlseekを利用すれば、実際に読み書きすることなく、ファイルのなかをあちこち移動できるわけである。

```
    int fd, origin;
    long offset, pos, lseek();

    pos = lseek(fd, offset, origin);
```

とすれば、指定子fdが指すファイルの現在位置は、offsetの位置に強制的に移動させられ、このoffsetはoriginからの相対的な位置と解釈される。移動の後に続いて起こる読出しや書込みは、この位置で始められる。originは0, 1, 2の3通りの

値をもつことがあり、それぞれ、`offset` をファイルの先頭から数えるのか、現在位置から数えるのか、ファイルの終了から数えるのかを指定する。返された値が新たな絶対位置になり、エラーが起きたら -1 が返される。例えば、ファイルに何かを追加するには、書き込む前に次のようにまずファイルの終わりを探す。

```
lseek(fd, 0L, 2);
```

先頭に戻す ("巻き戻す") ためには、

```
lseek(fd, 0L, 0);
```

とし、また、現在位置を知りたければ以下のようにすればよい。

```
pos = lseek(fd, 0L, 1);
```

`0L` という引数に注目しよう。そのオフセットには長い (`long`) 整数が使われている。(`lseek` の "l" は long (長い) を表わしており、短い (`short`) 整数を使っていた第 6 版の `seek` と区別される。)

この `lseek` を使えば、処理速度の遅いことの代償に、多少なりとファイルを大きな配列であるかのように扱える。例えば、次の関数はファイルの任意の場所から任意の数のバイトを読み出すためのものである。

```
get(fd, pos, buf, n)   /* read n bytes from position pos */
    int fd, n;
    long pos;
    char *buf;
{
    if (lseek(fd, pos, 0) == -1)    /* get to pos */
        return -1;
    else
        return read(fd, buf, n);
}
```

問題 7-3　ファイル名の引数が存在しても処理できるように `readslow` を改良せよ。また、以下のようにオプション `-e` を追加して、`readslow` が入力の終わりを探した後で読出しを開始するようにせよ。

```
$ readslow -e
```

`lseek` はパイプに対してどんな働きをするだろうか?

問題 7-4　第 6 章で取り上げた `efopen` を改良して、`error` を呼び出すようにせよ。

7.2 ファイル・システム ― ディレクトリ

次に話題にするのは、階層化ディレクトリを巡り歩く方法である。現実には、このために新しいシステムコールは何も登場しない。これまでみてきたシステムコールを別の考え方で使うだけである。具体的な話は、スペルを間違えたファイル名の処理を試みる spname という関数を書きながら進めていこう。以下の関数

  n = spname(*name*, *newname*);

は *name* に"十分近い"名前をもったファイルを検索する。もしみつかったらそれを *newname* にコピーする。spname が返す値 n は、近い名前が何もなかったときは -1, 完全に一致したものがあったときは 0, 修正があったときは 1 になる。

spname は p コマンドに追加して使うと使い勝手がよい。つまり、ファイルを表示しようとしてファイル名のスペルを間違えると、p はそれに近い名前を表示して、本当に期待している名前かどうかを尋ねてくる。

  $ *p /usr/srx/ccmd/p/spnam.c* .... 恐ろしくつぎはぎの名前。
  "/usr/src/cmd/p/spname.c"? *y* .... コンピュータが示した修正名を受け入れた。
  /* spname: return correctly spelled filename */
  ...

名前を書くたびに、spname はファイル名の / で区切られた要素ごとに修正をしようとする。その修正の対象となるのは、1文字欠落や1文字過剰、1文字違い、隣り合った文字の入れ替わりである。上記の例には、これらのすべてが含まれている。この機能は、タイプの下手な人には朗報であろう。

プログラム spname を書くにあたっては、ファイル・システムの構造について簡単に復習しておくのが順序であろう。まずディレクトリとは、ファイル名のリストとそれぞれがどこに格納されているかを示す情報が書かれたファイルである。"格納場所"は、実際にはiノードテーブルとも呼ばれる。もうひとつ別のテーブルを指し示すインデックスになっている。そしてファイルのiノードには、そのファイルに関する名前以外の全情報が収められている。従ってディレクトリに書かれたファイルの入り口は、i番号とファイル名の2つの項目だけでできている。その正確な仕様については、以下に示すように <sys/dir.h> というファイルのなかをみればよい。

  $ *cat /usr/include/sys/dir.h*
  #define DIRSIZ 14 /* max length of file name */

```
struct direct      /* structure of directory entry */
{
    ino_t  d_ino;     /* inode number */
    char   d_name[DIRSIZ];    /* file name */
};
$
```

"型" ino_t は i ノードテーブルを指すインデックスを記述するための、typedef の 1 つである。PDP–11 版や VAX 版の UNIX システムでは ino_t が unsigned short になっていることもあるが、これは明らかにプログラムのなかにもつべき情報ではない。マシンが異なれば違ったものを使っていても不思議はないからである。そこで typedef が必要になる。"システム" に固有の型はすべて <sys/types.h> のなかに入っており、これを <sys/dir.h> より前に include 文で取り込んでおく必要がある。

正しく動作するためには数多くの境界条件があるものの、spname の動作は極めて単純である。ファイル名が /d1/d2/f の形をしているとしよう。基本的には、まず最初の要素（/）を取り除き、次にそのディレクトリを検索して次の要素（d1）に近い名前を探し、さらに次に d2 に近い名前を探しといった具合に、それぞれの要素の一致したものがみつかるまで続ければよい。どこの段階にあっても、もしそのディレクトリ中に候補となる名前がないときには検索は打ち切られる。

筆者たちはこの仕事を 3 つの機能に分割した。spname 自身は、与えられたパス名を要素ごとに分離する仕事と、"考えられる限り最高の合致を示す"ファイル名を組み立てる仕事をする。spname は 2 番目の関数 mindist を呼び出すものである。この関数は、指定されたディレクトリを検索して現在の推定名に一番近いファイルを探し、そのなかでさらに 3 番目の関数 spdist を使って 2 つの名前の食い違い度を計算する働きをもっている。

```
/* spname:   return correctly spelled filename */
/*
 * spname(oldname, newname)   char *oldname, *newname;
 * returns -1 if no reasonable match to oldname,
 *          0 if exact match,
 *          1 if corrected.
 * stores corrected name in newname.
 */
```

7.2 ファイル・システム ― ディレクトリ

```
#include <sys/types.h>
#include <sys/dir.h>

spname(oldname, newname)
    char *oldname, *newname;
{
    char *p, guess[DIRSIZ+1], best[DIRSIZ+1];
    char *new = newname, *old = oldname;

    for (;;) {
        while (*old == '/')  /* skip slashes */
            *new++ = *old++;
        *new = '\0';
        if (*old == '\0')    /* exact or corrected */
            return strcmp(oldname,newname) != 0;
        p = guess;  /* copy next component into guess */
        for ( ; *old != '/' && *old != '\0'; old++)
            if (p < guess+DIRSIZ)
                *p++ = *old;
        *p = '\0';
        if (mindist(newname, guess, best) >= 3)
            return -1;  /* hopeless */
        for (p = best; *new = *p++; ) /* add to end */
            new ++;                   /* of newname */
    }
}

mindist(dir, guess, best)        /* search dir for guess */
    char *dir, *guess, *best;
{
    /* set best, return distance 0..3 */
    int d, nd, fd;
    struct {
        ino_t ino;
```

```
            char    name[DIRSIZ+1];      /* 1 more than in dir.h */
    } nbuf;

    nbuf.name[DIRSIZ] = '\0';    /* +1 for terminal '\0' */
    if (dir[0] == '\0')     /* current directory */
        dir = ".";
    d = 3;  /* minimum distance */
    if ((fd=open(dir, 0)) == -1)
        return d;
    while (read(fd,(char *) &nbuf,sizeof(struct direct)) > 0)
        if (nbuf.ino) {
            nd = spdist(nbuf.name, guess);
            if (nd <= d && nd != 3) {
                strcpy(best, nbuf.name);
                d = nd;
                if (d == 0)     /* exact match */
                    break;
            }
        }
    close(fd);
    return d;
}
```

次に mindist に与えられたディレクトリ名が空の場合、"." が検索され、mindist はディレクトリの入り口を1度に1つ読む。read のためのバッファーが文字の配列ではなく、構造体であることに注意されたい。バイト数を数えるために sizeof を使い、そのアドレスをキャラクタ・ポインタに結び付けている。

　（ファイルが削除されたために）あるディレクトリの項目がその時点で使用されていなかったら、iノードの入り口はゼロであり、その場所は読みとばされる。また、食い違い度のテストのときに、

```
    if (nd < d ...)
```

の代わりに、

```
    if (cd <= d ...)
```

としているので、1文字の名前のものは、"."よりも一致度が高いと判断される。というのも、"."は常にディレクトリの入り口の先頭にあるからである。

```
/* spdist:   return distance between two names */
/*
 * very rough spelling metric:
 *   0 if the string are identical
 *   1 if two chars are transposed
 *   2 if one char wrong, added or deleted
 *   3 otherwise
 */

#define EQ(s,t) (strcmp(s,t) == 0)

spdist(s, t)
    char *s, *t;
{
    while (*s++ == *t)
        if (*t++ == '\0')
            return 0;       /* exact match */
    if (*--s) {
        if (*t) {
            if (s[1] && t[1] && *s == t[1]
              && *t == s[1] && EQ(s+2, t+2))
                return 1;   /* transposition */
            if (EQ(s+1, t+1))
                return 2;   /* 1 char mismatch */
        }
        if (EQ(s+1, t))
            return 2;       /* extra character */
    }
    if (*t && EQ(s, t+1))
        return 2;           /* missing character */
    return 3;
}
```

第7章 UNIX システムコール

この spname をもっていれば、p にスペル訂正機能を組み込むのはやさしく、次のようなプログラムを書けばよい。

```
/* p:  print input in chunks (version 4) */

#include <stdio.h>
#define PAGESIZE    22
char    *progname;  /* program name for error message */

main(argc, argv)
    int argc;
    char *argv[];
{
    FILE *fp, *efopen();
    int i, pagesize = PAGESIZE;
    char *p, *getenv(), buf[BUFSIZ];

    progname = argv[0];
    if ((p=getenv("PAGESIZE")) != NULL)
        pagesize = atoi(p);
    if (argc > 1 && argv[1][0] == '-') {
        pagesize = atoi(&argv[1][1]);
        argc--;
        argv++;
    }
    if (argc == 1)
        print(stdin, pagesize);
    else
        for (i = 1; i < argc; i++)
            switch (spname(argv[i], buf)) {
            case -1:    /* no match possible */
                fp = efopen(argv[i], "r");
                break;
            case 1:     /* corrected */
                fprintf(stderr, "\"%s\"? ", buf);
```

```
                    if (ttyin() == 'n')
                        break;
                    argv[i] = buf;
                    /* fall through... */
                case 0: /* exact match */
                    fp = efopen(argv[i], "r");
                    print(fp, pagesize);
                    fclose(fp);
            }
        exit(0);
    }
```

スペル訂正機能は、ファイル名を扱うプログラムならどれでもよいというものではない。p と相性がよい理由は、p が対話型であるためであり、対話型でないプログラムにはスペル訂正機能は適当とはいえない。

> **問題 7–5** spname のなかで最善の一致を選択する発見的方法をどこまで、よりよいものにできるだろうか？ 例えば、通常のファイルをディレクトリであるかのように扱うのは馬鹿げているが、これは現在の版では起こりうる。

> **問題 7–6** tx という名前は、そのディレクトリの最後にある tc（cは任意の数字）とマッチする。何かもっとよいミスマッチの尺度が考えられるか？ その機能を実現し、実際にユーザが使ったときにうまく動作することを確認せよ。

> **問題 7–7** mindist はディレクトリを読むときに、1 度に 1 項目ずつ読んでいく。もしもっと大きなかたまりを単位として読むようにしたら、p は感じとれるほど速くなるだろうか？

> **問題 7–8** spname に手を加えて、最も近い名前がそれ以上みつからなかったときに、要求した名前と同じプレフィックスをもつファイル名を返すようにせよ。そのプレフィックスと完全に一致するファイルが幾つもあったときには、どのような順番を付けたらよいか？

問題 7-9　spname を使うと効果が上がるプログラムには他にどんなものがあるか？別のプログラムに渡す前に引数を修正する働きをもつ、単独で動作するプログラムを設計し、以下のような使い方ができるようにせよ。

　　　　$ fix prog filenames ...

spname を使用して cd のプログラムを書くことができるか？　また、そのプログラムを組み込むにはどうすればよいか？

7.3　ファイル・システム — i ノード

　本節では、ファイル・システムを扱うシステムコール、とりわけファイルの大きさ、変更日付、使用許可といったファイルに関する情報を扱うシステムコールについて説明しよう。これらのシステムコールを使えば、第 2 章で話した情報はすべて手に入れることができる。

　まず、i ノード自体についてもっと掘り下げてみることにしよう。i ノードの一部は、以下のように、<sys/stat.h> のなかで定義された stat と呼ばれる構造体によって記述されている。

```
struct stat /* structure returned by stat */
{
    dev_t    st_dev;     /* device of inode */
    ino_t    st_ino;     /* inode number */
    short    st_mode;    /* mode bits */
    short    st_nlink;   /* number of links to file */
    short    st_uid;     /* owner's userid */
    short    st_gid;     /* owner's group id */
    dev_t    st_rdev;    /* for special files */
    off_t    st_size;    /* file size in characters */
    time_t   st_atime;   /* time file last read */
    time_t   st_mtime;   /* time file last written or created */
    time_t   st_ctime;   /* time file or inode last changed */
};
```

フィールドの説明はほとんどが右側のコメントに書かれている。dev_t や ino_t といった型は、前述したように <sys/types.h> のなかで定義されている。st_mode の項目のなかには、ファイルを記述するフラグの集合が入っており、簡便化のため

7.3 ファイル・システム — i ノード

に、そのフラグの定義も、次のように <sys/stat.h> のファイルのなかで行なわれている。

```
#define S_IFMT    0170000   /* type of file */
#define     S_IFDIR 0040000 /* directory */
#define     S_IFCHR 0020000 /* character special */
#define     S_IFBLK 0060000 /* block special */
#define     S_IFREG 0100000 /* regular */
#define S_ISUID   0004000   /* set user id on execution */
#define S_ISGID   0002000   /* set group id on execution */
#define S_ISVTX   0001000   /* save swapped text even after use */
#define S_IREAD   0000400   /* read permission, owner */
#define S_IWRITE  0000200   /* write permission, owner */
#define S_IEXEC   0000100   /* execute/search permission, owner */
```

ファイルのiノードは stat と fstat という2つのシステムコールによってアクセスできる。stat はファイル名を取り込み、そのファイルのiノード情報を返す（もしエラーがあれば -1 を返す）。fstat も、オープンしたファイルのファイル指定子（FILE ポインタではなく）を使って同じ動作をする。つまり、

```
char *name;
int fd;
struct stat stbuf;

stat(name, &stbuf);
fstat(fd, &stbuf);
```

とすれば、構造体 stbuf には、name というファイルの情報、あるいは、fd というファイル指定子をもつファイルの情報が入る。

こらの事実を理解すれば、実際に役に立つプログラムの作成にとりかかることができる。まずはじめに、自分のメールボックスを監視する checkmail というプログラムを C で書いてみよう。メールボックスのファイルの中身が増えると、checkmail は "You have mail" と表示して、ベルを鳴らす（これと反対にファイルが小さくなったときは、おそらく十中八九は読み終えたメールを削除したときと考えられるので、メッセージは不要である）。このプログラムは初級問題としてはまことに手頃なものであり、しかも、うまく動作したあかつきには、手放せないツールになるだろう。

```
/* checkmail:   watch user's mailbox */
#include <stdio.h>
#include <sys/types.h>
#include <sys/stat.h>
char *progname;
char *maildir = "/usr/spool/mail";   /* system dependent */

main(argc, argv)
    int argc;
    char *argv[];
{
    struct stat buf;
    char *name, *getlogin();
    int lastsize = 0;
    progname = argv[0];
    if ((name = getlogin()) == NULL)
        error("can't get login name", (char *) 0);
    if (chdir(maildir) == -1)
        error("can't cd to %s", maildir);
    for (;;) {
        if (stat(name, &buf) == -1)  /* no mailbox */
            buf.st_size = 0;
        if (buf.st_size > lastsize)
            fprintf(stderr, "\nYou have mail\007\n");
        lastsize = buf.st_size;
        sleep(60);
    }
}
```

関数 getlogin (3) は自分のユーザ名であれば、それを、もしなければ NULL を返してくる。checkmail プログラムは、システムコール chdir を使ってメールの入ったディレクトリに移動しているから、続いて stat が呼び出されるときにルートからメールのディレクトリまでいちいち検索しなくてもよいようになっている。maildir という名前は読者のシステムに合わせて変更する必要があるかもしれない。この checkmail プログラムでは、たとえメールボックスが存在しなくてもチェックを継

続するように書いてある。そうしている理由は、ほとんどの版の mail はメールボックスが空のときに mailbox というファイルを削除してしまうからである。

この checkmail のプログラムは、シェルのループを説明するため、すでに第 5 章で書いている。ただ、メールボックスをみにいくたびに複数のプロセスが作り出されるから、システムに対する負荷は必要以上に大きい。ここで紹介した C 版 checkmail は、1 分間に 1 度だけ、そのファイルに対して stat を実行するプロセスただ 1 つでできている。checkmail を常時バックグラウンドで走らせておくためには、どのくらいの時間を使うことになるだろうか？ 筆者たちが計測したところでは、1 時間に 1 秒よりもずっと少なかった。これなら、ほとんど問題にならないほど少ないといえるだろう。

エラー処理の実例 ── sv

さて今度は、cp に似た sv というプログラムを書いてみよう。これは一群のファイルを 1 つのディレクトリにコピーするプログラムであるが、そのディレクトリにファイルが存在しないか、あるいはコピー元のファイルよりも旧版のファイルだったときに限ってファイルの中身を変更させるものである。"sv" は "save（保存）" の意味であり、コピー元のファイルよりも新しいと思われるファイルには上書きしないようにする、というのが sv のアイデアである。前述の checkmail と比べると、sv では、i ノードのなかの情報をさらにたくさん利用する。

さてここでは、sv を次の形になるように設計しよう。つまり、

```
$ sv file1 file2 ...  dir
```

つまり、file1 が dir/file1 に、file2 が dir/file2 に、という具合にコピーされるが、ただ、コピー先のファイルがコピー元のファイルよりも新しかったときには、コピーは行なわれず、警告メッセージを表示するようにする。また、リンクしたファイルを重複してコピーするのを避けるために、コピー元のファイル名に / を使えないように設計しよう。

```
/* sv:   save new files */
#include <stdio.h>
#include <sys/types.h>
#include <sys/dir.h>
#include <sys/stat.h>
char *progname;
```

```
main(argc, argv)
    int argc;
    char *argv[];
{
    int i;
    struct stat stbuf;
    char *dir = argv[argc-1];
    progname = argv[0];
    if (argc <= 2)
        error("Usage: %s files... dir", progname);
    if (stat(dir, &stbuf) == -1)
        error("can't access directory %s", dir);
    if ((stbuf.st_mode & S_IFMT) != S_IFDIR);
        error("$s is not directory", dir);
    for (i = 1; i < argc-1; i++)
        sv(argv[i], dir);
    exit(0);
}
```

iノードのなかに書かれた時間は、はるか昔 (1970年1月1日午前0時、グリニッジ標準時) からの積算秒数で表わされているので、ファイルが昔の版のものであれば、st_mtime のフィールドにはより小さな値が入っているはずである。

```
sv(file, dir)      /* save file in dir */
    char *file, *dir;
{
    struct stat sti, sto;
    int fin, fout, n;
    char target[BUFSIZ], buf[BUFSIZ], *index();

    sprintf(target, "%s/%s", dir, file);
    if (index(file, '/') != NULL)   /* strchr() in some systems */
        error("won't handle /'s in %s", file);
    if (stat(file, &sti) == -1)
        error("can't stat %s", file);
```

```
        if (stat(target, &sto) == -1)    /* target not present */
            sto.st_mtime = 0;      /* so make it look old */
        if (sti.st_mtime < sto.st_mtime)     /* target is newer */
            fprintf(stderr, "%s: %s not copied\n",
                progname, file);
        else if ((fin = open(file, 0)) == -1)
            error("can't open file %s", file);
        else if ((fout = creat(target, sti.st_mode)) == -1)
            error("can't create %s", target);
        else
            while ((n = read(fin, buf, sizeof buf)) > 0)
                if (write(fout, buf, n) != n)
                    error("error writing %s", target);
        close(fin);
        close(fout);
    }
```

標準入出力関数ではなく creat を使っているのは、sv が入力ファイルのモードを保存できるようにするためである（index と strchr は同一ルーチンの別名であるのに注意する。マニュアルの string (3) の項を調べて、自分のシステムが採用している名前を確認すること）。

sv のプログラム自体はかなり特殊な目的に使われるものだが、そのなかには、重要なアイデアがはっきり読みとれる。まず、プログラムの多くは"システム・プログラム"ではないにもかかわらず、OS の管理している情報を、システムコールを使って利用することがある、ということである。このようなプログラムで非常に大事な点は、システム情報の記述は、すべて <stat.h> とか <dir.h> とかいった標準のヘッダファイルのなかだけに限るようにして、プログラム自身のなかには実際の宣言文を埋め込まずに、そういったヘッダファイルを取り込むように作ることである。こうしたルールに従って書かれたプログラムは、システムからシステムへの移植がずっと楽になる。

また、sv のプログラムの少なくとも 3 分の 2 がエラーチェックに費やされていることも注目に値する。プログラム設計の初期段階では、エラー処理というものは主要な仕事からみれば脇道だから、ついつい手を抜きたくなるのも人情である。しかも、一旦プログラムが"動いて"しまうと、個人用のプログラムにわざわざチェック機能を組み込み、何が起こっても大丈夫な版に変換する熱意を持続させるのは困難である。

svとて、あらゆる異常事態に対処できるようには作られていない（例えば、割込みを何回かかけるとうまく対応できない）が、大抵のプログラムよりは慎重に作られている。ここではポイントをしぼって最後のwrite文だけを考えることにしてみよう。writeが失敗に終わることはまずめったに起こらないので、非常に多くのプログラムで、writeが異常終了する可能性は無視している。しかし、ディスクが一杯になったり、ユーザ割当て量を超えてしまったり、通信回線が切れてしまったり、ということは実際に起こりうる。このいずれが起きても書込みエラーを生じうるのだから、プログラムがあたかも正常に終了したかのように何も表示せずに終了するよりも、その旨表示してくれた方がはるかに安心度が高いだろう。

エラーチェック機能を組み込むのは、面倒くさい仕事であるが、これが大事な仕事であるのは常識であろう。本書のなかのプログラムのほとんどがこの点に無頓着であったのは、紙面の都合のためでもあり、もっと興味深い話に的をしぼって解説するためである。しかしながら、現実には、プログラムを作るときにエラーを無視するほど呑気ではいられない。

> 問題 7-10   checkmailを修正して、"You have mail"のメッセージの一部にメールの発信人名が入るようにせよ。ヒント：sscanf, lseek

> 問題 7-11   checkmailを修正して、ループに飛び込む前にメールの入ったディレクトリに移らないようにせよ。これによって、それとわかるほど性能が落ちるだろうか？　（やや難）すべてのユーザにメールの到着を知らせるのにプロセス1つですむような版のcheckmailを書くことは可能だろうか？

> 問題 7-12   あるファイルを監視して、何か変更があるたびにそのファイルの先頭から表示するようなwatchfileというプログラムを書け。このプログラムはどのようなときに使えるだろうか？

> 問題 7-13   svはエラー処理に融通がきかない。svを修正して、処理できないファイルがあったときにも、処理を続行するように変えよ。

> 問題 7-14   svを再帰的に使えるようにせよ。つまり、コピー元で指定されたファイルがディレクトリだったときにも、そのディレクトリとそのなかのファイルが同じように処理されるようにせよ。また、cpを再帰的に使えるように修正せよ。cp -vという指定で、コピー先の新しい版のファイルにはコピーが行なわれないようにすれば、cpとsvを同一のプログラムにできるが、1つにすることの得失について論じよ。

問題 7–15　random というプログラムを書け。すなわち、

　　　$ *random filename*

と書けば、指定したファイルからランダムに選んできた 1 行が取り出されるようにせよ。人名の入った people というファイルを用意すれば、この random を利用して、人に罪をかぶせるのに役立つ scapegoat というプログラムが書ける。

　　　$ *cat scapegoat*
　　　echo "It's all `random people`'s fault!"
　　　$ *scapegoat*
　　　It's all Ken's fault!
　　　$

なお、行の長さの分布に無関係な random が公平な選択をすることを確認せよ。

問題 7–16　i ノードのなかには、まだいろいろと情報が入っており、そのなかに、ファイルブロックの場所を表わすディスクアドレスがある。<sys/ino.h> のファイルを調べた上で、i ノード番号とディスク装置で指定したファイルを読むための icat というプログラムを書け（もちろん、該当するディスクが読出し可能な場合にだけ動作するように作るのは、言うまでもない）。この icat は、どんな状況のときに役立つだろう?

7.4　プロセス

　本節では、1 つのプログラムのなかから別のプログラムを実行する方法を説明する。最も簡単には、第 6 章でも触れた、標準ライブラリのなかにある system というルーチンを使えばよい。system は引数を 1 つもち、その引数は、（最後に改行を書かないのを除けば）端末からタイプされるコマンド行と完全に同じように書いておけば、system はそのコマンド行をサブシェルのなかで実行する。もし寄せ集めでコマンド行を作らなくてはならないときには、sprintf のインメモリ・フォーマッティング機能が役に立つであろう。本節の終わりで、対話型のプログラムに使うためのもっと安全な版の system を紹介するが、ともあれ、まずその関数 system を組み立てるのに使う部品を調べておく必要がある。

低レベルでのプロセスの生成 — execlp と execvp

最も基本となる動作は、システムコール execlp を使って、別のプログラムを実行して終了して、元に戻らないようにすることである。例えば、実行中のプログラムの終わりのアクションとして日付を表示するようにするには、次のように書けばよい。

```
execlp("date", "date", (char *) 0);
```

execlp の最初の引数には、実行するコマンドの入ったファイル名を書く。execlp はユーザの動作環境からサーチパス（つまり $PATH）を取り出して、シェルと同じようにコマンドを検索していく。2 番目以降の引数には、実行するコマンドのコマンド名とそれに対する引数を書く。これらの引数が、新しく作成するプログラムのための argv 配列になる。このリストの終わりの目印としては、0 という引数が使われている（execlp がどう設計されているかのヒントを得たければ、exec (2) を読むとよい）。

この execlp は呼び出されると、既存のプログラムの上にその新しいプログラムをかぶせ、実行して終了する。元のプログラムに再び制御が渡されるのは、エラーが起こったとき、例えばファイルがみつからなかったり、実行できないファイルだったりしたときである。

```
execlp("date", "date", (char *) 0);
fprintf(stderr, "Couldn't execute 'date'\n");
exit(1);
```

引数の数が前もってわからないときには、execlp の変形版である execvp というシステムコールが役立つ。execvp の呼出し形式は、以下のような形をしており、

```
execvp(filename, argp);
```

ここで使われている argp は、（argv のような）引数を指すポインタの配列である。execvp に対して、リストの終わりを検出させるためには、そのポインタの終わりが NULL になっている必要がある。execlp のときと同じように、filename という引数は、実行するプログラムの入ったファイルを指し、argp は、新しく作るプログラムに対する argv の入った配列になる。従って、argp[0] は新しいプログラムの名前ということになる。

今まで述べてきた execlp と execvp の 2 つのルーチンは、引数の並びに現われた、<, >, *, 引用符などのメタキャラクタを拡張する機能はない。もしこの機能が必要な場合は、execlp を使ってシェルの入った /bin/sh というファイルを起動すれば、後はシェルがうまくやってくれる。手順としては、まず、端末からタイプするはずのコマンドを完全な形で commandline という文字列のなかに入れ、その後で以下のように書けばよい。

```
    execlp("/bin/sh", "sh", "-c", commandline, (char *) 0);
```
引数 -c を指定すると、すぐ後の引数をただの引数ではなく、コマンド行全体だとみなせ、という意味になる。

exec を使った実例として、waitfile というプログラムを考えてみよう。以下のように waitfile を使って、

$ *waitfile filename [command]*

指定されたファイルを定期的にチェックしてくれるようにしたい。前回と比べてファイルに変化がなければ、*command* を実行し、*command* の指定がない場合には、そのファイルを標準出力上にコピーする。筆者たちは、以下のようにして、troff の進み具合を監視するために waitfile を使っている。

$ *waitfile troff.out echo troff done &*

waitfile を実現する際、ファイルが最後に変更された時刻を取り出すために fstat を使っている。

```
/* waitfile:  wait until file stops changing */
#include <stdio.h>
#include <sys/types.h>
#include <sys/stat.h>
char *progname;

main(argc, argv)
    int argc;
    char *argv[];
{
    int fd;
    struct stat stbuf;
    time_t old_time = 0;

    progname = argv[0];
    if (argv < 2)
        error("Usage: %s filename [cmd]", progname);
    if ((fd = open(argv[1], 0)) == -1)
        error("can't open %s", argv[1]);
    fstat(fd, &stbuf);
```

```
        while (stbuf.st_mtime != old_time) {
            old_time = stbuf.st_mtime;
            sleep(60);
            fstat(fd, &stbuf);
        }
        if (argc == 2) {       /* copy file */
            execlp("cat", "cat", argv[1], (char *) 0);
            error("can't execute cat %s", argv[1]);
        } else {               /* run process */
            execvp(argv[2], &argv[2]);
            error("can't execute %s", argv[2]);
        }
        exit(0);
    }
```

このプログラムは、execlpとexecvpの両方の使用例になっている。

waitfileの設計を上の例のようにしたのは、それが役に立つからだが、違う形も考えられよう。例えば、ファイルが変化しなくなったときに、何もせずに戻るようなwaitfileも考えられる。

問題 7-17　watchfile（問題 7-12）を修正して、waitfileと同じ性質をもたせよ。つまり、commandが指定されていないときにはファイルをコピーし、commandがあればそれを実行するようにしたい。watchfileとwaitfileのソースプログラムは共通にできるだろうか？
ヒント：argv[0]

プロセスの制御 — folk と wait

さて次に、execlpとexecvpで走らせたプログラムの終了後に、どうやって制御を取り戻すかを考えよう。実行されるルーチンは元のプログラムの上に新しいプログラムを無条件にオーバレイしてしまうので、元のプログラムを保存するためには、あらかじめコピーして同じものを2つ作っておく必要がある。そのうちの1つをオーバレイ可能とし、もう1つにはオーバレイしたプログラムの終了を待たせる。このコピー（分割）のために使われるのがforkという名前のシステムコールである。

```
    proc_id = fork();
```

とすれば、プログラムは 2 つに分割されて、その 2 つが同時に走り続ける。両者の違いは、fork の返す値すなわちプロセス id だけである。片方のプロセス（子プロセス）では、proc_id はゼロになり、もう一方のプロセス（親プロセス）では、proc_id はゼロ以外の値をもち、実際には子プロセスのプロセス id が入っている。従って、別のプログラムを呼んで、さらにそこから戻ってくるためには、基本的には次のように書けばよい。

```
if (fork() == 0)
    execlp("/bin/sh", "sh", "-c", commandline, (char *) 0);
```

実際問題として、エラー処理を別にすれば、これだけで十分である。まず、fork がプログラムをコピーして 2 つにする。子プロセスのなかでは、fork が返す値はゼロであり、従って条件に合うから、execlp が呼び出され、この execlp は commandline を実行した後で終了する。一方、親プロセスの方には fork がゼロ以外の値を返すから、この execlp は実行せずにとばされる（もしエラーがあれば、fork は -1 を返してくる）。

多くの場合、親プロセスは、子プロセスが終了するのを待ってから自分の実行を続ける。このように動作させるには、以下のように、wait というシステムコールを用いる。

```
int status;

if (fork() == 0)
    execlp(...);        /* child */
wait(&status);          /* parent */
```

これでもまだ考えられるすべての異常事態に対処できるわけではない。例えば execlp や fork 自体が異常を起こすこともあるし、複数の子プロセスが同時に走るような場合もありうる（fork が返す値と終了した子プロセスのプロセス id を付き合わせたければ、それには wait が返してくる値を使えばよい）。それにもう 1 つ、この部分では子プロセス側で何かおかしな動作が起こっても、その処理はしていない。しかしながら、こういった限界はあるものの、上記の 3 行が標準の system 関数の核心になるのである。

wait の返してくる status の下位 8 ビットには、システムが判断した子プロセスの終了状態が符号化されている。もし 0 なら正常終了を意味し、ゼロ以外の値だったときには様々な種類の問題を意味している。高位の 8 ビットには、その子プロセスを終了させた exit を呼んだときの引数か、main からの戻り値が入っている。

第7章 UNIX システムコール

　さて、あるプログラムがシェルから呼び出されたときには、それぞれ定まったファイルを指す、0, 1, 2 の 3 つのファイル指定子がまず設定される。これ以外のファイル指定子は何に使ってもよい。このプログラムがさらに別のプログラムを呼び出すときには、同じエチケットを守れば、同じ条件が確保される。fork や exec が呼ばれても、オープンしたファイルには何の影響も与えない。つまり、親プロセスと子プロセスはオープンされた同一のファイルを共有することになる。従って、もし親プロセスが、子プロセスの出力より前に書き出す出力をバッファーにもっていれば、execlp を呼び出す前にそのバッファーの内容を吐き出してやる必要がある。逆に言えば、親プロセスが入力ストリームをバッファーしていれば、親プロセスが読んだ情報は子プロセスからはわからないことになる。出力なら吐き出すこともできるが、入力では遡ってもう 1 度、というわけにはいかない。第 6 章で説明した標準入出力ライブラリを使って入出力を行なう場合にも、入出力をバッファーするのが普通なので、やはり上記のような問題が生じる。

　さて、関数 system を呼ぶ場合、execlp のところでは、ファイル指定子が受け継がれる。もし execlp が実行するプログラムの標準入力と標準出力が端末でなかったら、system が呼び出すコマンドでもまたそうなるはずである。これは望ましい状況であろう。例えば、ed のコマンドファイルにおいては、! 記号で始まるコマンドの入力は、おそらくそのコマンドファイルから入力すべきだと思われる。それでもなお、ed は入力バッファリングの問題を避けるために、入力を 1 度に 1 文字ずつ読み込まなくてはならない。

　しかし、p のような対話型のプログラムでは、system は標準入力と標準出力は端末に結合し直さなくてはならない。その方法としては、/dev/tty に結合させるやり方が考えられる。

　システムコール dup(fd) は、ファイル指定子 fd を、まだ割り当てられていない最小のファイル指定子へコピーし、その新しいファイル指定子を返してくる。そのファイル指定子が指すのは元と同一のオープンしたファイルである。次のプログラムでは、あるプログラムの入力をファイルに結合させている。

```
int fd;

fd = open("file", 0);
close(0);
dup(fd);
close(fd);
```

close(0) がファイル指定子 0, つまり標準入力の割当てを解除しているが、これは通常、親プロセスには影響しない。

7.4 プロセス

以下に示すのは、対話型プログラム用の system である。エラーメッセージを出すために progname を使用している。ここではとりあえずシグナル処理用の関数の部分は読みとばしていただきたい。シグナルについては次節で取り上げる。

```
/*
 * Safer version of system for interactive programs
 */

#include <signal.h>
#include <stdio.h>

system(s)    /* run command line s */
    char *s;
{
    int status, pid, w, tty;
    int (*istat)(), (*qstat)();
    extern char *progname;

    fflush(stdout);
    tty = open("/dev/tty", 2);
    if (tty == -1) {
        fprintf(stderr, "%s: can't open /dev/tty\n", progname);
        return -1;
    }
    if ((pid = fork()) == 0) {
        close(0); dup(tty);
        close(1); dup(tty);
        close(2); dup(tty);
        close(tty);
        execlp("sh", "sh", "-c", s, (char *) 0);
        exit(127);
    }
    close(tty);
    istat = signal(SIGINT, SIG_IGN);
    qstat = signal(SIGQUIT, SIG_IGN);
```

```
        while ((w = wait(&status)) != pid && w != -1)
            ;
        if (w == -1)
            status = -1;
        signal(SIGINT, istat);
        signal(SIGQUIT, qstat);
        return status;
    }
```

/dev/tty を 2 のモード、すなわち、読み書き可能なモードでオープンし、それをコピー (dup) して標準入力と標準出力にしていることに注目しよう。ユーザがログインしたとき、システムはこれと同じことをして、標準入力、標準出力、標準エラー出力の準備をしているのである。従って（自分の）標準入力は以下のように書込み可能である。

$ *echo hello 1>&0*
hello
$

ということは、ファイル指定子 2 をコピーして、標準入力と標準出力に再結合してもよかったのであるが、/dev/tty をオープンするやり方の方がすっきりしているし、より安全でもある。しかし、この安全を考慮した system にもまだ問題が潜んでいる。例えば、p で使う ttyin ルーチンのなかの tty のように、呼出し側のプログラムでオープンしたファイルは、子プロセスに引き継がれるであろう。

　本節で言いたかったことは、あらゆる問題にここで示した形の system を使うべきだということではなく ―― 例えば、この system は非対話型の ed に使うと、好ましくない中断を起こすだろう ――、プロセスがどう管理されているかを知り、また、その基礎を理解して正しく使ってほしい、ということである。この"正しく"の意味は、アプリケーションによって違ってくるし、標準版の system の場合とは相性が悪いこともあるであろう。

7.5 シグナルと割込み

本節では、プログラムの外部からのシグナル（例えば、割込み）や、プログラム障害に対していかにうまく対処するかについて考える。プログラム障害の多くは、違法なメモリの参照、間違った命令の実行、浮動小数点エラーから起こる。外部からくるシグナルの大半は以下の4種類である。すなわち、DEL キーをタイプしたときに送られる割込み (interrupt)、FS キャラクタ (ctl–\) によって発生する終了 (quit)、電話回線の切断によって生じるハングアップ (hangup)、`kill` コマンドが発生する終了 (terminate) の4種類である。このうちのいずれかが起こると、それに対応するシグナルが、ある1つの端末から開始されたプロセス全部に送られる。どのシグナルが発生しても、普通はコアイメージファイルが書き出されるので、後でデバッギングすることが可能である (adb (1) と sdb (1) を参照)。

システムコール `signal` を使えば、上述の既定動作を変更することができる。`signal` には2つの引数がある。1つは、シグナルの種類を表わす数字であり、もう1つは、関数のアドレスであったり、シグナルを無視するか既定の動作をとるかを要求するコードであったりする。`<signal.h>` のファイルのなかには、様々な引数の定義が入っている。従って、

```
#include <signal.h>
  ...
signal(SIGINT, SIG_IGN);
```

とすれば、割込みは無視され、一方、

```
signal(SIGINT, SIG_DFL);
```

とすれば、プロセスの終了という既定の動作を復元する。いずれの場合も、`signal` はそのシグナルの最近の値を返す。もし `signal` の2番目の引数が関数の名前なら（その関数は同一のソースファイルのなかであらかじめ宣言されていなくてはならない）、シグナルが発生したときにその関数が呼び出される。この機能は、プログラムがやりかけの仕事の後片付けをすませてから終了するようにするためによく使われる。例えば、以下のように一時ファイルの削除をするのはその一例である。

```
#include <signal.h>
char *tempfile = "temp.XXXXXX";

main()
{
```

```
    extern onintr();

    if (signal(SIGINT, SIG_IGN) != SIG_IGN)
        signal(SIGINT, onintr);
    mktemp(tempfile);

    /* Process ... */

    exit(0);
}

onintr()    /* clean up if interrupted */
{
    unlink(tempfile);
    exit(1);
}
```

 mainのなかで、signalを検査のために呼び出し、さらにもう1度呼び出しているのはなぜだろうか? シグナルは、ある端末から開始されたすべてのプロセスに送られることを思い出していただきたい。そのため、プログラムを非対話的に（&で開始させて）走らせるときには、そのプログラムが割込みを無視するようにシェルが環境を整え、フォアグラウンドのプロセスを対象とする割込みではそのプログラムが中止されないようにしている。そこでこのプログラムを開始する際に、どんな割込みが来ても委細かまわずそれをonintrルーチンに渡せ、と教えておくと、バックグラウンドで走っているそのプログラムをシェルが割込みから守ろうとしても無効になるのである。

 上のプログラムで示した解決法では、まず割込み処理の状態を調べ、それが以前に無視された割込みであれば、無視し続けるようにしている。このプログラムは、signalが指定したシグナルの最近の状態を返すことを利用している。もしすでに無視されたシグナルなら、プロセスはそれを無視し続けるべきであり、無視されたものでなかったら、つかまえるのが筋である。

 もっと複雑なプログラムになると、割込みを横取りして、いま実行中の仕事を中止して自分自身のコマンド処理ループに戻るための要求に使いたいこともあるかもしれない。テキスト・エディタを考えてみよう。延々と続く表示に割込みをかけたとき、エディタ・プログラムから抜け出て、それまでに行なった編集内容を無効にするのでは困る。この場合のプログラムは次のように書けよう。

```
#include <signal.h>
#include <setjmp.h>
jmp_buf sjbuf;

main()
{
    int onintr();

    if (signal(SIGINT, SIG_IGN) != SIG_IGN)
        signal(SIGINT, onintr);
    setjmp(sjbuf);   /* save current stack position */

    for (;;) {
        /* main processing loop */
    }
    ...
}

onintr()    /* reset if interrupted */
{
    signal(SIGINT, onintr); /* reset for next interrupt */
    printf("\nInterrupt\n");
    longjmp(sjbuf, 0);      /* return to save state */
}
```

ファイル <setjmp.h> では、型 jmp_buf をスタック位置が保存できるようなオブジェクトとして宣言しており、sjbuf はそのようなオブジェクトのひとつとして宣言されている。関数 setjmp (3) は、プログラムがどこを実行中であったかの記録を残すためのものである。このとき保存されるのは変数の値ではない。割込みが発生したとき、signal が呼び出されて無条件に onintr ルーチンにとび、そのルーチンがメッセージを出したり、フラグを立てたりする。longjmp は、setjmp が保存しておいたオブジェクトを引数として取り出し、setjmp を呼び出した次の位置へ制御を戻す。従って、制御(とスタックレベル)は、メインルーチンのメインループの入り口のところにポップバックされる。

割込みが発生した後で onintr のなかでシグナルを再設定しているのに注意よ

第7章 UNIXシステムコール

う。これを省略してはならない。なぜなら、シグナルは発生するたびに既定の動作をするように自動的に設定し直されるからである。

シグナルを検出したいプログラムのなかには、勝手なときに停止されては困るものもある。例えば、複雑なデータ構造体を更新している最中に停止を行なうわけにはいかない。これを解決するには、割込みルーチンにフラグを立てさせて、exit や longjmp を呼び出す代わりにそのまま戻るようにさせればよい。割込みがかかったちょうどその時点では実行は継続され、割込みフラグは後で処理される。

このやり方には1つ問題がある。割込みが送られたときに、プログラムが端末から読込みを行なっている最中だったとしてみよう。すると、割込みルーチンが意図どおりに呼び出され、フラグを立てて戻る。上述のとおりに"割込みがかかるとすぐに"実行が再開されるのが本当なら、このプログラムはユーザが別の行をタイプするまで端末から読込みを続けることになる。ユーザはプログラムが読込みを続行中だとは気づかないだろうし、おそらく割込みシグナルが直ちに有効になるものと期待しているだろうから、この動作は混乱のもとになりかねない。この問題が生じないようにするために、システムは read を終了させ、ただし、何が起こったかを示すエラー状態を返すようになっている。errno は <errno.h> に定義された EINTR に設定され、システムコールに割込みがかかったことを知るのに使われる整数値である。

そこで、シグナルをつかまえて、その後で実行を再開するプログラムは、システムコールに割込みがかかったときに起こる"エラー"に対して準備をしておかなくてはならない（注意の要るシステムコールには、端末から読み込んでいる read の他、wait, pause がある）。こういったプログラムが標準入力から読込みを行なっているときには、次のようなプログラムが使えるであろう。

```
#include <error.h>
extern int errno;

...
if (read(0, &c, 1) <= 0)    /* EOF or interrupted */
    if (errno == EINTR) {   /* EOF caused by interrupt */
        errno = 0;  /* reset for next time */
        ...
    } else {        /* true end of file */
        ...
    }
```

最後に、シグナル捕獲と他のプログラムの実行とを結び付けるときに覚えておくべき小さな注意に触れておこう。割込みをとらえ、しかもその時点で他のプログラムを

実行する手段（edの"!"のように）をもつプログラムを考えてみると、そのプログラムの内容は以下のようなものになるだろう。

```
if (fork() == 0)
    execlp(...);
signal(SIGINT, SIG_IGN);    /* parent ignores interrupts */
wait(&status);              /* until child is done */
signal(SIGINT, onintr);     /* restore interruputs */
```

さてここでは、なぜ親プロセスに割込みを無視させているのだろうか？　シグナルは、あるユーザの作り出したプロセスのすべてに送られる。自分で呼び出したサブプログラムが、エディタと同じように、割込みをつかまえるようにできているものとしてみよう。そのサブプログラムに割込みをかけると、そのシグナルを受け取って、自分のメインループへ戻り、そしておそらく端末から読込みを行おうとするだろう。しかし、サブプログラムを呼び出したプログラムもまた、待ち（**wait**）状態から抜け出て、端末から読み込もうとする。端末から2つのプロセスが読み込んでいると、どちらのプロセスに読み込まれるかは1行ごとにシステムがコインを投げて決めるのも同然なので、ユーザは混乱してしまう。従って、この問題を解決するため、親プログラムには子プログラムが終了するまで、割込みを無視するようにさせているのである。この論理は、以下のように system のシグナル処理にも反映されている。

```
#include <signal.h>

system(s)    /* run command line s */
    char *s;
{
    int status, pid, w, tty;
    int (*istat)(), (*qstat)();

    ...
    if ((pid = fork()) == 0) {
        ...
        execlp("sh", "sh", "-c", s, (char *) 0);
        exit(127);
    }
    ...
    istat = signal(SIGINT, SIG_IGN);
```

```
        qstat = signal(SIGQUIT, SIG_IGN);
        while ((w = wait(&status)) != pid && w != -1)
            ;
        if (w == -1);
            status = -1;
        signal(SIGINT, istat);
        signal(SIGQUIT, qstat);
        return status;
    }
```

宣言に関する余談だが、関数 signal の 2 番目の引数がかなり変わったものであることが目につくだろう。この引数は、実際には整数を作り出す関数を指すポインタであり、また、そのシグナルルーチン自体の型をも決めるものである。SIG_IGN と SIG_DFL の 2 つの値は正しい型をもっているが、実在する他の関数とは一致しないような名前を選んで付けてある。マニアのために、この名前が PDP-11 と VAX でどう定義されているかを以下に示しておく。これらの定義文はあまりにもみにくいから、やはり <signal.h> を使うべきであろう。

```
#define SIG_DFL (int (*)())0
#define SIG_IGN (int (*)())1
```

アラーム

システムコール alarm(n) を呼ぶと、シグナル SIGALRM が自分の端末に n 秒後に送られる。このアラームシグナルは、適切な時間内に何が起こったかどうかの確認に使える。もし何かが起これはアラームシグナルは消されるが、もし何も起こらなくても、そのアラームシグナルをつかまえればプロセスは制御を回復できる。

話を具体的にするために、何らかのコマンドを走らせる timeout というプログラムを考えていこう。実行されるコマンドは指定された時間内に終わらない場合、アラームが鳴りだすと同時に異常終了する。例えば、第 5 章で取り上げた watchfor コマンドを思い出していただきたい。このコマンドは、無限に走らせ続けるより、以下のように、最大 1 時間までと制限したいと考えても不思議はない。

    $ *timeout -3600 watchfor dmg &*

timeout のプログラムは、本節と前節で述べてきた内容をほとんど全部使用している。子プロセスを生み出した後、親プロセスはアラームを設定して、子プロセスが終了するのを待つ。子プロセスが終了するよりもアラームの方が先に鳴れば、子プロセ

スは強制終了（kill）させられる。さらに、子プロセスの終了状態も返すようになっている。

```
/* timeout:  set time limit on a process */
#include <stdio.h>
#include <signal.h>
int pid;          /* child process id */
char *progname;

main(argc, argv)
    int argc;
    char *argv[];
{
    int sec = 10, status, onalarm();

    progname = argv[0];
    if (argc > 1 && argv[1][0] == '-') {
        sec = atoi(&argv[1][1]);
        argc--;
        argv++;
    }
    if (argc < 2)
        error("Usage: %s [-10] command", progname);
    if ((pid=fork()) == 0) {
        execvp(argv[1], &argv[1]);
        error("could't start %s", argv[1]);
    }
    signal(SIGALARM, onalarm);
    alarm(sec);
    if (wait(&status) == -1 || (status & 0177) != 0)
        error("%s killed", argv[1]);
    exit((status >> 8) & 0377);
}
```

```
onalarm()    /* kill child when alarm  arrives */
{
    kill(pid, SIGKILL);
}
```

> **問題 7-18** sleep がどのようにして実現されているかを推測できるか？
> ヒント：pause (2)。もし sleep と alarm が干渉し合うことがあるとすれば、それはどのような状況であろうか？

歴史と参考文献

　UNIX システムのプログラムには著作権があるためもあり、その実現方法を詳細に記述したものはない。Ken Thompson の論文 "UNIX implementation"（BSTJ, 1978 年 7 月号）にはその基本的なアイデアが書かれている。関連した話題を扱った論文としては、上と同じ号の BSTJ に載っている "The UNIX system — a retrospective" と "The evolution of the UNIX time-sharing system"（Symposium on Language Design and Programming Methodology, Springer-Verlag Lecture Notes in Computer Science, #79, 1979 年）の 2 つがあり、いずれも Dennis Ritchie が著者である。

　readslow プログラムは、Peter Weinberger の発明で、チェスのトーナメント期間中、Ken Thompson と Joe Condon が開発したチェスマシン Belle の対戦の進行状況を、見物人がみるのにオーバヘッドの少ない方法を実現したものであった。Belle がゲームの状態をファイルに記録していたので、見物人はそのファイルをみる（polling）のに readslow を使って、Belle の貴重なマシンサイクルを奪わないようにしたのである（Bell の最新版のハードウェアはホストマシン上では、計算時間をほとんど使わなくなったので、この問題は現在では解消している）。

　筆者たちが spname を思いついたのは、Tom Duff のアイデアによる。Ivor Durham, David Lamb, James Saxe の書いた "Spelling correction in user interfaces"（CACM, 1983 年 10 月）という題の論文では、メール・プログラムを題材とした、少々異なった設計のスペルチェック法を取り上げている。

第 8 章
プログラム開発

UNIX システムは元来プログラム開発の目的に作られたものである。本章では、特にプログラム開発向きのツールを取り上げる。ここで使う例は、かなり本格的なプログラムであり、能力において BASIC に匹敵するプログラミング言語インタープリタである。筆者たちが言語の実現手順をテーマにしたのは、それが大きなプログラムを開発するときにつきあたる代表的な問題点を抱えているからである。しかも、多くのプログラムは系統的な入力を一連の動作と出力に変換する言語処理系としてみなせるのである。その点を考えて、われわれは言語処理系の開発を例として選んだのである。

本章では、以下のような項目について扱っていく。

- yacc。これはパーサージェネレータと呼ばれるもので、言語の構文規則の記述からパーサーを生成するプログラムである。
- make。これは複雑なプログラムをコンパイルするための手順を指定したり制御したりするプログラムである。
- lex。これは yacc と似たプログラムで、字句解析プログラム (lexical analyzer) を作り出すためのプログラムである。

ここではまた、そのようなプログラム開発に取り組み際の基本姿勢 — つまり、まず小さなものを作ってから段階を追ってからそれを大きくしていくことの重要性、言語の進化、ツールの利用、といったことについても述べる。

この言語の実現については 6 つの段階に分けて説明していく。ある段階より先に開発を進めないときでも、そこまでの話は役に立つはずである。本章に書かれた以下の各段階は、実際に筆者たちがこのプログラムを書いたときのやり方とはほとんど同じになっている。

(1) +, -, *, / と括弧が使え、浮動小数点数を扱える四則演算電卓プログラム。1 行に 1 つの式を書き、計算結果がただちに表示されるようにする。

(2) a から z までの名前の変数の導入。この段階の版には、単項マイナスの機能の他、幾つかのエラー対策を組み込む。
(3) 任意の長さの変数名、sin, exp などの組込み関数、π（この文字は端末からは入力できないため、PI と綴る）のような役に立つ定数、指数演算子の導入。
(4) 内部的な変更。個々の文をただちに評価せずに、まずプログラムを作成して、その後で解釈するようにする。ここでは新しい機能は何も追加しないが、次の (5) の基礎とする。
(5) 制御フロー。if-else と while, { と } を用いた文のグループ化、>, <= などの関係演算子の導入。
(6) 引数をもち、再帰的呼び出しの可能な関数や手続きの導入。さらに、数値だけでなく、文字列用の入出力文も追加した。

本格的なプログラムを十分に説明するのはもちろん手間がかかることだが、そういったプログラムを作るだけでも細々したことがたくさんあるため、本章はずいぶん長くなってしまった。細かなニュアンスをすべて説明するには紙面がないので、読者にはCの知識があり、UNIX プログラマーズ・マニュアルの第2巻を手近にもっているものと想定している。本章を読むにあたっては、ねばり強く何回でも読み直す心構えをもってもらいたい。最終版の全プログラムリストは付録3に書いておいた。それをみればこれから説明するプログラムの部分部分が、全体としてどのように組み合わされているかが理解しやすくなるだろう。

　余談になるが、筆者たちはこの言語の名前を何にしようかとずいぶん議論した。しかし、結局満足なものは思いつかず、"high-order calculator（高級電卓）"を意味する、hoc で我慢することにした。そこで版ごとに、それぞれ hoc1, hoc2 などと呼ぶことにする。

8.1 第 1 段階：四則演算

本節では hoc1, すなわち, 最少機能のポケット電卓と同じ機能をもつプログラムを実現していく。だがここで作る電卓は、実質上、持ち運びの容易さという点では普通の電卓に劣る。しかし一方、hoc1 は +, -, *, / の 4 つの関数だけしかもたないにもかかわらず、任意の深さにネストできる括弧が使える。これは大抵のポケット電卓にはない機能である。hoc1 では、1 つの式の後に復帰キーをタイプすると、以下のように、その答えが次の行に表示される。

```
$ hoc1
4*3*2
        24
(1+2)*(3+4)
        21
1/2
        0.5
355/113
        3.1415929
-3-4
hoc1: syntax error near line 4      ............... 単項マイナスの機能はまだない。
$
```

構文規則

バッカス記法が Algol のために開発されて以来、言語はその記法に従った構文規則で記述されるようになった。hoc1 の構文規則はその記法に従って抽象的に表現すれば、以下のように短く単純なものになる。

```
list:   expr \n
        list expr \n
expr:   NUMBER
        expr + expr
        expr - expr
        expr * expr
        expr / expr
        ( expr )
```

これを解読すると、list とは、式の並びであり（個々の式の直後には改行が付いている）。また式とは、数字、演算子 1 つで結合された 2 つの式、または括弧でくくった式と定義される。

これだけでは不十分である。とりわけ、通常の演算子の優先順位と結合性についての指定がないし、どの式にも意味が与えられていない。さらに、list は expr を使って定義され、expr は NUMBER で定義されているが、NUMBER 自体はどこにも定義されていない。こういった細かな不備は、言語の大まかなスケッチを実際に動くプログラムにする際に埋めていく必要がある。

yacc の概要

yacc はパーサージェネレータである[*1]。すなわち、yacc とは、上の例で示したような言語の構文規則の仕様が与えられたときに、その規則に従った文の構文解析をするパーサーを作り出すプログラムである。yacc にはその構文規則の個々の要素に意味づけする手段があり。解析をすると同時に、その意味を"評価する"ことも可能である。開発を進めるにあたって、ここでは yacc を以下のような段階を追って使っていく。

まず、上記のような構文規則を、もっと正確な形で書く。その規則によって、言語の構文が決められる。この段階では、yacc は構文規則上の間違いやあいまいな点を警告するのに使える。

2 番目に、構文規則、すなわちプロダクションには、それぞれアクションを追加することができる。アクションとは、解析中のプログラムのなかに構文規則に合った形式が現われたときに行なう動作を規定した文である。yacc の場合は構文規則を C プログラムに結び付ける約束になっているので、この"行なう動作"の部分は C で書かれている。このアクションによって言語の意味が定義されることになる。

第 3 段階として、字句解析プログラムが必要になる。このプログラムは、構文解析の対象となる入力を読み、それをパーサーが解釈できるまとまりに分割する働きをする。字句解析上のまとまりとしては、何キャラクタかの長さをもつ NUMBER がその一例であり、そのほか、+ や * などの 1 キャラクタの演算子も同じくそのまとまりに相当する。字句解析上のまとまり（lexical chunk）は伝統的にトークン（終端記号）と呼ばれている。

最終段階としては、yacc の作成したパーサーを呼び出すための制御ルーチンを追加する必要がある。

[*1] yacc とは"yet another compiler-compiler"（さらにもう 1 つのコンパイラ-コンパイラ）の意味で、yacc の開発者である Steve Johnson が、開発当時（1972 年ごろ）に存在していた同種のプログラムの数の多さを皮肉った言葉に由来している。yacc はそのなかで生き残ったごく少数のうちの 1 つである。

yaccは、構文規則とそれに対応する意味のあるアクションを処理して、yyparseという名前の構文解析関数に変え、それをCプログラムのファイルとして書き出す。yaccでエラーが発見されなかったら、パーサー、字句解析プログラム、制御ルーチンがコパイルされ、普通には他のCのルーチンとリンクして実行できる。こうやってできたプログラムは、まずトークンを探すために繰り返し字句解析プログラムを呼び、構文規則（文法）に合った構造を入力中に認識し、その規則が認識されるたびに対応するアクションを実行する。この字句解析をする関数の名前はyylexでなくてはならない。というのも、yyparseが次のトークンをもらうたびにyylexを呼び出すからである（ちなみに、yaccの使う関数の名前はすべてyで始まる）。

もう少し詳しく言うと、yaccへの入力は次のような形式をしている。

%{
#includeや宣言文などのようなCの文。このセクションはなくてもよい。
%}
yaccの宣言：字句解析用のトークン、構文規則変数、優先順位や結合性の情報。
%%
構文規則と対応するアクション。
%%
さらに別のCの文（なくてもよい）。
main() { ...; yyparse(); ... }
yylex() { ... }
...

これがyaccによって処理されて、その結果がy.tab.cという名前のファイルへ書き込まれる。y.tab.cのレイアウトは次のようなものになる。

%{と%}の間にあるCの文（もしあれば）。
2番目の%%の後にあるCの文（もしあれば）。
main() { ...; yyparse(); ... }
yylex() { ... }
...
yyparse() { パーサー、これがyylex()を呼び出す }

yaccが生成するものが、コンパイルされたオブジェクト（.o）ファイルではなく、Cプログラムである点はいかにもUNIXらしい。これは最も融通のきく方法であり、生成されたプログラムがCのソースファイルなら、誰かがうまいアイデアを思いついたときにいつでも簡単に移植できるし、他の処理との結合もうまくいく。

yaccそのものも強力なツールである。自分のものにするにはいささか努力が必要

だが、その努力は何倍にもなってむくわれる。yaccの生成したパーサーは小型で、効率がよく、正確である（意味のあるアクションが適当なものかどうかは作成者自身の責任であるが）。構文解析についてまわる多くの問題点は、yaccが自動的に面倒をみてくれるのである。yaccがあれば言語処理系が簡単に構築でき、しかも（おそらくもっと重要なことだが）その言語の仕様が進化しても、繰り返し修正が可能になる。

第1段階のプログラム

　hoc1のためのソースプログラムは、アクションの付いた構文規則、字句解析用のルーチンyylex、およびmainから構成されており、全部まとめてhoc.yという1個のファイルに収められている（yaccのファイル名は、.yで終わるのが伝統になっているが、ccと.cの関係と違って、これはyacc自体が強制している約束ではない）。hoc.yの前半部は、次にあげるような構文規則からできている。

```
$ cat hoc.y
%{
#define YYSTYPE double   /* data type of yacc stack */
%}
%token  NUMBER
%left   '+' '-'    /* left associative, same precedence */
%left   '*' '/'    /* left assoc., higher precedence */
%%
list:     /* nothing */
        | list '\n'
        | list expr '\n'   { printf("\t%.8g\n", $2); }
        ;
expr:     NUMBER       { $$ = $1; }
        | expr '+' expr { $$ = $1 + $3; }
        | expr '-' expr { $$ = $1 - $3; }
        | expr '*' expr { $$ = $1 * $3; }
        | expr '/' expr { $$ = $1 / $3; }
        | '(' expr ')'  { $$ = $2; }
        ;
%%
        /* end of grammar */
...
```

8.1 第1段階:四則演算

ここにあげたわずかの行のなかに、新しい情報がふんだんに盛り込まれている。ここでそのすべてについては説明しない。もちろん、ここで作られるパーサーの動作についても深入りしない —— この点に関して知りたい読者は、yacc のマニュアルを読んでいただきたい。

1つの非終端記号に対する複数の規則を"|"で区切る。それぞれの規則には対応するアクションを付けることができ、入力中にその規則が現われたときには対応するアクションが実行される。アクションは中括弧 { と } でくくられれた C の文の並びで表わされる。アクションのなかでは、$\$n$ ($\$1$, $\$2$, など) が、その規則の n 番目の要素が返す値を参照する記号として使われ、$\$\$$はその規則全体の値として返される値を指す。従って、例えば次の規則

```
expr:      NUMBER        { $$ = $1; }
```

では、$1 は NUMER を認識したときに返される値であり、さらにその値が expr 全体の値として返される。この $$=$1 という代入文に限っては省略してもよい —— そのわけは、明示的に何か他のものに指定しない限り、$$ にはつねに $1 の値が設定されるからである。

その次のレベルについては、規則が、

```
expr:      expr '+' expr { $$ = $1 + $3; }
```

のときには、最終的な expr の値は、2 つの expr の値の和になる。$2 は '+' であり、すべての要素に番号が付けられていることに注意しておこう。

これよりも上のレベルでは、式の後ろに改行 ('\n') がつくと、それはリストとみなされ、その値が表示される。もし入力の終わりに改行がついていれば、構文解析処理は正常に終了する。また、list は空文字列であってもよい。入力中に含まれる空行は、この規則によってうまく処理されるのである。

yacc の入力の書式は自由であるが、筆者たちが上記の例で使った書式を標準としてお勧めしておく。

この段階では、入力を認識し構文解析が行なわれると、ただちに式が評価される。もっと複雑な段階 (hoc4 以降) になると、構文解析処理によってまずプログラムが作り出され、それが後で実行されるようになる。

図 8.1 に示すような構文木 (parse tree) を書いて構文解析作業を視覚化し、葉のほうから根のほうまで、計算された値がどのように伝わっていくかを考えるとわかりやすいかもしれない。

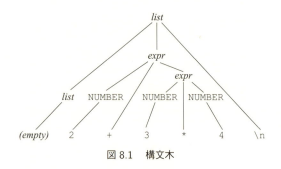

図 8.1 構文木

認識が完了していない規則の値は、実際にはスタック上に保存されている。この方法によって、値が次の規則へ受け渡されるのである。このスタックのデータの型は通常は int であるが、今われわれは浮動小数点数を扱っているのだから、この既定値が無効になるようにしておく必要がある。次の、

```
#define YYSTYPE double
```

という定義を書くことで、スタックの型が double（倍精度）に設定される。

字句解析ルーチンが認識するトークンは、'+' や '-' のような 1 文字のものを除いて、あらかじめ宣言しておかなくてはならない。%token という宣言文によって、複数のトークンを宣言する。状況に応じて、%token の代わりに、%left や %right を使えば、左結合性や右結合性の指定も可能である（左結合性とは a-b-c が、a-(b-c) ではなく、(a-b)-c と解析されることを意味している）。また、優先順位は宣言文の現われる順番で決められる。同一の宣言文に書かれたトークンは、同一の優先度をもち、後で宣言されたものほど優先度が高い。構文規則自体はあいまいである（すなわち、入力が何通りにも解析されることがある）が、宣言の順序という別の情報を使ってそのあいまいさをなくしているのである。

プログラムの残りの部分は、以下に示していくように、ファイル hoc.y の後半部に書かれた複数のルーチンからできている。

```
#include <stdio.h>                          hoc.y の続き
#include <ctype.h>
char    *progname;      /* for error messages */
int     lineno = 1;

main(argc, argv)        /* hoc1 */
        char *argv[];
```

```
        {
                progname = argv[0];
                yyparse();
        }
```

mainは、入力の構文解析を行なうためのyyparseを呼び出す。ここに示したプログラムでは、1つの式から別の式へのループは、listに書かれたプロダクションの並びに従って、完全に構文規則のなかだけで行なわれている。mainのなかのyyparseの呼出しをループにし、listに対するアクションのほうは、その値を表示して直ちにmainに戻るようにしておく方法でもよいだろう。

呼び出されたyyparse自体は、入力中のトークンをもらうためにyylexを繰り返し呼び出す。われわれのyylexのしている仕事は単純であり、ブランクやタブを読みとばし、数字の列を数値に変換し、エラー報告にそなえて入力行数を数え、それ以外のキャラクタはそのまま返す。このプログラムは、構文規則上、+, -, *, /, (,)および\nだけを理解するように作られているから、これ以外のキャラクタがあったら、yyparseはエラーを報告する。0が返されると、それがyyparseに対する"ファイルの終了"の合図になる。

```
yylex()                 /* hoc1 */                              hoc.yの続き
{
        int c;

        while ((c = getchar()) == ' ' || c == '\t')
                ;
        if (c == EOF)
                return 0;
        if (c == '.' || isdigit(c)) {   /* number */
                ungetc(c, stdin);
                scanf("%lf", &yylval);
                return NUMBER;
        }
        if (c == '\n')
                lineno++;
        return c;
}
```

上記のプログラム中の変数 yylval は、パーサーと字句解析プログラム間のやりとりに用いられている。この変数は yyparse で定義され、yacc のスタックと同じ型をもつものになっている。関数 yylex はその値としてトークンを返し、(もし値があれば) yylval にそのトークンの値を設定する。例えば、浮動小数点数だと型が NUMBER になり、値は 12.34 のようなものになるわけである。トークン、とりわけ '+' や '\n' のような 1 文字のトークンには、構文規則上、型だけで値をもたないものがある。その場合には、yylval に値を設定する必要はない。

yacc で %token NUMBER と宣言しておくと、yacc が出力ファイル y.tab.c に書き出すときには、それが #define 文に変換されるので、NUMBER は C プログラムのどの場所でも定数として使用できる。その定義の際、yacc は ASCII コードと衝突しない値を選択するようになっている。

構文エラーがみつかると、yyparse は、"syntax error" という短いメッセージの入った文字列を引数として yyerror を呼び出す。yacc は yyerror が用意してあるものと想定している。筆者たちの yyerror は、その文字列をただ関数 warning に渡すだけであり、warning でもっと詳しい情報を表示するようにしている。後の版の hoc では、warning を直接利用する。

```
    yyerror(s)      /* called for yacc syntax error */
        char *s;
    {
        warning(s, (char *) 0);
    }
    warning(s, t)   /* print warning message */
        char *s, *t;
    {
        fprintf(stderr, "%s: %s", progname, s);
        if (t)
            fprintf(stderr, " %s", t);
        fprintf(stderr, " near line %d\n", lineno);
    }
```

この warning は hoc.y のルーチン群の終わりを表わす目印である。

yacc プログラムのコンパイルは、以下のように 2 段階の処理で行なわれる。

$ *yacc hoc.y* .... 出力を y.tab.c のなかに残す。
$ *cc y.tab.c -o hoc1* .... 実行可能なプログラムを hoc1 のなかに残す。

```
$ hoc1
2/3
        0.66666667
-3-4
hoc1: syntax error near line 1
$
```

> 問題 8-1　y.tab.c ファイルの構造を調べよ（hoc1 のものでは、およそ 300 行の長さになる）。

変更 ── 単項マイナスの追加

筆者たちは、先に、yacc を使えば言語に変更を加えるのが容易になると述べた。それを具体的に示すために、hoc1 に単項マイナスを追加してみよう。これによって、

$$-3-4$$

のような式が、構文エラーとしてはねられることなく、正しく評価されるようになる。

hoc.y に追加すべき行はたった 2 行である。まず、優先順位のセクションの終わりに、新たにトークンとして UNARYMINUS を追加し、最後に置くことで単項マイナスの優先度を最も高くしておく。

```
%left    '+' '-'
%left    '*' '/'
%left    UNARYMINUS    /* new */
```

さらに以下のように、構文規則の expr にもう 1 つプロダクションを追加しておく。

```
expr:    NUMBER        { $$ = $1; }
    |  '-' expr  %prec UNARYMINUS { $$ = -$2; } /* new */
```

%prec は、単項マイナス記号（つまり、式の前に置かれたマイナス記号）が UNARYMINUS の優先度をもつ（つまり高い優先度をもつ）ということを意味し、これに付けられたアクションは式の符号の入れ換えである。2 つの式の間に書かれたマイナス記号は依然として優先度で解釈される。

> 問題 8-2　hoc1 に % （モジュロ、剰余、つまり割算の余り）と単項プラスの演算子を追加せよ。ヒント：frexp (3) をみよ。

make に関する余談

　新しい版の `hoc1` をコンパイルするのに、コマンドを 2 つタイプする必要があるのは煩わしい。この仕事をするシェルファイルを作るのは簡単だが、もっとよい方法がある。それは、後で出てくるプログラム中に複数のソースファイルがある場合にもうまく一般化できる方法である。このためのプログラム `make` では、プログラムの各要素がどう関連し合い、また、プログラムの最新版を作り出すのにそれらの要素をどう処理したらよいかの指定を読み込む。次いで `make` は、まずプログラムの個々の要素が最後に修正されたのがいつかを検査し、不都合のない最新版を作るために最低どれだけの再コンパイルが必要かを調べ、その後で必要なプロセスを実行する。`make` はまた、`yacc` のようなマルチステップのプロセスに伴う煩わしい点も理解するので、個々のステップはいちいち書かなくてもよい。

　`make` がその真価を発揮するのは、作成するプログラムが数個のソースファイルにまたがるほど大きくなったときであるが、`hoc1` のように小さなものに対して使うにも手軽である。以下に示すのが、`hoc1` をコンパイルするための `make` の指定であり、`make` は、その指定が `makefile` というファイルのなかに入っているものと仮定する。

```
$ cat makefile
hoc1:    hoc.o
         cc hoc.o -o hoc1
$
```

これを解読すると、`hoc1` は `hoc.o` に依存し、しかも `hoc1` は、`hoc.o` を `cc` コマンドで C コンパイラを起動して得られる出力から作られる、という意味になる。`make` は、`hoc.y` のなかの `yacc` のソースファイルをオブジェクトファイル `hoc.o` に変換する方法は知っているので、`hoc.y` と書く必要はない。

```
$ make        .....................  makefile のなかの指定を使って、初めて hoc1 を作る。
yacc   hoc.y
cc    -c y.tab.c
rm y.tab.c
mv y.tab.o hoc.o
cc hoc.o -o hoc1
$ make        ................................................. 再度実行。
'hoc1' is up to date.  .................  make は再実行が不要なことを知っている。
$
```

8.2 第2段階:変数とエラー回復

次の(小さな)ステップでは、hoc1 に"メモリ"を追加して、hoc2 にする。メモリは a から z までの 26 個の英字 1 文字で表わされる変数とする。これはあまりエレガントな方法ではないが、中間段階としては実現が容易で、それなりに有用だろう。またこの他、エラー処理を幾つか追加する。hoc1 を使えばわかることだが、構文上のエラーが起こったときには、hoc1 はメッセージを表示して実行を終了する。ゼロによる割算のような算術上のエラーに対する処理は、以下のように、とても行き届いたものとはいえない。

```
$ hoc1
1/0
Floating exception - core dumped
$
```

これらの新機能を追加するために必要な変更はたいしたことはなく、プログラムの行数にして 35 行くらいである。まず、字句解析プログラム yylex に英字を変数として認識させなくてはならない。また、構文規則には、次のような形のプロダクションを含ませる必要がある。

```
expr:    VAR
       | VAR '=' expr
```

代入文自体もまた式とみなされるので、以下のような複数の代入文が許されることになる。

```
x = y = z = 0
```

26 個の変数の値を最も簡単に格納するには、26 個の要素をもつ配列を用意すればよい。英字 1 文字で表わされた変数名は、その配列のインデックスとして使えるだろう。しかし、変数名も変数の値も同一のスタックのなかで一緒に処理するような構文規則にしようとしたら、yacc にはそのスタックが double だけでなく、double と int の共用体(union)であることを教えておいてやる必要がある。これは、先頭付近の %union 宣言文で行なえばよい。#define や typedef はスタックを double のような基本的な型に設定するのには便利だが、yacc は $$=$2 のような式の型の一貫性を検査するので、共用体の型宣言に %union のメカニズムが必要になるのである。

以下に、hoc2 のための hoc.y の構文規則の部分を示す。

```
$ cat hoc.y
%{
double  mem[26];        /* memory for variables 'a'..'z' */
%}
%union {                /* stack type */
        double  val;    /* actual type */
        int     index;  /* index into mem[] */
}
%token  <val>   NUMBER
%token  <index> VAR
%type   <val>   expr
%right  '='
%left   '+' '-'
%left   '*' '/'
%left   UNARYMINUS
%%
list:     /* nothing */
        | list '\n'
        | list expr '\n'        { printf("\t%.8g\n", $2); }
        | list error '\n'       { yyerrok; }
        ;
expr:     NUMBER
        | VAR           { $$ = mem[$1]; }
        | VAR '=' expr  { $$ = mem[$1] = $3; }
        | expr '+' expr { $$ = $1 + $3; }
        | expr '-' expr { $$ = $1 - $3; }
        | expr '*' expr { $$ = $1 * $3; }
        | expr '/' expr {
                if ($3 == 0.0)
                        execerror("division by zero", "");
                $$ = $1 / $3; }
        | '(' expr ')'  { $$ = $2; }
        | '-' expr %prec UNARYMINUS { $$ = -$2; }
        ;
```

8.2 第2段階：変数とエラー回復

```
        %%
            /* end of grammar */
    ...
```

上の%union宣言文の意味を解釈すると、スタックの要素は、double（数値、これが通常の場合）にもなり、また、配列memを指すインデックスとしてのintにもなる、という意味になる。%token宣言文には、型指定子を追加した。%type宣言文では、exprが共用体のうちの<val>, すなわち、doubleであることを指定している。型に関するこの情報が使えるので、yaccはその共用体のうちの正しいメンバーを誤りなく参照できるのである。また、他の演算子が左結合性なのに対して、=が右結合性であるのに注意しておこう。

次にエラー検査は幾つかの部分に分かれている。まず、ゼロ割り算が発生したときに、エラールーチンexecerrorが呼び出されるのは上のプログラムに示したとおりである。

2つ目の検査は、浮動小数点数が桁あふれを起こしたときに出る"浮動小数点割込み"シグナルをつかまえることである。このシグナルは、mainのなかで設定されている。

エラー処理の最後の部分は、errorに対するプロダクションの追加という形で行なわれている。"error"はyaccの構文規則のなかでは予約語になっており、構文エラーの内容を推測し、それから回復する手段を与えてくれる。エラーが起こったとき、yaccは最終的にはこのプロダクションを使い、そのエラーを構文規則上"正しい"ものと認識した後、回復する。アクションyyerrokはパーサーのなかにフラグを立て、それによって、パーサーがもっともらしい構文解析状態に戻れるようになっている。どんなパーサーでもエラー回復は困難な課題だから、ここで取り上げているのは最も初歩的なステップだけであり、yaccの機能にしても表面をざっとなでているだけなのは意識しておく必要がある。

hoc2の構文規則中のアクションにはそれほど大きな変化はない。以下にあげるのがそのmainであるが、エラー後の再開に都合がよいよう、きれいな状態を保つ目的でsetjmpが追加されている。execerrorは対応するlongjmpを実行する（setjmpとlongjmpに関しては7.5章をみよ）。

```
    ...
    #include <signal.h>
    #include <setjmp.h>
    jmp_buf begin;
```

```
main(argc, argv)        /* hoc2 */
        char *argv[];
{
        int fpecatch();

        progname = argv[0];
        setjmp(begin);
        signal(SIGFPE, fpecatch);
        yyparse();
}
execerror(s, t) /* recover from run-time error */
        char *s, *t;
{
        warning(s, t);
        longjmp(begin, 0);
}
fpecatch()      /* catch floating point exceptions */
{
        execerror("floating point exception", (char *) 0);
}
```

デバッギングの段階では、筆者たちは execerror が abort（abort (3) を参照）を呼ぶようにした。abort はコアダンプを吐き出すので、adb や sdb を使ってその内容を丹念に調べることができて具合がよいのである。プログラムがかなり頑丈なものになったら、修正は abort を longjmp に置き換えるだけですむ。

字句解析プログラムは hoc2 ではほとんど変更点はない。変化しているのは、小文字の英字の検査が追加されたことと、yyval がここでは共用体になったために、yylex が戻る前に正しいメンバーを設定する必要があることぐらいである。以下にその変更部分を示しておく。

```
yylex()     /* hoc2 */
...
        if (c == '.' || isdigit(c)) {   /* number */
                ungetc(c, stdin);
                scanf("%lf", &yylval.val);
                return NUMBER;
```

8.2 第2段階：変数とエラー回復

```
        }
        if (islower(c)) {
                yylval.index = c - 'a'; /* ASCII only */
                return VAR;
        }
...
```

ここでも、トークン（例えば、NUMBER）が、その値（例えば、3.1416）とどう区別されているかに注意しておこう。

hoc2 の新機能である、変数とエラー回復の実例を以下に示す。

```
$ hoc2
x = 355
        355
y = 113
        113
p = x/z ................................... z は未定義なので、その値はゼロになっている。
hoc2: division by zero near line 4 ........................... エラー回復
x/y
        3.1415929
1e30 * 1e30 ......................................................... 桁あふれ
hoc2: floating point exception near line 5
....
```

現実には、PDP–11 では浮動小数点数の桁あふれに関して特別な工夫がいるが、その他の大抵のマシンでは hoc2 は上に示したような動作をする。

> **問題 8–3** 一連の計算式を再タイプする必要をなくすために、最近に計算された値を記憶する機能を追加せよ。1つの解決法として、変数のうちのどれか1つ、例えば "previous" を表わす "p" をその目的に使うことが考えられる。

> **問題 8–4** hoc を修正して、改行記号と同じようにセミコロンも式の区切り記号として使えるようにせよ。

8.3　第3段階：任意の変数名 — 組込み関数

本節で扱う第3版のhoc3には大きな機能が幾つか新しく追加され、それに応じて追加するプログラムの行数も多い。主な新機能は、以下のような組込み関数へのアクセスである。

```
sin     cos     atan    exp     log     log10
sqrt    int     abs
```

この他に指数演算子 "^" も追加した。これは最も優先度が高く、右結合性である。

字句解析プログラムは、もともと2文字以上の組込み関数名に対応しなくてはならないので、任意の長さの変数名を使えるようにするにはそれほど余分な努力は要らない。これらの変数を管理するためには、ずっと複雑な記号テーブルが必要になるが、一旦作ってしまえば、その記号テーブルに以下のような有用な定数の名前と値とをあらかじめ組み込んでおくことも可能である。

```
PI      3.14159265358979323846  ............................................. π
E       2.71828182845904523536  ................................. 自然対数の底
GAMMA   0.57721566490153286060  ................... Euler-Mascheroni の定数
DEG     57.29577951308232087680 ........................... ラジアンあたりの度数
PHI     1.61803398874989484820  ................................... 黄金分割比
```

こういった新機能の結果、次に示すような有能な電卓プログラムができあがる。

```
$ hoc3
1.5^2.3
        2.5410306
exp(2.3*log(1.5))
        2.5410306
sin(PI/2)
        1
atan(1)*DEG
        45
...
```

この他、われわれは出力動作も少し整理した。hoc2ではすべての式が表示される約束にしていたので代入文 x=*expr* を入力すると、代入だけでなく、その値の表示も行なわれた。

```
$ hoc2
x = 2 * 3.14159
        6.28318  ........................  変数に代入するときにもその値が表示される。
...
```

hoc3 では、代入文と式とは区別される。以下のように、式のときだけその値が表示される。

```
$ hoc3
x = 2 * 3.14159  ...........................................  代入文。値は表示されない。
x  .....................................................................  式
        6.28318  ..................................................  値が表示される。
...
```

これらの変更をすべて含むプログラムはかなり大きくなる（およそ 250 行）ので、編集作業を楽にし、高速にコンパイルするためには、複数のファイルに分割しておくのが望ましい。ここでは 5 つのファイルに分割している。

hoc.y	構文規則。main, yylex（前と同じ）
hoc.h	グローバルなデータ構造の定義が入ったファイル
symbol.c	記号テーブルルーチン。lookup, install
init.c	組込み関数と定数。init
math.c	数値演算ルーチンとのインターフェイス。Sqrt, Log など

プログラムの入ったファイルを分割するためには、複数のファイルにした場合の C プログラムの作り方と、人間の仕事の一部を代行してくれる make について、さらに詳しい知識が必要になる。

再び make について少し触れておこう。まず、記号テーブルのコードから考える。1 つの記号は、名前と型（VAR または BLTIN）と値の 3 つの情報をもっている。もしその記号が VAR ならば、値は double になり、また、組込み関数だったら、その値は関数を指すポインタになり、その関数は double を返す。この情報は hoc.y, symbol.c, init.c に教えてやらなくてはならない。3 回コピーする方法でもできるにはできるが、変更が起こったときにコピーし忘れたり、失敗したりする間違いが生じやすいので望ましくない。そこで筆者たちは、共通の情報は hoc.h というヘッダファイルに入れることにし、それを必要とするファイルが自由に #include 文で取り込めるようにしている（ヘッダファイルにはサフィックスとして .h を付ける慣例になっているが、強制されているわけではない）。筆者たちはまた、これらのファイルが hoc.h に依存しているという事実を makefile に追加して指示しているので、hoc.h に何か変更があると、それに応じて必要な再コンパイルも実行される。

```
$ cat hoc.h
typedef struct Symbol {  /* symbol table entry */
        char    *name;
        short   type;     /* VAR, BLTIN, UNDEF */
        union {
                double  val;            /* if VAR */
                double  (*ptr)();       /* if BLTIN */
        } u;
        struct Symbol   *next;  /* to link to another */
} Symbol;
Symbol *install(), *lookup();
$
```

ここで UNDEF という型は、まだ値が代入されていない VAR を意味する。

　一方、記号は Symbol のなかの next フィールドによって、リスト状につながっている。リスト自体は symbol.c に固有のものであり、それをアクセスする手段は、lookup や install 関数だけである。この関数のおかげで、記号テーブルの構成に変更が必要になったときにも作業しやすくなっている（筆者たちも実際に1度行なった）。これらのうち、lookup はそのリストを検索して、特定の名前を探し、もしその名前がみつかったら、その名前をもつ Symbol のポインタを返し、みつからなければゼロを返す。この記号テーブルは頭から順に検索されるが、変数を検索するのは実行時ではなく構文解析時に限られるから、この検索方法でもわれわれの対話型電卓には全く不都合ない。一方、install には、変数とそれのもつ型と値をリストの先頭に置く働きがある。また、emalloc は、標準の記憶割り当て関数（malloc (3)）である malloc を呼び、その結果を検査する。これらの lookup と install と emalloc の3つのルーチンが symbol.c の内容である。yacc -d を実行すれば、y.tab.h というファイルが生成されるが、そのなかには、yacc が NUMBER, VAR, BLTIN などのトークンから作り出した #define 文が含まれる。

```
$ cat symbol.c
#include "hoc.h"
#include "y.tab.h"

static Symbol *symlist = 0;  /* symbol table: linked list */
```

```
Symbol *lookup(s)        /* find s in symbol table */
        char *s;
{
        Symbol *sp;

        for (sp = symlist; sp != (Symbol *) 0; sp = sp->next)
                if (strcmp(sp->name, s) == 0)
                        return sp;
        return 0;        /* 0 ==> not found */
}
Symbol *install(s, t, d)  /* install s in symbol table */
        char *s;
        int t;
        double d;
{
        Symbol *sp;
        char *emalloc();

        sp = (Symbol *) emalloc(sizeof(Symbol));
        sp->name = emalloc(strlen(s)+1); /* +1 for '\0' */
        strcpy(sp->name, s);
        sp->type = t;
        sp->u.val = d;
        sp->next = symlist; /* put at front of list */
        symlist = sp;
        return sp;
}
char *emalloc(n)         /* check return from malloc */
        unsigned n;
{
        char *p, *malloc();

        p = malloc(n);
```

```
        if (p == 0)
                execerror("out of memory", (char *) 0);
        return p;
}
$
```

さらに、以下に示すファイル init.c には (PI などの) 定数と、組込み関数を指すポインタの定義が入っている。これらの定義は、main から呼ばれる関数 init によって記号テーブルのなかに組み込まれるのである。

```
$ cat init.c
#include "hoc.h"
#include "y.tab.h"
#include <math.h>

extern double   Log(), Log10(), Exp(), Sqrt(), integer();
static struct {          /* Constants */
        char    *name;
        double  cval;
} consts[] = {
        "PI",    3.14159265358979323846,
        "E",     2.71828182845904523536,
        "GAMMA", 0.57721566490153286060, /* Euler */
        "DEG",   57.29577951308232087680, /* deg/radian */
        "PHI",   1.61803398874989484820, /* golden ratio */
        0,       0
};
static struct {          /* Built-ins */
        char    *name;
        double  (*func)();
} builtins[] = {
        "sin",   sin,
        "cos",   cos,
        "atan",  atan,
        "log",   Log,    /* checks argument */
```

8.3 第3段階：任意の変数名 — 組込み関数

```
        "log10", Log10, /* checks argument */
        "exp",   Exp,   /* checks argument */
        "sqrt",  Sqrt,  /* checks argument */
        "int",   integer,
        "abs",   fabs,
        0,       0
};
init()  /* install constants and built-ins in table */
{
        int i;
        Symbol *s;

        for (i = 0; consts[i].name; i++)
                install(consts[i].name, VAR, consts[i].cval);
        for (i = 0; builtins[i].name; i++) {
                s = install(builtins[i].name, BLTIN, 0.0);
                s->u.ptr = builtins[i].func;
        }
}
```

データをプログラムのなかに埋め込まずにテーブルのなかに入れているのは、テーブルにしておく方が読んだり変更したりが楽だからである。このテーブルは static と宣言されているため、プログラム全体ではなくて、このファイルのなかだけで有効である。Log と Sqrt のような数値演算ルーチンについては後で説明する。

これらの基礎を頭に入れておけば、次のようにそれを利用する構文規則の変更作業を行なうことができる。

```
$ cat hoc.y
%{
#include "hoc.h"
extern  double  Pow();
%}
%union {
        double  val;    /* actual type */
        Symbol  *sym;   /* symbol table pointer */
}
```

329

```
%token   <val>   NUMBER
%token   <sym>   VAR BLTIN UNDEF
%type    <val>   expr asgn
%right   '='
%left    '+' '-'
%left    '*' '/'
%left    UNARYMINUS
%right   '^'     /* exponentiation */
%%
list:    /* nothing */
       | list '\n'
       | list asgn '\n'
       | list expr '\n'        { printf("\t%.8g\n", $2); }
       | list error '\n'       { yyerrok; }
       ;
asgn:    VAR '=' expr { $$=$1->u.val=$3; $1->type = VAR; }
       ;
expr:    NUMBER
       | VAR { if ($1->type == UNDEF)
                    execerror("undefined variable", $1->name);
               $$ = $1->u.val; }
       | asgn
       | BLTIN '(' expr ')'    { $$ = (*($1->u.ptr))($3); }
       | expr '+' expr { $$ = $1 + $3; }
       | expr '-' expr { $$ = $1 - $3; }
       | expr '*' expr { $$ = $1 * $3; }
       | expr '/' expr {
               if ($3 == 0.0)
                    execerror("division by zero", "");
               $$ = $1 / $3; }
       | expr '^' expr { $$ = Pow($1, $3); }
       | '(' expr ')'  { $$ = $2; }
       | '-' expr %prec UNARYMINUS { $$ = -$2; }
       ;
```

```
        %%
                /* end of grammar */
...
```

今や構文規則には、expr と並んで、代入のための asgn があり、以下のように

```
    VAR = expr;
```

とだけ書かれたものは代入文になるので、その値は表示されない。また、構文規則に右結合性をもつ指数演算子を追加するのがいかに簡単かをみていただきたい。

この yacc のスタックは異なる %union をもっている。すなわち、26 の要素をもつテーブルのなかのインデックスで変数を参照する代わりに、Symbol という型のオブジェクトに対するポインタがあり、この型の宣言は hoc.h のヘッダファイルに書かれている。

字句解析プログラムは変数名を認識すると、それらを記号テーブルのなかで探し、変数（VAR）であるのか組込み関数（BLTIN）であるのかを判断する。yylex の返してくる型は、これらのうちのどちらかであり、ユーザ定義変数も PI のようにあらかじめ定義された変数も VAR とみなされる。

変数の性質の1つとして、変数に値が代入されているかどうかを表わすものが用意されているので、未定義変数を使おうとしたときに、yyparse にエラーとして報告させることが可能である。変数が定義されているかどうかは、字句解析プログラム中ではなく、構文規則自体のなかで検査しなくてはならない。というのも、字句解析中に VAR が認識されるときは、その内容についてはまだわからないのだから、もし字句解析プログラムが未定義検査をすれば、x=1 のような代入文の左辺のように、文法的に全く正しい状況でも x が未定義のような文句を言われることになり、これは望ましくない。

以下に、yylex の改訂部分を示す。

```
    yylex()         /* hoc3 */
    ...
            if (isalpha(c)) {
                Symbol *s;
                char sbuf[100], *p = sbuf;
                do {
                        *p++ = c;
                } while ((c=getchar()) != EOF && isalnum(c));
                ungetc(c, stdin);
                *p = '\0';
```

第8章 プログラム開発

```
            if ((s=lookup(sbuf)) == 0)
                    s = install(sbuf, UNDEF, 0.0);
            yylval.sym = s;
            return s->type == UNDEF ? VAR : s->type;
    }
...
```

main にも 1 行追加されていて、その行が初期化ルーチン init を呼び出し、記号テーブル中に組込み関数や PI のような予約語を組み込む。

```
    main(argc, argv)        /* hoc3 */
            char *argv[];
    {
            int fpecatch();

            progname = argv[0];
            init();
            setjmp(begin);
            signal(SIGFPE, fpecatch);
            yyparse();
    }
```

まだ説明していないファイルで残っているのは math.c である。標準の数値演算関数には、メッセージを出して回復するために、エラー検査のインターフェイスを必要とするものがある — 例えば、標準の sqrt 関数は引数が負の値のときも黙ってゼロを返すようになっている。math.c のプログラムでは、UNIX プログラマーズ・マニュアルの 2 章にあるエラー検査を使っている (本書の第 7 章を参照)。自分自身で手作りにするよりも、この方が信頼性も高く移植性もよい。なぜなら、そのルーチンに独自の制限事項はこの "公式" プログラムに最もよく盛り込まれていると考えられるからである。ヘッダファイル <math.h> には標準的な数値演算関数のための型宣言文が入っている。また、<errno.h> には、起こる可能性のあるエラーの名前が収められている。

```
    $ cat math.c
    #include <math.h>
    #include <errno.h>
    extern  int     errno;
```

8.3 第3段階：任意の変数名 — 組込み関数

```
double  errcheck();

double Log(x)
        double x;
{
        return errcheck(log(x), "log");
}
double Log10(x)
        double x;
{
        return errcheck(log10(x), "log10");
}
double Exp(x)
        double x;
{
        return errcheck(exp(x), "exp");
}
double Sqrt(x)
        double x;
{
        return errcheck(sqrt(x), "sqrt");
}
double Pow(x, y)
        double x, y;
{
        return errcheck(pow(x, y), "exponentiation");
}
double integer(x)
        double x;
{
        return (double)(long)x;
}
```

```
    double errcheck(d, s)    /* check result of library call */
        double d;
        char *s;
{
        if (errno == EDOM) {
                errno = 0;
                execerror(s, "argument out of domain");
        } else if (errno == ERANGE) {
                errno = 0;
                execerror(s, "result out of range");
        }
        return d;
}
$
```

yaccをこの新しい構文規則で実行すると、面白い（そして構文規則上にない）診断メッセージが現われる。

```
$ yacc hoc.y

conflicts: 1 shift/reduce
$
```

この"shift/reduce"のメッセージは、hoc3 の構文規則にあいまいな点があることを教えている。つまり、入力中の次の1行

```
x = 1
```

は、図のように2通りに解釈できるのである。

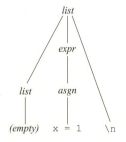
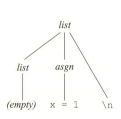

8.3 第3段階：任意の変数名 — 組込み関数

パーサーは、左側の構文木に示すように、*asgn* が *expr* に還元され、それがさらに上位の *list* に還元されるに違いないとも判定できるし、あるいは、右側の構文木のように、後ろにくる \n をすぐに shift を使って中間段階の規則をとばしていきなり1つの *list* に変換すると判断することもできる。このあいまいさに出会うと、yacc はシフトする方を選ぶ。実際この方が現実の構文規則の正しい処理手続きになることが多い。yacc が正当な判定をしたことを確認するためには、その類いのメッセージを理解するようにつとめなくてはならない[*2]。yacc を -v オプション付きで走らせると、y.output と呼ばれる大部の出力が作られ、この出力はどこで矛盾が起っているのかの手がかりを与えてくれる。

問題 8-5 今の hoc のままでは次のようにするのも規則違反にならない。

```
PI = 3
```

これはよいアイデアであろうか？　また、hoc3 を修正して、"定数" への代入を禁止するにはどうすればよいか？

問題 8-6 タンジェント（正接）が y/x の値になるような角度を返すための、atan2(x,y) という組込み関数を追加せよ。また、区間 (0,1) に一様に分布する浮動小数点乱数を返すような、組込み関数 rand() を追加せよ。異なった数の引数をもつ組込み関数を許す構文規則にするにはどのように変更すればよいか？

問題 8-7 他の UNIX プログラムにある ! の機能と同様に、hoc の内部からの別のコマンドを実行する機能を追加するにはどうすればよいか？

問題 8-8 本質的に同じ関数を使う代わりに、テーブルを使うように math.c を変更せよ。

make に関するもう1つの余談

hoc3 のためのプログラムは今では5つのファイルでできているから、それをコンパイルするための makefile もずっと複雑になる。

[*2] yacc の出してくる "reduce/reduce conflict" のメッセージは重大な問題があることを示している。これは故意に与えたあいまいさというより、構文規則上の明らかなエラーであることの方が多い。

第8章 プログラム開発

```
$ cat makefile
YFLAGS = -d              # force creation of y.tab.h
OBJS = hoc.o init.o math.o symbol.o    # abbreviation

hoc3:    $(OBJS)
         cc $(OBJS) -lm -o hoc3

hoc.o:   hoc.h

init.o   symbol.o:       hoc.h y.tab.h

pr:
         @pr hoc.y hoc.h init.c math.c symbol.c makefile

clean:
         rm -f $(OBJS) y.tab.[ch]
$
```

YFLAGS = -d という行は、make が生成する yacc コマンドにオプション -d を付加することを指示するもので、この指定によって、yacc は #define 文の入った y.tab.h というファイルを作るようになる。OBJS=... の行は以降に何度も使う形のための簡略表記の定義である。この構文ではシェル変数の場合と違って、括弧は省略できない。またフラグ -lm には、数値演算関数を数値演算ライブラリのなかから検索させる働きがある。

ここでは hoc3 は .o のついた4つのファイルに依存しており、さらにその .o ファイルの幾つかは .h ファイルに依存している。こういった依存関係が与えられれば、make は、関係したファイルのどれが変更されても、どれに再コンパイルが必要かを推測できるのである。現実にプロセスを走らせずに make が何をするかを知りたければ、以下のようにすればよい。

```
$ make -n
```

一方、ファイルの変更時刻を一定の状態に無理に変えたければ、-t ("touch") オプションによって、コンパイル作業なしに時刻だけを更新することもできる。

筆者たちが、ソースファイル群の依存関係だけでなく、その他のユーティリティルーチンも追加しているのに注目してほしい。すべてのユーティリティはそれぞれ1箇所にきちんとまとめられている。何も指定しないと、make は makefile のリスト

の最初のものを実行するが、`symbol.o` とか `pr` のような、依存規則に付けたラベル名を指定すれば、`make` は代わりにそれを実行する。空の依存関係は、その項目が決して"最新版"でないという意味に解釈され、要求があればアクションは常に実行される。従って、

```
$ make pr | lpr
```

という命令は、要求されたリストをラインプリンタ上に打ち出すものとなる（先頭に @ を付けて "@pr" としているのは、`make` が実行するコマンドのエコーバックを抑制させるためである）。また、

```
$ make clean
```

は、`yacc` の出力ファイル群と `.o` のついたファイル群を削除する働きをもつ。

`makefile` のなかのこういった空の依存関係のメカニズムは、関連する処理をすべて単一のファイルに保存しておく方法としては、シェルファイルより優れている。それに、`make` を使う仕事は何もプログラム開発だけに限らない ─ 時間に依存して異なる動作をさせる操作がある場合には、`make` はそれらをまとめるのに有用なツールになるのである。

lex に関する余談

プログラム `lex` は、`yacc` がパーサーを作成するのと同様の方法で字句解析ルーチンを作る。すなわち、自分の言語の字句規則の仕様を、正規表現と、その正規表現に一致する文字列がみつかったときに、実行すべき C プログラムにより記述すればよい。`lex` がそれを字句解析ルーチンに変換してくれるからである。`lex` と `yacc` は、われわれがすでに書いてきた字句解析ルーチンと同一のメカニズムで、共同して働く。ここでは `lex` の細部には立ち入らないことにし、これ以降には、主として、読者がもっと勉強しようという気になりそうな話を取り上げる。詳細については、UNIX プログラマーズ・マニュアルの第 2 巻 B にある `lex` の参照マニュアルをみていただきたい。

まず、`lex` プログラム（ファイル名は `lex.1`）を以下に示す。これは、これまでに使ってきた関数 `yylex` に置き換わる部分である。

```
$ cat lex.1
%{
#include "hoc.h"
#include "y.tab.h"
extern int lineno;
%}
```

```
%%
[ \t]       { ; }   /* skip blanks and tabs */
[0-9]+\.?|[0-9]*\.[0-9]+    {
        sscanf(yytext, "%lf", &yylval.val); return NUMBER; }
[a-zA-Z][a-zA-Z0-9]*    {
        Symbol *s;
        if ((s=lookup(yytext)) == 0)
                s = install(yytext, UNDEF, 0.0);
        yylval.sym = s;
        return s->type == UNDEF ? VAR : s->type; }
\n      { lineno++; return '\n'; } /* everything else */
.       { return yytext[0]; }
$
```

"規則"はすべて、egrepやawkのものと同じ正規表現であるが、ただ、lexではCで使うような \t や \n などのエスケープ・シーケンスも認識する。アクションは中括弧でくくっておく。規則は順番に評価され、* や + のような構文については、可能な限り長い文字列との一致がとられる。もしある規則が入力の次の部分と一致すると、対応するアクションが実行される。このとき、一致した入力文字列は、yytextと呼ばれるlex文字列のなかをみればわかるようになっている。

lexを使うためには、makefileの方にも次のような変更が可能になる。

```
$ cat makefile
YFLAGS = -d
OBJS = hoc.o lex.o init.o math.o symbol.o

hoc3:   $(OBJS)
        cc $(OBJS) -lm -ll -o hoc3

hoc.o:  hoc.h

lex.o init.o symbol.o:  hoc.h y.tab.h
...
$
```

ここでもまた、makeは.lから適切な.oファイルを作る方法を知っているので、.l

ファイルを指定する必要はなく、make には依存関係の情報だけを教えればよい（この他、lex の生成する字句解析ルーチンは完結していないので、cc の引数には、lex ライブラリを指定する -ll を追加しなくてはならない）。make の出力は、以下のように実に素晴らしいものであり、しかもすべて自動的である。

```
$ make
yacc -d hoc.y

conflicts: 1 shift/reduce
cc  -c y.tab.c
rm y.tab.c
mv y.tab.o hoc.o
lex  lex.l
cc  -c lex.yy.c
rm lex.yy.c
mv lex.yy.o lex.o
cc  -c init.c
cc  -c math.c
cc  -c symbol.c
cc hoc.o lex.o init.o math.o symbol.o -lm -ll -o hoc3
$
```

なお、ファイルが変更される場合、もし1つのファイルが変更された（だけ）ならば、最新版を作るのには、次のように make というコマンド1つですべて片付く。

```
$ touch lex.l .................................. lex.l の修正時刻を変更
$ make
lex  lex.l
cc  -c lex.yy.c
rm lex.yy.c
mv lex.yy.o lex.o
cc hoc.o lex.o init.o math.o symbol.o -lm -ll -o hoc3
$
```

この lex をどう扱うかについては、筆者たちの意見は分かれてしまい、随分議論を重ねた。手短に例示して挿話として扱うべきだという立場と、言語が複雑化したときの字句解析用の基本ツールとして扱うべきだという立場があった。どちらの側にも

それぞれもっともな言い分がある。lexの一番の問題は、（ユーザがまた新たな言語を覚えなくてはならないことを別にすれば）できたプログラムは実行速度の遅いものになりやすく、またlexが生成する字句解析ルーチンは人間が書いたものより大きくて遅いものになりがちな点である。また、エラーの回復やファイルからの入力といった、標準的でないことをしているときには、lexの入力機構をうまく調整するのは少々困難である。しかし、これらのことは、hocに関してはさほど重大なことではない。ここでこのテーマを大きく取り上げないのは、むしろ紙面に制限があるからである。lexを使った版を書き表わそうとすればより多くのページが必要になるから、これ以降の字句解析の仕事は、Cに後戻りして行なうことにする。しかし、lexではどうなるかを考えてみるのはよい練習問題になるはずである。

> 問題 8-9　hoc3の2つの版の大きさを比較せよ。ヒント：size (1)をみよ。

8.4　第4段階：マシン語へのコンパイル

当面われわれが目標にするのは、制御フローをもつ言語用のインタープリタ、hoc5である。hoc4はhoc5に移行するための中間段階に相当し、hoc3と同じ関数を用意しているが、その機能は、hoc5のインタープリタを意識した枠組に従って実現していく。実際に筆者たちは、まずhoc3と同じ関数をもつhoc4を書いた。これによって、全く同じ働きをすべき2つのプログラムを手にしたことになり、デバッギングに都合がよいからである。入力が解析されるにつれて、hoc4は即座に結果を計算する代わりに、一旦、単純なコンピュータのためのプログラムを生成する。文の終わりに出会うと、生成されたプログラムが実行（"翻訳"）されて望みの結果が計算される。

単純なコンピュータとはスタックマシンである。何らかのオペランドに出会うと、そのオペランドはスタックにプッシュされ（もっと正確には、それをスタックにプッシュするプログラムが生成され）る。演算子の多くはスタックトップの内容を操作する。例えば、次の代入文

```
x = 2 * y
```

を処理するために、以下のようなプログラムが生成される。

```
    constpush ......................................................... 定数をスタックにプッシュする。
        2 ......................................................................... 定数2
    varpush ............................................ 記号テーブルのポインタにスタックをプッシュする。
        y ......................................................................... 変数yへのポインタ
    eval .................................................................. 値の評価。ポインタを値に置換する。
```

mul	スタックの上から 2 つの内容をかけあわせる。積がそれらと置き換わる。
varpush	記号テーブルのポインタをスタックにプッシュする。
x	... 変数 x へのポインタ
assign	値を変数に格納する。ポインタをポップする。
pop	スタックトップの値を消す。
STOP	プログラムの終了。

このプログラムが実行されると、コメントに書いておいたように、式が評価されて、その結果は x のなかに格納される。最後のポップは、必要なくなったスタック内の値を消してきれいにするためのものである。

スタックマシンは単純なインタープリタとなることが多く、われわれのものも例外ではない — われわれのマシンは演算子とオペランドを格納する 1 つの配列にすぎない。その演算子は（スタックマシンの）マシン語命令であり、マシン語命令は、すなわち関数呼出しである。関数に引数があるときはマシン語命令に続ける。上記の例のように、オペランドがすでにスタック上に存在していることもある。

hoc4 のための記号テーブルは、hoc3 のものと同一である。また、init.c で行なう初期化も、math.c のなかの数値演算関数も同じである。さらに構文規則も hoc3 のものと同じであるが、ただアクションは全く異なっている。基本的には、個々のアクションはマシン語命令とそれに必要なオペランドを生成するのである。例えば、式のなかの VAR に対しては 3 つの項目が生成される。すなわち、1 つ目は varpush 命令、2 つ目はその変数を指す記号テーブルのポインタ、そして 3 つ目が、その記号テーブルのポインタをその変数の値に置換する eval 命令である。一方、"*" のためのコードは、その命令のオペランドはすでにスタック上にあるため、ただ mul という命令 1 個になる。

```
$ cat hoc.y
%{
#include "hoc.h"
#define code2(c1,c2)     code(c1); code(c2)
#define code3(c1,c2,c3)  code(c1); code(c2); code(c3)
%}
%union {
        Symbol  *sym;   /* symbol table pointer */
        Inst    *inst;  /* machine instruction */
}
%token  <sym>    NUMBER VAR BLTIN UNDEF
```

```
%right  '='
%left   '+' '-'
%left   '*' '/'
%left   UNARYMINUS
%right  '^'       /* exponentiation */
%%
list:     /* nothing */
        | list '\n'
        | list asgn '\n'  { code2(pop, STOP); return 1; }
        | list expr '\n'  { code2(print, STOP); return 1; }
        | list error '\n' { yyerrok; }
        ;
asgn:     VAR '=' expr  { code3(varpush, (Inst)$1, assign); }
        ;
expr:     NUMBER        { code2(constpush, (Inst)$1); }
        | VAR           { code3(varpush, (Inst)$1, eval); }
        | asgn
        | BLTIN '(' expr ')' { code2(bltin, (Inst)$1->u.ptr); }
        | '(' expr ')'
        | expr '+' expr { code(add); }
        | expr '-' expr { code(sub); }
        | expr '*' expr { code(mul); }
        | expr '/' expr { code(div); }
        | expr '^' expr { code(power); }
        | '-' expr %prec UNARYMINUS { code(negate); }
        ;
%%
        /* end of grammar */
...
```

Instはマシン語命令の型（intを返す関数を指すポインタ）であり、後ほどもう1度説明する。codeの引数が関数名、すなわち、関数を指すポインタや、強制的に関数へのポインタを指すようにさせられた値になっていることに注意しよう。

筆者たちはmainにも少し手を加えた。このパーサーはこれで個々の文や式ごとに戻ってきて、生成されたプログラムが実行されるようになった。yyparseはファイ

ルの終了に出会うとゼロを返す。

```
main(argc, argv)        /* hoc4 */
    char *argv[];
{
    int fpecatch();

    progname = argv[0];
    init();
    setjmp(begin);
    signal(SIGFPE, fpecatch);
    for (initcode(); yyparse(); initcode())
        execute(prog);
    return 0;
}
```

字句解析はほんのわずかに違っているだけである。主な変更点は、数値をすぐに使わずに、保存しなくてはならない、という点にある。最も簡単にこれを実現するには、変数と一緒に数値を記号テーブルのなかに組み込んでしまえばよい。以下に、yylex の変更部分を示しておく。

```
yylex()     /* hoc4 */
...
        if (c == '.' || isdigit(c)) {   /* number */
            double d;
            ungetc(c, stdin);
            scanf("%lf", &d);
            yylval.sym = install("", NUMBER, d);
            return NUMBER;
        }
...
```

インタープリタのスタック上にある1つ1つの要素は、浮動小数点数値か、記号テーブルへの入り口を指すポインタかのいずれかであり、従って、スタックのデータの型はそれらの共用体として宣言する。マシン自体はポインタの配列でできていて、そのポインタは何らかのオペレーションをする mul のような関数や、記号テーブルのなかのデータを指し示している。ヘッダファイル hoc.h もこれらのデータ構造やイン

タープリタのための関数宣言を追加しておく必要があり、そうすれば、プログラムのどこからでも必要に応じてそれらが利用できる(ところで、ここでは、筆者たちはこの情報を2つのファイルではなく hoc.h という1つのファイルのなかにまとめて入れることにした。もっと大きなプログラムでは、ほんとうに必要な部分だけ取り込めるように、ヘッダ情報を複数のファイルに分割して入れておく方がよいかもしれない。

```
$ cat hoc.h
typedef struct Symbol {  /* symbol table entry */
        char    *name;
        short   type;    /* VAR, BLTIN, UNDEF */
        union {
                double  val;            /* if VAR */
                double  (*ptr)();       /* if BLTIN */
        } u;
        struct Symbol   *next;  /* to link to another */
} Symbol;
Symbol  *install(), *lookup();

typedef union Datum {   /* interpreter stack type */
        double  val;
        Symbol  *sym;
} Datum;
extern  Datum pop();

typedef int (*Inst)();  /* machine instruction */
#define STOP    (Inst) 0

extern  Inst prog[];
extern  eval(), add(), sub(), mul(), div(), negate(), power();
extern  assign(), bltin(), varpush(), constpush(), print();
$
```

次にマシン語命令を実行するルーチンと、スタック操作のためのルーチンは、code.cという名前の新しいファイルに格納することにした。このファイルは全部でおよそ150行になるので、ここでは分割して示しておく。

```
$ cat code.c
#include "hoc.h"
#include "y.tab.h"

#define NSTACK  256
static  Datum   stack[NSTACK];  /* the stack */
static  Datum   *stackp;        /* next free spot on stack */

#define NPROG   2000
Inst    prog[NPROG];    /* the machine */
Inst    *progp;         /* next free spot for code generation */
Inst    *pc;            /* program counter during execution */

initcode()      /* initialize for code generation */
{
        stackp = stack;
        progp = prog;
}
...
$
```

スタック操作のためには、以下の push と pop を呼べばよい。

```
push(d)         /* push d onto stack */
        Datum d;
{
        if (stackp >= &stack[NSTACK])
                execerror("stack overflow", (char *) 0);
        *stackp++ = d;
}
Datum pop()     /* pop and return top elem from stack */
{
        if (stackp <= stack)
                execerror("stack underflow", (char *) 0);
```

```
        return *--stackp;
}
```

スタックマシンは関数 code を呼び出すことで、構文解析中に作り出される。関数 code はただ命令を配列 prog のなかの次の空き領域へ格納し、その命令の収められた場所（ただしこれは hoc4 では使用しない）を返すだけである。

```
Inst *code(f)    /* install one instruction or operand */
    Inst f;
{
    Inst *oprogp = progp;
    if (progp >= &prog[NPROG])
        execerror("program too big", (char *) 0);
    *progp++ = f;
    return oprogp;
}
```

このマシンを実行させるのはいとも簡単である。実際、実行のための準備ができてしまえば、そのマシンを"走らせる"ルーチンは、みごとな位小さい。

```
execute(p)       /* run the machine */
    Inst *p;
{
    for (pc = p; *pc != STOP; )
        (*(*pc++))();
}
```

このプログラムでは、1 回まわるごとに、プログラムカウンタ pc が指している命令が指す関数が実行され、そこで pc は 1 つ増加するので、次の命令を実行する準備が整う。オペコード STOP の命令によってループは終了する。以下に示す constpush や varpush といった命令もまた pc をインクレメントし、それによって、その命令に続く任意の引数を取り込むようになっている。

```
constpush()      /* push constant onto stack */
{
    Datum d;
    d.val = ((Symbol *)*pc++)->u.val;
    push(d);
}
```

8.4 第4段階：マシン語へのコンパイル

```
varpush()         /* push variable onto stack */
{
        Datum d;
        d.sym = (Symbol *)(*pc++);
        push(d);
}
```

このマシンの残りの部分は簡単である。例えば、算術演算はどれも基本的には同じものであり、実際に1つのプロトタイプを編集して作成したものである。以下にaddの部分を示す。

```
add()             /* add top two elems on stack */
{
        Datum d1, d2;
        d2 = pop();
        d1 = pop();
        d1.val += d2.val;
        push(d1);
}
```

残りのルーチンも同様に簡単に書ける。

```
eval()            /* evaluate variable on stack */
{
        Datum d;
        d = pop();
        if (d.sym->type == UNDEF)
                execerror("undefined variable", d.sym->name);
        push(d);
}
assign()          /* assign top value to next value */
{
        Datum d1, d2;
        d1 = pop();
        d2 = pop();
        if (d1.sym->type != VAR && d1.sym->type != UNDEF)
```

```
                    execerror("assignment to non-variable",
                            d1.sym->name);
            d1.sym->u.val = d2.val;
            d1.sym->type = VAR;
            push(d2);
    }
    print()              /* pop top value from stack, print it */
    {
            Datum d;
            d = pop();
            printf("\t%.8g\n", d.val);
    }
    bltin()              /* evaluate built-in on top of stack */
    {
            Datum d;
            d = pop();
            d.val = (*(double (*)())(*pc++))(d.val);
            push(d);
    }
```

最も難しいのは、bltin のなかの cast (型変換) の部分であろう。ここで、*pc は"double を返す関数を指すポインタ"へ変換し、さらに、関数は d.val を引数として実行しなくてはならない、という意味になる。

もしすべてが正しく動いていれば、eval と assign のなかに書かれた診断メッセージは全く表示されない。筆者たちがこのエラーメッセージを残している理由は、何らかのプログラム・エラーがスタックを破壊することを想定しているからである。これを残しておくことで生じるオーバヘッドは、われわれがプログラムに不注意な変更を加えたときにエラーをみつけてくれるメリットに比べれば些細なものである (筆者たち自身も、何度か不注意な変更をした)。

C では関数を指すポインタの扱いが容易なため、コンパクトで効率のよいプログラムが作れる。この方法の代わりに、演算子を整数にして、演算子と対応する関数を、execute のなかの大きな switch 文で結合させる方法があるが、これは単純だから読者への練習問題としておこう。

8.4 第4段階:マシン語へのコンパイル

make に関する 3 つ目の余談

　hoc のソースプログラムが膨れあがるにつれて、何が変更され、またその変更に依存するものが何かを機械的に覚えておく価値もいっそう高まる。make の素晴らしいところは、(よくまちがうことの多い) 手作業でやったり、専用のシェルファイルを作ったりする必要がある仕事を、自動的に行なってくれることである。

　makefile に関しては 2 点改良する。第 1 の改良点の基礎は、y.tab.h のなかにある yacc の定義した定数に関係した幾つかのファイルは、定数が変更されない場合には再コンパイルしなくてもよい、という観察にある — hoc.y のなかの C プログラムを変更しても、他のファイルには一切影響しない。新しい版の makefile の内容をみると、.o ファイル群が依存するのは新しい x.tab.h というファイルだけであり、このファイルは y.tab.h の内容が変わったときだけ更新される。第 2 の改良点は、変更のあったファイルだけが表示されるよう、pr (ソースファイルの表示) の規則をソースファイルに依存するようにしたことである。

　これらのうちで第 1 の改良点は、構文規則は固まったがまだ流動的である (この状況が普通である) とき、大きめのプログラムだと大いに時間の節約になる。これに対して、第 2 の改良が紙の節約になるのは言うまでもない。

　以下に示すのが、こうした改良を加えた、hoc4 のための新しい makefile である。

```
YFLAGS = -d
OBJS = hoc.o code.o init.o math.o symbol.o

hoc4:    $(OBJS)
         cc $(OBJS) -lm -o hoc4

hoc.o code.o init.o symbol.o:   hoc.h

code.o init.o symbol.o: x.tab.h

x.tab.h: y.tab.h
         -cmp -s x.tab.h y.tab.h || cp y.tab.h x.tab.h

pr:    hoc.y hoc.h code.c init.c math.c symbol.c
       @pr $?
       @touch pr
```

第8章 プログラム開発

```
clean:
        rm -f $(OBJS) [xy].tab.[ch]
```

ここでcmpの前に付けた"-"は、cmpが異常終了しても、makeに実行を続けるように教えるためのものである。この指定によって、もしx.tab.hが存在していなくてもプロセスが実行できるようになっている（-sオプションによって、cmpは何も出力を出さず、ただ終了状態の設定だけを行なう）。@pr $?の$?は、pr:の行にあるファイルのリストから、ファイルprより時間的に新しいものだけを選んだファイル名のリストに、実行時に置き換わる。残念なことに、makeの書き方は、シェルの慣用とは異なっており、せいぜい少しは関係があるといった程度にしか似ていない。

これらの動作を具体的に示すために、いますべてが最新版であると仮定してみよう。すると次のようになる。

```
$ touch hoc.y ................................................. hoc.yの日付を変更する。
$ make
yacc -d hoc.y

conflicts: 1 shift/reduce
cc   -c y.tab.c
rm y.tab.c
mv y.tab.o hoc.o
cmp -s x.tab.h y.tab.h || cp y.tab.h x.tab.h
cc hoc.o code.o init.o math.o symbol.o -lm -o hoc4
$ make -n pr ............................................. 変化のあったファイルを表示。
pr hoc.y
touch pr
$
```

ファイルy.tab.hは以前と同一のものであったので、hoc.y以外には何も再コンパイルされていないことに注意してほしい。

問題 8-10 stackとprogの大きさを動的にし、mallocを呼び出してメモリが確保できる範囲内で、hoc4の実行が絶対に領域不足にならないようにせよ。

> 問題 8–11　関数を呼び出す代わりに、executeの中で演算子に応じて動作する1個のswitch文を使うようにhoc4を修正せよ。修正前後の版のソースプログラムの行数と実行速度はどうなるか比べよ。また、維持しやすさ、拡張の容易さという点ではどうだろうか?

8.5　第5段階：制御フローと関係演算子

本節で説明していくhoc5は、われわれがインタープリタを作るためにhoc4で投入した努力が報われた結晶といえる。この版には、Cと同じようなif-else文やwhile文、{ と } を使った文のグループ化、さらにprint文が用意されている。AND演算子 && やOR演算子 || だけでなく、関係演算子もすべて（>, >= など）含まれている。（&& と || は、Cの長所であった左から右への評価順序が保証されておらず、不要な場合でも左右両方の条件が評価される。）

構文規則には、トークン（終端記号）、非終端記号の他、ifやwhileや中括弧や関係演算子のためのプロダクションが追加されている。この追加によって構文規則はかなり長くなっているが、（ifとwhileが少し複雑なのを除けば）たいして複雑さが増しているわけではない。

```
$ cat hoc.y
%{
#include "hoc.h"
#define code2(c1,c2)    code(c1); code(c2)
#define code3(c1,c2,c3) code(c1); code(c2); code(c3)
%}
%union {
        Symbol  *sym;   /* symbol table pointer */
        Inst    *inst;  /* machine instruction */
}
%token  <sym>   NUMBER PRINT VAR BLTIN UNDEF WHILE IF ELSE
%type   <inst>  stmt asgn expr stmtlist cond while if end
%right  '='
%left   OR
%left   AND
%left   GT GE LT LE EQ NE
%left   '+' '-'
```

```
        %left      '*' '/'
        %left      UNARYMINUS NOT
        %right     '^'
        %%
        list:     /* nothing */
                | list '\n'
                | list asgn '\n'   { code2(pop, STOP); return 1; }
                | list stmt '\n'   { code(STOP); return 1; }
                | list expr '\n'   { code2(print, STOP); return 1; }
                | list error '\n' { yyerrok; }
                ;
        asgn:     VAR '=' expr   { $$=$3; code3(varpush,(Inst)$1,assign); }
                ;
        stmt:     expr           { code(pop); }
                | PRINT expr     { code(prexpr); $$ = $2; }
                | while cond stmt end {
                        ($1)[1] = (Inst)$3;     /* body of loop */
                        ($1)[2] = (Inst)$4; }   /* end, if cond fails */
                | if cond stmt end {    /* else-less if */
                        ($1)[1] = (Inst)$3;     /* then part */
                        ($1)[3] = (Inst)$4; }   /* end, if cond fails */
                | if cond stmt end ELSE stmt end {  /* if with else */
                        ($1)[1] = (Inst)$3;     /* then part */
                        ($1)[2] = (Inst)$6;     /* else part */
                        ($1)[3] = (Inst)$7; }   /* end, if cond fails */
                | '{' stmtlist '}'      { $$ = $2; }
                ;
        cond:     '(' expr ')'   { code(STOP); $$ = $2; }
                ;
        while:    WHILE { $$ = code3(whilecode, STOP, STOP); }
                ;
        if:       IF    { $$ = code(ifcode); code3(STOP, STOP, STOP); }
                ;
        end:      /* nothing */            { code(STOP); $$ = progp; }
```

8.5 第5段階:制御フローと関係演算子

```
            ;
  stmtlist: /* nothing */         { $$ = progp; }
          | stmtlist '\n'
          | stmtlist stmt
          ;
  expr:     NUMBER          { $$ = code2(constpush, (Inst)$1); }
          | VAR             { $$ = code3(varpush, (Inst)$1, eval); }
          | asgn
          | BLTIN '(' expr ')'
                  { $$ = $3; code2(bltin, (Inst)$1->u.ptr); }
          | '(' expr ')'  { $$ = $2; }
          | expr '+' expr { code(add); }
          | expr '-' expr { code(sub); }
          | expr '*' expr { code(mul); }
          | expr '/' expr { code(div); }
          | expr '^' expr { code(power); }
          | '-' expr %prec UNARYMINUS { $$ = $2; code(negate); }
          | expr GT expr  { code(gt); }
          | expr GE expr  { code(ge); }
          | expr LT expr  { code(lt); }
          | expr LE expr  { code(le); }
          | expr EQ expr  { code(eq); }
          | expr NE expr  { code(ne); }
          | expr AND expr { code(and); }
          | expr OR expr  { code(or); }
          | NOT expr      { $$ = $2; code(not); }
          ;
  %%
```

hoc3で述べたものと同じ種類のshift/reduceの競合が、この構文規則には5つある。

今回の版では、一続きの処理を終了させるために、STOP 命令が何カ所かで使われていることに注目しよう。以前と同じく、progp は、次に生成される命令の場所を指している。実行時には、それらの STOP 命令が execute 中のループを終了させる働きをする。end のプロダクションは実際上、あちこちから呼び出される 1 種のサブルーチンであり、STOP を生成してその次の命令の位置を返す役割をもつ。

while や if のために生成されるプログラムは、特に研究する必要がある。キーワード while に出会うと、whilecode 命令が生成され、スタックマシン上でのその命令の位置が、次のようなプロダクションの値として返される。

```
while:    WHILE
```

しかし、それと同時に、スタックマシン上のそれに続く 2 つの場所も確保され、そこには後で値が入る。次に生成されるコードは、while 文の条件部にあたる式である。cond がその条件を現わすコードの開始位置の値を返す。while 文全体を認識すると、その後で、whilecode 命令の後に余分に確保しておいた 2 つの場所が、それぞれ、ループ本体を指す位置と、ループの後で実行される文を指す位置で埋められる（while の次に実行されるコードはその次に作られる）。

```
| while cond stmt end {
        ($1)[1] = (Inst)$3;     /* body of loop */
        ($1)[2] = (Inst)$4; }   /* end, if cond fails */
```

上記の$1 は、マシン上で whilecode 命令が格納されている場所を指し、従って、($1)[1] と ($1)[2] が上述した 2 つの場所を指すことになる。

次のように図にしてみるとこの関係がよくわかるだろう。

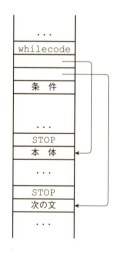

if 文の場合も状況は似ているが、ただ確保される場所は 3 つになる。というのは、then 部、else 部の他、if 文の後に実行される文の 3 つが必要だからである。その動作については、後ほど述べることにする。

8.5 第5段階:制御フローと関係演算子

今回の版の字句解析にはいくぶん時間がかかるが、それは主として、切り出す演算子の数が増えたことによる。

```
yylex()         /* hoc5 */
...
        switch (c) {
        case '>':       return follow('=', GE, GT);
        case '<':       return follow('=', LE, LT);
        case '=':       return follow('=', EQ, '=');
        case '!':       return follow('=', NE, NOT);
        case '|':       return follow('|', OR, '|');
        case '&':       return follow('&', AND, '&');
        case '\n':      lineno++; return '\n';
        default:        return c;
        }
}
```

follow は1文字分先読みし、それが期待したものでなかったら、ungetc を使ってその1文字を入力上に戻す働きをする。

```
follow (expect, ifyes, ifno)    /* look after for >=, etc. */
{
        int c = getchar();

        if (c == expect)
                return ifyes;
        ungetc(c, stdin);
        return ifno;
}
```

hoc.h のなかにはさらに多くの関数の宣言が入っている — 例えば、あらゆる関係演算子 — しかしこの点を別にすれば、hoc4 の場合と同じアイデアで構成されている。以下にその最後の数行をお目にかけよう。

```
$ cat hoc.h
...
typedef int (*Inst)();  /* machine instruction */
#define STOP    (Inst) 0
```

355

```
    extern  Inst prog[], *progp, *code();
    extern  eval(), add(), sub(), mul(), div(), negate(), power();
    extern  assign(), bltin(), varpush(), constpush(), print();
    extern  prexpr();
    extern  gt(), lt(), eq(), ge(), le(), ne(), and(), or(), not();
    extern  ifcode(), whilecode();
    $
```

code.cの大半も以前と同じだが、そのなかには、関係演算子を操作するための新しいルーチンもたくさん目につく。関数 le (less than or equal to：小さいか等しい) などがその典型的な例といえよう。

```
    le()
    {
            Datum d1, d2;
            d2 = pop();
            d1 = pop();
            d1.val = (double)(d1.val <= d2.val);
            push(d1);
    }
```

簡単に理解できないのが、whilecode と ifcode である。その動作を理解するには、execute は命令を順々に実行し、STOP をみつけたところで戻る、ということを理解するのが重要なポイントになる。構文解析中に生成するコードでは、1 回の execute の呼出しで扱う命令の集合の終わりには必ず STOP をつけるようになっている。while の本体、条件部、あるいは、if の then 部や else 部は、すべて execute を再帰的に繰り返し呼び出すことで実行され、それぞれの仕事が終わったときには execute の親レベルまで戻る。これらの再帰的な仕事の制御は、while 文と if 文に直接対応する whilecode や ifcode のコードが行なっている。

```
    whilecode()
    {
            Datum d;
            Inst *savepc = pc;      /* loop body */

            execute(savepc+2);      /* condition */
```

```
        d = pop();
        while (d.val){
                execute(*((Inst **)(savepc)));   /* body */
                execute(savepc+2);
                d = pop();
        }
        pc = *((Inst **)(savepc+1));   /* next statement */
}
```

　少し前に触れたことだが、whilecode命令の後には、ループ本体を指すポインタと次に実行する文のポインタが続き、その後で条件部が始めるということを思い出していただきたい。whilecodeを呼び出すときには、pcはすでにインクリメントされているので、pcはループ本体へのポインタを指している。従って、pc+1は次に実行する文を指し、pc+2は条件部を指すことになる。

　ifcodeもこれと極めてよく似ている。プログラムの先頭ではpcはthen部、pc+1はelse部、pc+2は次に実行する文、そして、pc+3は条件を指している。

```
    ifcode()
    {
            Datum d;
            Inst *savepc = pc;        /* then part */

            execute(savepc+3);        /* condition */
            d = pop();
            if (d.val)
                    execute(*((Inst **)(savepc)));
            else if (*((Inst **)(savepc+1))) /* else part? */
                    execute(*((Inst **)(savepc+1)));
            pc = *((Inst **)(savepc+2));    /* next stmt */
    }
```

　init.cのなかの初期化プログラムも少し増強した。以下のように、記号テーブルのなかに、キーワードのテーブルが追加されている。

```
$ cat init.c
...
static struct {          /* Keywords */
        char    *name;
        int     kval;
} keywords[] = {
        "if",           IF,
        "else",         ELSE,
        "while",        WHILE,
        "print",        PRINT,
        0,              0,
};
...
```

キーワードを読み込むために、init のなかにはもう 1 つ次のループが必要である。

```
for (i = 0; keywords[i].name; i++)
        install(keywords[i].name, keywords[i].kval, 0.0);
```

記号テーブルの管理には何も変更はいらない。code.c のなかには prexpr というルーチンが入っていて、print *expr* の形をした文が実行されたときに呼び出されるようになっている。

```
prexpr()           /* print numeric value */
{
        Datum d;
        d = pop();
        print("%.8g\n", d.val);
}
```

prexpr 関数は、評価された値の最終条件を表示するために自動的に呼び出される print 関数とは違い、出力にタブを追加しない。

ここまでで hoc5 は極めて有能な電卓になっているが、本格的なプログラミングのためにはもっと多くの機能が必要になる。以下にあげる練習問題はそういった機能の追加の手がかりになるはずである。

8.5 第5段階：制御フローと関係演算子

問題 8–12 hoc5 が作成するマシンを目にみえる形で表示し、デバッギングしやすいように hoc5 を改良せよ。

問題 8–13 `+=` や `*=` などの C の代入演算子や、インクレメント演算子 `++` やデクレメント演算子 `--` を追加せよ。`&&` と `||` が左から右の順に評価されるようにし、C と同様に評価が早く終了するように変更せよ。

問題 8–14 C と同じような `for` を追加せよ。また、`break` 文と `continue` 文も追加せよ。

問題 8–15 hoc5 の構文規則や字句解析ルーチン（あるいはその両方）を修正して、改行の位置をもっと自由にするには、どうしたらよいか？ 改行記号の同義語としてセミコロンも使えるようにするにはどうしたらよいか？ また、コメントが書けるようにするにはどうしたらよいか？ そのコメントはどういった構文にしたらよいだろうか？

問題 8–16 hoc5 に割込み処理機能を追加して、一旦開始した終わりのない計算を停止しても、そこまでに計算した変数の状態が失われないようにせよ。

問題 8–17 あるプログラムをファイルに作成し、それを実行した後で細かな変更をするために、いちいちそのファイルを編集する必要があるのは煩わしい。すでに読み込んでいる自分の hoc プログラムを対象とするエディタを起動するような編集コマンドを hoc5 に追加せよ。

ヒント：`text` という命令を使うことを考えてみよ。

8.6　第6段階：関数と手続き —— 入出力

　hocの進化の最終段階は、本書に関する限り、関数と手続きの追加という関数機能の充実が主なるものである。この他、数字だけでなく、文字列を表示する機能と標準入力から値を読む機能も追加した。さらに、hoc6はファイル名の引数も理解し、"-"という名前を標準入力として解釈する。これらの機能実現のため、全部で235行のプログラムが追加され、hoc全体では約810行になるが、この追加によってhocは事実上、電卓からプログラミング言語に姿を変える。本節ではその追加行のすべては紹介しない。これらのモジュールがどのように協力して働くかを理解できるように、付録3に全プログラムリストをのせておく。

　構文規則では、関数の呼出しは式になり、一方、手続きの呼出しは文になる。この両者は付録2に詳しく説明してあり、そこには幾つか使用例も示してある。例えば、引数に書かれた数よりも小さなFibonacci数を全部表示するための手続きを定義して使おうとすれば、以下のようにできる。

```
$ cat fib
proc fib() {
        a = 0
        b = 1
        while (b < $1) {
                print b
                c = b
                b = a+b
                a = c
        }
        print "\n";
}
$ hoc6 fib -
fib(1000)
1 1 2 3 5 8 13 21 34 55 89 144 233 377 610 987
...
```

上記の例はファイルの使い方も示している。ここで使っているファイル名"-"は標準入力である。

　また、以下に示すのは階乗関数の例である。

8.6 第6段階：関数と手続き —— 入出力

```
$ cat fac
func fac() {
        if ($1 <= 0) return 1 else return $1 * fac($1-1)
}
$ hoc6 fac -
fac(0)
        1
fac(7)
        5040
fac(10)
        3628800
...
```

シェルと同様にして、関数や手続きの内部では引数を `$1` などで参照するが、引数への代入も許されている。関数の手続きは再帰的呼出しが可能であるが、引数だけが局所的（ローカル）変数として扱われ、その他の変数はすべて広域的（グローバル）であり、プログラムのどこからでも参照できる。

　hoc は関数と手続きを区別する。そうすれば、スタックレベルのチェックができるからである。return を書き忘れたり、余分な式を追加してスタックを混乱させたりといったことは、日常茶飯事なのである。

　hoc5 から hoc6 にするための構文規則の変更はかなりの数にのぼるものの、それらは一部分に限定されたものである。新しいトークン（終端記号）や非終端記号が必要であり、また `%union` 宣言文も、引数を入れる新しいメンバーをもつ。

```
$ cat hoc.y
...
%union {
        Symbol  *sym;   /* symbol table pointer */
        Inst    *inst;  /* machine instruction */
        int     narg;   /* number of arguments */
}
%token  <sym>   NUMBER STRING PRINT VAR BLTIN UNDEF WHILE IF ELSE
%token  <sym>   FUNCTION PROCEDURE RETURN FUNC PROC READ
%token  <narg>  ARG
%type   <inst>  expr stmt asgn prlist stmtlist
%type   <inst>  cond while if begin end
```

```
%token   <sym>    procname
%token   <narg>   arglist
...
list:     /* nothing */
        | list '\n'
        | list defn '\n'
        | list asgn '\n'   { code2(pop, STOP); return 1; }
        | list stmt '\n'   { code(STOP); return 1; }
        | list expr '\n'   { code2(print, STOP); return 1; }
        | list error '\n' { yyerrok; }
        ;
asgn:     VAR '=' expr   { code3(varpush,(Inst)$1,assign); $$=$3; }
        | ARG '=' expr
            { defnonly("$"); code2(argassign,(Inst)$1); $$=$3; }
        ;
stmt:     expr  { code(pop); }
        | RETURN { defnonly("return"); code(procret); }
        | RETURN expr
                { defnonly("return"); $$=$2; code(funcret); }
        | PROCEDURE begin '(' arglist ')'
                { $$ = $2; code3(call, (Inst)$1, (Inst)$4); }
        | PRINT prlist  { $$ = $2; }
...
expr:     NUMBER { $$ = code2(constpush, (Inst)$1); }
        | VAR   { $$ = code3(varpush, (Inst)$1, eval); }
        | ARG   { defnonly("$"); $$ = code2(arg, (Inst)$1); }
        | asgn
        | FUNCTION begin '(' arglist ')'
                { $$ = $2; code3(call, (Inst)$1, (Inst)$4); }
        | READ '(' VAR ')' { $$ = code2(varread, (Inst)$3); }
...
begin:    /* nothing */      { $$ = progp; }
        ;
prlist:   expr               { code(prexpr); }
```

```
            | STRING               { $$ = code2(prstr, (Inst)$1); }
            | prlist ',' expr      { code(prexpr); }
            | prlist ',' STRING    { code2(prstr, (Inst)$3); }
            ;
   defn:    FUNC procname { $2->type=FUNCTION; indef=1; }
                '(' ')' stmt { code(procret); define($2); indef=0; }
            | PROC procname { $2->type=PROCEDURE; indef=1; }
                '(' ')' stmt { code(procret); define($2); indef=0; }
            ;
   procname: VAR
            | FUNCTION
            | PROCEDURE
            ;
   arglist: /* nothing */          { $$ = 0; }
            | expr                 { $$ = 1; }
            | arglist ',' expr     { $$ = $1 + 1; }
            ;
   %%
   ...
```

　arglistのプロダクションは引数の数を数える働きをする。ちょっと考えると、何らかの方法で引数を集める処理が必要そうに思えるかもしれないが、その必要はない。というのは、引数の並びに書かれた個々のexprは、それがまさに必要とされるスタック上の位置にその値を置くからである。スタック上に幾つ書かれているかを知る手段があれば、それだけで十分なのである。

　defnに関する規則では、yaccの新機能、すなわち、埋め込みアクションを使っている。アクションを規則の途中に置くこともでき、そのアクションは、規則を認識する途中で実行される。われわれはこの機能を、今自分が関数や手続きの定義にいるのかどうかを記録するのに使っている（これに代わる方法として、beginと似た新しい記号を作成して、適当なときに認識させるようにする方法もある）。関数defnonlyは、関数や手続きの定義の外で本来起こるべきでない構造がみつかったときに、警告メッセージを表示する。エラーから構文をみつけるか、意味からみつけるかの選択はしばしば問題になるところである。われわれも前に未定義変数の処理のところで選択をせまられた。defnonly関数は、意味からのチェックが構文からのチェックよりもやさしい場合によい方法となる。

```
        defnonly(s)     /* warn if illegal definition */
            char *s;
        {
            if (!indef)
                execerror(s, "used outside definition");
        }
```

変数 indef は hoc.y のなかで宣言され、defn に対応するアクションでその変数の値が設定されている。

字句解析ルーチンには、引数（$ とそれに続く 1 つの数字）および引用符でくくられた文字列の検査が追加されている。\n のようなバックスラッシュ・シーケンスは、関数 backslash により文字列のなかで解釈される。

```
        yylex()     /* hoc5 */
        ...
                if (c == '$') { /* argument? */
                    int n = 0;
                    while (isdigit(c=getc(fin)))
                        n = 10 * n + c - '0';
                    ungetc(c, fin);

                    if (n == 0)
                        execerror("strange $...", (char *)0);
                    yylval.narg = n;
                    return ARG;
                }
                if (c == '"') { /* quoted string */
                    char sbuf[100], *p, *emalloc();
                    for (p = sbuf; (c=getc(fin)) != '"'; p++) {
                        if (c == '\n' || c == EOF)
                            execerror("missing quote", "");
                        if (p >= sbuf + sizeof(sbuf) - 1) {
                            *p = '\0';
                            execerror("string too long", sbuf);
                        }
```

8.6 第6段階：関数と手続き ― 入出力

```
                        *p = backslash(c);
                }
                *p = 0;
                yylval.sym = (Symbol *)emalloc(strlen(sbuf)+1);
                strcpy(yylval.sym, sbuf);
                return STRING;
        }
...
backslash(c)    /* get next char with \'s interpreted */
        int c;
{
        char *index();  /* 'strchr()' in some system */
        static char transtab[] = "b\bf\fn\nr\rt\t";
        if (c != '\\')
                return c;
        c = getc(fin);
        if (islower(c) && index(transtab, c))
                return index(transtab, c)[1];
        return c;
}
```

　字句解析ルーチンは、たとえそれがCで書かれていようと、lexのようなプログラムジェネレータで書かれていようと、一種の有限状態マシンである。Cで書いたわれわれの勝手な字句解析ルーチンは膨大になり、かなり複雑なものになってしまった。これ以上拡張するには、ソースプログラムの大きさから言っても、変更のしやすさから言っても、lexを使う方がよいだろう。

　その他の変更はほとんどcode.cが対象になっており、hoc.hには関数名が追加されている。マシンは以前と同じものであるが、ただ、ネストした関数や手続きの呼出しを覚えておくために、第2のスタックが準備されている（2つ目のスタックがあれば、既存のスタックだけで多くのことをさせるよりも事が簡単になる）。以下に示すのが、code.cの初めの部分である。

365

```
$ cat code.c
#define NPROG   2000
Inst    prog[NPROG];    /* the machine */
Inst    *progp;         /* next free spot for code generation */
Inst    *pc;            /* program counter during execution */
Inst    *progbase = prog; /* start of current subprogram */
int     returning;      /* 1 if return stmt seen */

typedef struct Frame {  /* proc/func call stack frame */
        Symbol  *sp;    /* symbol table entry */
        Inst    *retpc; /* where to resume after return */
        Datum   *argn;  /* n-th argument on stack */
        int     nargs;  /* number of arguments */
} Frame;
#define NFRAME 100
Frame   frame[NFRAME];
Frame   *fp;            /* frame pointer */

initcode() {
        progp = progbase;
        stackp = stack;
        fp = frame;
        returning = 0;
}
...
$
```

記号テーブルは手続きや関数を指すポインタや、表示すべき文字列を指すポインタをもつようになったので、hoc.hのなかの共用体の型に、以下のような追加がされている。

```
$ cat hoc.h
typedef struct Symbol { /* symbol table entry */
        char    *name;
        short   type;
```

8.6 第6段階:関数と手続き ── 入出力

```
        union {
                double  val;            /* VAR */
                double  (*ptr)();       /* BLTIN */
                int     (*defn)();      /* FUNCTION, PROCEDURE */
                char    *str;           /* STRING */
        } u;
        struct Symbol   *next:  /* to link to another */
} Symbol;
...
$
```

コンパイルの途中で、関数は define によって記号テーブルのなかに取り込まれる。そうすると define はそのテーブルの起点を格納し、さらに、コンパイルが成功したら、生成したコードの後ろに次の空き領域を更新する。

```
define(sp)      /* put func/proc in symbol table */
        Symbol *sp;
{
        sp->u.defn = (Inst)progbase;    /* start of code */
        progbase = progp;               /* next code starts here */
}
```

実行中に関数や手続きが呼び出されるとき、引数はすでに計算されていて、スタック上にプッシュされている(1番目の引数が最も奥にある)。call に対する命令の後ろには、記号テーブルを指すポインタと引数の数を続いて書く。フレーム(Frame)とは、call が関数・手続き呼出しを処理するにあたって必要なあらゆる情報が入ったものであり、式スタックとは別のスタックにプッシュされる。call が必要とする情報とは、呼び出そうとしている関数・手続きの記号テーブル中の位置、呼出し後に戻る位置はどこか、引数は式スタック上のどこにあるか、呼び出されたときの引数の数は幾つか、といった情報である。そのフレームは call によって作られ、call はそのあとでルーチンに実行を移す。

```
call()          /* call a function */
{
        Symbol *sp = (Symbol *)pc[0];   /* symbol table entry */
                                        /* for function */
```

```
        if (fp++ >= &fname[NFRAME-1])
                execerror(sp->num, "call nested too deeply");
        fp->sp = sp;
        fp->nargs = (int)pc[1];
        fp->retpc = pc + 2;
        fp->argn = stackp - 1;    /* last argument */
        execute(sp->u.defn);
        returning = 0;
}
```

この構造を図 8.2 で図式化しておく。

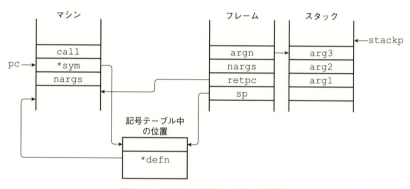

図 8.2　手続きの呼出しのデータ構造

呼び出された関数または手続きは、最終的には、以下に示す procret か funcret を実行して戻ってくる。

```
funcret()        /* return from a function */
{
        Datum d;
        if (fp->sp->type == PROCEDURE)
                execerror(fp->sp->name, "(proc) returns value");
        d = pop();       /* preserve function return value */
        ret();
        push(d);
}
```

8.6 第6段階：関数と手続き ── 入出力

```
procret()        /* return from a procedure */
{
        if (fp->sp->type == FUNCTION)
                execerror(fp->sp->name,
                        "(func) returns no value");
        ret();
}
```

関数 ret には、引数をポップし、フレーム・ポインタ fp を以前の値に戻し、プログラムカウンタを設定する働きがある。

```
ret()            /* common return from a func or proc */
{
        int i;
        for (i = 0; i < fp->nargs; i++)
                pop();   /* pop arguments */
        pc = (Inst *)fp->retpc;
        --fp;
        returning = 1;
}
```

インタープリタルーチンのなかには、ネストした文のところで return が起こったときに、その状況をうまく処理するためのちょっとした工夫が必要なものもある。この工夫として、あまり格好よくないが、returning と呼ばれるフラグを使って正しく処理されるようにしている。このフラグは、return 文がみつけたときに真の値をとる。もし returning が真ならば、ifcode, whilecode, execute は早く終了し、call が returning の値を偽に戻す。

```
ifcode()
{
        Datum d;
        Inst *savepc = pc;      /* then part */

        execute(savepc+3);      /* condition */
        d = pop();
        if (d.val)
                execute(*(Inst **)(savepc));
```

```
                else if (*((Inst **)(savepc+1))) /* else part? */
                        execute(*((Inst **)(savepc+1)));
                if (!returning)
                        pc = *((Inst **)(savepc+2)); /* next stmt */
        }
        whilecode()
        {
                Datum d;
                Inst *savepc = pc;

                execute(savepc+2);      /* condition */
                d = pop();
                while (d.val) {
                        execute(*(Inst **)(savepc));   /* body */
                        if (returning)
                                break;
                        execute(savepc+2);      /* condition */
                        d = pop();
                }
                if (!returning)
                        pc = *((Inst **)(savepc+1)); /* next stmt */
        }
        execute(p)
                Inst *p;
        {
                for (pc = p; *pc != STOP && !returning; )
                        (*(*pc++))();
        }
```

ここで引数は、getargで代入したり、使ったりするために取り出される。このgetargはスタック上で正しい算術をするためのプログラムである。

```
double *getarg()          /* return pointer to argument */
{
        int nargs = (int) *pc++;
        if (nargs > fp->nargs)
            execerror(fp->sp->name, "not enough arguments");
        return &fp->argn[nargs - fp->nargs].val;
}
arg()      /* push argument onto stack */
{
        Datum d;
        d.val = *getarg();
        push(d);
}
argassign()     /* store top of stack argument */
{
        Datum d;
        d = pop();
        push(d);           /* leave value on stack */
        *getarg() = d.val;
}
```

文字列や数字の表示は、prstr と prexpr が行なっている。

```
prstr()           /* print string value */
{
        printf("%s", (char *) *pc++);
}
prexpr()          /* print numeric value */
{
        Datum d;
        d = pop();
        printf("%.8g ", d.val);
}
```

変数への値の読込みは varread という関数によって行なわれる。この関数は、ファイルの終了になったら 0 を返し、それ以外のときには 1 を返して、指定された変数に値を設定する。

```
varread()           /* read into variable */
{
        Datum d;
        extern FILE *fin;
        Symbol *var = (Symbol *) *pc++;
Again:
        switch (fscanf(fin, "%lf", &var->u.val)) {
        case EOF:
                if (moreinput())
                        goto Again;
                d.val = var->u.val = 0.0;
                break;
        case 0:
                execerror("non-number read into", var->name);
                break;
        default:
                d.val = 1.0;
                break;
        }
        var->type = VAR;
        push(d);
}
```

もし現在の入力ファイルが終了になったら、varread は moreinput を呼び出し、それは引数に指定されたファイルがまだ残っていればそのファイルをオープンする。moreinput にはこの他にも入力処理に関する機能をもっているが、ここで述べるのに適当な範囲を超えてしまうので、詳細は付録 3 に譲るとしよう。

これでわれわれの hoc の開発はおしまいである。比較のために、以下に 6 つの版のそれぞれの行数（空行は除く）をあげておく。

```
hoc1    59
hoc2    94
hoc3    248
hoc4    396  ..................................................... （lex 版では 229 行）
hoc5    574
hoc6    809
```

言うまでもないが、行数は次のプログラムで数えた。

```
$ sed '/^$/d' `pick *.[chyl]` wc -l
```

言語 hoc は、少なくとも有用な拡張機能がまだまだ簡単に考えられるという意味でも決して完成品とは言えないが、ここではこれ以上先に進まないことにする。価値のありそうな拡張機能のヒントは以下の練習問題に示す。

問題 8-18 サブルーチンのなかで、$1 などの代わりに名前つきの仮引数が使えるようにしよう。hoc6 を修正せよ。

問題 8-19 現状では、パラメータ以外の変数はすべてグローバル変数になっている。スタック上で管理するローカル変数を追加するために必要なメカニズムは、実はもうその大半が備わっている。1 つの方法としては、auto（自動）宣言文を用意して、そこで指定された変数用の空き領域をスタック上に確保することが考えられる。このとき、auto 宣言に現われない変数をグローバル変数と仮定すればよい。変数の検索順序がまずローカル変数、次にグローバル変数になるように記号テーブルにも拡張が必要になる。この機能は名前つきの引数とどう関係し合うだろうか？

問題 8-20 hoc に配列を追加するにはどうしたらよいか？ さらに配列を関数や手続きへ受け渡すにはどうすればよいか？ また、終了時にどのように戻ってきたらよいか？

問題 8-21 数字だけでなく文字列も変数に入れておけるように、文字列操作機能を汎用化せよ。どのような演算子が必要になるだろうか？ この機能で難しい部分はメモリの管理である。必要がなくなったときにも、メモリにすき間を作らずに解放できるようなやり方で文字列を保存しなくてはならない。中間段階として、C の printf 文のようなもっとよい出力フォーマッティング機能が使えるようにせよ。

8.7 性能の評価

筆者たちは、hoc がどのくらいうまく働くかの大略をつかむために、UNIX 上で使えるその他の電卓プログラムと比較してみた。以下に示す表の数値は割り引いて考える必要があるが、私たちの実現方法が不当なものでなかったことがよくわかる。時間はすべて、PDP–11/70 上でのユーザ時間を秒単位で測ったものである。比較のために課題を 2 つ用意した。1 つは Ackermann 関数 ack(3,3) を計算させるものであり、これは、関数の呼出し機能の検査にはもってこいの問題である。計算し終わるまでに関数を全部で 2434 回呼び出す必要があり、しかも極めて深い入れ子になっている。

```
func ack() {
        if ($1 == 0) return $2+1
        if ($2 == 0) return ack($1-1, 1)
        return acl($1-1, ack($1, $2-1))
}
ack(3,3)
```

2 番目のテスト・プログラムは、1000 未満の Fibocacci 数の算出を 100 回繰り返す、というものがある。この計算はほとんどが算術計算であり、関数の呼出しはたまにしか行なわれない。

```
proc fib() {
        a = 0
        b = 1
        while (b < $1) {
                c = b
                b = a+b
                a = c
        }
}
i = 1
while (i < 100) {
        fib(1000)
        i = i + 1
}
```

比較に用いた言語は4種類であり、hoc、bc (1)、bas (PDP–11上でだけ走る旧式のBASICの名称)、およびC (全変数に対してdoubleを使用) である。

表8.1に書いた数字は、timeコマンドで測定したユーザCPU時間と、システムCPU時間の合計である。

表 8.1　ユーザー時間 (秒数、PDP-11/70)

プログラム	ack(3,3)	100×fib(1000)
hoc	5.5	5.0
bas	1.3	0.7
bc	39.7	14.9
C	<0.1	<0.1

Cのプログラムには、さらに、個々の関数がどれだけ時間を使ったかを測定する機能をもたせることができる。そのためにはプログラムをプロファイリング機能を働かせて再コンパイルする必要がある。その際、個々のCプログラムのコンパイルとロードに対して-pオプションを追加しておく。makefileを修正して次のようにし、

```
hoc6:   $(OBJS)
        cc $(CFLAGS) $(OBJS) -lm -o hoc6
```

ccコマンドで変数CFLAGSを使うようにした後で

$ *make clean; make CFLAGS=-p*

とすれば、その結果作られるプログラムにはプロファイリング・コードが含まれる。プログラムを実行するとmon.outというファイルが残るので、その内容をprofというプログラムを使って読み取ればよい。

この手順を手短に例示するため、筆者たちは、上記のFibonacciプログラムを使ってhoc6をテストした。

```
$ hoc6 <fibtest ..................................................... テストの実行。
$ prof hoc6 | sed 15q ..................................................... 解析。
    name %time  cumsecs  #call   ms/call
    _pop  15.6     0.85  32182    0.03
   _push  14.3     1.63  32182    0.02
  mcount  11.3     2.25
     csv  10.1     2.80
    cret   8.8     3.28
```

_assign	8.2	3.73	5050	0.09	
_eval	8.2	4.18	8218	0.05	
_execute	6.0	4.51	3567	0.09	
_varpush	5.9	4.83	13268	0.02	
_lt	2.7	4.98	1783	0.08	
_constpu	2.0	5.09	497	0.22	
_add	1.7	5.18	1683	0.05	
_getarg	1.5	5.26	1683	0.05	
_yyparse	0.6	5.30	3	11.11	
$					

プロファイリングから得られた測定結果は、time コマンドによる測定結果と全く同様に偶然の変動を含むものだから、その差は絶対的なものではなく、長短の程度を知る1つの目安と考えなくてはならない。しかし、もし本当に hoc を高速化する必要がある場合には、こうして得られた数字は、高速化の方法を考えるヒントになる。結果をみると、実行結果のおよそ3分の1はスタックのプッシュとポップに費やされていることがわかる。C の関数呼出しと復帰に使われる関数 csv と cret の消費時間を含めて考えると、オーバヘッドはさらに大きくなる（mcount は cc -p によってコンパイルされて取り込まれた、プロファイリング用プログラムの1つなので、考えに入れなくてよい）。ということは、関数の呼出しをマクロと置き換えれば、はっきりした速度の違いがでてくると予想される。

この予想が正しいかどうかを試すために、push と pop の呼出しを、スタック操作をする以下のようなマクロに置き換えて、code.c を修正した。

```
#define push(d)  *stackp++ = (d)
#define popm()   *--stackp      /* function still needed */
```

（関数 pop の方は、マシンのなかの命令（オペコード）として相変わらず必要であるので、すべての pop を安易に popm に置換してしまうわけにはいかない。）こうして作った新版は、実行時間が35%短縮した。表8.1 に示した数字でいうと、それぞれ5.5秒が3.7秒に、5.0秒が3.1秒に短縮されている。

> 問題 8-22　push と popm のマクロはエラーチェックをしていない。この設計法が採られている理由を述べよ。関数を使った版に備わっているエラー検査機能と、マクロのもつ高速性をうまく結合するにはどうすればよいか？

8.8 まとめ

　本章には、見逃せない重要な事項が幾つか含まれている。まず第1にあげるべきは、言語開発ツールの威力である。この種のツールのおかげで、思いついたアイデアを簡単に試せるので、言語開発の仕事の最も面白い部分 — つまり、言語の設計 — に専心できるようになる。また、構文規則を使うことで、言語を表現する際に整然とした構造にできるので、ルーチン群はその構文規則によって結合され、構文解析の適切な時点で呼び出されるように構成できる。

　第2に、いくぶん哲学的なことであるが、現在の仕事を"プログラム作成"というよりも、言語の開発ととらえることにも価値がある。プログラムを言語プロセッサとして構成すれば、構文（これがユーザ・インターフェイスである）の規則性が増し、その実現も系統だったものになる。このことは、既存の言語に新機能をスムーズに組み込むためにも役立つ。ここで言う"言語"は、もちろん通常の意味でのプログラミング言語には限らない — 筆者たち自身の経験から例を引けば、eqn や pic がそうだし、yacc や lex や make 自体も"言語"の仲間に入る。

　ツールをどう使うかにも学ぶべき点がある。例えば、make のもつ価値は測りしれない。make は、何らかのルーチンを再コンパイルし忘れて起こる類いのエラーを本質的にゼロにしてくれるし、余分な仕事をしないようにするのにも役立つ。さらには、前の操作が後の操作の前提になっていることが多い、関係しあった一連の操作を、単一のファイルにまとめるための手軽な手段にもなる。

　また随所に使っているヘッダファイルのおかげで、複数のファイルから参照する必要のあるデータの宣言をうまく管理できる。情報を中央化し、特に make と一緒に使えば、不揃いな版を使ったために生じるエラーをなくすことができる。また、データやルーチンは、必要がないところからは見えないような形で、ファイルの中に入れておくようにすることも重要である。

　紙面の不足から、私たちが強調しなかったこともある。その1つは、hoc プログラム群の開発の際に、その他の UNIX のツールを筆者たちが頻繁に使用したことである。hoc プログラムのそれぞれの版は別々のディレクトリに入れ、同一のファイルはリンクして使った。従って、何がどこにあるかを確かめるために、ls や du は繰り返し使用する必要があった。その他多くの問題は以下のようなコマンドを使うことで解決できた。例えば、ある変数の宣言されている場所を知るには、grep を使えばよい。現在の版で行なった変更点を知るには diff が使える。その版に加えた変更点がわからなくなったら、idiff が使えるし、ファイルの大きさが知りたければ wc がある。バックアップ・コピーを作るときには cp を使えばよいし、前回のバックアップの後で変更のあったファイルだけをバックアップしたければ、make がある。こういった

汎用的なやり方は、UNIX システムにおける日常のプログラム開発でごく普通に行なわれている。個別にも、また必要に応じて結合しても使用される小型のツール群が、他の方法ではいちいち手で行なわなくてはならないような仕事を機械的に処理してくれるのである。

歴史と参考文献

yacc は、Steve Johnson が開発したものである。専門的に言えば、yacc がパーサーを生成できる言語のクラスは、LALR (1) と呼ばれる。すなわち、左から右の順に、入力中にあるトークンをたかだか 1 つ、先読みするだけで、構文解析をする言語である。構文規則のなかに生じる優先順位の問題やあいまいさを解決するために、規則を行に分けて記述するという考え方は、既存の yacc にはなかった。A. V. Aho, S. C. Johnson, J. D. Ulman 著 "Deterministic parsing of ambiguous grammers" (CACM, 1975 年 8 月) を参照してほしい。この他、構文解析テーブルを作成し保存するための、革新的アルゴリズムやデータ構造も発表されている。

yacc のもとになっている基礎理論と、その他のパーサージェネレータについては、A. V. Aho と J. D. Ullman が書いた "Principles of Compiler Design" (Addison–Wesley, 1977 年) にわかりやすく記述されている。また、yacc 自体についての説明は、UNIX プログラマーズ・マニュアルの第 2 巻 B に書かれている。その章には、hoc2 に相当する電卓プログラムも載っている。比較してみるとためになるかもしれない。

lex の原版は Mike Lesk によって書かれた。これもまた、理論は Aho と Ullman の本に書かれており、lex 言語自体は UNIX プログラマーズ・マニュアルに記述されている。

yacc は、それに頻度は少ないが lex も、多くの言語プロセッサを実現するのに使われてきている。そのなかには、ポータブル C コンパイラ, Pascal, FORTRAN77, Ratfor, awk, bc, eqn, pic がある。

make を書いたのは、Stu Feldman である。"Make — a program for maintaining computer programs" (Software — Practice & Experience, 1979 年 4 月) を参照のこと。

Jon Bentley の書いた "Writing Efficient Programs" (Prentice–Hall, 1982 年) には、プログラムを高速化する技法が述べられている。その本のなかでは、まず何よりも適切なアルゴリズムをみつけることが大事なことが強調され、その後、必要ならばプログラムの改良に取り組むように勧めている。

第9章
文書作成

　UNIX を使った最初の応用システムは、文書の編集と清書（formatting）を目的とするものであった。実際、ベル研の経営陣が PDP–11 の 1 号機の購入に同意したのは、文書作成システムとしての期待があったからで、決してオペレーティング・システムとして期待していたわけではない（幸いにして、経営陣は予期していた以上のものを手にすることになる）。

　最初の清書プログラムは roff と呼ばれた。ラインプリンタ上に単純な文書を出力するだけなら、この roff は小型で、処理速度が速く、使いやすいものであった。Joe Ossanna が作った、次の清書プログラム（フォーマッタ）nroff は、roff よりもはるかに野心的なものだった。ユーザの望みそうなありとあらゆる文書のスタイルを用意することをやめ、Ossanna は代わりに nroff をプログラム可能にした。その結果、nroff の言語でプログラムすることによって、多様な清書作業の道が開けたのである。

　1973 年に小型の写植機が導入されたとき、nroff は拡張されて、写植機の提供する多くのポイントや書体、さらにはずっと豊富な文字セットを扱えるようになった。この新しいプログラムは troff と呼ばれた（"エヌ・ロフ" の読み方にならって、こちらは "ティー・ロフ" と発音する）。nroff と troff は基本的には同一のプログラムであり、同一の入力言語を理解する。nroff は、自分の扱えないポイント数変更のようなコマンドがあると、それを無視する。ここでは主に troff について説明するが、出力装置の制限があるだけで、nroff にもあてはまることが多い。

　troff の大きな強みは、その基礎言語の柔軟性とプログラム機能にある。— troff はほとんどすべてのフォーマッティング作業をこなすように組み立てることができる。しかし、何でもできることの代償は安くない — troff は恐ろしいほど使いづらいのである。UNIX にある文書作成用ソフトウェアのほとんどは、裸の troff の一部分を包み隠すように設計されているといっても過言ではない。

　一例をあげると、ページのレイアウトがある。レイアウトとは、文書をどういう体裁にするか、つまり、タイトルのヘディングやパラグラフはどのように書き、ページ

番号はどこに書き、ページの大きさはどうするか、といったことを指す。これらの要素はあらかじめ組み込まれてはいないので、プログラムしなくてはならない。しかし、ユーザがいちいちこういった細々した指定をして文書を作るはめにならないよう、標準のフォーマッティング・コマンド・パッケージが用意されている。パッケージを使うユーザは、"次の行をセンタリングし、大型の活字で、しかもボールドの書体で書け"などと言わなくてよい。その代わりに、"次の行はタイトルである"と言えば、パッケージが定義したスタイルのタイトルになる。ユーザは、ポイント数や書体の位置の代わりに、文書の論理的要素 — 例えば、タイトル、ヘディング、パラグラフ、脚注など — で記述を行なえばよい。

残念ながら、フォーマッティング・コマンドの"標準"として出発したパッケージは、もはや標準とは言えなくなっている。広く使われているパッケージが幾つもあるし、さらにシステムによっても様々な固有の仕様がある。ここでは、2種類の汎用パッケージを取り上げる。1つは、かつての"標準"である ms、もう1つは、システム V の標準になっている新版の mm である。この他、マニュアル・ページを印刷するための man パッケージについても触れることにしよう。

これから ms を話の中心にするが、ms が第7版の標準になっていること、こういったパッケージの典型であること、必要な仕事をこなすのに十分強力であること、が ms を選んだ理由である。筆者たちはこの ms を利用して本書の活字を組んだが、ただし、少しばかりの機能拡張は必要であった。例えば、テキストの途中で書体を扱うためのコマンドを追加している。

筆者たちの体験したやり方が、清書作業の典型的な進め方である。— つまり、マクロパッケージで多くのフォーマッティング作業はこなせるが、ときには下にかくれている troff コマンドのレベルに戻る必要もある。本書では troff のほんのさわりに触れるだけにとどめる。

troff は、出力フォーマットを完全に制御する機能を備えているが、数式、表、図といった複雑なものには極めて扱いにくい。この1つ1つだけでもページのレイアウトに匹敵するほど難しいのである。しかし、これらの問題に対しては、違った形の解決法がとれる。フォーマッティング・コマンドのパッケージを用意する代わりに、数式、表、図のそれぞれに、望みの形を表現しやすい専用の言語を用意するのである。それぞれの言語を独自のプログラムで処理し、その言語を変換して troff コマンドを生成すればよい。複数のプログラム間のやりとりはパイプで行なわれる。

こういったプリプロセッサは、UNIX 流の仕事の進め方の好例である — つまり、ただでさえ膨大で複雑な troff をそれ以上大きくしようとはせず、独立したプログラム群を作って、troff とうまく共同して仕事をさせようというのである（言うまでもないが、第8章で述べた言語開発用のツールを活用して実現をスムーズにした）。本書では2種類のプリプロセッサ・プログラム、すなわち、表作成のための tbl と数

式作成のための `eqn` について解説する。

また本書では、文書作成とその支援ツールについてのヒントについても述べる。本節の例題はすべて、第8章の `hoc` 言語を記述した文書であり、そのまま `hoc` のマニュアル・ページになっている。このマニュアルは付録2に印刷しておいた。

9.1　ms マクロパッケージ

マクロパッケージで一番大事なことは、文書を細々とした行間や文字の大きさや書体の集合としてとらえずに、論理的な部分の集合 ── タイトル、節見出し、パラグラフなど ── として考えることである。こう考えることで、ユーザは面倒くさい仕事から解放され、本筋と関係のないものを文書のなかに細々と書き込まずにすむ。実際、含まれる論理的名称は同じで、実質的な定義が異なる別のマクロを使い分ければ、1つの文書を一見して同じと思えないものに変形できるのである。例えば、同一のフォーマッティング・コマンド群を使って、1つの文書を、技術報告、学会抄録、雑誌論文、本の章と様々に変形させることもあろうが、これには、4種類の異なったマクロパッケージを使えばよい。

マクロパッケージを使っているかどうかによらず、`troff` へ入力するものは、フォーマッティング・コマンドをあちこちに組み込んだ通常のテキスト（ファイル）である。コマンドには大きく分けて2種類ある。1種類目のコマンドは、以下に示すように、行の先頭に書いたピリオドが目印となり、その後ろに、1つか2つの英数字が続き、さらにパラメータを置くこともある。

```
.PP
.ft B
This is a little bold font paragraph.
```

`troff` の組込みコマンドはすべて小文字の名前をもっているので、マクロパッケージのコマンドには大文字を使うのが習慣になっている。上の例では、大文字の `.PP` はパラグラフ設定のために用いる `ms` コマンドの一種であり、一方、小文字の `.ft B` はボールド書体への変更を示す `troff` コマンドの一種ということになる（書体は大文字で指定し、使用できる書体は写植機によって異なっているかもしれない）。

2番目の種類の `troff` コマンドは、バックスラッシュ（\）で始まる一連の文字列で表わされる。これは入力中のどこに置いてもよい。例えば、\fB としてもボールド書体への切換えの合図になる。これに関しては後でまた述べることにしよう。

パラグラフ（段落）の指定には各パラグラフの直前に .PP コマンドを書くだけで十分であり、大抵の文書なら、このような `ms` コマンドを10個ほども知っていれば（最低で）用が足りる。例えば、`hoc` に関する記述をした付録2は、タイトル、著者名、

381

要約、自動的に番号がふられた節見出し、それに個々のパラグラフの要素からできている。この付録 2 の作成に使ったコマンドはわずか 14 種類であり、しかも、そのうちの幾つかは対にして使うコマンドである。付録 2 の文書は、`ms` で表現すると以下のような一般形に書ける。

```
.TL
文書のタイトル（1 行以上）
.AU
著者名。1 行に 1 人ずつ
.AB
要約。.AE で終了する
.AE
.NH
番号付き見出しの指定（自動的に番号を付ける）
.PP
パラグラフの開始 ...
.PP
別パラグラフの開始 ...
.SH
小見出し（番号はふらない）
.PP
...
```

フォーマッティング・コマンドは行の先頭から書き始めなくてはならない。こういったコマンドの間に書く入力の形式は自由でよい。その入力のなかのどこに改行を置くかはさして意味がない。なぜなら、`troff` は単語をこえて移動させて十分な長さの行にしてくれる（この処理を filling（追い込み）と呼ぶ）し、余分な空白は単語と単語の間に均等にふりわけて、左右両端をそろえてくれる（justification：左右端揃え）からである。しかし、文を始めるたびに改行する習慣を付けるのが望ましい。なぜなら、こうしておけばその後の編集作業に都合がよいからである。

付録 2 の `hoc` に関する文書の初めの部分は、実際には以下のような格好をしている。

```
.TL
HOC - An Interactive Language For Floating Point Arithmetic
.AU
Brian Kernighan
Rob Pike
.AB
.I Hoc
is a simple programmable interpreter
for floating point expressions.
It has C-style control flow,
function definition and the usual
numerical built-in functions
such as cosine and logarithm.
.AE
.NH
Expressions
.PP
.I Hoc
is an expression language,
much lie C:
although there are several control-flow statements,
most statements such as assignments
are expressions whose value is disregarded.
...
```

.I（アイ）コマンドは、引数に書かれたものをイタリック体にし、もし引数が与えられなかったときには、その後の出力をイタリック体に変更する。

マクロパッケージは、以下のように troff コマンドの引数で指定する。

　　$ *troff -ms hoc.ms*

-m の後に書かれた文字列が、どのようなマクロパッケージかを指定している[1]。ms を使ってフォーマットすると、hoc の文書は次のような形で印刷される。

---

[1] ms マクロは /usr/lib/tmac/tmac.s というファイルに、man マクロは /usr/lib/tmac/tmac.an というファイルに入っている。

第9章 文書作成

> **HOC - An Interactive Language For Floating Point Arithmetic**
>
> *Brian Kernighan*
> *Rob Pike*
>
> *ABSTRACT*
>
> *Hoc* is a simple programmable interpreter for floating point expressions. It has C-style control flow, function definition and the usual numerical built-in functions such as cosine and logarithm.
>
> **1. Expressions**
>
> *Hoc* is an expression language, much lie C: although there are several control-flow statements, most statements such as assignments are expressions whose value is disregarded.

ディスプレイ・テキスト (入力のままの出力)

troff がテキストの字詰めや左右端揃えをするのは便利なことが多いが、ときには望ましくないこともある —— 例えば、プログラムを考えてみれば、左右端を揃えてはならないのは明らかだろう。このようなフォーマットにしない部分をディスプレイ・テキストと呼ぶ。ms コマンドで対にして使われる .DS (display start) と .DE (diplay end) は、そのまま表示 (ディスプレイ) するテキストの区切りとして使われ、これにはさまれたテキストは字下がりだけの対象になり、単語の再配列は行なわれない。以下に示すのは、hoc のマニュアルの続きの部分で、短いディスプレイ・テキストを含んでいる。

```
.PP
.I Hoc
is an expression language,
much like C:
although there are several control-flow statements,
most statements such as assignments
are expressions whose value is disregarded.
For example, the assignments operator
= assigns the value of its right operand
```

to its left operand, and yields the value,
so multiple assignments work.
The expression grammar is:
.DS
.I
```
expr:           number
        |       variable
        |       ( expr )
        |       expr binop expr
        |       unop expr
        |       function ( arguments )
```
.R
.DE
Numbers are floating point.

これを印刷すると、以下のようになる。

Hoc is an expression language, much like C: although there are several control-flow statements, most statements such as assignments are expressions whose value is disregarded. For example, the assignments operator = assigns the value of its right operand to its left operand, and yields the value, so multiple assignments work. The expression grammar is:

$expr$: $number$
      | $variable$
      | $(expr)$
      | $expr binop expr$
      | $unop expr$
      | $function(arguments)$

Numbers are floating point.

ディスプレイの内側にあるテキストは通常の字詰めや左右端揃えが行なわれないだけでなく、そのページの空きが十分でなければ、ディスプレイすべき部分（とその後にくるすべて）は次のページに移動される。.DS にはオプションがあり、例えば、左揃

えをする L, 個々の行をそれぞれセンタリングする C, 全体をまとめてセンタリングする B が指定できる。

上の例では、ディスプレイのなかの各項目はタブで区切られている。troff のタブは、通常のように 8 個ごとではなく、既定値では 1/2 インチごとに設定されている（しかし）仮にタブストップを 8 個の空白に設定したとしても、troff は書体ごとに字幅を変えて出力するから、troff の処理するタブは期待どおりになるとは限らない。

書体の変更

ms マクロは書体の変更のために 3 種類のコマンドを用意している。.R は通常の書体であるローマン体への変更、.I（アイ）は *this font* のようなイタリック体への変更、.B は **this font** のようなボールドフェース体への変更を行なう。引数がない場合には、それぞれのコマンドが選ぶ書体は、それに続くテキスト全体に適用される。

```
This text is roman, but
.I
this text is italic,
.R
this is roman again, and
.B
this is boldface.
```

とすれば、以下のように印刷される。

> This text is roman, but *this text is italic,* this is roman again, and **this is boldface.**

.I と .B には引数を書くことができ、そうすると、どちらのコマンドも書体の変更はその引数だけに限って行なわれる。troff では、空白を含む引数は引用符でくくる必要がある。ただし、引用符として有効なのは二重引用符だけである。

```
This is roman, but
.I this
is italic, and
.B "these words"
are bold.
```

とすれば、以下のように印刷される。

> This is roman, but *this* is italic, and **these words** are bold.

さらに、.I や.B に 2 つ目の引数を付けると、第 1 の引数との間に空白をおかずに続けてローマン体で印刷される。この機能が主に、括弧などの区切り記号を正しい書体にする場合に用いられる。次の 2 つの書き方を比べてみること。

```
(parenthetical
.I "italic words)"
```

とすれば、以下のように

(parenthetical *italic words)*

最後の括弧が不適当に印刷されるが、

```
(parenthetical
.I "italic words" )
```

と書けば、以下のように正しく印刷される。

(parenthetical *italic words*)

nroff でも書体の違いは識別するが、その出力結果は変になる。イタリック体はアンダーラインになるし、ボールド体の書体はない。ただ、**nroff** のなかには、重ね打ちによってボールド体をシミュレートするものもある。

その他のコマンド

脚注は.FS で始め、.FE までの間に書く。アスタリスクやダガーのような引用記号はすべて、ユーザが決める。脚注は以下のようにして作成される。

```
identifying mark like an asterisk or a dagger.\(dg
.FS
\(dg Like this one. ......................  この部分がダガーマーク付きの脚注となる。
.FE
This footnote was created with ...
```

数字やその他の記号を左端に付けることもある字下がりパラグラフを使いたければ、.IP コマンドを利用する。次のような

(1) First little paragraph.
(2) Second paragraph, which we make longer to show that is will be indented on the second line as well as the first.

という出力を得るには、入力は以下のように書く必要がある。

```
.IP (1)
First little paragraph.
.IP (2)
Second paragraph, ...
```

.PP あるいは.LP（左揃えパラグラフ）によって、.IP は終了する。.IP の引数には何をおいてもよく、必要ならば、空白を保護するために引用符でくくっておく。字下がりの数を指定するために、第2の引数を使ってもよい。

　.KS と.KE コマンドは、テキストのある部分をページの切れ目で分割しないようにするために対にして用いる。この2つのコマンドに挟まれたテキストは、全体が現在出力中のページに収まりきらない場合には、強制的に次のページへ移動させられる。.KS の代わりに.KF を使うと、挟まれた部分のテキストを1ページ内に収めるために、必要に応じて、それに続くテキストをとびこえて移動させ、次ページの先頭にもってくる。本書のなかの表の印刷にはすべてこの.KF を使っている。

　ms の既定値の大半は、ms が使う troff 変数である数値レジスタの設定によって変更可能である。おそらく、最もよく使われるのは、文字の大きさと行間を制御するレジスタであろう。（読者が今目にしている）通常のポイント数（訳注：原書の活字）は"10 ポイント"であり、ポイントとは印刷業界で伝統的に使われている単位で、1ポイントがおよそ 1/72 インチにあたる。行と行は 12 ポイント離して印刷するのが普通である。これらを変更するには、数値レジスタ PS と VS の値を設定してやればよい。例えば、それぞれ9と11にしたければ、次のように指定する。

```
.nr PS 9
.nr VS 11
```

この他の数値レジスタには、1行の長さを決める LL, パラグラフ字下がりの字数を決めるための PI, パラグラフ間の空きを決める PD がある。これらは次に.PP や.LP コマンドが現われたときに効力を発揮する。

mm マクロパッケージ

　本書では、mm マクロパッケージの詳細には立ち入らない。というのも、mm マクロパッケージは、基本精神において、そして仕様の細部においても ms マクロパッケージに極めて近いものだからである。mm は ms より多くのパラメータを制御し、多くの機能をもち（例えば、自動的に行番号を発生させたリストが可能）、エラーメッセージも ms より親切である。表 9.1 によく使う ms コマンドを示し、同機能の mm コマンドを表 9.2 に示しておく。

表 9.1　よく使う ms フォーマッティング・コマンド

.AB	要約の開始。.AE で終了
.AU	著者名を次の行に印刷。複数の .AU コマンドも許される
.B	ボールド書体のテキストの開始。もし引数が与えられたときにはそれをボールド書体にする
.DS t	ディスプレイ（字詰めを行なわない）テキストの開始。.DE で終了　t=L（左端揃え）、C（センタリング）、B（ブロックセンタリング）
.EQ s	数式 s（eqn の入力）の開始。.EN で終了
.FS	脚注の開始。.FE で終了
.I	イタリック書体のテキストの開始。もし引数が与えられたときにはそれをイタリック書体にする
.IP s	字下がりパラグラフ。s を左端に書く
.KF	.KE までの部分を 2 ページにまたがらないようにする。必要があれば次のページに移動させる
.KS	.KF と同様。次のページには移動させない
.LP	左端を揃えた新しいパラグラフの開始
.NH n	レベル n の番号を付けた見出し。見出しは次に .PP か .LP が現われるまで続く
.PP	新しいパラグラフの開始
.R	ローマン書体に戻す
.SH	小見出し。見出しは次に .PP が現われるまで続く
.TL	次に別の ms コマンドが現われるまで、次からの入力をタイトルとする
.TS	表（tbl 入力）の開始。.TE で終了

表 9.2　よく使う mm フォーマッティング・コマンド

.AS	要約の開始。.AE で終了
.AU	著者名を 1 番目の引数として指定する
.B	ボールド書体のテキストの開始。もし引数が与えられたときにはそれをボールド書体にする
.DF	.DE までの部分を 2 ページにまたがらないようにする。必要があれば次のページに移動する
.DS	ディスプレイの開始。.DE で終了
.EQ	数式（eqn 入力）の開始。.EN で終了
.FS	脚注の開始。.FE で終了
.I	イタリック書体のテキストの開始。もし引数が与えられたときにはそれをイタリック書体にする
.H n "..."	レベル n の番号を付けた見出し "..."
.HU "..."	番号なし見出し "..."
.P	新しいパラグラフの開始。一度 .nr Pt 1 を実行すれば、字下げが行なわれる
.R	ローマン書体に戻す
.TL	次に別の mm コマンドが現われるまで、次からの入力をタイトルとする
.TS	表（tbl 入力）の開始。.TE で終了

問題 9-1　.AE や .DE といった機能の終了を表わすコマンドを忘れると、大抵はとんでもない出力になる。ms（あるいか自分の気に入ったパッケージ）の入力中のエラーを検出する、mscheck というプログラムを書け。
ヒント：awk

9.2 troff のレベル

現実には、`ms` や `mm` などのパッケージの機能の範囲を超えて、裸の `troff` の機能を使う必要に迫られることもあろう。しかし、裸の `troff` の機能を使うことは、アセンブリ言語でプログラミングするに等しく、使うに際しては細大の注意をはらい、止むを得ぬ場合にだけ使うようにしなくてはならない。

`troff` を必要とするのは、次の3つの状況が考えられる。すなわち、特殊記号へのアクセス、行の途中でのポイント数と書体の変更、それに、少数の基本的なフォーマッティング機能の3種類である。

キャラクタ名

ちょっと変わったキャラクタ ── π のようなギリシア文字、●や†のようなグラフィック記号、各種の線や空白 ── をアクセスするのは困難ではない。ただし、あまり体系的にはなっていない。こういったキャラクタにはそれぞれ名前が付いていて、その名前はキャラクタを1個使って `\c` のように表わすものと、*cd* のように2つのキャラクタを使って `\(cd` と表わすものとがある。

`troff` では、ASCII コードのマイナス記号を、マイナス − ではなくハイフン - で印刷する。本当のマイナスを印刷したければ、`\-` とタイプする必要があり、またダッシュを打ちたければ、`\(em` としなくてはならない。em は "em dash (全角ダッシュ)"、つまり "─" の意味である。

表 9.3 に、よく使う特殊キャラクタを一覧表にしておく。`troff` のマニュアルのなかにはもっと多くのキャラクタがあり、場合によってはシステムによって違うリストになっていることもある。

表 9.3 troff の特殊キャラクタ

-	-	ハイフン
`\{hy`	-	ハイフン。上と同じ
`\-`	−	現在使用中の書体のマイナス記号
`\{mi`	−	数式書体のマイナス記号
`\{em`	─	全角ダッシュ
`\&`		何とも対応しない。行の先頭のピリオドを解釈しないよう保護する働きをする
`\`*blank*		1 文字分空白の出力 (不可伸空白)
`|`		半文字分空白の出力

表 9.3　troff の特殊キャラクタ

\e	エスケープキャラクタそのもの。通常は \
\\(bu	黒丸●
\\(dg	ダガー（短剣符）†
\\(*a	α。\\(*b=β, \\(*c=ξ, \\(*p=π, など
\f$X$	書体 X への変更。X=p のときは以前の書体に戻す
\f{XX	書体 XX への変更
\s$n$	ポイント数 n へ変更。n=0 の場合は以前のまま
\s±n	相対指定によるポイント数の変更

　troff に対して、キャラクタを解釈しないように教えてやる必要もしばしば生じる。特に、バックスラッシュとか行の先頭に書かれたピリオドがそうである。よく使われる"手で触ってはいけない"キャラクタは、\e と \& の 2 つである。\e という並びは、翻訳せずに常にそのままバックスラッシュ 1 個として印刷され、出力中にバックスラッシュを書くために用いられる。一方、\& のほうは全く何も印刷されない。言い換えれば、幅が 0 の空白に等しいのである。これは主に、行の先頭のピリオドを troff に解釈させないようにする目的に使われる。本章では、筆者たちは、この \e と \& を多用した。例えば、本書の最初にある ms の概要説明のところでは、元の原稿は以下のようにタイプしてある。

```
\&.TL
.I "Title of document"
\&.AU
.I "Author name"
\&.AB
\&...
...
```

そして上記のものは、もちろん次のようにタイプした。

```
\e&.TL
\&.I "Title of document"
\e&.AU
...
```

そしてまた、これ自体をどうタイプしたかはもうおわかりのことだろう。

9.2 troff のレベル

時々登場する特殊キャラクタには、この他、\ の後に空白を 1 個付けた伸ばしてはいけない空白（不可伸空白）と呼ばれるものがある。通常 troff は左右端を揃えるために、空白を適宜横に引き伸ばしたりするものだが、この不可伸空白の出力は絶対に長さを変えることはない。つまり、他のキャラクタと同様に、一定の幅をもったものとして取り扱われる。以下のようにして、複数のワードを 1 つの引数として渡すのにも使用できる。

    .I "Title\ of\ document"

書体とポイント数の変更

書体のフォーマットの変更は、行の先頭に .I（アイ）のようなマクロを書けばすむことが多いが、ときには、行の途中での変更も必要になる。特に、改行はワードの区切りとして扱われるから、単語の途中で書体を変更しなくてはならない場合には、マクロは使えない。この項では、troff がどうやってこの問題を克服しているかを説明する ── この機能を提供しているのが、ms マクロパッケージではなく、troff であることに注意しよう。

行の途中のコマンドの開始の合図として、troff はバックスラッシュを使う。最もよく使われるのは、書体変更のための \f と、ポイント数変更のための \s の 2 つである。

書体は、\f の f の直後に書く 1 個のキャラクタによって指定する。そこで

    a \fBfriv\fIolous\fR \fIvar\fBiety\fR of \fIfonts\fP

は、以下のように出力される。

    a **friv**_olous_ _var_**iety** of _fonts_

書体変更に \fP を使うと、── 直前の変更の前に使われていた書体が何でもあっても ── その書体に戻される（戻るのは 1 つ前の書体までであって、それより以前の書体がスタック上に保存されているわけではない）。

書体のなかには、2 個のキャラクタで表現するものもある。この場合には、\f(XX のフォーマットで指定し、XX が書体に付ける名前になる。例えば、本書の例題プログラムを筆者たちに写植機に出力した書体は、CW（Courier Constant Width）と呼ばれるもので、keyword と出力するには、次のように指定する。

    \f(CWkeyword\fP

いちいちこのようにタイプする必要があるのは、明らかに苦痛であり、そこで筆者たちは ms の拡張版のなかに、.CW マクロを用意した。こうすれば、バックスラッシュをタイプする手間も、テキストに書かれたものを解読してやる手間も要らない。行の

393

途中にtroffのような異なった書体の単語を組み入れるのには、次のように、この.CWを使う。

```
The
.CW troff
formatter ...
```

フォーマッティングの指定をマクロで定義しておけば、後の変更が容易になるという利点もある。

　一方、ポイント数の変更のためには、\s*n*という並びを使って始める。ここで、*n*は新しいポイント数を指定する1つまたは2つの数字であり、従って、\s8は8ポイントの活字に変更する合図になる。もっと一般的なものとして、ポイント数を表わす数字の前にプラスかマイナスを付けて、相対的な大きさの変化を指定する方法もある。例えば、小さめの大文字（SMALL CAPS）で印刷するには、次のように指定すればよい。

```
\s-2SMALL CAPS\s0
```

\s0のように0を指定すると、ポイント数は、以前の大きさに戻る。この指定は、\fPと同類のものであるが、troffの習慣では伝統的に \sPとは書かない。筆者たちのms には、この仕事のために.UC（upper case）マクロが用意してある。

基本的な troff コマンド

　優秀なマクロパッケージがあったとしても、現実には、行間や字詰めの制御や、タブストップの設定などのために、5個ほどtroff コマンドを知っておく必要がある。まず、.br コマンドはブレーク（break, 強制改行）のために使う。すなわち、.brの次にくる入力は、出力のときには新しい行から始められる。このコマンドは、例えば以下のように、長いタイトルを適切なところで分割するのに、使うことができるだろう。

```
.TL
Hoc - An Interactive Language
.br
For Floating Point Arithmetic
...
```

.nf コマンドは、通常行われている出力行への字詰めを止めるための命令である。入力行の1行はそのまま出力行の1行になる。.fi コマンドは、これと反対に、字詰めを再開するための命令である。また、.ce コマンドは次の行をセンタリングするのに使われる。

9.2 troff のレベル

.bp コマンドは改ページの合図であり、また、.sp コマンドは、出力上に空行を 1 つ作る働きがある。複数個の空行、つまり、一定の幅の空白を確保するために、.sp コマンドには行数を表わす引数を指定してもよい。

.sp 3	3 行分の空白を作る。
.sp .5	半行分の空白を作る。
.sp 1.5i	1.5 インチ分の空白を作る。
.sp 3p	3 ポイント分の空白を作る。
.sp 3.1c	3.1 センチの空白を作る。

ページの終わりにきた余分の空白は捨てられるので、行数の多い .sp を指定すると、.bp を指定したのと同じことになる。

.ta コマンドはタブストップの設定に用いられる（初期状態では 1/2 インチごとに設定されている）。

.ta n n n ...

と書けば、タブストップは左端からの指定された距離に設定される。.sp と同じように、それぞれの数 n の後に "i" を付けるとインチ単位の数値になる。数値の後ろに R を付けておけば、次のタブストップのところで右端が揃う。さらに C を付けるとセンタリングタブになる。

.ps n は、ポイント数を n に設定するコマンドである。また、コマンド .ft X は、書体を X に変更する働きをもつ。増分指定でポイント数を指定したり、元の値へ戻すためには、\s や \f と同じ約束に従って指定すればよい。

マクロの定義

マクロの定義を全般的に説明しようとすると、本書にふさわしい範囲を超えて troff の複雑な内部構造にまで立ち入ることになるが、具体例で示すことは可能である。例えば、.CW の定義は以下のようなものである。

.de CW	定義の開始。
\&\f(CW\\$1\fP\\$2	1 番目の引数の前後で書体を変更。
..	定義の終了。

\\$$n$ には、マクロが定義されたときの n 番目の引数の値が入り、もし n 番目の引数が与えられなかったときには、その値は空になる。マクロを定義中に \\$$n$ が評価されると困るので、\ を 2 つ続けて書くことによってその評価を後回しにしている。\& は、次の例のようにピリオドで始まっている場合に、その引数を troff コマンドとして解釈しないようにさせるための指定である。

.CW .sp

395

9.3 tbl および eqn プリプロセッサ

troff は、使用法だけでなく、そのプログラム自体も大きくて複雑なプログラムである。従って、何か新機能を追加しようとして troff を修正する仕事は、そう気軽に取り組めるものではない。従って、数式や表の活字を組むためのプログラム開発には、違ったやり方がとられた —— つまり、troff の"プリプロセッサ"として働く eqn と tbl というプログラムを独自の言語をもつように設計する、というものであった。実際、troff とは写植機に対するアセンブリ言語であり、一方 eqn や tbl の方は、コンパイルされた結果としてそのアセンブリ言語が作り出される言語になっている。

まず最初に作られたのは eqn であった。eqn は、非プログラミング言語のために yacc が使われた最初のケースでもあった[*2]。その後、構文は異なっていたが、eqn と同じ開発精神で tbl が作られた。tbl には yacc は使われていない。というのも、tbl の文法は簡単なので、yacc を使うほどのこともなかったからである。

UNIX のパイプ機能を考えると、独立したプログラム群に分割する方法を自然に思いつく。この方法をとれば、仕事は小部分に分解でき（ともかく、これは必要だった —— troff プログラム自体だけでも、PDP-11 上にのせられる限界に近い大きさをもっていた）だけでなく、パイプのおかげで、分割したプログラム間のやりとりや開発にあたったプログラマ間のやりとりの手間も軽減される。この後者の点は重要である —— つまり、このおかげで、プリプロセッサを作るのに、他のソースプログラムをいじる必要がなくなる。さらには、パイプを使えば、分割した個々のプログラムをデバッギングのために意図的に走らせる場合を除いて、大きな中間ファイルを用意する必要もない。

ただしパイプを使って分割したプログラム間のやりとりをする場合、問題がないわけではない。まず、入出力回数が多くなる分だけ、処理速度が犠牲になる。eqn でも tbl でも、一般的には、入力から出力までの時間は 8 倍長くなってしまう。もっと重要な問題は、情報の流れが一方向に固定されることである。例えば、eqn には現在のポイントサイズを判断できる方法はなく、そのために eqn の言語にぎこちない点が生じている。もう 1 つ、エラーを的確にユーザに知らせるのも難しい。troff からの診断メッセージを手がかりにして、そのメッセージの元になった eqn や tbl のなかの問題を遡って発見するのは、ときとして困難である。

とは言うものの、プログラムを分離させることで得られる利点は、その欠点をはるかに凌いでいるので、この他にも同じモデルを基礎にしたプリプロセッサは幾つも書かれている。

[*2] yacc が eqn の開発時点で使えなかったら、おそらく eqn は存在していなかっただろう。

表

まず tbl の簡単な説明から始めよう。手始めに読者に示したいのは、hoc のマニュアルにある演算子の表である。tbl は入力ファイルまたは標準入力を読み込み、.TS (table start) コマンドと .TE (table end) コマンドの間にあるテキストを troff コマンドに変換する。変換された troff コマンド群が、カラムをきちんと揃え、印刷上のあらゆる体裁に気を配って表を印刷してくれる。.TS と .TE コマンドの行もコピーされてそのまま出力されるので、マクロパッケージでそれらのコマンドに適切な定義を与えることができる。例えば、その表を1ページの範囲に収めて、かつ周りの地の文と分離するような定義を与えることが可能になる。

複雑な表を作るには、tbl のマニュアルを調べる必要があるが、よく使われる機能を示すためには、例を1つ示せば十分であろう。次にあげる例は hoc のマニュアルからもってきたものである。

```
.TS
center, box;
c s
lfCW l.
\fBTable 1:\fP Operators, in decreasig order of precedence
.sp .5
^       exponentiation (\s-1FORTRAN\s0 **), right associative
! \-    (unary) logical and arithmetic negation
* /     multiplication, division
+ \-    addition, subtraction
> >=    relational operators: greater, greator or equal,
< <=    less, less or equal,
\&== != equal, not equal (all same precedence)
&&      logical AND (both operands always evaluated)
||      logical OR (both operands always evaluated)
\&=     assignment, right associative
.TE
```

以上のテキストから、以下の表が作られる。

> **Table 1:** Operators, in decreasig order of precedence
>
> | | |
> |---|---|
> | ^ | exponentiation (FORTRAN **), right associative |
> | ! - | (unary) logical and arithmetic negation |
> | * / | multiplication, division |
> | + - | addition, subtraction |
> | > >= | relational operators: greater, greator or equal, |
> | < <= | less, less or equal, |
> | == != | equal, not equal (all same precedence) |
> | && | logical AND (both operands always evaluated) |
> | \|\| | logical OR (both operands always evaluated) |
> | = | assignment, right associative |

セミコロンの前に書かれたワード（ここでは center, box）で、表全体の形式を指定する。上の例の center と box は、用紙の水平方向の中央に印刷し、表のまわりに線を引いて四角く囲む、という指定になる。この他、double, allbox（項目ごとに四角く囲む）、expand（線の横幅を用紙幅まで拡大する）が使える。

ピリオドが現われるまでのこれに続く行は、その表中の幾つかのセクションのフォーマットを決めていて、上の例でのセクションは、タイトル行と表の本体の2つになる。一般に、最初の指定は表の第1行、2番目の指定は第2行、最後の指定は残りすべての行に適用される。上の Table 1 には指定行が2行しかないので、2行目の指定が最後の指定をみなされて、第2行以降の行すべてに適用される。フォーマット指定文字には、項目をカラムの中央に配置する c, 右揃えや左揃えを指定する r と l, 数値の小数点を揃えるための n がある。s は"スパンド（spanned）"カラムの指定であり、上の例の"c s"の意味は、第1カラムとともに第2カラムも全体の幅を考えた上で、タイトルが表全体の幅の中央にくるように、ということである。書体は特定のカラムに対して指定でき、1fCW という tbl の指定は、左端のカラムを CW の書体で印刷せよという意味である。

表中のテキストは、このフォーマッティング情報の後に続けて書く。タブキャラクタがカラムの区切りとして使われ、また、.sp のように、troff コマンドには表の内側でも認識されるものもある（\& が2度使われているのに注意すること。カラムの先頭にむきだしのまま - や = の記号を置くと、tbl はそこから横線を引くという意味に解釈してしまう）。

tbl は、実際には、この単純な例から想像されるものよりもずっと多彩な表を作る。例えば、四角の囲みのなかでテキストの字詰めをしたり、縦方向に揃えたカラムの見出しを付けたり、などがある。複雑な表に tbl を利用する際には、UNIX プログ

9.3 tbl および eqn プリプロセッサ

ラマーズ・マニュアル第 2 巻 A にある実例から似た例をみつけだして、目的に合うようにコマンドを修正するのが最もやさしい方法である。

数式

troff の 2 番目のプリプロセッサは eqn である。これは、数式を記述した言語を、対応する troff コマンドに変換して印刷させる働きをもつ。eqn では書体やサイズの変更を自動的に処理し、また、数学で使う標準的な記号に対応する名前を用意している。tbl の .TS と .TE と同じように、eqn でも入力は、.EQ と .EN の行の間に置かれる。例えば、

```
.EQ
x sub i
.EN
```

と書けば、x_i が出力される。ms マクロパッケージを使っている場合なら、等式は"ディスプレイ"として印刷され、.EQ にオプションの引数を付けると、式に付ける番号が指定できる。例えば、次の Cauchy の積分公式

$$f(\zeta) \;=\; \frac{1}{2\pi i} \int_C \frac{f(z)}{z-\zeta} dz \qquad (9.1)$$

は、以下のように表現される。

```
.EQ (9.1)
f( zeta ) ~=~ 1 over {2 pi i} int from C
    f(z) over {z - zeta} dz
.EN
```

eqn の言語は、基本的は数式を声に出して読むときの方法に準じて組み立てられている。ただ、声に出すときと eqn の入力方式とでは、中括弧 {} が括弧の役割 ── 暗黙のうちに仮定されている解釈の優先順位を無効にする ── を果たしており、通常の括弧には特別な意味はない、という点が違っている。しかしながら、空白には意味がある。上の例の最初の zeta の前後に空白が書かれていることに注目しよう。zeta や over のようなキーワードは、前後を空白または中括弧で囲まれたときに限ってキーワードと認識される。この空白と中括弧は出力上には書かれない。出力上に積極的に空白を置きたかったら、~=~ のようにチルダ ~ を用いればよい。また中括弧を書きたい場合には、"{" や "}" のように指定する。

eqn のキーワードは幾つかのクラスに分けられる。ギリシア文字は、大文字、小文字それぞれに lambda や LAMBDA（λ と Λ）のように省略せずに綴りどおり書けばよ

399

い。この他の数学記号には名前が付けられていて、sum, int, infinity, grad はそれぞれ、$\sum, \int, \infty, \nabla$ と印刷される。また、sub, sup, from, to, over のような位置演算子のクラスもあり、次の

$$\sum_{i=0}^{\infty} x_i^2 \to \frac{1}{2\pi}$$

は、以下のように表現される。

```
sum from i=0 to infinity x sub i sup 2 ~->~ 1 over {2 pi}
```

さらに、sqrt や、上下にのびる括弧、中括弧などの演算子もある。eqn はまた、カラムや行列を作り出す機能ももっている。その他、既定値ではうまくいかないときに、サイズや書体や位置を制御するためのコマンドも用意されている。

$\log_{10}(x)$ のような短い数式を、ディスプレイ表現ではなく、テキストの本体のなかに書きたいことも多い。行の途中に書く式の前後に目印として付ける一対のキャラクタは、eqn のキーワード delim によって指定する。区切り記号に使われるキャラクタには、前後とも普通同一のものが使われ、ドル記号 $ がよく使われている。しかしながら、hoc では $ を引数に使っているので、本書で取り上げる例では @ にしている。% もまた区切り記号として適当であるが、これらの他の記号は使わない方が望ましい。というのも、様々なプログラムのなかで特別な意味をもたせたキャラクタの数があまりに多いため、とんでもない結果が出かねないからである（筆者たち自身、本章作成中に実際にやってしまった）。

従って、以下のように

```
.EQ
delim @@
.EN
```

と指定した後では、$\sum_{i=0}^{\infty} x_i$ のような式を行の途中に書くことが可能になる（この文章は、原書では次のものを印刷した形になっている。訳者注）。

```
in-line expressions
suc as @sum from i=0 to infinity x sub i@ can be printed:
```

以下の hoc のマニュアルにある例からわかるように、行の途中の式は表中で数式を表現するのに用いられる。

9.3 tbl および eqn プリプロセッサ

```
.TS
center, box;
c s s
lfCW n l.
\fBTable 3:\fP Built-in Constants
.sp .5
DEG     57.29577951308232087680  @180/ pi@, degrees per radian
E       2.71828182845904523536   @e@, base of natural logarithms
GAMMA   0.57721566490153286060   @gamma@, Euler-Mascheroni constant
PHI     1.61803398874989484820   @( sqrt 5 +1)/2@, the golden ratio
PI      3.14159265358979323846   @pi@, circular transcendental number
.TE
```

この表の例からは、数値 (n) の入るカラムの小数点揃えの方法もわかる。この表を出力すると次のようになる。

	Table 3:	Built–in Constants
DEG	57.29577951308232087680	$180/\pi$, degrees per radian
E	2.71828182845904523536	e, base of natural logarithms
GAMMA	0.57721566490153286060	γ, Euler-Mascheroni constant
PHI	1.61803398874989484820	$(\sqrt{5}+1)/2$, the golden ratio
PI	3.14159265358979323846	π, circular transcendental number

最後に、eqn は特別な意味に解釈しない英字の文字列をすべてイタリック体にするので、通常のワードをイタリック体にする便法としてよく eqn が用いられることに触れておこう。例えば、@Word@ は $Word$ と印刷される。しかし、eqn はよく使うワード（例えば from や to）を識別して特別に処理するし、空白をすててしまうので、この小細工を使うときには注意が必要である。

出力の取出し

文書の準備ができたら、出力を得るために、すべてのプリプロセッサと troff の準備を整える必要がある。コマンドの順序は、tbl, eqn, troff の順である。troff だけを使うのであれば、次のようにタイプすればすむ。

$ *troff -ms filenames*

troff だけですまない場合には、パイプラインの最初に置くコマンドに対してファイル名の引数を指定し、残りのコマンドは、それぞれの標準入力を読むようにしておく

401

必要がある。つまり、

 $ eqn *filenames* | troff -ms

とか、

 $ tbl *filenames* | eqn | troff -ms

のようにする。

　印刷するとき、特定の文書ごとにどのプリプロセッサが必要なのかをいちいち人間が覚えておくのは煩わしい。そこで、正しいコマンドの並びを推測してくれる、以下のような doctype というコマンドを書いたところ、なかなか重宝であった。

```
$ doctype ch9.*
cat ch9.1 ch9.2 ch9.3 ch9.4 | pic | tbl | eqn | troff -ms
$ doctype hoc.ms
cat hoc.ms | tbl | eqn | troff -ms
$
```

　doctype は、第 4 章で詳細に説明したツールを使って実現されている。なかでも肝心の役目を果たしている awk プログラムがプリプロセッサの使うコマンドの並びを探し出し、目的の文書をフォーマットするのに必要なプリプロセッサを起動するためのコマンド行を出力してくれる。さらに、doctype には、フォーマット要求を処理する ms パッケージが使う .PP（パラグラフ）コマンドを検索する機能もある。

```
$ cat doctype
#doctype:  synthesize proper command line for troff
echo -n "cat $* | "
egrep -h '^\.(EQ|TS|\[|PS|IS|PP)' $* |
sort -u |
awk '
/^ \.PP/ { ms++ }
/^ \.EQ/ { eqn++ }
/^ \.TS/ { tbl++ }
/^ \.PS/ { pic++ }
/^ \.IS/ { ideal++ }
/^ \.\[/ { refer++ }
END {
```

```
            if (refer > 0) printf "refer | "
            if (pic > 0)   printf "pic | "
            if (ideal > 0) printf "ideal | "
            if (tbl > 0)   printf "tbl | "
            if (eqn > 0)   printf "eqn | "
            printf "troff "
            if (ms >0) printf "-ms"
            printf "\n"
    } '
    $
```

(egrep に -h オプションを付けると、各出力行に付けられるファイル名のヘッダの出力は抑制される。残念ながら、このオプションは必ずしもすべての版のシステムに用意されているわけではない。) doctype はまず入力をスキャンし、どのような部品が使われているかの情報を集める。入力をすべて検査し終わったところで、適切な順序で必要な処理を出力する。その処理の細かな点は、フォーマットする troff 入力用の文書によって、どの標準プリプロセッサを使うかは異なるが、基本的な考え方は共通である。つまり、細々したことは機械に考えさせよう、というわけである。

doctype は bundle と同様に、プログラムが別のプログラムを作るという例である。しかし、今の doctype のままでは、doctype の出力した行をユーザがシェルに再タイプしてやる必要がある。この点の改良は問題に入れておいた。

実際に troff コマンドを実行させるときには、その動作がシステムに依存することを考えておかなくてはならない。写植機を直接起動するようになっているシステムもあれば、troff が標準出力に書き出した出力を、また別のプログラムで写植機に送る必要のあるシステムもある。

ところで、この doctype プログラムの第 1 版では、egrep や sort は使用していなかった。awk 単独ですべての入力をスキャンさせていたのである。このやり方では大きな文書を対象にしたときに処理速度が遅すぎたので、検索の高速化のために egrep を追加し、さらに、同じものを何度も処理するのを避けるために、sort -u を付け加えた。典型的な文書では、egrep と sort の 2 つのプロセスを作り出すことによって生じるオーバヘッドは、awk に大量の入力を処理させる場合よりも少なくてすむ。具体例を示すために、本章の内容 (約 52000 文字、原書の英文の場合。訳者注) を awk だけで走らせる版と今の版の doctype とを比較した結果を以下に示す。

```
    $ time awk '... doctype without egrep ...' ch9.*
    cat ch9.1 ch9.2 ch9.3 ch9.4 | pic | tbl | eqn | troff -ms
```

```
real       31.0
user        8.9
sys         2.8
$ time doctime ch9.*
cat ch9.1 ch9.2 ch9.3 ch9.4 | pic | tbl | eqn | troff -ms

real        7.0
user        1.0
sys         2.3
$
```

この比較によれば、明らかに3つのプロセスを使う版が有利である（この比較はユーザが1人だけのシステムで実行されたものである。実時間の比は、ユーザ数が増えるに従って、ますます egrep 版に有利になるだろう）。筆者たちがまず単純ながらともかく動作する版を作成して、その後で最適化の仕事に取り組んだ手順に注目してほしい。

問題 9-2 筆者たちが本書をどのようにフォーマットしたか考えてみよ。

問題 9-3 eqn の区切り記号がドル記号のとき、出力中にドル記号を書くにはどうしたらよいか？
ヒント：eqn の引用符の使い方と予約語について調べよ。

問題 9-4 次のように

```
$ `doctype filenames`
```

としても実行がうまくいかない理由は何か？ doctype を修正して、その結果得られるコマンド行をただ表示するのではなく、実際に実行するように変更せよ。

問題 9-5 doctype に余分な cat がついているのは、オーバヘッド上問題になるだろうか？ doctype を書き直して、この余分なプロセスを追い出せ。どちらの版がより単純だろうか？

問題 9-6 特定の文書をフォーマットするためのコマンド群を入れたシェルファイルを書くのと、この doctype を使うのと、どちらがよい方法だろうか？

問題 9-7 grep, egrep, fgrep, sed, awk, sort をいろいろに組み合わせて実験してみて、可能な限り高速な doctype を作成せよ。

9.4 マニュアル・ページの書き方

　コマンドに関する主要なドキュメンテーションは、通常マニュアル・ページ — UNIX プログラマーズ・マニュアルのなかで、そのコマンドを 1 ページにまとめた記述 — である（図 9.2 参照）。このマニュアル・ページは、/usr/man という標準のディレクトリのなかに入っていて、マニュアルの章の番号に応じた番号のついたサブディレクトリに格納されている。例えば、われわれの hoc のマニュアルは、ユーザ・コマンドを記述したものだから、/usr/man/man1/hoc.1 に格納されている。

　マニュアル・ページは、man (1) コマンドを使って表示する。このコマンドは nroff -man を実行するシェルファイルであり、man hoc とすれば hoc のマニュアルが表示される。もし 2 つ以上の章のなかに同じ名前が現われるときには（例えば man 自身がそうであり、1 章に書かれているのはコマンドの説明、7 章はマクロに関する記述である）、man コマンドに章番号を指定することができる。

```
$ man 7 man
```

とすれば、マクロの記述だけが表示される。章が指定されなかったときには、指定された名前をもつページをすべて表示するが、man -t と指定した場合には、troff によって活字になったページが出力される。

　マニュアル・ページの作成者は、/usr/man の適切なサブディレクトリのなかにファイルを作ることになる。man コマンドは、nroff または troff をマクロパッケージと一緒に呼び出して、該当ページを表示する。このことは、フォーマッタを起動するための man コマンドを検索すればわかる。その結果は、例えば次のようなものだろう。

```
$ grep roff `which man`
        nroff $opt -man $all ;;
        neqn $all | nroff $opt -man ;;
        troff $opt -man $all ;;
        troff -t $opt -man $all | tc ;;
        eqn $all | troff $opt -man ;;
        eqn $all | troff -t $opt -man | tc ;;
$
```

何種類もあるのはオプションの扱いの違いに起因する。例えば、nroff と troff の違い、eqn を走らせるか否か、などである。troff -man によって起動されるマニュアル用マクロは、マニュアルの書式にフォーマットするための troff コマンド群を

定義している。このマクロは、基本的には ms マクロと同じであるが、全く同じではなく、特にタイトルの設定方法と書体変更コマンドに違いがある。マニュアル用マクロは、man (7) に —— 手短に —— ドキュメントされているが、基本を身に付けるのは簡単である。マニュアル・ページのレイアウトは以下のようになっている

```
.TH  コマンド名（大文字で）章番号
.SH NAME
コマンド名 \- 機能の概要の略述
.SH SYNOPSIS
.B  コマンド名
オプション
.SH DESCRIPTION
プログラムとオプションの詳細説明
パラグラフの初めは.PP で始める
.PP
ここに新しいパラグラフがくる
.SH FILES
コマンドが使用するファイル。例えば、passwd (1) なら /etc/passwd について触れる。
.SH "SEE ALSO"
別のマニュアル・ページも含めた関連文書への手引き
.SH DIAGNOSTICS
正常でない出力の記述（例えば、cmp (1) を参照）
.SH BUGS
おかしな挙動について（必ずしもバグではない。以下を参照）
```

空の章は見出しごと省略されるが、.TH 行と、NAME, SYNOPSIS, DESCRIPTION の各章は必須である。
　次の

```
.TH  コマンド名（大文字で）章番号
```

の行は、コマンドの名前とその章番号を指定する。各種の.SH 行はマニュアル・ページの章の指定のために使われている。NAME と SYNOPSIS は特別な形式であるが、それ以外のものでは書く形式と内容は自由である。NAME はコマンドの名前（ここでは小文字）を指定し、それに1行以内の説明を付ける。SYNOPSIS のほうは、オプション名を書くが、それに関する記述はしない。どの章にも共通なことであるが、入力は自由書式でよいので、.B, .I, .R マクロを使って書体の変更も指定できる。SYNOPSIS

では、コマンド名とオプションはボールド体に、それ以外はローマン体にする。例えば、ed (1) の NAME と DESCRIPTION は次のようになる。

```
.SH NAME
ed \- text editor
.SH SYNOPSIS
.b ed
[
.B \-
] [
.B \-x
] [name]
```

これを出力すると以下のようになる。

NAME
  ed – text editor
SYNOPSIS
  ed [-] [-x] [name]

単に - としないで、\- と書くことに注意してほしい。

 DESCRIPTION には、コマンドとそのオプションについて記述する。大抵の場合、ここには、コマンドの定義する言語についてではなく、コマンド自体についての記述がなされる。例えば、cc (1) のマニュアル・ページには C 言語の定義ではなく、C プログラムをコンパイルするための cc コマンドの実行方法、オプティマイザの起動法、出力先、などが書かれる。この言語については、cc (1) の SEE ALSO に引用されている、C 参照マニュアルに説明がある。しかし一方、この分類は絶対的なものとは限らず、man (7) のように、マニュアル用マクロの言語について記述してあるものもある。

 DESCRIPTION のなかでは、コマンド名とオプション用のタグ（ed のマニュアル・ページにある"name"のようなもの）はイタリック体で印刷するのが慣習になっている。.I（1 番目の引数をイタリック体にする）と .IR（1 番目の引数をイタリック体に、2 番目のものをローマン体にする）というマクロで簡単にこの指定ができる。.IR マクロを独立させているのは、man パッケージのなかの .I マクロが、ms の .I の機能をもたないからである。ms の .I には、マニュアルには明記されていないが、2 番目の引数を処理する便利な機能がある。

 FILES には、そのコマンドが暗黙のうちに使っているファイルをすべて書く。DIAGNOSTICS はそのコマンドが通常以外の出力を出す場合にだけ必要になる。ここで言う正常以外の出力とは、診断メッセージとか終了状態のこともあるが、コマンド

第 9 章 文書作成

の正常動作内の様々な変化形の場合のこともある。BUGS もまた、"バグ"という名前はいくぶん実態に合わない。このセクションに書かれた欠陥は、バグというよりもむしろそのコマンドの限界というべきである —— 単純なバグなら、むろんコマンドを組み込む前に訂正されていなくてはならない。DIAGNOSTICS や BUGS に書かれている内容の感じを掴むには、標準マニュアルを拾い読みしてみるのも 1 つの方法だろう。

マニュアル・ページの書き方は 1 つ例をみればよくわかるはずである。hoc (1) のソースに入った /usr/man/man1/hoc.1 を図 9.1 に、また、図 9.2 には以下のコマンドの実行結果を示しておく。

```
$ man -t hoc
```

> 問題 9-8　doctype のためのマニュアル・ページを書け。また、自分のプログラムに関する文書を入れた個人用の man ディレクトリを探しにいくような、個人用の man コマンドを書け。

図 9.1　/usr/man/man1/hoc.1

```
.TH HOC 1
.SH NAME
hoc \- interactive floating point language
.SH SYNOPSIS
.B hoc
[ file ... ]
.SH DESCRIPTION
.I Hoc
interprets a simple language for floating point arithmetic,
at about the level of BASIC, with C-like syntax and
functions and procedures with arguments and recursion.
.PP
The named
.IR file s
are read and interpreted in order.
If no
.I file
is given or if
.I file
```

```
is '\-'
.I hoc interprets the standard input.
.PP
.I Hoc
input consists of
.I expressions
and
.IR statements .
Expressions are evaluated and their results printed.
Statements, typically assignments and function or procedure
definitions, produce no output unless they explicitly call
.IR print .
.SH "SEE ALSO"
.I
Hoc \- An Interactive Language for Floating Point Arithmetic
by Brian Kernighan and Rob Pike.
.br
.IR bas (1).
.IR bc (1)
and
.IR dc (1).
.SH BUGS
Error recovery is imperfect within function and procedure definitions.
.br
The treatment of newlines is not exactly user-friendly.
```

図 9.2 hoc (1)

HOC(1)   HOC(1)

NAME
    hoc - interactive floating point language

SYNOPSIS
    hoc [file ...]

DESCRIPTION
    Hoc interprets a simple language for floating point arithmetic, at about the level of BASIC, with C-like syntax and functions and procedures with arguments and recursion.

    The named *files* are read and interpreted in order. If no *file* is given or if *file* is '–' hoc interprets the standard input.

    Hoc input consists of *expressions* and *statements*. Expressions are evaluated and their results printed. Statements, typically assignments and function or procedure definitions, produce no output unless they explicitly call *print*.

SEE ALSO
    Hoc — An Interactive Language for Floating Point Arithmetic by Brian Kernighan and Rob Pike.

    bas (1), *bc* (1) and *dc* (1).

BUGS
    Error recovery is imperfect within function and procedure definitions.

    The treatment of newlines is not exactly user–friendly.

7th Edition   1

9.5 その他の文書作成用ツール

文書作成に役立つプログラムは、これまでに話してきたものの他にも、幾つかある。`refer` (1) コマンドは、キーワードにより参考文献を自動的に参照して、自分の文書の行の途中に引用文献の番号を入れ、文書の終わりに参考文献のリストを組み込んでくれる。適当なマクロを定義すれば、参考文献リストの印刷を望みの書式に変更することも可能であり、数多くのコンピュータ科学雑誌用に定義されたマクロが用意されている。`refer` は UNIX の第 7 版には含まれているが、他の版では採用されていないこともある。

`eqn` が数式の編集に使われるように、図は `pic` (1) や `ideal` (1) で処理できる。図は数式よりも (少なくとも活字に組むには) はるかに複雑であり、しかも、図には数式のように声に出して読む方法が定まっていない。そのため、`pic` と `ideal` を使おうと思ったら、少々がんばって勉強する必要がある。`pic` がどのようなものかの概要を伝えるために、簡単な図を以下に用意し、それが `pic` でどのように表現されるかを示しておく。

```
.PS
.ps -1
box invis "document"; arrow
box dashed "pic"; arrow
box dashed "tbl"; arrow
box dashed "eqn"; arrow
box "troff"; arrow
box invis "typesetter"
[ box invis "macro " "package"
  spline right then up -> ] with .ne 2nd last box.s
.ps +1
.PE
```

本書のなかに登場する図はすべて pic を使って書かれたものである（原書の場合、訳者注）。pic や ideal は、第 7 版には入っていなかったが、現在では利用可能になっている。

refer, pic, ideal はすべて troff のプロプロセッサである。この他、ユーザの文書を検査してコメントを与えてくれるプログラムもある。最もよく知られているのが spell (1) で、これはファイルのなかのスペスミスの候補を教えてくれるプログラムである。筆者たちはこの spell を大いに利用した。また、style (1) と diction (1) は句読点、文法、言語の使用法を解析してくれるプログラムである。これらのプログラムが発展していき、Writer's Workbench、すなわち、文書のスタイルの改善に役立つプログラム群になった。Writer's Workbench プログラムは、決まり文句や不要な言葉や女性差別用語をみつけだすのを得意としている。

spell は標準で用意されているが、それ以外のものはシステムによってはないかもしれない。次のように man コマンドを使えば、自分のシステムで使えるかどうかは簡単に確かめられる。

```
$ man style diction wwb
```

あるいは、/bin と /usr/bin のなかのファイルをリストして確かめてもよい。

歴史と参考文献

Joe Ossanna が Graphics System CAT–4 写植機に書いた troff プログラムは、その長い系譜を遡ると、J. E. Saltzer が 1960 年代に MIT（マサチューセッツ工科大学）の CTSS のために書いた RUNOFF までたどりつく。この流れを組むプログラムのなかでは確かに troff が最も複雑で強力であり、さらに eqn をはじめとするプリプロセッサの存在によってその利用価値が高められているものの、いずれのプログラムも基本コマンドの構文と考え方では共通である。現在ではもっと洗練された入力フォーマットをもつ新しい写植プログラムの存在している。Don Knuth の作った TEX（TEX and Metafont: New Directions in Typesetting, Digital Press, 1979 年）や Brian Reid の作った Scribe（"Scribe: a high–level approach to computer document formatting," 7th Symposium on the Principles of Programming Languages, 1980 年）が著名なものであろう。Richard Furuta, Jeffrey Scofiled, Alan Shaw 共著の "Document Formatting Systems: Survey, Concepts and Issues"（Computer Surveys, September, 1982 年）がこの分野の概要を知るよい手引きになる。

eqn に関するオリジナルの論文は、Brian Kernighan と Lorinda Cherry 著 "A system for typesetting mathematics"（CACM, 1975 年 3 月）である。ms マクロパッケージ、tbl, refer はいずれも Mike Lesk が作ったものであり、それらに関する文書は、UNIX プログラマーズ・マニュアルの第 2 巻 A にだけ収められている。

pic は、Brian Kernighan 著 "PIC — a language for typesetting mathematics" (Software — Practice and Experience, 1982 年 1 月) に記述されている。ideal は、Chris Van Wyk 著 "A high–level language for describing pictures" (ACM Transactions and Graphics, 1982 年 4 月) に書かれている。

spell は、Steve Johnson が書いたシェルファイル版を、Doug McIlroy が C プログラムに置き換えたコマンドである。第 7 版の spell は高速検索のためにハッシング機構を採用しており、辞書が膨れ上がるのを防ぐために、自動的にサフィックスやプレフィックスを取り除く方式になっている。これについては、M. D. McIlroy 著 "Development of a spelling list" (IEEE Transactions on Communications, 1982 年 1 月) を参照されたい。

style と diction のプログラムは、Lorinda Cherry 著 "Computer aids for writers" (SIGPLAN Symposium on Text Manipulation, Portland, Oregon (1981 年 6 月)) に記述されている。

エピローグ

　UNIX オペレーティング・システムは開発されてから優に 10 年以上経っているが、この OS を走らせているコンピュータの数はさらに加速的に増え続けている。採算を度外視して、いや、採算など最初から意識せずに設計されたシステムとしては、UNIX システムは類い稀な成功をおさめてきた。

　UNIX が商業的に成功した主な理由はその移植性のよさ — コンパイラのごく一部とカーネル以外のあらゆるものが、どんなコンピュータ上でも変更なしに走るという能力 — にある。従って、自社製品に UNIX のソフトウェアを走らせているメーカーは、新しいハードウェア上でこのシステムを走らせるためにかかる労力が比較的わずかですみ、UNIX プログラム市場の拡大に伴う収益増加を期待できる。

　しかしながら、UNIX は商業的に重視されるよりもずっと昔から、しかも、まだ PDP-11 上だけでしか動かなかったときよりも前から人気を集めていた。1974 年に CACM に発表された Ritchie と Thompson の論文が学者たちの間で注目を浴び、1975 年までには、第 6 版のシステムが大学のなかでよく使われるようになっていたのである。1970 年代半ばを通しては、UNIX は口伝えで広まっていた。このシステムにはサポートも保証もなかったのだが、UNIX システムを使った人は夢中になり、他の人にも使うように熱心に勧めたのである。一旦 UNIX を試した人は、そのとりこになってしまう傾向があった。UNIX が今日の成功を収めたもう 1 つの理由として、大学で UNIX システムを使ったプログラマが育ったため、彼らが今の仕事場に UNIX の環境を求めようとすることが考えられるだろう。

　そもそも UNIX がなぜこんなに人気を集めたのだろうか？　主な理由は、このシステムが少数（2 人）の極めて有能な人間によって設計され組み立てられたことである。彼らの目標は、プログラム開発に都合のよい環境を作り出すことだけだったのであり、その理想を追求するのに彼らには何の制約もなく、市場からの圧力もなかった。初期のシステムは小さかったので 1 人の人間にも十分に把握できるものだった。オーストラリアの New South Wales 大学では、John Lions が学生のオペレーティング・システムの授業で、第 6 版のカーネルを教えたほどである。授業の準備のため

エピローグ

　の彼のメモには、"ドキュメント全体が学生のかばんのなかに入れてもち運びできても何の不思議もない"と書かれている（この点に関しては最新の版では事情が変わっている）。
　この初期の版には、コンピュータ科学における革新的な応用の数々が詰め込まれていた。そのなかには、ストリーム処理（パイプ）、正規表現、言語理論（yacc, lex など）をはじめ、diff で使われているアルゴリズムのような特定の目的のものも含まれている。これらのすべてを統合したものが、"大型の OS でさえもめったに備えていない機能をもった"カーネルだったのである。その機能の例として入出力構造一つ考えてみても、当時はめったになかった階層化ファイル・システム、このファイル・システムのなかに名前を付けて組み込まれていて特別なユーティリティを必要としないデバイス、といったものがあった。このソフトウェアはすべて高水準言語で書かれており、システムと一緒に提供されたので、研究して改良するのも可能であった。
　以来 UNIX システムは、コンピュータ市場における標準的 OS の 1 つになった。市場占有率が高くなるにつれて、UNIX システムにも、競合するシステムの提供する"機能"を備える必要と責任が生じた。その結果、カーネルは過去 10 年の間に、10 倍も肥大したが、必ずしも同じだけ内容的に改善されたとは言い難い。カーネルの肥大化に伴って、それまでの UNIX 環境では存在を許されなかったタチの悪いプログラムも取り込まれるようになった。多機能主義（何でもできる）がしのびよると、コマンドはオプションで一杯になるので、そのプログラム開発時の意図がぼやけてしまう。さらには、ソースプログラムがシステムと一緒に提供されないことが多くなり、よいスタイルのモデルはますます得にくくなった。
　しかし、幸いなことに、大きな版の UNIX にも、初期の版をあれだけ広めたアイデアがまだ十分に詰まっている。かくして、UNIX の基礎になっている原則 ── 構造は単純に、不釣合いな道具をもたない、新規作成よりも既存のプログラムの結合を、コマンド・インタープリタはプログラム可能に、ファイル・システムはツリー構造に、などなど ── は広まっていき、それ以前の融通のきかないシステムに置き換わっていった。UNIX システムとて永遠に存続できるものではないが、その地位を奪おうとするシステムは、UNIX の基本的なアイデアの多くを取り込まなくてはならないだろう。
　筆者たちは"はじめに"のなかで、UNIX 流の考え方、あるいは哲学について述べた。それは、プログラミングの仕事に如何に取り組むかの姿勢である。本書全体を振り返ってみれば、実例のなかに示されているこのプログラミング・スタイルの要素が何かについてはもうおわかりのはずである。
　まず第 1 の姿勢は、汚れ仕事はマシンにやらせようということである。他のシステムでは手作業で行なっているような仕事を機械化するために、grep や wc や awk などのプログラムを使おう。

第2には、仕事は他人にやらせよう、ということである。既存のプログラムを自作のプログラムの素材として利用し、それらを結合させるためにシェルやプログラム可能なフィルタを使おう。idiff の例でやったように、実際の仕事をする既存のプログラムとやりとりをする小さなプログラムを書こう。UNIX システムには無限の組合せで使えるツールが豊富に用意されているので、ユーザのする仕事というのは、それをどうやって適切に結合させるかを考えるだけのことが多い。

　第3の点は、仕事は順序を踏んで行なおう、ということである。まず、役に立つ最も単純なものを作り、そして、実際に使った経験を基にして、次にする価値のある仕事（もしあれば）を決めよう。使ってみてどれが必要かわかるまでは、むやみに機能やオプションを追加してはならない。

　第4には、ツールを作ることがあげられよう。単に1つのツールを追加するだけではなく、既存の環境を強化するような、調和のとれたプログラムを書こう。うまく作れば、そのようなプログラム自身、皆が使える道具箱のなかの1つの部品になる。

　"はじめに"のなかで、UNIX システムが完全ではないことも述べた。9章まで、奇妙な約束ごとや無意味な違いや、勝手な制限をつけたプログラムについて述べてきたので、きっと読者たちも完全ではないことに同意されることと思う。しかし、こういった欠点はあっても、UNIX のもたらす恩恵は、たまに出てくるシャクの種よりもはるかに大きい。UNIX システムは、設計当初の目標、すなわち、快適なプログラミング環境の提供に真にふさわしいシステムである。

　従って、いくぶん中年期の様相を呈し始めてきたとはいえ、UNIX にはまだまだ活力があり、相変わらず人気を得ている。この人気を過去にたどっていくと、1969年に数人の人たちが考えたすっきりした考え方にたどりつく。彼らが黒板のうえに、自分たちが快適と思えるようなプログラミング環境の設計図を描いたところから、すべては始まったのである。彼ら自身は自分たちのシステムが何万台というコンピュータに広まっていくとは予想していなかったが、現在のプログラマたちは UNIX システムの広まりを大いに歓迎している。

付録1
エディタの要約

　UNIX の"標準の"エディタは、Ken Thompson がオリジナルを書いた ed という名前のプログラムである。ed は、極めて遅い（毎秒 10 – 15 文字）ハードコピー端末が接続された小さなマシン（最初の UNIX システムはユーザのプログラムの大きさを 8K バイトに制限していた）の計算環境に合わせて、1970 年代初期に設計された。ed は、当時よく使われていた qed と呼ばれる初期の編集エディタ・プログラムを下敷きにしている。

　テクノロジーが進歩しても、ed はほとんどその形を変えなかった。今日、読者の使うシステムでは、もっと魅力的な機能を備えたエディタが利用できるのは確実である。その機能のうちおそらく最も一般的なのは、編集するたびに端末の画面上に編集結果が反映される"ビジュアルな"つまり"画面"編集機能であろう。

　にもかかわらず、なぜこんな旧式のエディタ ed にページを割こうとしているのだろうか？　その答えは、ed が旧式であるにもかかわらず、ものによっては実にうまく編集してくれるからである。しかも ed ならあらゆる UNIX システム上で利用でき、別のシステムに移ったとき、ed がどこでも利用できることに得心がいくだろう。また、電話回線が低速のものであっても、端末がどんな種類のものであっても、ed はうまく動いてくれる。さらに、ed はプログラムのなかからも容易に動かせる。画面エディタの多くは、端末から使うことを前提に作られており、ファイルからは簡単には利用できないのである。

　ed ではパターン・マッチングのために正規表現が使え、ed の正規表現を土台にしたものが現在では広くシステムのなかで利用されている。grep と sed で使われている正規表現は ed のものとほとんど同じであり、egrep, awk, lex のものではその拡張版になっている。シェルでは構文は異なっているものの、ファイル名のマッチングに関しては同じ考え方を踏襲している。画面エディタのなかにも、正規表現を使えるようにするために、ed の版まで逆戻りするための"行モード"をもっているものがある。

基 礎

ed は 1 度に 1 つのファイルを編集する。ed が何か作業をするときには元ファイルのコピーを使うので、与えられた変化を元のファイルに記録するには積極的に保存のためのコマンドを与えなくてはならない。ed には、連続した行やパターンに一致した行を指定するためのコマンドと、そうやって指定された行の範囲内でテキストを変化させるためのコマンドとの 2 種類が用意されている。

個々の ed コマンドは普通、英字 1 文字で表わされる。大抵のコマンドの前には 1 つまたは 2 つ行番号を付けることができる。この行番号によって、コマンドの影響の及ぶ範囲を指定することができ、行番号がないときには、既定値の行番号が使われる。行番号の指定には、ファイルのなかの絶対的な位置を表わす数字（1, 2, ...）で指定する方法、最後の行を表わす $ や現在行を表わす "." のような簡略表記を使う方法、正規表現を使ったパターン検索による方法などがあり、さらにこれらの組み合わせも可能である。

第 1 章で使った De Morgan の詩を用いて、ed を使用したファイルの作成法を復習してみよう。

```
$ ed poem
?poem ............................................. 警告。poem というファイルは存在しない。
a .................................................................................... 行入力の開始。
Great fleas have little fleas
  upon their backs to bite 'em,
And little fleas have lesser fleas,
  and so ad infinitum.
. ............................................. 入力終了の合図に "." を 1 つタイプする。
w poem ............................................. 入力した行を poem というファイルに書き込む。
121                                               121 文字を書き込んだことを ed が知らせてくる。
q .................................................................................... ed の終了。
$
```

コマンド a は行の追加、すなわちアペンド（append）を表わし、この追加モードは、"." が 1 つだけ書かれた行が入力されると終了する。現在のモードが何であるかの表示がないため、よく犯す間違いが 2 つある。1 つは a コマンドを与えずにテキストをタイプすること、もう 1 つは "." をタイプしてないのに他のコマンドを入力してしまうことである。

打ち込んだテキストを ed が自動的にファイルのなかに書き込むことはなく、書き

込むためには w コマンドによって ed に命令する必要がある。しかし、入力や修正など、何か変更したのに書込みをせずに ed を終了しようとしたら、ed は警告として "?" を表示する。このときに、もう1度 q コマンドを与えれば、書込みをせずに ed から抜け出ることになる。もし q の代わりに大文字の Q コマンドを使えば、変更の有無のいかんにかかわらず常に終了する。

```
$ ed poem
121 ............................. ファイルはすでに存在していて、121 文字含まれている。
a ................................................ ファイルの終わりにさらに何行か追加する。
And the great fleas themselves, in turn,
    have greater fleas to go on;
While these again have greater still,
    and greater still, and so on.
. ................................................ 入力終了の合図に"."を1つタイプする。
q ................................................................... 終了しようとする。
? ................................................... 警告。まだ書込みをしていない。
w ........................................ ファイル名を与えないと、poem が仮定される。
263
q .............................................................. 今度は無事終了できる。
$ wc poem ............................................................... 確認する。
       8      46     263 poem
$
```

! を使ったシェルへの退避

ed を実行中でも、一時的に ed から待避して別のシェル・コマンドを実行することができる。つまりいちいち ed を終了させる必要はなく、シェル・コマンドを実行するためには、ed コマンド "!" を用いればよい。

```
$ ed poem
263
!wc poem ................................. ed から抜け出ることなく wc を実行。
       8      46     263 poem
! .................................... wc コマンドから ed に戻ってきている。
q ................................ 何も変更していないので、w コマンドを発行しなくても終了可能。
$
```

表示

編集するファイルのなかの行には、1, 2, ... と番号が付けられているので、n 番目の行を表示したければ、コマンド np、あるいか単に n とすれば n 番目の行が表示できる。m 番目から n 番目までの行を表示するには m,np でよい。"行番号" $ は最終行の意味に使えるので、最終行の表示のためにいちいち行数を数える必要はない。

1	第 1 行を表示。1p と同じ。
$	最終行を表示。$p と同じ。
1,$p	第 1 行から最終行まで表示。

ただ復帰キーを 1 度押すことでファイルの 1 行先を表示できる。また、"−" を使えば 1 行ずつ後戻りすることもできる。行番号には、+ や − で結合した形を書いてもよい。

$-2,$p	終わりの 3 行を表示。
1,2+3p	第 1 行から第 5 行まで表示。

しかし、最終行を超えたり、後戻りの順に表示することはできないので、$,$+1p や $,1p のようなコマンドは許されない。

リスト・コマンド l（エル）を使うと、すべてのキャラクタがみえるようなフォーマットで表示してくれるので、ファイルのなかの制御文字を探したり、空白とタブを区別したりするのに役立つ。（第 6 章の vis を参照）

パターン

ファイルが数行を超す大きさになったら、特定の行を探すために全部の行をいちいち表示するのは厄介になる。そこで、ed は特定のパターンに一致する行を検索する手段を用意している。ed に対して /pattern/ と命令すると、次に pattern が現われる行を探してくれる。

```
$ ed poem
263
/flea/                                              次に flea を含む行を検索。
Great fleas have little fleas
/flea/                                              さらに次の flea を検索。
And little fleas have lesser fleas,
//                                                  同じパターンで次を検索。
And the great fleas themselves, in turn,
```

```
    ??  ..................................................  同じパターンで逆方向に検索。
    And little fleas have lesser fleas,
```

ed は最後に使ったパターンを記憶しているから、// とするだけで検索が繰り返し行なえるのである。逆方向に検索したければ、/ の代わりに ? を使って。?*pattern*? や ?? とすればよい。

以下の例に示すように、/.../ や ?...? を使った検索は、テキストの両端で"循環"している。

```
    $p  ...................................................  最終行を表示（"p" はなくてもよい）。
      and greater still, and so on.
    /flea/  ...............................................  次の flea は先頭近くにある。
    Great fleas have little fleas
    ??  ...................................................  逆方向に検索しはじめてから循環する。
      have greater fleas to go on;
```

/flea/のような検索パターンも、1 や $ と同じく一種の行番号であり、従って、次のように行番号の一部に使える。

```
    1,/flea/p  ............................  第 1 行から次に flea が現われる行まで表示。
    ?flea?+1,$p  ..................  1 つ前に flea の現われた行の次の行から最終行まで表示。
```

今どこにいるのか?

ed は、表示、テキストの追加、ファイルの読込みといった作業をしたときに、その最後の行を記憶している。その行の名前は "." であり、"ドット" と発音し、現在行（カレント行）と呼ばれる。現在行をどう設定するかは個々のコマンドごとに決まっており、通常は、コマンドに影響された最後の行が現在行になる。このドットは、以下のように、$ とか 1 などの数字と同じ感覚で使ってよい。

```
    $ ed poem
    263
    .  ........................  現在行を表示。ファイルを読み込んだ直後の現在行は $ に等しい。
      and greater still, and so on.
    .-1,.p  ......................................................  1 つ前の行と現在行を表示。
    While these again have greater still,
      and greater still, and so on.
```

行番号の表現には簡略表記が使える。

簡略表記	その意味	簡略表記	その意味
-	.-1	+	.+1
-- or -2	.-2	++ or +2	.+2
$-n$	$.-n$	$+n$	$.+n$
$-	$-1	.3	.+3

行の追加、置換え、削除、挿入

コマンド a は、指定した行の後ろに行を追加する。コマンド d は、行を削除する。コマンド i は指定した行の前に行を挿入する。またコマンド c は行の置き換えを行なうもので、行の削除と挿入を一緒に行なうと考えればよい。

na	第 n 行の後ろにテキストを追加。
ni	第 n 行の前にテキストを追加。
m,nd	第 m 行から第 n 行までを削除。
m,nc	第 m 行から第 n 行までを置換え。

行番号が省略された場合は、現在行が使われる。a, c, i で行なうテキストの入力は、"."とだけ書かれた行が入力されると終了し、追加したテキストの最後の行が現在行になる。削除の場合は、削除した最後の行の次の行が現在行になる。ただし、それが $ の行（最終行）を超えるときは例外である。

0a	先頭にテキストを追加（1i に等しい）。
dp	現在行を削除し、次の行（$ の削除の場合は最終行）を表示。
.,$dp	現在行から最終行まで削除し、新たな最終行を表示。
1,$d	全部の行を削除。
?pat?,.-1d	1つ前に現われた"pat"を含む行から、現在行の1つ手前の行までを削除。
$dp	最終行を削除し、新たな最終行を表示。
$c	最終行の変更（$a だと最終行の後ろに追加の意味になる）。
1,$c	全部の行を変更する。

置換と取消し

行中のほんの数個の文字を変更するだけなのに、いちいち行全体をタイプし直すのは厄介である。ある文字列を別の文字列に変える手段として、コマンド s が使える。

s/old/new/	現在行で最初に現われた old を new に変える。
s/old/new/p	現在行で最初に現われた old を new に変え、現在行を表示する。

s/old/new/g .... 現在行で現われるすべての old を new に変える。
s/old/new/gp .... 現在行に現われるすべての old を new に変え、現在行を表示する。

コマンドの後ろに"g"を付けなければ、その行に現われた指定のパターンのうちで、一番左側のものが置き換えられる。s コマンドは、終わりに"p"を付けないと変更した行を表示しない。実際、ed コマンドのほとんどは黙々と仕事を遂行するので、結果を表示したい場合には、大抵どのコマンドも終わりに p を続けて書くようになっている。

もし置換した結果が期待したものと違っていた場合、コマンド u を使えば、1 回前の置換を取り消すことができる。その際には現在行が、置換を受けた行に設定されている必要がある。

u .... 1 回前の置換を取り消す。
up .... 1 回前の置換を取り消して、表示する。

p や d コマンドでは、作用の及ぶ範囲を示すために、それぞれのコマンドの前に 1 つか 2 つの行指定を書くことができた。これと全く同じように、s コマンドにも行の指定が可能である。

/old/s/old/new/ .... 次に old を含む行を探して、その old を new に変える。
/old/s//new/ .... 次に old を含む行を探して、その old を new に変える
　　　　　　　　　　　　　　　　　　　　　　　　（指定したパターンは記憶される）。
1,$s/old/new/p .... 全部の行について、行の最初の old を new に変え、
　　　　　　　　　　　　　　　　　　　　　　　　変更された最後の行を表示する。
1,$s/old/new/gp .... 全部の行について、すべての old を new に変え、
　　　　　　　　　　　　　　　　　　　　　　　　変更された最後の行を表示する。

1,$ を付けることによって s コマンドはすべての行に適用されるが、しかしそれでも、各行の一番左側のパターンだけに適用されることに注意しよう。すべての行のすべてのパターンを置き換えるためには後ろに"g"が必要になる。p もまた、影響を受けた最後の行しか表示しない。すべての変更行を表示するには、グローバル・コマンドが必要であり、これについてはすぐ後で説明する。

& は簡略表記として使える。つまり、s コマンドの右側に & が書かれると、この & は、左側に何か一致したものがあればその文字列と置き換えられる。

s/big/very &/ .... big を very big に置き換える。
s/big/& &/ .... big を big big に置き換える。
s/.*/(&)/ .... 行全体を括弧でくくる（後述の .* を参照）。
s/and/\&/ .... and を & に置き換える（\ は特殊な意味を消す働きがある）。

メタキャラクタと正規表現

 ＊や＞や｜がシェルに対して特別な意味をもっているのと同じようにして、ed にも、検索パターンのなかに s コマンドの左側のなかに現われたときに特別な意味をもつキャラクタがある。このようなキャラクタをメタキャラクタと呼び、メタキャラクタを使っているパターンを正規表現と呼ぶ。表 1 にメタキャラクタとその意味を一覧表にしてあげておく。表の下に書いた実例はこの表と照合しながら読んでほしい。どのキャラクタのもつ特別な意味も、直前にバックスラッシュを置けば消すことができる。

表 1 エディタの正規表現

c	特別な意味をもたないキャラクタ *c* はそれ自身を意味する
c	キャラクタ *c* の特別な意味を消す
^	^ で始まるときには、行の先頭にあるパターンの意味になる
$	$ で終わるときには、行の終わりにあるパターンの意味になる
[...]	... のなかのどれか 1 つの文字の意味。a-z のような範囲指定も許される
[^...]	... のなかのどれとも一致しない文字 1 つの意味。範囲指定も許される
r*	ゼロ個以上の *r* を意味する。*r* には、文字 1 つ。. (ドット)、または [...] が使える
&	s の右側でのみ許される。左側でマッチしたものに置換される
\\(...\\)	タグ付き正規表現。マッチした文字列は、\\1 などの形で参照すれば、コマンドの右側でも左側でも使える
	どの正規表現も改行とはマッチしない

```
/^$/       空行、すなわち改行だけの行。
/./        非空行、すなわち最低 1 文字をもつ行。
/^/        すべての行。
/thing/    行内の任意の位置にある thing。
/^thing/   行の先頭にある thing。
/thing$/   行の終わりにある thing。
/^thing$/  thing とだけ書かれた行。
/thing.$/  thing とそれに続く任意の 1 文字。ただし行末になければならない。
```

/thing\.$/	行の終わりにある thing。
/\/thing\//	行内の任意の位置にある /thing/。
/[tT]hing/	行内の任意の位置にある thing または Thing。
/thing[0-9]/	thing とそれに続く数字 1 つ。
/thing[^0-9]/	thing とそれに続く数字以外のキャラクタ 1 つ。
/thing[0-9][^0-9]/	thing、数字 1 つ、数字以外のキャラクタ 1 つの順に続いた文字列。
/thing1.*thing2/	thing1、任意の文字列、thing2 の順に続いた文字列。
/^thing1.*thing2$/	行の先頭が thing1 で、行の終わりが thing2。

* を含む正規表現は、一番左側にあるマッチを選択した後で、可能な限り一致する部分を右へ伸ばす。つまり、x* でゼロ個以上のキャラクタ、xx* で 1 個以上のキャラクタを表現できることに注意しておこう。

グローバル・コマンド

グローバル・コマンドの g や v は、1 つの正規表現で選ばれた行の集合に対して複数のコマンドを実行させる働きをもつ。一群の行の表示、置換、削除には g コマンドがよく使われる。

$m,ng/re/cmd/$	第 m 行と第 n 行の間にあって、re とマッチする行すべてに cmd を実行する。
$m,nv/re/cmd/$	第 m 行と第 n 行の間にあって、re とマッチしない行すべてに cmd を実行する。

g コマンドや v コマンドの作用の及ぶ範囲を指定するために、コマンドの前に行番号を書くことができる。行番号が省略されたときには 1,$ の範囲、すなわち、テキスト全体が仮定される。

g/.../p	正規表現 ... にマッチするすべての行を表示する。
g/.../d	... にマッチするすべての行を削除する。
g/.../s//$repl$/p	すべての行の最初の ... を "$repl$" に置換し、変更された行をすべて表示する。
g/.../s//$repl$/gp	すべての ... を "$repl$" に置換し、変更された行をすべて表示する。
g/.../s/pat/$repl$/	... にマッチする行について、最初の "pat" を "$repl$" に置換する。

付録1　エディタの要約

g/.../s/*pat*/*repl*/p	... にマッチする行について、最初の "*pat*" を "*repl*" に置換して、結果を表示する。
g/.../s/*pat*/*repl*/gp	... にマッチする行について、すべての "*pat*" を "*repl*" に置換して、結果を表示する。
v/.../s/*pat*/*repl*/gp	... にマッチしない行について、すべての "*pat*" を "*repl*" に置換して、結果を表示する。
v/^$/p	空行以外をすべて表示する。
g/.../*cmd1*\	1つの g で複数のコマンドを実行するには、
cmd2\	個々のコマンドの後ろに \ を付けて、
cmd3	最後のコマンドだけ \ を付けなければよい。

g コマンドや v コマンドの管理下にあるコマンド群にも行番号が使える。行が選択されるたびに、ドット（現在行）は順々にそこに設定し直される。

g/thing/.,.+1p	正規表現 thing を含む行をすべて、それぞれ次の行とともに表示する
g/^\.EQ/.1,/^\.EN/-s/alpha/beta/gp	.EN と .EQ の間にある行だけについて、alpha を beta に変え、結果を表示する。

行の移動と複写（コピー）

m コマンドは隣りあった複数の行を移動するのに用いられ、また、t コマンドは一群の行をどこか他のところへ複写するのに使われる。

$m, n m\ d$	第 m 行から第 n 行を第 d 行の後ろに移動する。
$m, n t\ d$	第 m 行から第 n 行を第 d 行の後ろに複写する。

移動元あるいは複写元の行が指定されなかった場合には、ドット（現在行）が仮定される。移動先あるいは複写先の行 d は、m と $n-1$ の範囲内にあってはならない。m と t の代表的な使用例を以下に示す。

m+	現在行を次の行の後ろに移動する（行の交換）。
m-2	現在行を前の行の前に移動する。
m--	同上。-- は -2 に等しい。
m-	何も起こらない。
m$	現在行を最終行に移動する（m0 とすれば先頭への移動になる）。
t.	現在行をそこに複写する（t$ とすれば最終行に複写される）。
-,.t	1つ前の行と現在行を複写する。
1,t	全部の行を複写する。
g/^/m0	行の順番を逆にする。

マークと行番号

= というコマンドは行 $ (最終行) の行番号を表示し (既定値としてはあまりよくない). .=は現在行の行番号を表示するなど,= は行番号の表示に使われる.このとき,ドット(現在行)は変わらない.

コマンド kc は,小文字の c で指定した行をマークする.こうしておけば以降,この行を ' c と指定して参照できる.この k コマンドもドット(現在行)を変更しない.マークは行に対して恒久的に付けられているので,以下のようにして使えば,テキストを多数行移動するときに便利である.

/.../ka	... の行をみつけ, a とマークする.
/.../kb	... の行をみつけ, b とマークする.
'a,'bp	確認のために,移動する範囲にある行を全部表示する.
/.../	移動先の行をみつける.
'a,'bm.	選んでおいた行を目的の行の後ろへ移動する.

行の結合,分割,並べ替え

以下のように, j コマンドを使えば行を結合できる(空白は追加されない).

m,nj	第 m 行から第 n 行までの行を 1 行に結合する.

行の範囲を省略すると, .,.+1 が仮定されるので,

jp	現在行を次の行と結合して,結果を表示する.
-,.jp	1 つ前の行を現在行と結合して,結果を表示する.

改行の前に \ をおけば,置換(s)コマンドを用いて行の分割ができる.

s/part1part2/part1\	行を 2 つに分割する.
part2/	...
s/ /\	空白ごとに分割すると,
/g	1 ワードが 1 行になる.

ドット(現在行)は新しく作られた行のうちの最後の行に移る.

マッチした正規表現の全体ではなく,その一部分を参照したいときには,タグ付き正規表現を用いる.正規表現のなかに \(...\) が含まれていれば,正規表現がマッチする全体のうち \(と \) で囲まれた部分だけを, \1 という形で,その表現の右側でも左側でも引用できる. \1, \2, ... のような形で引用するので,最大 9 個までのタグ付き正規表現が使える.

ファイル処理コマンド

　readとwriteのコマンドのrとwには、コマンドの前に行番号を付けることができる。

　　$nr\ file$ .... $file$ を第 n 行の後ろに読み込み、読み込んだ行の最後にドット（現在行）を設定する。
　　$m,nw\ file$ .... 第 m 行から第 n 行を $file$ に書き込む。ドット（現在行）は変化しない。
　　$m,nW\ file$ .... 第 m 行から第 n 行を $file$ に追加する。ドット（現在行）は変化しない。

wとWに行番号が省略されたときには、ファイル全体が仮定される。rに n を省略すると、残念なことに．ではなく$が仮定されるので、注意を要する。
　edは、edのコマンド行であれ、rやwコマンドであれ、最初に指定したファイルの名前を記憶している。記憶されたファイルの名前を表示したり変更したりするには、コマンドfを用いる。

　　f .... 記憶したファイルの名前を表示する。
　　f $file$ .... 記憶するファイルの名前を"$file$"とする。

コマンドeは、記憶されたファイル、または新しいファイルの名前でedを再初期化する。

　　e .... 記憶されたファイルで編集を開始する。
　　e $file$ .... "$file$"の編集を開始する。

このeコマンドはqコマンドと同様に保護されている。つまり、eコマンドを投入したとき、変更したテキストをファイルに書き込んでいなかったら、1回目のeはエラーメッセージを表示してくる。eの代わりにEを使えば、変更の有無にかかわらず無条件に再初期化が行なわれる。システムによっては、edがeとリンクされているので、エディタの内と外で同じコマンド（e $filename$）が使えることがある。

暗号化

　xコマンドを使えば、ファイルを書き込むときに暗号化し、読み込むときに解読するようにできる。暗号化のためにedはパスワードを尋ねてくる。この暗号化の方法はcrypt (1) のものと同じである。システムによっては、xコマンドをX（大文字）コマンドに変え、誤って暗号化してしまわないような工夫がなされている。

コマンドの要約

表2にedコマンドの一覧を、また表3に行指定に使えるものの一覧をあげておく。個々のコマンドには0~3個の行番号が書かれているが、これは、行番号を幾つ指定できるか、および省略したときに何が仮定されるかを表わしている。大抵のコマンドの終わりには、影響を受けた最後の行を表示するためにp（リストフォーマットのためには1（エル））を付けることができる。ドットは通常影響を受けた最後の行に設定されるが、f, k, w, x, =, ! では変化しない。

> 問題　edをマスターして自信がついたら、エディタクイズに挑戦してみよ。quiz (6) を参照。

表2　ed コマンドの一覧

.a	. だけの行がタイプされるまでテキストを追加する
.,.c	行を置き換える。新しいテキストの入力終了の合図はaと同じ
.,.d	行の削除
e *file*	エディタを *file* で初期化する。Eを使えば、変更したものがファイルに書き込まれていなくても再初期化が行なわれる
f *file*	記憶ファイルを *file* に設定する
1,$g/*re*/*cmds*	正規表現 *re* にマッチする行すべてに、edコマンド群 *cmds* を実行する。複数の *cmds* を実行するにはコマンドを"\改行"で区切ってやる
.i	行の前にテキストを挿入する。テキスト終了の合図はaと同じ
.,.+1j	複数の行を結合して1行にする
.k*c*	行を英字 *c* でマークする
.,.l（エル）	目にみえないキャラクタもみえるような形で、指定された行を表示する
.,.m*line*	行を *line* の後ろに移動する
.,.p	行を表示する
q	終了。Qを使えば変更を書き込んでいなくても終了する
$r *file*	*file* を読み込む
.,.s/*re*/*new*/	*re* とマッチするものはすべて *new* に置換する

付録1 エディタの要約

表 2　ed コマンドの一覧

`.,.t`*line*	*line* の後ろに複写する
`.u`	その行の直前の置換を取り消す（1 つ前のものだけ）
`1,$v/`*re*`/`*cmds*	*re* とマッチしない行すべてに、ed コマンド群 *cmds* を実行する
`1,$w` *file*	*file* に書き込む。W を使えば、上書きではなく追加になる
`x`	暗号化モードに入る（`ed -x` *filename* としてもよい）
`$=`	行番号を表示する
`!`*cmdline*	エディタの内側から UNIX コマンド *cmdline* を実行する
`(.+1)`*newline*	1 つ先の行を表示する

表 3　ed の行番号表現の一覧

n	絶対行番号 n （$n = 0, 1, 2, \ldots$）
`.`	現在行
`$`	テキストの最終行
`/`*re*`/`	次に *re* とマッチする行。`$` から 1 へ循環する
`?`*re*`?`	前に *re* とマッチする行。1 から `$` へ循環する
`'`*c*	*c* とマークされた行
$N1 \pm n$	行 $N1 \pm n$（加法結合）
$N1, N2$	$N1$ から $N2$ までの行
$N1; N2$	ドット（現在行）を $N1$ に設定してから、$N2$ の値を評価する。$N1$ と $N2$ には上記のいずれの表現を用いてもよい

付録 2
hoc のマニュアル

hoc — 浮動小数点演算のための対話型言語

Brian Kernighan
Rob Pike

概　要

hoc は、浮動小数数点を使った式を扱う。単純でプログラム可能な言語である。C 言語と同様な制御フロー、関数の定義のほか、余弦や対数のような一般的な数値演算組込み関数の機能をもっている。

1. 式

hoc は一種の式言語であり、C とよく似ている。すなわち幾つかの制御フロー文をもっているものの、代入文をはじめとする文のほとんどは、その値が無視される式である。例えば、代入演算子 = は、その右側にあるオペランドの値を左側のオペランドに代入し、全体でまた 1 つの値を作るので、多重代入文も許されることになる。式の構文規則は以下のようなものである。

```
expr:       number
    |       variable
    |       ( expr )
    |       expr binop expr
    |       unop expr
    |       function ( arguments )
```

付録2 hocのマニュアル

数値としては浮動小数点数が使われる。入力フォーマットはscanf (3)で認識できる形、すなわち、数字、小数点、数字、eまたはE, 符号付きべき指数と並んだ形式にする。1つの数字か1つの小数点は最低限必要だが、その他の要素はなくてもかまわない。

変数名は、先頭の英字1文字とそれに続く英字または数字の列で構成される。binopは、加算や論理比較のようなバイナリー演算子、また、unopは2種類の否定演算子、"!"（論理否定、"not"）と"−"（算術否定、符号の変更）の意味である。表1に演算子を一覧表にしておく。

表1 演算子、優先度の高い順

^	べき乗（FORTRANの**）、右結合性
! −	（単項の）論理否定と算術否定
* /	乗算、除算
+ −	加算、減算
> >=	関係演算子。より大、小さくない
< <=	より小、大きくない
== !=	等しい、等しくない（優先度は同じ）
&&	論理AND（2つのオペランドとも常に評価される）
||	論理OR（2つのオペランドとも常に評価される）
=	代入文、右結合性

関数は後述するように、ユーザが定義してもよい。関数に用いる引数は、コンマで区切った式で表わす。組込み関数も数多く用意されており、それらはいずれも1つの引数をもち、表2に示すものがそうである。

表2 組込み関数

abs(x)	$\|x\|$, xの絶対値
atan(x)	xの逆正接
cos(x)	$\cos(x)$, xの余弦
exp(x)	e^x
int(x)	xの整数部、0に近い向きに切り捨てられる
log(x)	$\log(x)$, eを底とするxの対数
log10(x)	$\log_{10}(x)$, 10を底とするxの対数
sin(x)	$\sin(x)$, xの正接
sqrt(x)	$\sqrt{x}$, $x^{1/2}$

論理式は 1.0（真）と 0.0（偽）の値をとる。C と同様に、任意のゼロ以外の値は真とみなされる。浮動小数点数にはいつもついてまわることだが、等号の比較は本質的に不正確なものである。

hoc には組込み定数も用意されており、それらを表 3 に示す。

表 3　組込み定数

DEG	52.29577951308232087680	$180/\pi$、1 ラジアンあたりの度数
E	2.71828182845904523536	e, 自然対数の底
GAMMA	0.57721566490153286060	γ, Euler–Mascheroni の定数
PHI	1.61803398874989484820	$(\sqrt{5}+1)/2$, 黄金分割比
PI	3.14159265358979323846	π, 円周率

2.　文と制御フロー

hoc は次のような構文規則をもつ。

```
stmt:           expr
        |       variable = expr
        |       procedure ( arglist )
        |       while ( expr ) stmt
        |       if ( expr ) stmt
        |       if ( expr ) stmt else stmt
        |       { stmtlist }
        |       print expt-list
        |       return optional-expr

stmtlist:       (nothing)
        |       stmtlist stmt
```

代入文は、暗黙のうちに、式ではなく文と解析されるので、対話的にタイプされた代入文についてはその値を表示しない。

C と違い、hoc ではセミコロンが特別な意味をもたないことに注意する。文と文は改行で区切られる。このため、見慣れない動作もおこってくる。例えば、次の 2 つの *if* 文はいずれも構文規則に合っている。

```
    if (x < 0) print(y) else print(z)

    if (x < 0) {
            print(y)
    } else {
            print(z)
    }
```

2番目の例では、中括弧は必須である。もしこの中括弧がなかったら、*if* の行の終わりにタイプした改行がその文の区切りとみなされて、構文エラーが起こる。

　hoc の制御フロー機能の構文の意味は、C のものと基本的には同じである。*break* 文と *continue* 文はないが、*while* 文と *if* 文は C と全く同一である。

3.　入力と出力：read と print

　入力関数 *read* は、他の組込み関数と同様、引数を1つもつ。しかし、他の組込み関数とは異なり、その引数には式ではなく、変数の名前を使う。この名前付き変数には（上に定義した）、次の数が標準入力から読み込まれ、代入される。何か値が読まれたときには、*read* の返す値は1（真）になり、*read* がファイルの終了やエラーに出会ったときには 0（偽）が返される。

　出力は *print* 文で作られる。*print* 文の引数は、C と同じように、二重引用符でくくった文字列、あるいは式をコンマで区切った並びを使う。その引数には改行も入れておく必要がある。*print* 文が自動的に改行を発生することはない。

　read は特別な組込み関数であり、従って括弧のなかに引数を1つ書くのに対して、*print* は文であり、コンマで区切った引数の並びには括弧を付けないことに注意しよう。

```
    while (read(x)) {
            print "value is ", x, "\n"
    }
```

4.　関数と手続き

　関数と手続きは同じメカニズムで定義されているが、hoc でははっきりと区別して扱われる。この区別は、実行時のエラー検査を容易にするのが目的である。手続きでは何か値を返すのがエラーであり、関数は値を返さないのがエラーになる。

定義された構文規則は以下のようになる。

function:　　　　*func name() stmt*

procedure:　　　*proc name() stmt*

name には任意の変数名を使ってよいが、組込み関数の名前は使用できない。前述の *if* 文と同じで、前括弧や文までは、この定義は 1 行内に書かなくてはならない。

　C とは異なり、関数や手続きの本体は、必ずしも複雑な（括弧で閉じた）文である必要はなく、任意の文が使える。セミコロンは hoc では意味をもたないので、何もしない手続きの本体を作りたければ、1 対の空の括弧を書けばよいことになる。

　関数と手続きには、起動するときに、コンマで区切った引数を書き加えてもよい。引数はシェルの場合と同様に参照でき、*$3* が（1 から数えた）3 番目の引数、の意味になる。それらの引数は値で受け渡されるから、その関数の内部では、意味上は変数と同じものになる。そのルーチンに渡された引数の総数よりも大きな数をもつ引数を参照するとエラーになる。しかし、エラー検査は動的に行なわれるので、最初の引数が参照すべき引数の数に影響するとき（C の *printf* 文のように）には、引数の数が可変であってもかまわない。

　関数と手続きは再帰的に使ってもよいが、スタックの深さには制限がある（およそ 100 回の呼出し）。以下に示すのは、Ackermann 関数を hoc で定義したものである。

```
$ hoc
func ack() {
        if ($1 == 0) return $2+1
        if ($2 == 0) return ack($1-1, 1)
        return ack($1-1, ack($1, $2-1))
}
ack(3, 2)
        29
ack(3, 3)
        61
ack(3, 4)
hoc: stack too deep near line 8
...
```

5. 例

Stirling の公式: $$n! \sim \sqrt{2n\pi}(n/e)^n(1 + \frac{1}{12n})$$

```
$ hoc
func stirl() {
    return sqrt(2*$1*PI) * ($1/E)^$1*(1 + 1/(12*$1))
}
stirl(10)
        3628684.7
stirl(20)
        2.4328818e+18
```

階乗 $n!$ を求める関数:

```
func fac() if ($1 <= 0) return 1 else return $1 * fac($1-1)
```

Stirling 近似と階乗との比:

```
i = 9
while ((i = i+1) <= 20) {
        print i, " ", fac(i)/stirl(i), "\n"
}
10   1.0000318
11   1.0000265
12   1.0000224
13   1.0000192
14   1.0000166
15   1.0000146
16   1.0000128
17   1.0000114
18   1.0000102
19   1.0000092
20   1.0000083
```

付録3
hoc のリスト

以下に示すのが、hoc のソースリストである。

```
***** hoc.y ****************************************************
%{
#include "hoc.h"
#define code2(c1,c2)    code(c1); code(c2)
#define code3(c1,c2,c3) code(c1); code(c2); code(c3)
%}
%union {
    Symbol *sym;    /* symbol table pointer */
    Inst   *inst;   /* machine instruction */
    int    narg;    /* number of arguments */
}
%token  <sym>   NUMBER STRING PRINT VAR BLTIN UNDEF WHILE IF ELSE
%token  <sym>   FUNCTION PROCEDURE RETURN FUNC PROC READ
%token  <narg>  ARG
%type   <inst>  expr stmt asgn prlist stmtlist
%type   <inst>  cond while if begin end
%type   <sym>   procname
%type   <narg>  arglist
%right  '='
%left   OR
%left   AND
%left   GT GE LT LE EQ NE
%left   '+' '-'
%left   '*' '/'
%left   UNARYMINUS NOT
%right  '^'
```

```
%%
list:       /* nothing */
        | list '\n'
        | list defn '\n'
        | list asgn '\n'   { code2(pop, STOP); return 1; }
        | list stmt '\n'   { code(STOP); return 1; }
        | list expr '\n'   { code2(print, STOP); return 1; }
        | list error '\n' { yyerrok; }
        ;
asgn:       VAR '=' expr { code3(varpush,(Inst)$1,assign); $$=$3; }
        | ARG '=' expr
            { defnonly("$"); code2(argassign,(Inst)$1); $$=$3;}
        ;
stmt:       expr { code(pop); }
        | RETURN { defnonly("return"); code(procret); }
        | RETURN expr
                { defnonly("return"); $$=$2; code(funcret); }
        | PROCEDURE begin '(' arglist ')'
                { $$ = $2; code3(call, (Inst)$1, (Inst)$4); }
        | PRINT prlist   { $$ = $2; }
        | while cond stmt end {
                ($1)[1] = (Inst)$3;      /* body of loop */
                ($1)[2] = (Inst)$4; }    /* end, if cond fails */
        | if cond stmt end {     /* else-less if */
                ($1)[1] = (Inst)$3;      /* then part */
                ($1)[3] = (Inst)$4; }    /* end, if cond fails */
        | if cond stmt end ELSE stmt end {  /* if with else */
                ($1)[1] = (Inst)$3;      /* then part */
                ($1)[2] = (Inst)$6;      /* else part */
                ($1)[3] = (Inst)$7; }    /* end, if cond fails */
        | '{' stmtlist '}'       { $$ = $2; }
        ;
cond:       '(' expr ')'  { code(STOP); $$ = $2; }
        ;
while:      WHILE { $$ = code3(whilecode, STOP, STOP); }
        ;
if:         IF   { $$ = code(ifcode); code3(STOP, STOP, STOP); }
        ;
```

```
begin:    /* nothing */         { $$ = progp; }
          ;
end:      /* nothing */         { code(STOP); $$ = progp; }
          ;
stmtlist: /* nothing */         { $$ = progp; }
        | stmtlist '\n'
        | stmtlist stmt
          ;
expr:     NUMBER { $$ = code2(constpush, (Inst)$1); }
        | VAR   { $$ = code3(varpush, (Inst)$1, eval); }
        | ARG   { defnonly("$"); $$ = code2(arg, (Inst)$1); }
        | asgn
        | FUNCTION begin '(' arglist ')'
                { $$ = $2; code3(call, (Inst)$1, (Inst)$4); }
        | READ '(' VAR ')' { $$ = code2(varread, (Inst)$3); }
        | BLTIN '(' expr ')' { $$=$3; code2(bltin, (Inst)$1->u.ptr); }
        | '(' expr ')'   { $$ = $2; }
        | expr '+' expr { code(add); }
        | expr '-' expr { code(sub); }
        | expr '*' expr { code(mul); }
        | expr '/' expr { code(div); }
        | expr '^' expr { code(power); }
        | '-' expr  %prec UNARYMINUS   { $$=$2; code(negate); }
        | expr GT expr { code(gt); }
        | expr GE expr { code(ge); }
        | expr LT expr { code(lt); }
        | expr LE expr { code(le); }
        | expr EQ expr { code(eq); }
        | expr NE expr { code(ne); }
        | expr AND expr { code(and); }
        | expr OR expr { code(or); }
        | NOT expr     { $$ = $2; code(not); }
          ;
prlist:   expr                  { code(prexpr); }
        | STRING                { $$ = code2(prstr, (Inst)$1); }
        | prlist ',' expr       { code(prexpr); }
        | prlist ',' STRING     { code2(prstr, (Inst)$3); }
          ;
```

付録3　hoc のリスト

```
defn:     FUNC procname { $2->type=FUNCTION; indef=1; }
            '(' ')' stmt { code(procret); define($2); indef=0; }
        | PROC procname { $2->type=PROCEDURE; indef=1; }
            '(' ')' stmt { code(procret); define($2); indef=0; }
        ;
procname: VAR
        | FUNCTION
        | PROCEDURE
        ;
arglist:  /* nothing */       { $$ = 0; }
        | expr                { $$ = 1; }
        | arglist ',' expr    { $$ = $1 + 1; }
        ;
%%
        /* end of grammar */
#include <stdio.h>
#include <ctype.h>
char    *progname;
int     lineno = 1;
#include <signal.h>
#include <setjmp.h>
jmp_buf begin;
int     indef;
char    *infile;        /* input file name */
FILE    *fin;           /* input file pointer */
char    **gargv;        /* global argument list */
int     gargc;

int c;  /* global for use by warning() */
yylex()         /* hoc6 */
{
        while ((c=getc(fin)) == ' ' || c == '\t')
                ;
        if (c == EOF)
                return 0;
        if (c == '.' || isdigit(c)) {   /* number */
                double d;
                ungetc(c, fin);
```

```
                fscanf(fin, "%lf", &d);
                yylval.sym = install("", NUMBER, d);
                return NUMBER;
        }
        if (isalpha(c)) {
                Symbol *s;
                char sbuf[100], *p = sbuf;
                do {
                        if (p >= sbuf + sizeof(sbuf) - 1) {
                                *p = '\0';
                                execerror("name too long", sbuf);
                        }
                        *p++ = c;
                } while ((c=getc(fin)) != EOF && isalnum(c));
                ungetc(c, fin);
                *p = '\0';
                if ((s=lookup(sbuf)) == 0)
                        s = install(sbuf, UNDEF, 0.0);
                yylval.sym = s;
                return s->type == UNDEF ? VAR : s->type;
        }
        if (c == '$') { /* argument? */
                int n = 0;
                while (isdigit(c=getc(fin)))
                        n = 10 * n + c - '0';
                ungetc(c, fin);
                if (n == 0)
                        execerror("strange $...", (char *)0);
                yylval.narg = n;
                return ARG;
        }
        if (c == '"') { /* quoted string */
                char sbuf[100], *p, *emalloc();
                for (p = sbuf; (c=getc(fin)) != '"'; p++) {
                        if (c == '\n' || c == EOF)
                                execerror("missing quote", "");
                        if (p >= sbuf + sizeof(sbuf) - 1) {
                                *p = '\0';
```

```
                        execerror("string too long", sbuf);
                }
                *p = backslash(c);
        }
        *p = 0;
        yylval.sym = (Symbol *)emalloc(strlen(sbuf)+1);
        strcpy(yylval.sym, sbuf);
        return STRING;
    }
    switch (c) {
    case '>':       return follow('=', GE, GT);
    case '<':       return follow('=', LE, LT);
    case '=':       return follow('=', EQ, '=');
    case '!':       return follow('=', NE, NOT);
    case '|':       return follow('|', OR, '|');
    case '&':       return follow('&', AND, '&');
    case '\n':      lineno++; return '\n';
    default:        return c;
    }
}
backslash(c)            /* get next char with \'s interpreted */
    int c;
{
    char *index();  /* 'strchr()' in some systems */
    static char transtab[] = "b\bf\fn\nr\rt\t";
    if (c != '\\')
            return c;
    c = getc(fin);
    if (islower(c) && strchr(transtab, c))
            return index(transtab, c)[1];
    return c;
}
follow(expect, ifyes, ifno)     /* look ahead for >=, etc. */
{
    int c = getc(fin);

    if (c == expect)
            return ifyes;
```

```
        ungetc(c, fin);
        return ifno;
}
defnonly(s)     /* warn if illegal definition */
        char *s;
{
        if (!indef)
                execerror(s, "used outside definition");
}
yyerror(s)      /* report compile-time error */
        char *s;
{
        warning(s, (char *)0);
}
execerror(s, t) /* recover from run-time error */
        char *s, *t;
{
        warning(s, t);
        fseek(fin, 0L, 2);              /* flush rest of file */
        longjmp(begin, 0);
}
fpecatch()      /* catch floating point exceptions */
{
        execerror("floating point exception", (char *) 0);
}
main(argc, argv)        /* hoc6 */
        char *argv[];
{
        int i, fpecatch();

        progname = argv[0];
        if (argc == 1) {        /* fake an argument list */
                static char *stdinonly[] = { "-" };

                gargv = stdinonly;
                gargc = 1;
        } else {
                gargv = argv+1;
```

445

```
                gargc = argc-1;
        }
        init();
        while (moreinput())
                run();
        return 0;
}
moreinput()
{
        if (gargc-- <= 0)
                return 0;
        if (fin && fin != stdin)
                fclose(fin);
        infile = *gargv++;
        lineno = 1;
        if (strcmp(infile, "-") == 0) {
                fin = stdin;
                infile = 0;
        } else if ((fin=fopen(infile, "r")) == NULL) {
                fprintf(stderr, "%s: can't open %s\n", progname, infile);
                return moreinput();
        }
        return 1;
}
run()   /* execute until EOF */
{
        setjmp(begin);
        signal(SIGFPE, fpecatch);
        for (initcode(); yyparse(); initcode())
                execute(progbase);
}
warning(s, t)   /* print warning message */
        char *s, *t;
{
        fprintf(stderr, "%s: %s", progname, s);
        if (t)
                fprintf(stderr, " %s", t);
        if (infile)
```

```
                fprintf(stderr, " in %s", infile);
        fprintf(stderr, " near line %d\n", lineno);
        while (c != '\n' && c != EOF)
                c = getc(fin);   /* flush rest of input line */
        if (c == '\n')
                lineno++;
}


***** hoc.h ***************************************************
typedef struct Symbol { /* symbol table entry */
        char    *name;
        short   type;
        union {
                double  val;            /* VAR */
                double  (*ptr)();       /* BLTIN */
                int     (*defn)();      /* FUNCTION, PROCEDURE */
                char    *str;           /* STRING */
        } u;
        struct Symbol   *next;  /* to link to another */
} Symbol;
Symbol *install(), *lookup();

typedef union Datum {   /* interpreter stack type */
        double  val;
        Symbol  *sym;
} Datum;

extern  Datum pop();
extern  eval(), add(), sub(), mul(), div(), negate(), power();

typedef int (*Inst)();
#define STOP    (Inst) 0

extern  Inst *progp, *progbase, prog[], *code();
extern  assign(), bltin(), varpush(), constpush(), print(), varread();
extern  prexpr(), prstr();
extern  gt(), lt(), eq(), ge(), le(), ne(), and(), or(), not();
```

```
extern    ifcode(), whilecode(), call(), arg(), argassign();
extern    funcret(), procret();


***** symbol.c ****************************************************
#include "hoc.h"
#include "y.tab.h"

static Symbol *symlist = 0;    /* symbol table: linked list */

Symbol *lookup(s)        /* find s in symbol table */
        char *s;
{
        Symbol *sp;

        for (sp = symlist; sp != (Symbol *) 0; sp = sp->next)
                if (strcmp(sp->name, s) == 0)
                        return sp;
        return 0;        /* 0 ==> not found */
}
Symbol *install(s, t, d)    /* install s in symbol table */
        char* s;
        int t;
        double d;
{
        Symbol *sp;
        char *emalloc();

        sp = (Symbol *) emalloc(sizeof(Symbol));
        sp->name = emalloc(strlen(s)+1); /* +1 for '\0' */
        strcpy(sp->name, s);
        sp->type = t;
        sp->u.val = d;
        sp->next = symlist; /* put at front of list */
        symlist = sp;
        return sp;
}
```

```
char *emalloc(n)        /* check return from malloc */
        unsigned n;
{
        char *p, *malloc();

        p = malloc(n);
        if (p == 0)
                execerror("out of memory", (char *) 0);
        return p;
}


***** code.c ****************************************************
#include "hoc.h"
#include "y.tab.h"
#include <stdio.h>

#define NSTACK  256

static Datum stack[NSTACK];     /* the stack */
static Datum *stackp;           /* next free spot on stack */

#define NPROG   2000
Inst    prog[NPROG];    /* the machine */
Inst    *progp;         /* next free spot for code generation */
Inst    *pc;            /* program counter during execution */
Inst    *progbase = prog; /* start of current subprogram */
int     returning;      /* 1 if return stmt seen */

typedef struct Frame {  /* proc/func call stack frame */
        Symbol  *sp;    /* symbol table entry */
        Inst    *retpc; /* where to resume after return */
        Datum   *argn;  /* n-th argument on stack */
        int     nargs;  /* number of arguments */
} Frame;

#define NFRAME  100
Frame   frame[NFRAME];
```

付録3　hocのリスト

```
Frame   *fp;            /* frame pointer */

initcode()
{
        progp = progbase;
        stackp = stack;
        fp = frame;
        returning = 0;
}
push(d)
        Datum d;
{
        if (stackp >= &stack[NSTACK])
                execerror("stack too deep", (char *)0);
        *stackp++ = d;
}
Datum pop()
{
        if (stackp == stack)
                execerror("stack underflow", (char *)0);
        return *--stackp;
}
constpush()
{
        Datum d;
        d.val = ((Symbol *)*pc++)->u.val;
        push(d);
}
varpush()
{
        Datum d;
        d.sym = (Symbol *)(*pc++);
        push(d);
}
whilecode()
{
        Datum d;
        Inst *savepc = pc;
```

付録3 hocのリスト

```
                execute(savepc+2);      /* condition */
                d = pop();
                while (d.val) {
                        execute(*((Inst **)(savepc)));  /* body */
                        if (returning)
                                break;
                        execute(savepc+2);      /* condition */
                        d = pop();
                }
                if (!returning)
                        pc = *((Inst **)(savepc+1));    /* next stmt */
}
ifcode()
{
                Datum d;
                Inst *savepc = pc;      /* then part */

                execute(savepc+3);      /* condition */
                d = pop();
                if (d.val)
                        execute(*((Inst **)(savepc)));
                else if (*((Inst **)(savepc+1))) /* else part? */
                        execute(*((Inst **)(savepc+1)));
                if (!returning)
                        pc = *((Inst **)(savepc+2));    /* next stmt */
}
define(sp)      /* put func/proc in symbol table */
                Symbol *sp;
{
                sp->u.defn = (Inst)progbase;    /* start of code */
                progbase = progp;       /* next code starts here */
}
call()          /* call a function */
{
                Symbol *sp = (Symbol *)pc[0]; /* symbol table entry */
                                              /* for function */
                if (fp++ >= &frame[NFRAME-1])
```

```
                execerror(sp->name, "call nested too deeply");
        fp->sp = sp;
        fp->nargs = (int)pc[1];
        fp->retpc = pc + 2;
        fp->argn = stackp - 1;   /* last argument */
        execute(sp->u.defn);
        returning = 0;
}
ret()           /* common return from func or proc */
{
        int i;
        for (i = 0; i < fp->nargs; i++)
                pop();   /* pop arguments */
        pc = (Inst *)fp->retpc;
        --fp;
        returning = 1;
}
funcret()       /* return from a function */
{
        Datum d;
        if (fp->sp->type == PROCEDURE)
                execerror(fp->sp->name, "(proc) returns value");
        d = pop();       /* preserve function return value */
        ret();
        push(d);
}
procret()       /* return from a procedure */
{
        if (fp->sp->type == FUNCTION)
                execerror(fp->sp->name,
                        "(func) returns no value");
        ret();
}
double *getarg()        /* return pointer to argument */
{
        int nargs = (int) *pc++;
        if (nargs > fp->nargs)
            execerror(fp->sp->name, "not enough arguments");
```

```c
        return &fp->argn[nargs - fp->nargs].val;
}
arg()   /* push argument onto stack */
{
        Datum d;
        d.val = *getarg();
        push(d);
}
argassign()     /* store top of stack in argument */
{
        Datum d;
        d = pop();
        push(d);        /* leave value on stack */
        *getarg() = d.val;
}
bltin()
{
        Datum d;
        d = pop();
        d.val = (*(double (*)())*pc++)(d.val);
        push(d);
}
eval()          /* evaluate variable on stack */
{
        Datum d;
        d = pop();
        if (d.sym->type != VAR && d.sym->type != UNDEF)
                execerror("attempt to evaluate non-variable", d.sym->name);
        if (d.sym->type == UNDEF)
                execerror("undefined variable", d.sym->name);
        d.val = d.sym->u.val;
        push(d);
}
add()
{
        Datum d1, d2;
        d2 = pop();
        d1 = pop();
```

```
                d1.val += d2.val;
                push(d1);
}
sub()
{
                Datum d1, d2;
                d2 = pop();
                d1 = pop();
                d1.val -= d2.val;
                push(d1);
}
mul()
{
                Datum d1, d2;
                d2 = pop();
                d1 = pop();
                d1.val *= d2.val;
                push(d1);
}
div()
{
                Datum d1, d2;
                d2 = pop();
                if (d2.val == 0.0)
                        execerror("division by zero", (char *)0);
                d1 = pop();
                d1.val /= d2.val;
                push(d1);
}
negate()
{
                Datum d;
                d = pop();
                d.val = -d.val;
                push(d);
}
```

```
gt()
{
        Datum d1, d2;
        d2 = pop();
        d1 = pop();
        d1.val = (double)(d1.val > d2.val);
        push(d1);
}
lt()
{
        Datum d1, d2;
        d2 = pop();
        d1 = pop();
        d1.val = (double)(d1.val < d2.val);
        push(d1);
}
ge()
{
        Datum d1, d2;
        d2 = pop();
        d1 = pop();
        d1.val = (double)(d1.val >= d2.val);
        push(d1);
}
le()
{
        Datum d1, d2;
        d2 = pop();
        d1 = pop();
        d1.val = (double)(d1.val <= d2.val);
        push(d1);
}
eq()
{
        Datum d1, d2;
        d2 = pop();
        d1 = pop();
        d1.val = (double)(d1.val == d2.val);
```

```
        push(d1);
}
ne()
{
        Datum d1, d2;
        d2 = pop();
        d1 = pop();
        d1.val = (double)(d1.val != d2.val);
        push(d1);
}
and()
{
        Datum d1, d2;
        d2 = pop();
        d1 = pop();
        d1.val = (double)(d1.val != 0.0 && d2.val != 0.0);
        push(d1);
}
or()
{
        Datum d1, d2;
        d2 = pop();
        d1 = pop();
        d1.val = (double)(d1.val != 0.0 || d2.val != 0.0);
        push(d1);
}
not()
{
        Datum d;
        d = pop();
        d.val = (double)(d.val == 0.0);
        push(d);
}
power()
{
        Datum d1, d2;
        extern double Pow();
        d2 = pop();
```

```
        d1 = pop();
        d1.val = Pow(d1.val, d2.val);
        push(d1);
}
assign()
{
        Datum d1, d2;
        d1 = pop();
        d2 = pop();
        if (d1.sym->type != VAR && d1.sym->type != UNDEF)
                execerror("assignment to non-variable",
                        d1.sym->name);
        d1.sym->u.val = d2.val;
        d1.sym->type = VAR;
        push(d2);
}
print()         /* pop top value from stack, print it */
{
        Datum d;
        d = pop();
        printf("\t%.8g\n", d.val);
}
prexpr()        /* print numeric value */
{
        Datum d;
        d = pop();
        printf("%.8g ", d.val);
}
prstr()         /* print string value */
{
        printf("%s", (char *) *pc++);
}
varread()       /* read into variable */
{
        Datum d;
        extern FILE *fin;
        Symbol *var = (Symbol *) *pc++;
   Again:
```

```
                switch (fscanf(fin, "%lf", &var->u.val)) {
                case EOF:
                        if (moreinput())
                                goto Again;
                        d.val = var->u.val = 0.0;
                        break;
                case 0:
                        execerror("non-number read into", var->name);
                        break;
                default:
                        d.val = 1.0;
                        break;
                }
                var->type = VAR;
                push(d);
}
Inst *code(f)   /* install one instruction or operand */
        Inst f;
{
        Inst *oprogp = progp;
        if (progp >= &prog[NPROG])
                execerror("program too big", (char *)0);
        *progp++ = f;
        return oprogp;
}
execute(p)
        Inst *p;
{
        for (pc = p; *pc != STOP && !returning; )
                        (*(*pc++))();
}
```

***** init.c ***
```c
#include "hoc.h"
#include "y.tab.h"
#include <math.h>

extern double   Log(), Log10(), Exp(), Sqrt(), integer();

static struct {         /* Keywords */
        char    *name;
        int     kval;
} keywords[] = {
        "proc",         PROC,
        "func",         FUNC,
        "return",       RETURN,
        "if",           IF,
        "else",         ELSE,
        "while",        WHILE,
        "print",        PRINT,
        "read",         READ,
        0,              0,
};
static struct {         /* Constants */
        char    *name;
        double  cval;
} consts[] = {
        "PI",    3.14159265358979323846,
        "E",     2.71828182845904523536,
        "GAMMA", 0.57721566490153286060,  /* Euler */
        "DEG",   57.29577951308232087680, /* deg/radian */
        "PHI",   1.61803398874989484820,  /* golden ratio */
        0,       0
};
static struct {         /* Built-ins */
        char    *name;
        double  (*func)();
} builtins[] = {
        "sin",  sin,
        "cos",  cos,
```

付録3 hoc のリスト

```
            "atan",  atan,
            "log",   Log,    /* checks range */
            "log10", Log10,  /* checks range */
            "exp",   Exp,    /* checks range */
            "sqrt",  Sqrt,   /* checks range */
            "int",   integer,
            "abs",   fabs,
            0,       0
};
init()  /* install constants and built-ins in table */
{
        int i;
        Symbol *s;
        for (i = 0; keywords[i].name; i++)
                install(keywords[i].name, keywords[i].kval, 0.0);
        for (i = 0; consts[i].name; i++)
                install(consts[i].name, VAR, consts[i].cval);
        for (i = 0; builtins[i].name; i++) {
                s = install(builtins[i].name, BLTIN, 0.0);
                s->u.ptr = builtins[i].func;
        }
}



***** math.c ****************************************************
#include <math.h>
#include <errno.h>
extern  int     errno;
double  errcheck();

double Log(x)
        double x;
{
        return errcheck(log(x), "log");
}
double Log10(x)
        double x;
{
```

```
            return errcheck(log10(x), "log10");
}
double Sqrt(x)
            double x;
{
            return errcheck(sqrt(x), "sqrt");
}
double Exp(x)
            double x;
{
            return errcheck(exp(x), "exp");
}
double Pow(x, y)
            double x, y;
{
            return errcheck(pow(x,y), "exponentiation");
}
double integer(x)
            double x;
{
            return (double)(long)x;
}
double errcheck(d, s)   /* check result of library call */
            double d;
            char *s;
{
            if (errno == EDOM) {
                    errno = 0;
                    execerror(s, "argument out of domain");
            } else if (errno == ERANGE) {
                    errno = 0;
                    execerror(s, "result out of range");
            }
            return d;
}
```

付録3 hoc のリスト

```
***** makefile ***************************************************
YFLAGS = -d
OBJS = hoc.o code.o init.o math.o symbol.o

hoc6:     $(OBJS)
          $(CC) $(CFLAGS) $(OBJS) -lm -o hoc6

hoc.o code.o init.o symbol.o:   hoc.h

code.o init.o symbol.o: x.tab.h

x.tab.h:       y.tab.h
          -cmp -s x.tab.h y.tab.h || cp y.tab.h x.tab.h

pr:       hoc.y hoc.h code.c init.c math.c symbol.c
          @pr $?
          @touch pr

clean:
          rm -f $(OBJS) [xy].tab.[ch]
```

索引

■ 記号・数字
π, 324
#, 13–15, 51, 105, 158
$, 11, 39, 120, 139
$*, 114
$$, 194
$PATH, 53
%, 11, 157
&, 48, 99, 101
{, }, 313
\, 14, 42, 104, 105, 381
\b, 59
\n, 59
\r, 59
\t, 59
!, 18, 157, 421
', 103
*, 40, 41, 102, 105, 139
++, 162
+, 77
--, 162
-, 77
.., 38, 70
., 21, 38, 52, 69, 70, 122, 139
/, 34, 35, 71, 86
:, 52, 195
;;, 179
;, 47, 98, 101
<<, 128
<, 43, 101
>>, 43
>, 43, 101, 104
?, 42
@, 13, 14, 51
[...], 41, 139
&&, 190
^, 51, 139
~, 157
`, 118, 185
||, 190
|, 46, 98, 101, 140, 181, 313
16 進数, 59

2 次プロンプト, 104
4.1BSD, 4
411, 116, 127
8 進数, 59
8 進ダンプ, 58

■ A
abort, 322
Ackermann 関数, 374
adb, 250, 266
Aho, Al, 176
Algol, 309
AND 演算子, 191
a.out, 231
argc, 232
argv, 232
ASCII コード, 59
at, 50, 171
atoi, 245
Augustus De Morgan, 28
awk, 3, 137, 154, 176
    演算子, 161
    組込み関数, 164
    組込み変数, 161

■ B
.B, 386
bc, 54
BEGIN, 158
Belle, 306
Bentley, Jon, 378
/bin, 88
/boot, 87
boot, 87
Bourne, Steve, 136, 266
.br, 394
break, 163, 212
BREAK キー, 9, 11, 15
BUFSIZ, 244
BUFSIZE, 269
BUGS, 408
bundle, 133, 136

463

索引

■ C
.c, 231
cal, 178
calendar, 17, 171
Canaday, Rudd, 1
case, 179, 188
cast, 348
cat, 25, 43, 61
Cauchy の積分公式, 399
cc, 231
cd, 37
checkmail, 196, 285
Cherry, Lorinda, 412
chmod, 77
close, 274
closure, 139
cmp, 31
CNTL, 9
Comer, Doug, 176
comm, 144
Condon, Joe, 306
continue, 163
control-m, 9
CONTROL キー, 9
core, 250
Core dumped, 250
cp, 27, 83, 203
creat, 272
create, 272
CRLF, 60
Cross–device link, 92
crypt, 72, 94, 96
csh, 136
CTL, 9
ctl-c, 9
ctl-d, 9, 16, 17, 62
ctl-g, 9
ctl-h, 9, 51
ctl-i, 9
ctl-m, 9
ctl-q, 16
ctl-s, 16, 25
ctl-u, 14
CTRL, 9
<ctype.h>, 230
cu, 54
.CW, 167, 393
CW, 393
C 言語, 3, 227
C コンパイラ, 230
C シェル, 136
C プログラム, 310

■ D
date, 10, 11
dd, 123, 137, 145

.DE, 384
dead.letter, 17
#define, 326
DELETE キー, 9, 15, 17
DESCRIPTION, 407
/dev, 90
/dev/null, 94
/dev/tty, 94
df, 92
DIAGNOSTICS, 407
diction, 412
diff, 32, 195, 256, 266
doctype, 402
double, 162
.DS, 384
du, 69, 147
Duff, Tom, 136, 306
Durham, Ivor, 306

■ E
EBCDIC コード, 59
echo, 40, 53, 102, 106
ed, 4, 21, 25, 419
　のコマンド, 431
ed.hup, 21
efopen, 242
egilops, 142
egrep, 95, 137, 140, 176
emacs, 20
emalloc, 326
END, 158
EOF, 230
eqn, 396, 399, 412
errno, 274
/etc, 88
Euler–Mascheroni の定数, 324
eval, 341
exec, 201
execlp, 292
execvp, 292
exit, 163, 189
export, 54, 125

■ F
false, 195
fclose, 239
.FE, 387
Feldman, Stu, 378
fflush, 244
fgrep, 137, 140
Fibocacci 数, 374
Fibonacci 数, 360
FILE, 235
file, 63
fileno マクロ, 268
FILES, 407

FILE ポインタ, 268
fold, 167
fopen, 235
for, 129, 192
fork, 294
fortune, 51, 123
for ループ, 130
.FS, 387
fstat, 285

■ G
get, 220, 226
getc, 236
getchar, 229
getlogin, 286
getname, 148
getopt, 239
Gosling, James, 136
grep, 3, 29, 46, 95, 109, 116, 137, 138, 140, 150

■ H
Hewett, Alan, 136
hoc
　のマニュアル, 433
hoc, 308, 374
HOME, 52, 120
Hunt, Wayne, 266

■ I
.I, 386
ideal, 411, 413
idiff, 256, 266
if, 162, 187
IFS, 209
#include, 230
INTERRUPT, 9
INTERRUPT キー, 11
.IP, 387
isascii, 230
isprint, 230
i ノード, 78, 79, 85, 284
i ノードテーブル, 277
i 番号, 80, 85

■ J
Johnson, Steve, 266, 310, 378, 413
Joy, Bill, 136

■ K
Katseff, Howard, 266
.KE, 388
Kernighan, Brian, 55, 176, 412
.KF, 388
kill, 49, 201, 208, 254
Knuth, Don, 412

.KS, 388

■ L
l, 229
Lamb, David, 306
Lamuto, Ann, 55
Lamuto, Nico, 55
learn, 19
length, 158
Lesk, Mike, 266
lex, 4, 337, 378
lexlex, 307
/lib, 88
lint, 252, 266
ln, 81
login, 11, 73
.LP, 388
lp, 26
lpr, 26
ls, 22, 23
lseek, 164, 275

■ M
MAIL, 52
mail, 10, 16, 17, 118
main, 232
make, 318, 335, 349
make, 4, 307, 325, 338, 377, 378
makefile, 318, 335, 349
malloc, 326
man, 19, 405, 412
man マクロ, 383
Maranzano, Joe, 266
Mashey, John, 55, 136
math.c, 332
<math.h>, 332
McIlroy, Doug, 1, 65, 107, 266, 413
McMahon, Lee, 176
mesg, 18, 93
mkdir, 38
mktemp, 260
mm マクロパッケージ, 388
more, 25
Morris, Bob, 96
ms マクロ, 383
ms マクロパッケージ, 381
MULTICS, 1, 96
mv, 26, 84

■ N
NAME, 406
netnews, 19
newgrp, 74
newline, 22
news, 19, 215
next, 163

465

nice, 50, 201
nohup, 50, 201
nohup.out, 50
nroff, 379
NUL, 70, 233
NULL, 236

■ O
od, 58, 65
open, 272
OR 演算子, 191
Ossanna, Joe, 1, 379, 412
overwrite, 202, 204

■ P
p, 240, 266
parse tree, 313
passwd, 75
PATH, 52, 120, 124
pclose, 253
pg, 25
pic, 411, 413
pick, 119, 131, 136, 208, 212, 248
PID, 49
poem, 28
popen, 253
putchar, 229
.PP, 381
pr, 25, 46
print, 156
printf, 156, 229
.profile, 51, 54
ps, 49
PS1, 52
PS2, 105
put, 220, 226
putc, 236
pwd, 34, 66

■ R
.R, 386
rcp, 86
read, 61, 211, 269
readslow, 270, 306
refer, 411
Reid, Brian, 412
replace, 207
RETURN キー, 9
Ritchie, Dennis, 1, 55, 75, 96, 266, 306
rm, 27, 41, 77, 81
rmdir, 38
Rochkind, Marc, 226
roff, 379
root, 72
root ファイル・システム, 92
RUBOUT, 9

RUNOFF, 412

■ S
Saltzer, J. E., 412
Saxe, James, 306
scanf, 229
Scribe, 412
sdb, 250, 266
sed, 3, 137, 146, 150, 176, 229
set, 121, 181
setjmp, 301
set-uid, 75
  ビット, 75
sh, 110, 177
shift, 205
SIGKILL, 254
signal, 299
sleep, 100, 193, 271
sort, 3, 30, 44, 46, 137, 143, 202
spell, 412, 413
Spencer, Henry, 266
split, 164
spname, 277
sscanf, 254
stat, 284
stderr, 239
<stdio.h>, 230, 236
Stirling の公式, 438
Stone, Harold, 266
strcmp, 233
strlen, 244
stty, 13, 51, 60
style, 412
su, 72
substr, 158
sv, 287
SYNOPSIS, 406
<sys/dir.h>, 278
system, 245, 291, 295
<sys/types.h>, 278
Szymanski, Tom, 266

■ T
tabs, 13
tail, 30, 137, 164
tbl, 396
.TE, 397
teach, 20
tee, 99
teletype, 12
TERM, 53
termial, 12
test, 184, 186
T_EX, 412
Thompson, Ken, 1, 55, 96, 272, 306, 419
TIME, 49

```
time, 94, 126
/tmp, 88
touch, 216
tr, 137, 145
trap, 199
troff, 379, 382, 412
true, 195
.TS, 397
TTY, 49
tty, 12, 93
ttyin, 244, 245
```

■ U

```
UCB 4.xBSD, 4
uid, 72
UNARYMINUS, 317
uniq, 137, 144
units, 54
UNIX, 1, 7
/unix, 87
unix, 35
```
UNIX オペレーティグ・システム, 1
UNIX プログラマーズ・マニュアル, 8, 17, 19, 55
```
unlink, 274
unlinkpunlink, 260
until, 192
USENET, 19
/usr, 89
uucp, 54
```

■ V

Van Wyk, Chris, 413
```
vi, 20
vis, 228
```

■ W

```
wait, 49, 295
waitfile, 293
watchfor, 193
watchwho, 194
wc, 28, 46, 98, 137
```
Weinberger, Peter, 176, 306
```
which, 188
while, 163, 192
who, 10, 12
word–counting 機能, 28
write, 18, 269
```
Writer's Workbench, 162, 412

■ Y

```
.y, 312
yacc, 4, 307, 310, 349, 378
y.tab.c, 311
yylex, 311, 312
yyparse, 311
```

■ Z

zap, 253
zaq
   zap, 208

■ あ

アクション, 310, 311, 363
アクセス権, 72
アラームシグナル, 304
暗号化, 73, 94, 430

■ い

イタリック体, 386
一時ファイル, 199
位置パラメータ, 120
いんくれめんと, 162
インタープリタ, 340
インタラプト, 3
インデックスノード, 78
インデント, 149
引用記号, 387
引用符, 51

■ え

エコーバック, 40
エスケープ・シーケンス, 338
エディタ, 4, 20, 419
エディタ・コマンド, 21
エラー処理, 274
エラーチェック, 289
エラー番号, 274
エラーメッセージ, 47, 126

■ お

黄金分割比, 324
オプション, 23
親ディレクトリ, 38, 71
親プロセス, 295

■ か

改行, 60
改行記号, 59
階乗関数, 360
書込み, 37, 77
型変換, 348
括弧, 99
カーネル, 7, 70, 135
画面エディタ, 20
カレンダー, 178
カレンダーサービス, 170
カレントシェル, 111
カレント・ディレクトリ, 34, 37, 52, 66
関係演算子, 351
完全なパス名, 37

■ き

逆引用符, 118
脚注, 387

索引

キャリッジリターン, 59
行削除, 13, 51
行の区切り, 60
共用体, 319

■ く
空行, 107
グループ id, 72
グループ識別子, 72
グローバル・コマンド, 427

■ け
継続行, 105
ゲーム, 20
言語の開発, 377

■ こ
構文解析プログラム, 4
構文木, 313
子プロセス, 67, 295
コマンド, 97
　　の作成, 110
　　の終了, 98, 100
　　の終了状態, 186
　　の引数, 113, 117
コマンド・インタープリタ, 3, 11
コメント, 15, 105, 158
コンパイラ–コンパイラ, 310
コンパイル, 318
コンパイル手順, 231

■ さ
再帰的コピー, 86
サーチパス, 52, 120
サブシェル, 111, 123
サブシステム, 92
サブディレクトリ, 71
左右端揃え, 382
参考文献リスト, 411
算術演算, 159

■ し
シェル, 3, 11, 39, 76, 97, 110, 135, 177
　　の組込み変数, 179
　　のシグナル番号, 199
　　のパターン・マッチング, 182
　　のメタキャラクタ, 102, 103
シェルファイル, 111
シェル・プロセス, 111
シェル変数, 52, 105, 120
シーキング, 164
字句解析プログラム, 307, 310
シグナル, 199, 299
シグナル番号, 199
シグナル捕獲, 302
字下げ, 149

システム V, 4
システムコール, 3, 61, 267
実行, 37, 77
字詰め, 382
終端記号, 310
周辺機器, 90
使用許可, 37, 71
　　の変更, 77
使用許可情報, 73
条件演算子, 191
書体の変更, 386

■ す
数式, 399
スタック・トレース, 250
スタックマシン, 340, 341, 346
ストリーム・エディタ, 3, 137, 146
スーパーユーザ, 72
すべての引数, 114
スペル訂正機能, 282

■ せ
正規表現, 139, 142, 154, 426
制御フロー, 3, 162
制御文字, 9
切断シグナル, 199
先行入力, 15
全二重, 8

■ そ
ソート, 30

■ た
多重オプション, 24
タブ, 59
タブ記号, 13
タブストップ, 9, 51
単一引用符, 42, 103
単項マイナス, 317

■ ち
チェスマシン, 306
中括弧, 313
中間出力, 99

■ つ
ツリー状, 34

■ て
ディスクスペース, 23
ディスクファイル, 91
ディスクブロック, 69
ディスプレイ・テキスト, 384
ディレクトリ, 34, 69, 277
　　の入口, 85
　　の削除, 38

の作成, 38
　　　の変更, 37
　テキスト・エディタ, 20
　テキスト型, 70
　デクレメント, 162
　デバイス
　　　の型, 91
　　　の内部名, 91
　デバイスファイル, 90
　デバッガ, 250
　電子郵便, 16
　電話番号検索プログラム, 116, 127

■ と
　特殊記号, 59, 101
　特殊キャラクタ, 391
　トークン, 310, 314
　トラップ, 3, 199

■ な
　内部フィールド区切り, 209

■ に
　二重引用符, 104, 386
　入出力の切換え, 43, 128
　入出力ルーチン, 229
　入力促進記号, 11
　ニュース, 19
　ニュースサービス, 215
　任意の文字列, 40

■ ぬ
　ヌル・コマンド, 201

■ は
　バイト, 57
　バイナリー型, 70
　パイプ, 45
　パイプライン, 46, 98
　配列, 163
　バグ, 249
　バークレー版, 4
　パーサー, 310, 335
　パーサージェネレータ, 4, 307, 310, 378
　パス名, 36, 37
　パスワード, 10, 96
　パスワードファイルで, 72
　パターン記号, 42
　パターン検索, 154
　パターン検索コマンド, 3
　パターン・マッチング, 41
　バッカス記法, 309
　バックグラウンド, 99
　バックグラウンド・プロセス, 100, 208
　バックスペース, 14, 59
　バックスラッシュ, 381

　バッファー, 61
　　　の解除, 61
　パラグラフ, 381
　パラメータ, 120
　パリンドローム, 143
　番人, 173
　汎用データ変換プログラム, 3

■ ひ
　ヒア・ドキュメント, 128, 133
　引数, 24, 101
　非終端記号, 313
　ヒストリー機能, 136
　ヒストリーファイル, 220
　左結合性, 314
　非表示文字, 228
　表示文字, 8
　標準エラー出力, 47, 94, 126
　標準出力, 126, 228
　標準入出力ライブラリ, 3, 228
　標準入力, 44, 46, 126, 228
　表の作成, 397

■ ふ
　ファイル, 16, 20, 34, 57
　　　の階層構造, 36
　　　の書込み, 23, 73
　　　の行数, 28
　　　の検索, 29
　　　のコピー, 27, 83
　　　の削除, 27, 76, 83
　　　の作成, 20, 28, 272
　　　の実行, 73
　　　の終了, 61, 62, 230
　　　の種類, 63
　　　の使用許可, 71
　　　の置換, 202
　　　の表示, 24
　　　の文字数, 28
　　　の読出し, 23, 73
　　　のワード数, 28
　ファイル・システム, 36, 57, 68
　　　の構造, 277
　　　〜用コマンド, 32, 33
　ファイル指定子, 126, 268
　ファイル比較コマンド, 31
　ファイル・ポインタ, 235
　ファイル名, 65
　　　の短縮形, 40
　　　の付け方, 27
　　　の変更, 26, 84
　ファイル名マッチング記号, 102
　フィルタ, 3, 137, 143, 175
　フィールド, 155
　フォーチュンクッキー・ゲーム, 51
　フォーマッティング・コマンド, 382

索引

不可伸空白, 393
復改, 22
復帰キー, 9, 11, 59
ブートストラップ, 87
プリプロセッサ, 396
フレーム, 367
プログラムの停止, 15
プロセス, 48, 67
　の階層構造, 49
　の終了, 208
プロセス id, 48, 208
プロダクション, 310, 351
ブロック型のデバイス, 91
プロンプト, 11
文書作成, 4

■ へ
ページレイアウト, 379
ヘッダファイル, 230, 289, 332
編集コマンド, 219
変数, 3

■ ほ
ポインタ, 233
ポイント, 388
ポイント数の変更, 393
ホーム・ディレクトリ, 34, 38
ボールドフェース体, 386

■ ま
マイナー・デバイスナンバー, 91
マクロの定義, 395
マジックナンバー, 64
マニュアル, 19
マニュアル・ページ, 405
マニュル・ページのレイアウト, 406

■ み
右結合性, 314

■ め
メジャー・デバイスナンバー, 91
メタキャラクタ, 102, 426
メモ機能, 100
メール, 16

■ も
文字型のデバイス, 91

文字削除, 13, 51
文字変換, 137, 145
文字列操作関数, 233

■ ゆ
有限状態マシン, 365
優先順位, 314
ユーザ id, 72
ユーザ名, 10, 72

■ よ
読出し, 37, 77

■ ら
ラインフィード, 60
ランダム・アクセス, 275

■ り
リンク, 23, 81
　の数, 82

■ る
ルート, 34, 71, 86
ルート・ディレクトリ, 34, 71
ループ, 129, 192

■ れ
レコード, 60
レコード長, 60
連想配列, 165, 172

■ ろ
ログアウト, 16, 63
ログイン, 10
ログイン id, 72
ログインシェル, 66
ログイン情報, 72
ログイン・ディレクトリ, 34
ログイン名, 10
ローマン体, 386

■ わ
ワーキング・ディレクトリ, 34
ワード, 29, 104
割込み, 3, 199, 299
割込みシグナル, 199

■ 監修者紹介

石田 晴久（いしだ はるひさ）

1936 年	生まれ
1959 年	東京大学理学部物理学科卒業
1961 年	東京大学数物系研究科物理学修士修了
1961 年	Fulbright 留学生として渡米
1964 年	アイオワ州立大学電気工学科博士修了
1964 年	マサチューセッツ工科大学研究員
1966 年	電気通信大学助教授
1970 年	東京大学大型計算機センター助教授
1975 年	ベル研究所客員研究員
1982 年	東京大学大型計算機センター教授
2000 年現在	多摩美術大学教授

専　攻　　情報科学、コンピュータ全般
　　　　　特に分散処理、マン・マシン・インターフェイス
　　　　　パーソナル・コンピュータ、OS、プログラム言語

主な著書　マイクロコンピュータ・プログラミング（岩波書店　1984 年）
　　　　　C プログラミング（岩波書店　1984 年）
　　　　　UNIX（岩波書店　1983 年）
　　　　　マイクロコンピュータの活かし方（産報出版　1977 年）
　　　　　超大型コンピュータ・システム（産業図書　1975 年）

翻　訳　　プログラミング言語 C（共立出版　1981 年）

監　修　　パソコン言語学（アスキー　1984 年）

●本書に対するお問い合わせは、電子メール（info@asciidwango.jp）にてお願いいたします。
但し、本書の記述内容を越えるご質問にはお答えできませんので、ご了承ください。

UNIXプログラミング環境
2017年5月31日　初版発行

著　者	Brian W. Kernighan, Rob Pike（ブライアン　カーニハン　ロブ　パイク）
監　訳	石田 晴久（いしだ はるひさ）
訳　者	野中 浩一（のなか こういち）
発行者	川上 量生
発　行	株式会社ドワンゴ 〒 104-0061 東京都中央区銀座 4-12-15 歌舞伎座タワー 編集 03-3549-6153 電子メール info@asciidwango.jp http://asciidwango.jp/
発　売	株式会社 KADOKAWA 〒 102-8177 東京都千代田区富士見 2-13-3 営業 0570-002-301（カスタマーサポート・ナビダイヤル） 受付時間 9：00〜17：00（土日 祝日 年末年始を除く） http://www.kadokawa.co.jp/
印刷・製本	株式会社リーブルテック

Printed in Japan

本書（ソフトウェア／プログラム含む）の無断複製（コピー、スキャン、デジタル化等）並びに無断複製物の譲渡および配信は、著作権法上での例外を除き禁じられています。また、本書を代行業者などの第三者に依頼して複製する行為は、たとえ個人や家庭内での利用であっても一切認められておりません。
落丁・乱丁本はお取り替えいたします。下記 KADOKAWA 読者係までご連絡ください。
送料小社負担にてお取り替えいたします。
但し、古書店で本書を購入されている場合はお取り替えできません。
電話　049-259-1100（9:00-17:00/土日、祝日、年末年始を除く）
〒354-0041　埼玉県入間郡三芳町藤久保 550-1
定価はカバーに表示してあります。

ISBN: 978-4-04-893057-4

アスキードワンゴ編集部
編　集　　星野浩章